JN029950

本気で内定！

SPI&
テストセンター
1200題

新星出版社

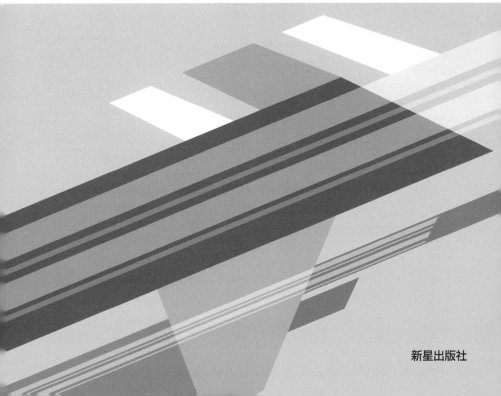

本書の使い方

テーマ
SPI試験に出題される問題をパターンごとに分類しています。

対応する試験
テストセンター、ペーパーテスト、WEBテスティングに対応。

学習日付
学習した日付を記入しておき、定期的に復習するように心がけましょう。

目標タイム
1問を解答するための時間の目安です。テストセンターやWEBテスティングでは、設問ごとに制限時間があります。時計やタイマーなどを用意して、時間内に解けるようにしましょう。

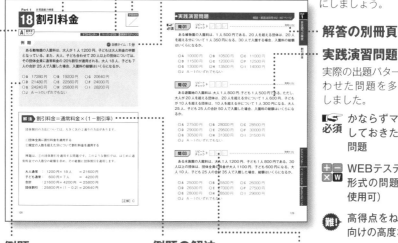

解答の別冊頁数

実践演習問題
実際の出題パターンに合わせた問題を多数掲載しました。

かならずマスターしておきたい必須問題

WEBテスティング形式の問題（電卓使用可）

高得点をねらう人向けの高度な問題

リピートチェック
間違えた問題にはチェックマークをつけ、後で復習します。

例題
各分野の代表的な問題を取り上げました。まずは例題にチャレンジして、その分野の出題内容を把握しましょう。

例題の解法
例題の解き方を解説しています。まずはこの解法をよく読んで、解き方のポイントやコツを身につけましょう。

重要度ランク
SPI試験の出題傾向でS、A、Bの3段階にランキングを付けています。

S よく出題される頻出問題です。確実にマスターしておきましょう。

A 出題率がやや高い問題です。かならず押さえておきましょう。

B 出題頻度は高くないですが、学習しておいたほうがよいでしょう。

別冊「解答と解説」
「実践演習問題」の解答と解説は、巻末の別冊にまとめています。

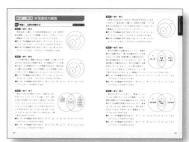

Part
1 非言語能力検査

数学に関する問題です。推論や確率、場合の数、集合、割引、損益算、仕事算、情報の読み取りといった論理的思考や計算能力が問われます。

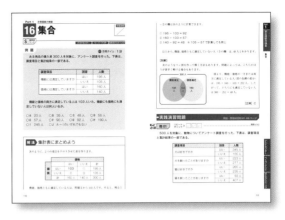

Part
2 言語能力検査

国語に関する問題です。漢字や文法、文章の空欄補充、文の並べ替え、長文の読解力などの能力が問われます。

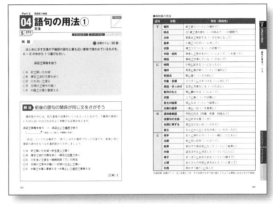

オプション検査に対応　企業によっては基本的な能力検査に加えて、英語能力検査（ENG）や構造的把握力検査が実施されます。

Part
3 英語能力検査

Part
4 構造的把握力検査

Part
5 性格検査

受検者の人物像や適性を探る心理検査です。

Part
6 模擬テスト

テストセンターを対象とした模擬テストを用意しました。本番前に実力をチェックします。

目次

本書の使い方‥‥‥‥‥‥‥‥‥‥‥‥‥‥‥‥‥‥‥‥‥‥‥‥‥‥‥‥‥‥‥ 002

SPIとは ‥‥‥‥‥‥‥‥‥‥‥‥‥‥‥‥‥‥‥‥‥‥‥‥‥‥‥‥‥‥‥‥‥ 008

Part 1 〉 非言語能力検査　019

01	推論①	正誤を判断する‥‥‥‥‥‥‥‥‥‥‥‥‥‥‥‥‥ 020
02	推論②	順番を推理する‥‥‥‥‥‥‥‥‥‥‥‥‥‥‥‥‥ 028
03	推論③	内訳を推理する‥‥‥‥‥‥‥‥‥‥‥‥‥‥‥‥‥ 036
04	推論④	平均から推理する‥‥‥‥‥‥‥‥‥‥‥‥‥‥‥ 044
05	推論⑤	密度・濃度‥‥‥‥‥‥‥‥‥‥‥‥‥‥‥‥‥‥‥ 050
06	推論⑥	勝ち負けを推理する‥‥‥‥‥‥‥‥‥‥‥‥‥ 056
07	推論⑦	位置関係を推理する‥‥‥‥‥‥‥‥‥‥‥‥‥ 060
08	推論⑧	チェックボックス‥‥‥‥‥‥‥‥‥‥‥‥‥‥‥ 064
09	推論⑨	数値を推理する‥‥‥‥‥‥‥‥‥‥‥‥‥‥‥‥ 068
10	場合の数①	数字の組合せ‥‥‥‥‥‥‥‥‥‥‥‥‥‥‥‥ 074
11	場合の数②	順列・組合せ‥‥‥‥‥‥‥‥‥‥‥‥‥‥‥‥ 080
12	場合の数③	重複組合せ‥‥‥‥‥‥‥‥‥‥‥‥‥‥‥‥‥ 088
13	場合の数④	席順‥‥‥‥‥‥‥‥‥‥‥‥‥‥‥‥‥‥‥‥‥ 092

14 場合の数⑤　塗り分け……………………………………096

15 確率………………………………………………………100

16 集合………………………………………………………110

17 損益算……………………………………………………118

18 割引料金…………………………………………………128

19 代金精算…………………………………………………138

20 分割払い…………………………………………………148

21 仕事算……………………………………………………154

22 速度・距離・時間①……………………………………160

23 速度・距離・時間②　旅人算…………………………168

24 割合と比…………………………………………………174

25 表の計算…………………………………………………182

26 情報の読み取り①　料金表……………………………194

27 情報の読み取り②　長文………………………………202

28 整数の推測………………………………………………208

29 グラフの領域①　条件と領域…………………………212

30 グラフの領域②　方程式と領域………………………218

31 入出力装置………………………………………………226

32 流れと比率………………………………………………234

Part 2 言語能力検査   241

01 ２語の関係① トレーニング編 ················· 242

02 ２語の関係② 実践編 ························· 252

03 熟語の意味 ·································· 258

04 語句の用法① 文法 ························· 264

05 語句の用法② 多義語 ······················ 272

06 熟語の成り立ち ····························· 282

07 文の並べ替え① 文節 ······················ 290

08 文の並べ替え② 長文 ······················ 295

09 空欄補充 ··································· 302

10 長文読解 ··································· 306

Part 3 英語能力検査   315

01 同義語 ····································· 316

02 対義語 ····································· 320

03 単語の意味 ································· 324

04 空欄補充 ··································· 328

05 誤文訂正 ··································· 332

06 和文英訳 335

07 長文読解 338

Part 4 構造的把握力検査 343

01 非言語系 344

02 言語系 350

Part 5 性格検査 355

01 SPIの性格検査① 概要と対策 356

02 SPIの性格検査② 性格検査の例 359

03 SPIの性格検査③ 性格特徴の尺度 367

Part 6 模擬テスト 369

SPIとは

SPIの概要

SPI（エスピーアイ）は、株式会社リクルートマネジメントソリューションズが作成・販売している適性検査です。年間 14,400 社の企業が採用テストに SPI を利用しており、受検者数は 215 万人にのぼります（株式会社リクルートマネジメントソリューションズのホームページより）。現在、国内で最も多くの企業に使われている採用テストといえるでしょう。

SPI は開始以来何度かバージョンアップされており、出題内容も変化しています。現在の最新バージョンは「SPI3」です。

▨ SPIの検査内容

SPI は「能力検査」と「性格検査」で構成されています。

能力検査	「非言語能力」と「言語能力」の 2 つの側面から、受検者の基礎的な論理的思考能力や計算能力、実務処理能力などを測定します。企業によっては、これに「英語能力」「構造的把握力」の検査が追加されます。
性格検査	受検者の性格の特徴や職務適応性、組織適応性などを測定します。測定結果は面接や入社後の配属などの判断材料となります。

また、SPI には、受検対象者ごとに「SPI-U」（大卒採用向け）、「SPI-G」（中途採用向け）、「SPI-H」（高卒採用向け）などの種類があります。本書の内容は、「SPI-U」（大卒採用向け）を対象にしています。

▨ 受検方式

SPI の受検方式には、以下のようないくつかの方式があります。

①テストセンター

指定された専用会場（テストセンター）に出向いて、会場のパソコンで受検する方式です。受検する日時や会場は、企業が指定する範囲で受検者の都合に合わせることができます。いちばん受検者数の多い方式です。2022 年 10 月より、**オンライン会場**が新設されました。オンライン会

場は、自宅などのパソコンから、WEBカメラを使った有人監督下でテストセンターと同様のテストを受検するシステムです。

② ペーパーテスト（ペーパーテスティング）

企業が用意した会場で、問題冊子を見ながらマークシートに回答を記入する方式です。会社説明会と同時に実施される場合があります。

③ WEBテスティング

指定された期間内に、自宅や大学のパソコンを使って受検する方式です（テストセンターのオンライン会場とは、内容が異なります）。

④ インハウスCBT

企業が用意した会場で、用意されたパソコンを使って受検する方式です。他の方式に比べると、実施している企業はあまり多くありません。

受検方式の比較

	テスト センター	ペーパー テスト	WEB テスティング	インハウス CBT
実施会場	専用会場	企業内	自宅	企業内
実施方式	パソコン	マークシート	パソコン	パソコン
実施時間	能力検査： 約35分	能力検査： 言語30分／ 非言語40分	能力検査： 約35分	能力検査： 約35分
	性格検査： 約30分	性格検査： 約40分	性格検査： 約30分	性格検査： 約30分
電卓	使用不可	使用不可	使用可	使用可
その他	・性格検査は、自宅のパソコンで先に受検する ・結果の使い回しが可能 ・オンライン会場新設	会社説明会などで予告なしに実施される場合がある	自宅受検型テストにはほかにもいくつかの方式があるので、SPIのテストかどうか事前にはわからない	内容はWEBテスティングと同様

各方式の詳細については、後ほど説明します。　4つの方式のうち、もっとも多く実施されているのはテストセンター方式です。そのため、テストセンター方式の対策をしっかり立てておくことが重要です。

SPIの出題範囲

SPIの能力検査で出題される問題は、受検方式（テストセンター、ペーパーテスト、WEBテスティング）によって異なっています。受検方式に合わせた対策を立てましょう。

非言語能力検査

出題分野	テストセンター	ペーパーテスト	WEBテスティング	本書ページ
推論	○	○	○	020 - 068
場合の数	○	○	○	074 - 096
確率	○	○	○	100
集合	○	○	○	110
損益算	○	○	○	118
割引料金	○	○	○	128
代金精算	○	○	×	138
分割払い	○	○	×	148
仕事算	○	○	○	154
速度・距離・時間	○	○	○	160 - 168
割合と比	○	×	○	174
表の計算	○	○	○	182
情報の読み取り	○	×	×	194 - 202
整数の推測	×	×	○	208
グラフの領域	×	○	×	212 - 218
入出力装置	×	○	×	226
流れと比率	×	○	×	234

言語能力検査

出題分野	テストセンター	ペーパーテスト	WEBテスティング	本書ページ
2語の関係	○	○	×	242 - 252
熟語の意味	○	○	×	258
語句の用法	○	○	×	264 - 272
熟語の成り立ち	×	×	○	282
文の並べ替え	○	○	○	290 - 295
空欄補充	○	×	○	302
長文読解	○	○	○	306

英語能力検査

　企業によっては、基本的な能力検査に加えて、受検者の英語能力を測定する「英語能力検査（ENG）」を実施する場合があります。英語能力検査は、テストセンターとペーパーテストで実施されます。試験時間は、テストセンターの場合が約20分、ペーパーテストの場合が30分です。

出題分野	テストセンター	ペーパーテスト	WEBテスティング	本書ページ
同義語	◯	◯	×	316
対義語	◯	◯	×	320
単語の意味	◯	◯	×	324
空欄補充	◯	◯	×	328
誤文訂正	◯	◯	×	332
和文英訳	◯	◯	×	335
長文読解	◯	◯	×	338

構造的把握力検査

　構造的把握力検査は、「ものごとの背後にある共通性や関係性を構造的に把握する力」を測定する検査です。企業によっては、基本的な能力検査に加えて実施する場合があります。構造的把握力検査はテストセンターでのみ実施されます。試験時間は、基本的な能力検査に約20分ほどプラスになります。

出題分野	テストセンター	ペーパーテスト	WEBテスティング	本書ページ
非言語系	◯	×	×	344
言語系	◯	×	×	350

テストセンター対策

申し込みから受検までの流れ

　テストセンターは、指定された会場で能力検査を受検する方式で、SPIでは最も多く実施されている受検方式です。

　はじめてテストセンターを受検する人は、必要な手続きや当日の持ち物など、わからない点が多く不安に感じる人もいると思います。ここでは、テストセンター受検の流れを説明します。

①企業から受検依頼メールが届く

　エントリーした企業がテストセンター方式の採用テストを実施している場合は、その企業からテストセンターの受検依頼メールが届きます。

②受検予約サイトにログイン

　メールに記載されている手続き用サイトにアクセスし、企業別受検ID（メールに記載）と、あなたのメールアドレスを入力してログインします。

　テストセンターをはじめて受検する場合は、このサイトで「テストセンターID」を取得します。

③受検予約をする

　都合のよい会場と日時を選び、受検予約をします。会場はリアル会場とオンライン会場（自宅などで受検）から選択できます。

　なお、オプションの英語能力検査や構造的把握力検査がある場合は、この時点でわかります。

④性格検査を受検

　続いて、性格検査を受検します。性格検査は後であらためて受検することもできますが、予約した日の翌日午前3時まで（土曜日に予約した場合は翌日午前2時まで）に受検しないと、予約が無効になってしまうので注意しましょう。

　性格検査はパソコンまたはスマートフォン（ただし、携帯電話、タブレット端末は非対応）から受検します。時間は約30分です。電波状況やバッテリー切れに注意しましょう。性格検査が完了すると、③で行った予約が確定し、受検票が発行されます。

⑤受検票をプリントアウト

　画面に表示される受検票か、予約が確定すると送信される予約確認メールを印刷したものが、受検票になります。受検票は当日会場に持参します。

　なお、プリンタがない場合は受検票に記載されているテストセンターID、会場名、会場電話番号、日時などをメモしたものでも可とされています。詳しくは表示される画面やメールの説明をよく読んでください。

⑥受検前の準備

　受検当日会場に持参するものは、⑤で印刷またはメモした受検票と、顔写真付きの身分証明書（学生証、運転免許証、パスポートなど）です。忘れると受検できないので注意してください。

　なお、服装はスーツでなくてもかまいません。受検会場に企業の採用担当者はきていないので、服装がチェックされることはありません。また、受検料はかかりません。

　会場までの地図は受検票に記載されていますが、場所がわかりにくい場合もあるので事前に確認しておきましょう。

⑦能力検査の受検当日

　会場についたら、受検票と身分証明書を受付に提示して受検します。パソコン、筆記用具、メモ用紙は会場で渡されたものを使用します。持参したものを持ち込むことはできません。また、電卓は使用できません。メモ用紙は受検完了後に回収されます。

　オンライン会場の場合は、パソコンを使ってテストセンターの受検画面を開き、WEBカメラを通じて受付を行います（スマートフォンでの受験は不可）。以降は監督者の指示にしたがって、受検を開始します（受検中は監督者と画面共有を行います）。

　受検結果は応募した企業に送られます。あとは、応募企業からの連絡を待つだけです。得点などの結果は受検者には通知されません。

2回目からは結果を使い回せる

　テストセンターを1度受検した後、別の企業からもテストセンターの受検を求められた場合には、前回受検したテストセンターの結果をその企業にそのまま送ることができます。

　前回の結果があまり良くないようなら、あらためて受検しなおすこともできます。受検しなおした場合、前回の受検結果は上書きされます。

結果を使い回すか、受検しなおすかどうかは慎重に判断する必要があります。前回の結果がどの程度の出来だったのかは、あくまでも受検者の感触で判断するしかありません。また、合格ラインがどの程度かも、企業によって異なることに注意しましょう。

テストセンターの特徴

①問題は受検者ごとに違う

　テストセンターで出題される問題は、受検者の回答状況によってリアルタイムに変わっていくという特徴があります。正答が続くと問題のレベルが上がっていき、誤答が続くと問題のレベルが下がっていきます。問題のレベルを調整していって、受検者が安定して正答できるレベルを探っていくのです。

　問題数も一定ではなく、回答状況によって多くなったり、少なくなったりします。

②問題ごとに制限時間がある

　テストセンターのもうひとつの大きな特徴は、制限時間が問題ごとに設定されていることです。制限時間を過ぎると、たとえ未回答であっても次の問題に進んでしまいます。いったん次の問題に進んだら、後に戻って見直しをしたり、回答を修正することはできません。

　また、回答までにかかる時間も測定されているので、できるだけ素早く問題を解くことも必要です。のんびり見直しや検算をしている時間はありません。

・ 画面の左下には回答時間が緑→黄色→オレンジ→赤と色の変化で示されています。なるべく緑表示の間に回答しましょう。
・ 未回答を防ぐため、最初に回答のどれかを選択してから問題を解きはじめるとよいでしょう。
・ テストセンターでは電卓は使えません。ふだんから筆算に慣れておき、筆算のスピードを上げておきましょう。

③結果はできるだけ自己採点する

　出題された問題は、受検が終わったら忘れないうちに書き出し、どのくらい正答したか自己採点しましょう。その感触によって、次回に使い回すかどうか判断します。

テストセンターの出題画面

テストセンターでは、パソコンの画面上に表示される問題に対し、マウス操作で回答していきます。

組問題の共通部分。タブをクリックしても変わりません。

タイマー
外側はテスト開始からの経過時間、内側は回答状況を表します。

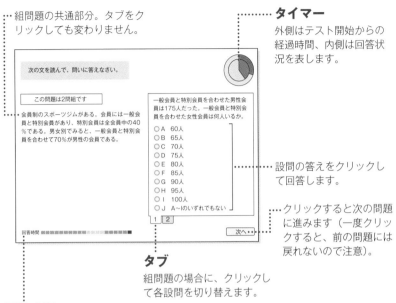

設問の答えをクリックして回答します。

クリックすると次の問題に進みます（一度クリックすると、前の問題には戻れないので注意）。

タブ
組問題の場合に、クリックして各設問を切り替えます。

回答時間
1問ごとの制限時間の残りを示します（組問題の場合は1組の制限時間）。緑→黄色→オレンジ→赤の順に変化していき、赤になると未回答でも次の問題に進んでしまいます。

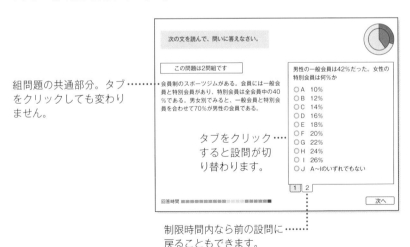

組問題の共通部分。タブをクリックしても変わりません。

タブをクリックすると設問が切り替わります。

制限時間内なら前の設問に戻ることもできます。

ペーパーテスト対策

　ペーパーテストは、問題冊子の問題を、マークシート方式で回答するテストです。会社説明会やセミナーとあわせて実施されることも多く、テストが SPI かどうか事前にアナウンスされるとは限りません。そのため、日頃から対策を立てて準備しておくことが必要です。

ペーパーテストの種類

種類	時間
SPI-U（大学新卒向け）	能力検査 70 分（言語 30 分／非言語 40 分）
	性格検査 40 分
SPI-A（短縮版）	能力検査 50 分
	性格検査 40 分
SPI-B（研究開発職・SE 採用向け）	能力検査 90 分 （言語 30 分／論理的思考 30 分／数的処理 30 分）
	性格検査 40 分

※オプションで英語能力検査（30 分）が追加される場合があります。

　ペーパーテストの出題範囲は、おおむねテストセンターと同じですが、「グラフの領域」「入出力装置」など、ペーパーテストだけのものもあります。電卓は使用できません。
　また、ペーパーテストでは、受検中の態度などもチェックされる場合があるので注意が必要です。

WEBテスティング対策

　WEB テスティングは、自宅などのパソコンから、インターネットに接続して受検する SPI です。受検者は、自分の都合のいい場所で、都合のいい時間に受検できるのが特徴です。テスト時間は、能力検査が約 35 分、性格検査が約 30 分です。

WEBテスティングの特徴

　WEB テスティングは、テストセンターと同様に、受検者の回答状況に応じて出題内容や出題数がリアルタイムで変わる方式になっています。また、問題 1 問ごとに制限時間があり、制限時間が過ぎると未回答でも次の問題に進んでしまう点も、テストセンターによく似ています。

WEB テスティングの出題画面

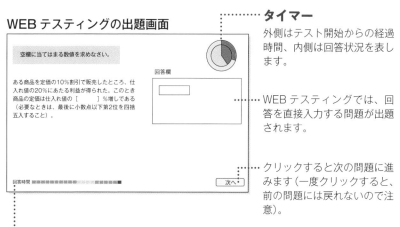

タイマー

外側はテスト開始からの経過時間、内側は回答状況を表します。

WEB テスティングでは、回答を直接入力する問題が出題されます。

クリックすると次の問題に進みます（一度クリックすると、前の問題には戻れないので注意）。

回答時間

1 問ごとの制限時間の残りを示します（組問題の場合は 1 組の制限時間）。緑→黄色→オレンジ→赤の順に変化していき、赤になると未回答でも次の問題に進んでしまいます。

①電卓の使用が前提

　WEB テスティングの問題は、電卓を使って計算してもかまいません。電卓がないと回答に時間がかかる場合があるので、あらかじめ電卓を用意して、使い方に慣れておきましょう。

②入力方式の回答が多い

　答えの数値を直接入力して回答する形式の問題が出題されます（選択方式の問題もあります）。数値の入力は半角で入力するので注意してください。

③ WEB テスティング独自の出題分野

　WEB テスティングで出題される問題の傾向をおさえておきましょう（10 ページ参照）。

④インハウス CBT も同じ

　インハウス CBT（応募企業が用意する会場に出向いてパソコンで受検する方式）の出題内容は、WEB テスティングと共通しています。

非言語能力
検査

非言語能力検査では、受検者の基本的な論理的思考力や計算能力を測定します。また、必要な情報を手際よく取り出す能力も問われます。

非言語の対策として、第1に考える必要があるのは「筆算」対策です。テストセンターやペーパーテストでは電卓が使えないので、計算はすべて筆算で行います。本書の演習問題も**すべて筆算で解いてください**。SPIでは問題を解く**スピードも重要**なので、すばやく筆算できるように練習が必要です。

また、制限時間を常に意識するように心がけましょう。SPIの問題は、じっくり考えれば解ける問題が多いのです。しかし、**すばやく解法をみつけ、最短距離で正解を導き出す**には練習が必要です。本書に用意した多数の演習問題を活用してください。

01 推論①
正誤を判断する

S 重要度ランク

テストセンター　ペーパーテスト　WEBテスティング

例 題

⏰目標タイム：1分

　箱の中にいくつかのボールが入っている。これらのボールについて、次のような3通りの発言があった。

　　P　箱の中には赤いボールと青いボールが入っている。
　　Q　箱の中には少なくとも2色のボールが入っている。
　　R　箱の中には赤いボールが2個と青いボールが3個入っている。

　以上の発言は、必ずしもすべてが信頼できるとは限らない。そこで、さまざまな場合を想定して推論がなされた。

①次の推論ア、イ、ウのうち、正しいものはどれか。A～Hの中から1つ選びなさい。

　　ア　Pが正しければRも必ず正しい
　　イ　Qが正しければPも必ず正しい
　　ウ　Rが正しければQも必ず正しい

○A　アだけ　　○B　イだけ　　○C　ウだけ　　　　○D　アとイ
○E　アとウ　　○F　イとウ　　○G　アとイとウ　　○H　なし

②次の推論カ、キ、クのうち、正しいものはどれか。A～Hの中から1つ選びなさい。

　　カ　Pが正しければQも必ず正しい
　　キ　Qが正しければRも必ず正しい
　　ク　Rが正しければPも必ず正しい

○A　カだけ　　○B　キだけ　　○C　クだけ　　　　○D　カとキ
○E　カとク　　○F　キとク　　○G　カとキとク　　○H　なし

解法 「詳しい発言」→「おおまかな発言」にまとめる

P、Q、Rの発言を「詳しい」順に並べると、次のようになります。

R　箱の中には赤いボールが2個と青いボールが3個入っている。←色と個数

P　箱の中には赤いボールと青いボールが入っている。←色だけがわかる

Q　箱の中には少なくとも2色のボールが入っている。←色数しかわからない

もし、詳しい発言が正しいなら、それよりおおまかな発言も正しいと言えます。たとえば、「**赤いボールが2個と青いボールが3個入っている**」が正しいなら、「**赤いボールと青いボールがある**」や「**少なくとも2色のボールが入っている**」も正しいと言えます。

逆に、おおまかな発言が正しいとしても、それより詳しい発言が正しいとは限りません。たとえば「**赤いボールと青いボールがある**」が正しいとしても、その個数まではわからないので、「**赤いボールが2個と青いボールが3個入っている**」が正しいとは限りません。

以上は、次のような「玉ねぎ」の図で理解するとわかりやすくなります。

発言は内側から外側に向かっておおまかになります。内側が正しければ、その外側にある発言はすべて正しいと言えます。推論「**A が正しければBも正しい**」を「**A→B**」のように矢印で表すと、図は「R→P」「R→Q」「P→Q」の3つだけが正しい推論であることを示します。

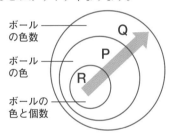

①のア、イ、ウと②のカ、キ、クのうち、正しい推論は「R→P」「R→Q」「P→Q」の3つだけで、その他はすべて誤りです。

×ア：P→Rは正しいとは言えません。

×イ：Q→Pは正しいとは言えません。

○ウ：R→Qは正しい推論です。

○カ：P→Qは正しい推論です。

×キ：Q→Rは正しいとは言えません。

○ク：R→Pは正しい推論です。

以上から、①はC、②はEが正解です。

【正解】①C　②E

数色のカードをまとめた束がある。これらのカードについて、次のような3通りの発言があった。

　P　赤いカードが3枚、青いカードが4枚、緑のカードが4枚ある。
　Q　カードは少なくとも9枚ある。
　R　赤、青、緑のカードが、少なくとも3枚ずつ入っている。

以上の発言は、必ずしもすべてが信頼できるとは限らない。そこで、さまざまな場合を想定して推論がなされた。

❶次の推論ア、イ、ウのうち、正しいものはどれか。A～Hの中から1つ選びなさい。

　ア　Pが正しければRも必ず正しい
　イ　Qが正しければPも必ず正しい
　ウ　Rが正しければQも必ず正しい

　○**A**　アだけ　　○**B**　イだけ　　○**C**　ウだけ　　　○**D**　アとイ
　○**E**　アとウ　　○**F**　イとウ　　○**G**　アとイとウ　○**H**　なし

❷次の推論カ、キ、クのうち、正しいものはどれか。A～Hの中から1つ選びなさい。

　カ　Pが正しければQも必ず正しい
　キ　Qが正しければRも必ず正しい
　ク　Rが正しければPも必ず正しい

　○**A**　カだけ　　○**B**　キだけ　　○**C**　クだけ　　　○**D**　カとキ
　○**E**　カとク　　○**F**　キとク　　○**G**　カとキとク　○**H**　なし

必須 問02

1 ～ 50 の数が 1 つずつ書かれた 50 枚のカードがある。この中から同時に 2 枚のカードを選んだとき、2 枚のカードに書かれた数の和（合計）について、次のような 3 通りの発言があった。

P 2 つの数の和は偶数だった。
Q 2 つの数の和は 8 の倍数だった。
R 2 つの数の和を 4 で割ると、余りが 0 だった。

以上の発言は、必ずしもすべてが信頼できるとは限らない。そこで、さまざまな場合を想定して推論がなされた。

❶次の推論ア、イ、ウのうち、正しいものはどれか。A ～ H の中から 1 つ選びなさい。

ア P が正しければ Q も必ず正しい
イ Q が正しければ R も必ず正しい
ウ R が正しければ P も必ず正しい

○**A** アだけ ○**B** イだけ ○**C** ウだけ ○**D** アとイ
○**E** アとウ ○**F** イとウ ○**G** アとイとウ ○**H** なし

❷次の推論カ、キ、クのうち、正しいものはどれか。A ～ H の中から 1 つ選びなさい。

カ P が正しければ R も必ず正しい
キ Q が正しければ P も必ず正しい
ク R が正しければ Q も必ず正しい

○**A** カだけ ○**B** キだけ ○**C** クだけ ○**D** カとキ
○**E** カとク ○**F** キとク ○**G** カとキとク ○**H** なし

サイコロ2個を同時に振ったときの出た目について、次のような3通りの発言があった。

P 出た目の和は7だった。
Q 出た目の差は1か2だった。
R 出た目は3と4であった。

以上の発言は、必ずしもすべてが信頼できるとは限らない。そこで、さまざまな場合を想定して推論がなされた。

❶次の推論ア、イ、ウのうち、正しいものはどれか。A〜Hの中から1つ選びなさい。

ア Pが正しければQも必ず正しい
イ Qが正しければRも必ず正しい
ウ Rが正しければPも必ず正しい

○**A** アだけ ○**B** イだけ ○**C** ウだけ ○**D** アとイ
○**E** アとウ ○**F** イとウ ○**G** アとイとウ ○**H** なし

❷次の推論カ、キ、クのうち、正しいものはどれか。A〜Hの中から1つ選びなさい。

カ Pが正しければRも必ず正しい
キ Qが正しければPも必ず正しい
ク Rが正しければQも必ず正しい

○**A** カだけ ○**B** キだけ ○**C** クだけ ○**D** カとキ
○**E** カとク ○**F** キとク ○**G** カとキとク ○**H** なし

　数学、英語、国語の3科目のテスト結果について、次のような3通りの発言があった。

　　X　3科目の平均点は60点以上だった。
　　Y　成績は3科目とも60点以上だった。
　　Z　数学が60点、英語が70点、国語が65点だった。

　以上の発言は、必ずしもすべてが信頼できるとは限らない。そこで、さまざまな場合を想定して推論がなされた。

❶次の推論ア、イ、ウのうち、正しいものはどれか。A～Hの中から1つ選びなさい。

　　ア　Xが正しければZも必ず正しい
　　イ　Yが正しければXも必ず正しい
　　ウ　Zが正しければYも必ず正しい

　○A　アだけ　　○B　イだけ　　○C　ウだけ　　　○D　アとイ
　○E　アとウ　　○F　イとウ　　○G　アとイとウ　○H　なし

❷次の推論カ、キ、クのうち、正しいものはどれか。A～Hの中から1つ選びなさい。

　　カ　Xが正しければYも必ず正しい
　　キ　Yが正しければZも必ず正しい
　　ク　Zが正しければXも必ず正しい

　○A　カだけ　　○B　キだけ　　○C　クだけ　　　○D　カとキ
　○E　カとク　　○F　キとク　　○G　カとキとク　○H　なし

ある会社の定例会議について、次のような3通りの発言があった。

X　定例会議は週に1回以上ある。
Y　定例会議は毎週火曜日にある。
Z　明日の火曜日は定例会議がある。

以上の発言は、必ずしもすべてが信頼できるとは限らない。そこで、さまざまな場合を想定して推論がなされた。

❶次の推論ア、イ、ウのうち、正しいものはどれか。A～Hの中から1つ選びなさい。

ア　Xが正しければYも必ず正しい
イ　Yが正しければZも必ず正しい
ウ　Zが正しければXも必ず正しい

○**A** アだけ　　○**B** イだけ　　○**C** ウだけ　　○**D** アとイ
○**E** アとウ　　○**F** イとウ　　○**G** アとイとウ　　○**H** なし

❷次の推論カ、キ、クのうち、正しいものはどれか。A～Hの中から1つ選びなさい。

カ　Xが正しければZも必ず正しい
キ　Yが正しければXも必ず正しい
ク　Zが正しければYも必ず正しい

○**A** カだけ　　○**B** キだけ　　○**C** クだけ　　○**D** カとキ
○**E** カとク　　○**F** キとク　　○**G** カとキとク　　○**H** なし

10円硬貨、50円硬貨、100円硬貨がそれぞれ何枚かある。これらについて、次のような3通りの発言があった。

P 100円硬貨が1枚、50円硬貨が3枚、10円硬貨が5枚ある。
Q 硬貨の枚数は全部で9枚ある。
R 合計金額は300円である。

以上の発言は、必ずしもすべてが信頼できるとは限らない。そこで、さまざまな場合を想定して推論がなされた。

❶次の推論ア、イ、ウのうち、正しいものはどれか。A〜Hの中から1つ選びなさい。

ア Pが正しければQも必ず正しい
イ Qが正しければRも必ず正しい
ウ Rが正しければPも必ず正しい

○**A** アだけ　○**B** イだけ　○**C** ウだけ　○**D** アとイ
○**E** アとウ　○**F** イとウ　○**G** アとイとウ　○**H** なし

❷次の推論カ、キ、クのうち、正しいものはどれか。A〜Hの中から1つ選びなさい。

カ Pが正しければRも必ず正しい
キ Qが正しければPも必ず正しい
ク Rが正しければQも必ず正しい

○**A** カだけ　○**B** キだけ　○**C** クだけ　○**D** カとキ
○**E** カとク　○**F** キとク　○**G** カとキとク　○**H** なし

02 推論②
順番を推理する

テストセンター｜ペーパーテスト｜WEBテスティング

例題

⏱ 目標タイム：**1分**

P、Q、R、Sの4人の年齢について、次のことがわかっている。

　Ⅰ）同じ年齢の人はいない
　Ⅱ）PはQより1歳年上である
　Ⅲ）Sは一番年上ではない

次の推論ア、イ、ウのうち、<u>確実に誤りと言える</u>ものはどれか。A～Hの中から1つ選びなさい。

　ア　Pは一番年下ではない
　イ　SはQより年上である
　ウ　Rは2番目に年上である

○**A** アだけ　　○**B** イだけ　　○**C** ウだけ　　○**D** アとイ
○**E** アとウ　　○**F** イとウ　　○**G** アとイとウ　　○**H** なし

解法 あり得る順番をメモに書き出そう！

順番を推理する問題です。情報Ⅰ～Ⅲから、可能性のある順番をすべて書き出してみましょう。情報Ⅱより、PとQの間には誰も入らないので、順番は年齢の低い順に

　QP□□　　□QP□　　□□QP

です。さらに情報Ⅲより、Sが4番目になることはないので、あり得る順番は

　QPSR　　SQPR　　RSQP　　SRQP

の4通りに絞られます。この4通りに照らして、推論ア～ウが正しいかどうかを判断します。

ア：この推論が正しいことは、情報Ⅱからすぐわかります。4通りの順番の中にも、
　　Pが1番目にくるものはないので、アは正しい推論。

イ：4通りの中には、SがQより前になる場合も、後になる場合もあります。し

たがって、イは正しい場合も誤りの場合もあります。

ウ：4通りのいずれも、右から2番目にRがくることはありません。したがって、
ウは常に誤りであることがわかります。

以上から、確実に誤りと言えるのはウだけです。　　　　　　　　　　【正解】C

実践演習問題

解説・解答は別冊 004 - 008 ページ

 問 01　リピート
チェック ▶ ☑ ☑ ☑ -------------------------------------- 別冊 ▶ 004

　P、Q、R、Sの4人があるテストを受けた。4人の得点についてア、イ、ウ
がわかっているとき、4人を得点の高い順に並べたものはどれか。A～Dの中
から1つ選びなさい。

　　ア　Rの得点はPとQの得点の平均値に等しい
　　イ　SはPより得点が高いが、1位ではない
　　ウ　Qの次に得点が高いのはRではなくSである

　○A　QSRP　　　○B　RQSP　　　○C　QSPR　　　○D　RSPQ

問 02　リピート
チェック ▶ ☑ ☑ ☑ -------------------------------------- 別冊 ▶ 004

　P、Q、R、Sの4人の身長について、次のことがわかっている。

　　Ⅰ）Pの身長は、QとSの身長の平均値に等しい
　　Ⅱ）RはSの次に身長が高い

　次の推論ア、イ、ウのうち、<u>確実に正しいと言える</u>ものはどれか。A～Hの
中から1つ選びなさい。

　　ア　4人の中に同じ身長の人はいない
　　イ　Pの身長はSより高い
　　ウ　4人の身長が異なる場合、Qは一番身長が高いか、一番身長が低いかの
　　　　いずれかである

　○A　アだけ　　○B　イだけ　　○C　ウだけ　　　　○D　アとイ
　○E　アとウ　　○F　イとウ　　○G　アとイとウ　　○H　なし

必須　問 03　リピートチェック ▶ ☑☑☑

W、X、Y、Zの4人が走り幅跳びをした。1位はYで、1位と4位との差は50cmだった。また、WとXの差は15cm、WとZの差は20cm、WとYの差は35cmだった。

次の推論ア、イ、ウのうち、正しいものはどれか。A～Hの中から1つ選びなさい。

　ア　YとZの差は50cmである
　イ　XとZの差は35cmである
　ウ　Wは3位である

○A　アだけ　　○B　イだけ　　○C　ウだけ　　　○D　アとイ
○E　アとウ　　○F　イとウ　　○G　アとイとウ　○H　なし

問 04　リピートチェック ▶ ☑☑☑

P、Q、R、S、Tの5人の身長について、次のことがわかっている。

　Ⅰ）最も身長が高いのはPで、最も身長が低い人と18cmの差がある
　Ⅱ）QとSは5cm、QとTは8cmの差がある
　Ⅲ）RはTより5cm身長が低い

❶Qが2番目に身長が高いとき、PとQの差は何cmか。次のA～Hの中から1つ選びなさい。

○A　1cm　　○B　2cm　　○C　3cm　　○D　4cm
○E　5cm　　○F　6cm　　○G　7cm　　○H　わからない

❷Qが3番目に身長が高いとき、PとQの差は何cmか。次のA～Hの中から1つ選びなさい。

○A　1cm　　○B　2cm　　○C　3cm　　○D　4cm
○E　5cm　　○F　6cm　　○G　7cm　　○H　わからない

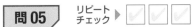
問 05

リピート
チェック ▶ ☑ ☑ ☑

　P、Q、R、Sの4人が駅で待ち合わせをした。4人が駅に到着した順番について、次のことがわかっている。

Ⅰ）同時に到着した人はいない
Ⅱ）RはQより前に駅に着いた
Ⅲ）最後に駅に着いたのはPではない

❶次の推論ア、イ、ウのうち、<u>確実に正しいと言える</u>ものはどれか。A～Hの中から1つ選びなさい。

ア　PはSより前に駅に着いた
イ　最後に駅に着いたのはRではない
ウ　1番目に駅に着いたのはSではない

○**A** アだけ　　○**B** イだけ　　○**C** ウだけ　　　　○**D** アとイ
○**E** アとウ　　○**F** イとウ　　○**G** アとイとウ　　○**H** なし

❷最も少ない情報で4人の到着した順番がすべてわかるために、上記のⅠ～Ⅲに加えて必要な情報は、カ、キ、クのうちどれか。A～Gの中から1つ選びなさい。

カ　Pの次にRが到着した
キ　Sの次にQが到着した
ク　Qの次にPが到着した

○**A** カだけ　　○**B** キだけ　　○**C** クだけ　　　　○**D** カとキ
○**E** カとク　　○**F** キとク　　○**G** カとキとク

W、X、Y、Zの4人が100点満点のテストを受けた。4人の得点について、
次のことがわかっている。

　Ⅰ）Wの得点は、Yより5点高い
　Ⅱ）WとXの得点の平均は、YとZの得点の平均より5点高い

❶Ⅰ、Ⅱの情報から推論した次のア、イの正誤について、正しいものをA～I
の中から1つ選びなさい。

　ア　Xの得点はZより5点高い
　イ　4人の中に、同じ得点の人はいない

○A　アもイも正しい
○B　アは正しいが、イは誤り
○C　アは正しいが、イはどちらとも言えない
○D　アは誤りだが、イは正しい
○E　アもイも誤り
○F　アは誤りだが、イはどちらとも言えない
○G　アはどちらとも言えないが、イは正しい
○H　アはどちらとも言えないが、イは誤り
○I　アもイもどちらとも言えない

❷上記のⅠ～Ⅱの情報に加えて、次のことがわかった。

　Ⅲ）Xの得点は、Yより5点低い

Ⅰ～Ⅲの情報から推論した次のウ、エの正誤について、正しいものをA～I
の中から1つ選びなさい。

　ウ　Zは最も得点が低い
　エ　4人の中に、同じ得点の人はいない

○A　ウもエも正しい
○B　ウは正しいが、エは誤り
○C　ウは正しいが、エはどちらとも言えない

- ○ **D** ウは誤りだが、エは正しい
- ○ **E** ウもエも誤り
- ○ **F** ウは誤りだが、エはどちらとも言えない
- ○ **G** ウはどちらとも言えないが、エは正しい
- ○ **H** ウはどちらとも言えないが、エは誤り
- ○ **I** ウもエもどちらとも言えない

問 07 リピート チェック ▶ ☐ ☐ ☐ ----------------------------- 別冊 ▶ 006

V、W、X、Y、Z の 5 店舗を、毎月売上高の高い順に順位付けしている。先月と今月の順位について、次のことがわかっている。

> Ⅰ）V は先月より 3 つ順位が下がった
> Ⅱ）W の順位は、先月も今月も X より 1 つ下だった
> Ⅲ）先月の Z の順位は 4 位だった
> Ⅳ）先月、今月とも、売上高が他の店舗と同じ店舗はない

❶ Ⅰ～Ⅳの情報から判断できる先月の Y の順位として、考えられるものはどれか。次の A ～ J の中から 1 つ選びなさい。

- ○ **A** 1 位だけ
- ○ **B** 2 位だけ
- ○ **C** 3 位だけ
- ○ **D** 5 位だけ
- ○ **E** 1 位か 2 位
- ○ **F** 1 位か 3 位
- ○ **G** 1 位か 5 位
- ○ **H** 2 位か 3 位
- ○ **I** 2 位か 5 位
- ○ **J** 3 位か 5 位

❷ Ⅰ～Ⅳの情報に加えて、次のことがわかった。

> Ⅴ）今月の Y の順位は、X より下だった

Ⅰ～Ⅴの情報から判断できる今月の Y の順位として、考えられるものはどれか。次の A ～ J の中から 1 つ選びなさい。

- ○ **A** 2 位だけ
- ○ **B** 3 位だけ
- ○ **C** 4 位だけ
- ○ **D** 5 位だけ
- ○ **E** 2 位か 3 位
- ○ **F** 2 位か 4 位
- ○ **G** 2 位か 5 位
- ○ **H** 3 位か 4 位
- ○ **I** 3 位か 5 位
- ○ **J** 4 位か 5 位

❸最も少ない情報で先月と今月の売上高の順位がすべてわかるために、Ⅰ～Ⅴの情報に加えるとよい情報は、次のア、イ、ウの中のどれか。A～Gの中から1つ選びなさい。

> ア　Yは先月と今月で順位が変わらなかった
> イ　Xは先月より1つ順位が上がった
> ウ　Zは先月より3つ順位が上がった

○**A**　アだけ　　○**B**　イだけ　　○**C**　ウだけ　　　　○**D**　アとイ
○**E**　アとウ　　○**F**　イとウ　　○**G**　アとイとウ

問 08　リピート▶ チェック▶ □□□ --別冊▶006

　P、Q、R、S、T、Uの6人の部屋が、この順に並んでいるアパートがある。このうちの5人に、配送業者が荷物を1つずつ届けた。配達した順番について、次のことがわかっている。

> Ⅰ）最初に配達した部屋と2人目に配達した部屋との間に1つ部屋がある
> Ⅱ）2人目に配達した部屋と3人目に配達した部屋は隣り合っている
> Ⅲ）3人目に配達した部屋と4人目に配達した部屋との間に1つ部屋がある
> Ⅳ）4人目に配達した部屋と最後に配達した部屋は隣り合っている

❶最初に配達した部屋がPだった場合、荷物が配達されなかった部屋として考えられるものを次のP～Uの中から<u>すべて</u>選べ。

□P　　□Q　　□R　　□S　　□T　　□U

❷最後に配達した部屋がUだった場合、荷物が配達されなかった部屋として考えられるものを次のP～Uの中から<u>すべて</u>選べ。

□P　　□Q　　□R　　□S　　□T　　□U

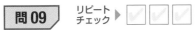

問 09 リピート チェック ▶

P、Q、R、S、T、Uの6人が横一列に並んでいる。6人の並び順について、次のことがわかっている。

Ⅰ）PとQの間に1人いる
Ⅱ）SとTの間に3人いる
Ⅲ）PはSより右側に並んでいる
Ⅳ）RはUより右側に並んでいる

❶PとSの間には何人並んでいるか。考えられるものを次のA～Eの中から<u>すべて</u>選びなさい。

☐A 0人 ☐B 1人 ☐C 2人 ☐D 3人 ☐E 4人

❷右端にQが並んでいる場合、左端に並んでいるのは誰か。考えられるものを次のP～Uの中から<u>すべて</u>選びなさい。

☐P ☐Q ☐R ☐S ☐T ☐U

03 推論③
内訳を推理する

S 重要度ランク

テストセンター　ペーパーテスト　WEBテスティング

例 題

⏱️ 目標タイム：1分

にんじん、じゃがいも、たまねぎが合わせて 10 個ある。3 種類の野菜の個数について、次のことがわかっている。

　Ⅰ) 3 種類とも少なくとも 1 個はある。
　Ⅱ) にんじんの数はじゃがいもの数より少ない。

次の推論ア、イ、ウのうち、<u>確実に正しいと言える</u>ものはどれか。A 〜H の中から 1 つ選びなさい。

　ア　たまねぎが 3 個ならば、にんじんは 3 本である。
　イ　たまねぎが 5 個ならば、にんじんは 2 本である。
　ウ　たまねぎが 6 個ならば、にんじんは 1 本である。

○A　アだけ　　○B　イだけ　　○C　ウだけ　　○D　アとイ
○E　アとウ　　○F　イとウ　　○G　アとイとウ　　○H　なし

解法 反証が 1 つでも見つかれば「確実に正しい」は誤り

ア：たまねぎ＝3 個のとき、じゃがいもとにんじんの合計は 7 個になります。情報Ⅱより「にんじん＜じゃがいも」なので、7 個の内訳は

にんじん 3 本＋じゃがいも 4 個
にんじん 2 本＋じゃがいも 5 個
にんじん 1 本＋じゃがいも 6 個

の 3 通り。にんじんは 3 本以外の場合もあるので、アは確実に正しいとは言えません。

イ：たまねぎ＝５個のとき、じゃがいもとにんじんの合計は５個になります。情報Ⅱを満たすにんじんとじゃがいもの内訳は、

　　にんじん２本＋じゃがいも３個
　　にんじん１本＋じゃがいも４個

　　の２通り。にんじんは２本とは限らないので、イは確実に正しいとは言えません。

ウ：たまねぎ＝６個のとき、じゃがいもとにんじんの合計は４個になります。情報Ⅱを満たすにんじんとじゃがいもの内訳は、

　　にんじん１本＋じゃがいも３個

　　のみ。したがって、ウは確実に正しいと言えます。

【正解】C

▶実践演習問題

解説・解答は別冊 008 - 013 ページ

必須　問01　リピート
チェック ▶ ☑ ☑ ☑

別冊 ▶ 008

　黒、赤、青のボールペンを、それぞれ１本以上、合計で 15 本買った。15 本の内訳について、次のことがわかっている。

　Ⅰ）黒のボールペンは５本以上買った。
　Ⅱ）赤のボールペンと青のボールペンの差は３本である。

　次の推論ア、イ、ウのうち、確実に正しいと言えるものはどれか。A ～ H の中から１つ選びなさい。

　ア　黒のボールペンの本数は偶数である。
　イ　黒のボールペンが６本ならば、赤のボールペンは６本である。
　ウ　赤のボールペンが５本ならば、黒のボールペンは８本である。

○A　アだけ　　○B　イだけ　　○C　ウだけ　　○D　アとイ
○E　アとウ　　○F　イとウ　　○G　アとイとウ　　○H　なし

問 02 リピートチェック ▶ ☐ ☐ ☐

バニラ味、チョコ味、ストロベリー味のアイスクリームを合わせて9個買った。9個の内訳について、次のことがわかっている。

Ⅰ）3種類とも少なくとも1個は買った。
Ⅱ）バニラ味の数はストロベリー味の数より多い。

次の推論ア、イ、ウのうち、<u>確実に正しい</u>と言えるものはどれか。A～Hの中から1つ選びなさい。

ア　バニラ味が3個なら、チョコ味は4個である。
イ　チョコ味とストロベリー味が同数なら、バニラ味は7個である。
ウ　バニラ味とチョコ味が同数なら、ストロベリー味は1個である。

○A　アだけ　　○B　イだけ　　○C　ウだけ　　　○D　アとイ
○E　アとウ　　○F　イとウ　　○G　アとイとウ　○H　なし

必須 **問 03** リピートチェック ▶ ☐ ☐ ☐ ------ 別冊 ▶ 008

小学生、中学生、高校生が合わせて10人いる。それぞれの人数について、次のことがわかっている。

Ⅰ）それぞれ少なくとも1人はいる。
Ⅱ）小学生の人数は、中学生の人数より多い。

❶次の推論ア、イ、ウのうち、<u>確実に正しい</u>と言えるものはどれか。A～Hの中から1つ選びなさい。

ア　高校生が6人なら、中学生は1人である。
イ　中学生と高校生の人数が同じなら、小学生は4人か6人である。
ウ　小学生と高校生の人数が同じなら、中学生は4人である。

○A　アだけ　　○B　イだけ　　○C　ウだけ　　　○D　アとイ
○E　アとウ　　○F　イとウ　　○G　アとイとウ　○H　なし

❷次の推論カ、キ、クのうち、<u>確実に正しい</u>と言えるものはどれか。A～Hの中から1つ選びなさい。

カ　小学生の人数が高校生の人数より多いなら、小学生は 5 人以上である。

キ　中学生の人数が高校生の人数より多いなら、小学生は 5 人以上である。

ク　高校生の人数が中学生の人数より多いならば、中学生は 1 人か 2 人である。

○**A**　カだけ　　○**B**　キだけ　　○**C**　クだけ　　　　○**D**　カとキ

○**E**　カとク　　○**F**　キとク　　○**G**　カとキとク　　○**H**　なし

| 問 04 | リピート
チェック ▶ | ☑ ☑ ☑ | - - - - - - - - - - - - - - - - - - 別冊 ▶ 009 |

あんパン、メロンパン、クリームパンを合わせて 12 個買った。それぞれの個数について、次のことがわかっている。

Ⅰ）3 種類とも 2 個以上買った。

Ⅱ）あんぱんの個数は、3 種類の中で最も多い。

Ⅲ）同じ個数のパンはない。

❶次の推論ア、イ、ウのうち、<u>確実に正しいと言えるもの</u>はどれか。A ～ H の中から 1 つ選びなさい。

ア　あんパンの個数は 6 個以上である。

イ　あんパンの個数が 5 個なら、最も個数の少ないパンは 3 個である。

ウ　あんパンの個数が 6 個なら、最も個数の少ないパンは 2 個である。

○**A**　アだけ　　○**B**　イだけ　　○**C**　ウだけ　　　　○**D**　アとイ

○**E**　アとウ　　○**F**　イとウ　　○**G**　アとイとウ　　○**H**　なし

❷次の推論カ、キ、クのうち、<u>確実に正しいと言えるもの</u>はどれか。A ～ H の中から 1 つ選びなさい。

カ　メロンパンの個数が 4 個なら、クリームパンの個数は 3 個である。

キ　メロンパンの個数が 2 個なら、クリームパンの個数は 4 個である。

ク　メロンパンとクリームパンを合わせた個数があんパンより多いなら、あんパンの個数は 5 個である。

○**A**　カだけ　　○**B**　キだけ　　○**C**　クだけ　　　　○**D**　カとキ

○**E**　カとク　　○**F**　キとク　　○**G**　カとキとク　　○**H**　なし

「イチゴ、ミカン、バナナ、リンゴの中で、最も好きな果物を1つ選んで投票してください」というアンケート調査を150人に対して行ったところ、次のような結果となった。

    Ⅰ）投票数はイチゴ、ミカン、バナナ、リンゴの順に多く、票数が同じものはなかった。
    Ⅱ）どの果物にも、20票以上の票が入った。
    Ⅲ）無回答はなかった。

❶次のア、イ、ウの記述のうち、<u>必ずしも誤りとは言えない</u>ものはどれか。A〜Hの中から1つ選びなさい。

    ア　バナナの票数が40票のとき、リンゴの票数が30票になる。
    イ　イチゴの票数が50票のとき、リンゴの票数が20票になる。
    ウ　ミカンの票数が50票のとき、バナナの票数が30票になる。

○A　アだけ　　○B　イだけ　　○C　ウだけ　　　　○D　アとイ
○E　アとウ　　○F　イとウ　　○G　アとイとウ　　○H　なし

❷次のカ、キ、クの記述のうち、<u>必ずしも誤りとは言えない</u>ものはどれか。A〜Hの中から1つ選びなさい。

    カ　イチゴの票数が70票のとき、ミカンの票数が40票になる。
    キ　イチゴの票数が60票のとき、バナナの票数が30票になる。
    ク　ミカンの票数が50票のとき、リンゴの票数が20票になる。

○A　カだけ　　○B　キだけ　　○C　クだけ　　　　○D　カとキ
○E　カとク　　○F　キとク　　○G　カとキとク　　○H　なし

重さ2kgの製品P、重さ3kgの製品Q、重さ5kgの製品Rがある。3種類の製品をまとめて合計40kgに梱包して出荷したい。梱包は次の条件にしたがって行うものとする。

Ⅰ）3種類とも少なくとも1個は出荷する。
Ⅱ）製品Rの個数は、製品Qの個数より多く出荷する。
Ⅲ）梱包材の重量は考慮しない。

❶次の推論ア、イ、ウのうち、確実に正しいと言えるものはどれか。A～Hの中から1つ選びなさい。

ア　製品Rが6個なら、製品Qは1個である。
イ　製品Qが2個なら、製品Pは7個である。
ウ　製品Pが3個なら、製品Qも3個である。

○A　アだけ　　○B　イだけ　　○C　ウだけ　　　○D　アとイ
○E　アとウ　　○F　イとウ　　○G　アとイとウ　○H　なし

❷次の推論カ、キ、クのうち、確実に正しいと言えるものはどれか。A～Hの中から1つ選びなさい。

カ　製品Qが1個なら、製品Rは3個である。
キ　製品Pの個数が製品Qの個数より多いとき、製品Rは4個である。
ク　製品Pと製品Qの個数が同じなら、製品Rは5個である。

○A　カだけ　　○B　キだけ　　○C　クだけ　　　○D　カとキ
○E　カとク　　○F　キとク　　○G　カとキとク　○H　なし

| 問 07 | リピート
チェック ▶ | | | | 別冊 ▶ 011 |

赤、白、黄色のバラの花をそれぞれ1本以上、全部で15本買った。15本の内訳について、次のことがわかっている。

Ⅰ）赤いバラは5本以上買った。
Ⅱ）黄色と白のバラの差は3本である。

❶赤と白のバラの差は何本か。考えられる数をすべて答えよ。

☐A　3本　　☐B　4本　　☐C　5本　　☐D　6本　　☐E　7本
☐F　8本　　☐G　9本　　☐H　0本

❷赤、白、黄色の順に本数が多い場合、黄色のバラは何本か。考えられる数をすべて答えよ。

□A 1本 □B 2本 □C 3本 □D 4本 □E 5本
□F 6本 □G 7本 □H 8本

難 問08 リピート
チェック ▶ □□□ ------------------------------------- 別冊▶012

全部で50個のりんごを、P、Q、R、S、Tの5人で次のように分けた。

Ⅰ）5人が同じ数をもらうことはない。
Ⅱ）P、Q、Rの平均は12個である。
Ⅲ）QとS、QとTの差は3個である。
Ⅳ）RとPの差は11個である。

❶10個もらった可能性があるのは誰か。すべて答えよ。

□P □Q □R □S □T

❷多い順で見たときRの順位としてありえるのは何位か。A～Eの中からすべて答えよ。

□A 1位 □B 2位 □C 3位 □D 4位 □E 5位

問09 リピート
チェック ▶ □□□ ------------------------------------- 別冊▶012

X、Y、Zの3種類のコーヒー豆を買いたい。コーヒー豆の値段は、Xが100gあたり800円、Yが100gあたり1200円、Zが100gあたり1000円である。3種類とも、少なくとも100gずつ買うものとする。

❶予算7000円でなるべく多くのコーヒー豆を買う。コーヒー豆Xは最大で何グラム買うことができるか。

○A 400g ○B 500g ○C 600g ○D 700g
○E A～Dのいずれでもない

❷コーヒー豆Yを、コーヒー豆Zの3倍買いたい。予算1万円で、コーヒー豆Zは最大何g買うことができるか。

○**A**　100g　　○**B**　200g　　○**C**　300g　　○**D**　400g
○**E**　A～Dのいずれでもない

問10　リピート
チェック ▶ ☑ ☑ ☑ -------------------------------- 別冊▶012

　①②③④⑤の５枚のカードがある。ＸとＹの２人が、これらのカードから２枚ずつ使って、２桁の数を作る。ただし、同じカードを２度使うことはできないものとする。

❶次の推論ア、イについて、正しいものをＡ～Ｉの中から１つ選びなさい。

　　ア　Ｘが１と３を使ったとき、Ｙが作った数は偶数だった。
　　イ　Ｘが２と４を使ったとき、Ｙが作った数は奇数だった。

○**A**　アもイも正しい
○**B**　アは正しいがイは誤り
○**C**　アは正しいがイはどちらとも言えない
○**D**　アは誤りだがイは正しい
○**E**　アもイも誤り
○**F**　アは誤りだがイはどちらとも言えない
○**G**　アはどちらとも言えないがイは正しい
○**H**　アはどちらとも言えないがイは誤り
○**I**　アもイもどちらとも言えない

❷次の推論カ、キについて、正しいものをＡ～Ｉの中から１つ選びなさい。

　　カ　Ｘが１と２を使ったとき、Ｙが作った数はＸが作った数の倍数だった。
　　キ　Ｘが１と３を使ったとき、Ｙが作った数はＸが作った数の倍数だった。

○**A**　カもキも正しい
○**B**　カは正しいがキは誤り
○**C**　カは正しいがキはどちらとも言えない
○**D**　カは誤りだがキは正しい
○**E**　カもキも誤り
○**F**　カは誤りだがキはどちらとも言えない
○**G**　カはどちらとも言えないがキは正しい
○**H**　カはどちらとも言えないがキは誤り
○**I**　カもキもどちらとも言えない

推論④
平均から推理する

S 重要度ランク

テストセンター｜ペーパーテスト｜WEBテスティング

例 題

⏱ 目標タイム：**2分**

P、Q、Rの3人の数学テスト（100点満点）の点数について、次のことがわかっている。

Ⅰ）P、Q、Rの平均点は63点である。
Ⅱ）PとQの平均点は69点である。

①次の推論ア、イ、ウのうち、<u>確実に正しいと言える</u>ものはどれか。A～Hの中から1つ選びなさい。

ア　3人の中で最も点数の低いのはRである。
イ　PとRの差は50点より小さい。
ウ　PとQの差は60点より大きい。

○**A**　アだけ　　○**B**　イだけ　　○**C**　ウだけ　　　　○**D**　アとイ
○**E**　アとウ　　○**F**　イとウ　　○**G**　アとイとウ　　○**H**　なし

②上記の情報Ⅰ、Ⅱに加えて、S、Tの平均点が78点であることがわかった。次の推論カ、キ、クのうち、<u>確実に正しいと言える</u>ものはどれか。A～Hの中から1つ選びなさい。

カ　P、Q、R、S、Tの5人の平均点は70点である。
キ　P、Q、Sの3人の平均点は、PとQの平均点より高い。
ク　R、S、Tの3人の平均点は、PとQの平均点と等しい。

○**A**　カだけ　　○**B**　キだけ　　○**C**　クだけ　　　　○**D**　カとキ
○**E**　カとク　　○**F**　キとク　　○**G**　カとキとク　　○**H**　なし

解法 平均×人数＝合計

①平均点は、個々の点数の合計を、人数で割って求めます。したがって平均点に人数を掛ければ、個々の点数の合計がわかります。

$$平均点 = \frac{合計点}{人数} \quad \rightarrow \quad 平均点 \times 人数 = 合計点$$

情報Ⅰから、P、Q、Rの平均点は63点なので、3人の点数の合計は

P＋Q＋R＝63×3＝189 …①

となります。また、情報Ⅱから、PとQの点数の平均点は69なので、2人の点数の合計は

P＋Q＝69×2＝138 …②

となります。①から②を引けば、Rの点数がわかります。

R＝189－138＝51

　PとQの個々の点数は情報Ⅰ、Ⅱだけではわかりませんが、テストは100点満点なので、100点より高くなることはありません。PとQのどちらかが100点のとき、もう一方の点数は最低の**138－100＝38**点となります。これはRの点数より低いので、ア「**3人の中で最も点数の低いのはRである**」は、確実に正しいとはいえません。Pは最高で100点、最低で38点なので、PとRの差は最大で**100－51＝49**点になります。これは50点より小さいので、イ「**PとRの差は50点より小さい**」は、確実に正しいと言えます。

　また、PとQの差は最大では**100－38＝62**点となりますが、PとQが同じ点数の場合には差が0になることもあります。したがって、ウ「**PとQの差は60点より大きい**」は、確実に正しいとは言えません。

　以上から、確実に正しいと言えるのはイだけです。

②P、Q、Rの3人の合計点は**63×3＝189**点。SとTの合計点は**78×2＝156**点。5人の合計点は**189＋156＝345**点です。したがって、5人の平均点は**345÷5＝69**点となり、力は誤りとわかります。

　また、PとQの平均点は69点なので、Sの点数が69点より高ければ、P、Q、Sの平均はPとQの平均より高くなります。しかし、Sの点数が69点より高いかどうかは与えられた情報だけでは判断できません。したがって、キは確実に正しいとはいえません。

　推論クについては、5人の平均が69点で、そのうちのP、Qの平均も69点なので、5人からP、Qを除いたR、S、Tの平均も69点でなければなりません。したがって、クは確実に正しいといえます。

【正解】① B　② C

別冊 ▶ 013

問 01 リピート
チェック ▶ ☑ ☑ ☑

ある食料品店で 3 種類の商品 P、Q、R の在庫を調べたところ、次のことがわかった。

Ⅰ）P、Q、R の在庫数の平均は 184 個である。
Ⅱ）P、Q の在庫数の平均は 205 個である。
Ⅲ）P、R の在庫数の平均は 192 個である。

❶ Q の在庫数はいくつか。A ～ J の中から 1 つ選びなさい。

○A　121 個　　○B　136 個　　○C　142 個　　○D　154 個
○E　158 個　　○F　168 個　　○G　183 個　　○H　197 個
○I　203 個　　○J　A ～ I のどれでもない

❷上記の情報Ⅰ、Ⅱ、Ⅲのほかに、商品 S、T の在庫数の平均が 276 個であることがわかった。次の推論ア、イ、ウのうち、確実に正しいと言えるものはどれか。A ～ H の中から 1 つ選びなさい。

ア　5 つの商品のうち、最も在庫の少ないのは R である。
イ　5 つの商品のうち、最も在庫の多いのは S、T のいずれか、または両方である。
ウ　P の在庫数より、Q、S、T の在庫数の平均のほうが多い。

○A　アだけ　　○B　イだけ　　○C　ウだけ　　　○D　アとイ
○E　アとウ　　○F　イとウ　　○G　アとイとウ　○H　なし

問 02 リピート
チェック ▶ ☐ ☐ ☐

別冊 ▶ 013

P と Q の 2 人が、国語、数学、英語の 3 科目のテストを受けた。その結果の一部を下表に示す。なお、テストは 3 科目とも 100 点満点とする。

	国語	数学	英語
P	68	87	
Q	80		72

❶次の推論ア、イの正誤について、正しいものを A ～ I の中から 1 つ選びなさい。

　　ア　Pの3科目の平均点は85点である。
　　イ　Qの3科目の平均点は85点である。

○A　アもイも正しい
○B　アは正しいがイは誤り
○C　アは正しいがイはどちらとも言えない
○D　アは誤りだがイは正しい
○E　アもイも誤り
○F　アは誤りだがイはどちらとも言えない
○G　アはどちらとも言えないがイは正しい
○H　アはどちらとも言えないがイは誤り
○I　アもイもどちらとも言えない

❷次の推論カ、キの正誤について、正しいものを A ～ I の中から 1 つ選びなさい。

　　カ　Pの英語の点数が98点だった場合、Pの3科目の合計点はQより高い。
　　キ　Qの数学の点数が98点だった場合、Qの3科目の合計点はPより高い。

○A　カもキも正しい
○B　カは正しいがキは誤り
○C　カは正しいがキはどちらとも言えない
○D　カは誤りだがキは正しい
○E　カもキも誤り
○F　カは誤りだがキはどちらとも言えない
○G　カはどちらとも言えないがキは正しい
○H　カはどちらとも言えないがキは誤り
○I　カもキもどちらとも言えない

X 社の社員を対象に、1 日に使う昼食代について調査をしたところ、結果は次の表のようになった。なお、X 社では男性、女性ともに本社より支社のほうが社員数が少ない。

1 日の昼食代の平均金額　　（単位：円）

	全社	本社	支社
男性	800		900
女性	700		600

❶次の推論ア、イの正誤について、正しいものを A ～ I の中から 1 つ選びなさい。

　　ア　支社の男女を合わせた昼食代の平均は 750 円である。
　　イ　全社の男女を合わせた昼食代の平均は、700 より高く 800 円より低い。

○ A　アもイも正しい
○ B　アは正しいがイは誤り
○ C　アは正しいがイはどちらとも言えない
○ D　アは誤りだがイは正しい
○ E　アもイも誤り
○ F　アは誤りだがイはどちらとも言えない
○ G　アはどちらとも言えないがイは正しい
○ H　アはどちらとも言えないがイは誤り
○ I　アもイもどちらとも言えない

❷次の推論カ、キの正誤について、正しいものを A ～ I の中から 1 つ選びなさい。

　　カ　本社の男性社員の昼食代の平均は 700 円である。
　　キ　本社の男女を合わせた昼食代の平均は 700 円より高く 800 円より低い。

○ A　カもキも正しい
○ B　カは正しいがキは誤り
○ C　カは正しいがキはどちらとも言えない
○ D　カは誤りだがキは正しい
○ E　カもキも誤り

○F　カは誤りだがキはどちらとも言えない
○G　カはどちらとも言えないがキは正しい
○H　カはどちらとも言えないがキは誤り
○I　カもキもどちらとも言えない

| 問 04 | リピート
チェック ▶ | ☑ | ☑ | ☑ | - 別冊 ▶ 015 |

P、Q、R、Sの4人の身長について、次のことがわかった。

　　Ⅰ）PとQは同じ身長であった。
　　Ⅱ）PとRの身長の平均は、QとSの身長の平均より10cm高かった。

❶次の推論ア、イの正誤について、正しいものをA～Iの中から1つ選びなさい。

　　ア　Rの身長は、Sの身長より10cm高い。
　　イ　Pの身長はSと等しい。

○A　アもイも正しい
○B　アは正しいがイは誤り
○C　アは正しいがイはどちらとも言えない
○D　アは誤りだがイは正しい
○E　アもイも誤り
○F　アは誤りだがイはどちらとも言えない
○G　アはどちらとも言えないがイは正しい
○H　アはどちらとも言えないがイは誤り
○I　アもイもどちらとも言えない

❷最も少ない情報で4人の身長を確定するには、Ⅰ、Ⅱに加えてカ、キ、クの
どの情報が必要か。A～Hの中から1つ選びなさい。

　　カ　PとQの身長の和は、RとSの身長の和より小さかった。
　　キ　Rの身長は、QとSの身長の平均と同じだった。
　　ク　Qの身長は170cmであった。

○A　カだけ　　○B　キだけ　　○C　クだけ　　　○D　カとキ
○E　カとク　　○F　キとク　　○G　カとキとク　○H　なし

密度・濃度

A　重要度ランク

| テストセンター | ペーパーテスト | WEBテスティング |

例題

⏱ 目標タイム：1分

　次の表は、X、Y、Zの3つの容器に入れた食塩水の濃度である。XとYの食塩水の重さは等しく、いずれもZの2倍の重さであることがわかっている。

容器	食塩水の濃度
X	10.0%
Y	15.0%
Z	20.0%

　次の推論ア、イの正誤について、正しいものをA〜Iの中から1つ選びなさい。

　　ア　Zに含まれる食塩の量は、Xに含まれる食塩の量より多い。
　　イ　XとZの食塩水を混ぜると、濃度は15.0%になる。

○ A　アもイも正しい
○ B　アは正しいがイは誤り
○ C　アは正しいがイはどちらとも言えない
○ D　アは誤りだがイは正しい
○ E　アもイも誤り
○ F　アは誤りだがイはどちらとも言えない
○ G　アはどちらとも言えないがイは正しい
○ H　アはどちらとも言えないがイは誤り
○ I　アもイもどちらとも言えない

解法 具体的な数値で考える

　仮に、ＸとＹの食塩水の重さを200g、Ｚの食塩水の重さを100gとすると、3
つの食塩水に含まれる食塩の重さはそれぞれ次のように計算できます。

　Ｘ：200g × 0.1 　= 20g
　Ｙ：200g × 0.15 = 30g
　Ｚ：100g × 0.2 　= 20g

　ＸとＺに含まれる食塩の量は等しいので、Ｚのほうが多いという推論アは誤り
です。
　また、ＸとＺの食塩水を混ぜると、食塩水の重さは300g、食塩の重さは40gに
なります。したがって濃度は次のように計算できます。

　40 ÷ 300 ≒ 0.1333… 　→ 　13.3%

　以上から、濃度が15%になるという推論イは誤りです。
　このように、濃度や密度の問題では、**仮の数値をあてはめて考えるとわかりや
すくなりなります。**

【正解】Ｅ

●実践演習問題

解説・解答は別冊 015 - 017 ページ

 問01 リピート
チェック ▶ -------- 別冊 ▶ 015

　次の表は、甲、乙、丙の３つの容器に入れた食塩水の濃度である。甲と乙の
食塩水の重さは等しく、いずれも丙の２倍の重さであることがわかっている。

容器	食塩水の濃度
甲	12.0%
乙	8.0%
丙	24.0%

次の推論ア、イの正誤について、正しいものを A ～ I の中から 1 つ選びなさい。

ア　甲と乙の食塩水を混ぜると、濃度は 20.0％になる。
イ　甲の食塩水を水だけ蒸発させて半分の重さにすると、丙と同じ濃度になる。

○ A　アもイも正しい
○ B　アは正しいがイは誤り
○ C　アは正しいがイはどちらとも言えない
○ D　アは誤りだがイは正しい
○ E　アもイも誤り
○ F　アは誤りだがイはどちらとも言えない
○ G　アはどちらとも言えないがイは正しい
○ H　アはどちらとも言えないがイは誤り
○ I　アもイもどちらとも言えない

問 02　リピート チェック ▶ □□□ ------------------------------------ 別冊 ▶ 016

　ある会社は、P 県内で 10 店舗のカレーショップを運営している。1 店あたりの月平均売上高は、この 3 ヶ月、毎月前月に比べて 10％ずつ増加した。なお、店舗数はこの 3 ヶ月間で変化していない。
　次の推論ア、イの正誤について、正しいものを A ～ I の中から 1 つ選びなさい。

ア　全店舗の月間の総売上高は、3 ヶ月間で 30％増加した。
イ　すべての店舗で 3 ヶ月前に比べて売上高が増加した。

○ A　アもイも正しい
○ B　アは正しいがイは誤り
○ C　アは正しいがイはどちらとも言えない
○ D　アは誤りだがイは正しい
○ E　アもイも誤り
○ F　アは誤りだがイはどちらとも言えない
○ G　アはどちらとも言えないがイは正しい
○ H　アはどちらとも言えないがイは誤り
○ I　アもイもどちらとも言えない

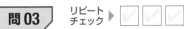

必須 問03 リピートチェック ▶ ☑ ☑ ☑

次の表は、P市、Q市、R市の人口密度（1km²
あたりの人口）である。P市とQ市の面積は等しく、
それぞれR市の面積の半分である。

（単位：人/km²）

市	人口密度
P市	420
Q市	340
R市	250

❶次の推論ア、イの正誤について、正しいものをA～Iの中から1つ選びなさい。

ア　P市の人口はR市の人口より多い。
イ　P市とR市を合わせた地域の人口密度は、Q市と等しい。

○ A　アもイも正しい
○ B　アは正しいがイは誤り
○ C　アは正しいがイはどちらとも言えない
○ D　アは誤りだがイは正しい
○ E　アもイも誤り
○ F　アは誤りだがイはどちらとも言えない
○ G　アはどちらとも言えないがイは正しい
○ H　アはどちらとも言えないがイは誤り
○ I　アもイもどちらとも言えない

❷次の推論カ、キの正誤について、正しいものをA～Iの中から1つ選びなさい。

カ　Q市とR市の人口の和は、P市の人口の2倍である。
キ　Q市とR市を合わせた地域の人口密度は、P市の人口密度の2倍である。

○ A　カもキも正しい
○ B　カは正しいがキは誤り
○ C　カは正しいがキはどちらとも言えない
○ D　カは誤りだがキは正しい
○ E　カもキも誤り
○ F　カは誤りだがキはどちらとも言えない
○ G　カはどちらとも言えないがキは正しい
○ H　カはどちらとも言えないがキは誤り
○ I　カもキもどちらとも言えない

　ある会社が運営するドラッグストアチェーンの 1 店あたりの年間平均売上高は、この 3 年間で毎年前年に比べて 20%ずつ増加している。なお、店舗数はこの 3 年間で変化していない。

❶次の推論ア、イの正誤について、正しいものを A 〜 I の中から1つ選びなさい。

　　ア　1 店あたりの年間平均売上高は、3 年間で 60%増加した。
　　イ　この 3 年間で、前年に比べて売上高が減少した店舗はない。

　〇**A**　アもイも正しい
　〇**B**　アは正しいがイは誤り
　〇**C**　アは正しいがイはどちらとも言えない
　〇**D**　アは誤りだがイは正しい
　〇**E**　アもイも誤り
　〇**F**　アは誤りだがイはどちらとも言えない
　〇**G**　アはどちらとも言えないがイは正しい
　〇**H**　アはどちらとも言えないがイは誤り
　〇**I**　アもイもどちらとも言えない

❷次の推論カ、キの正誤について、正しいものを A 〜 I の中から1つ選びなさい。

　　カ　この 3 年間に、売上高が毎年 20%以上増加した店舗の数は、毎年
　　　　20%未満しか増加しなかった店舗の数より多い。
　　キ　ドラッグストアチェーン全体の総売上高は、この 3 年間で毎年前年に
　　　　比べて 20%ずつ増加している。

　〇**A**　カもキも正しい
　〇**B**　カは正しいがキは誤り
　〇**C**　カは正しいがキはどちらとも言えない
　〇**D**　カは誤りだがキは正しい
　〇**E**　カもキも誤り
　〇**F**　カは誤りだがキはどちらとも言えない
　〇**G**　カはどちらとも言えないがキは正しい
　〇**H**　カはどちらとも言えないがキは誤り
　〇**I**　カもキもどちらとも言えない

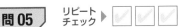

次の表は、P、Q、Rの3つのカップに入れた食塩水の濃度である。PとQの食塩水の重さは等しく、いずれもRの3倍の重さであることがわかっている。

容器	食塩水の濃度
P	10.0%
Q	5.0%
R	15.0%

❶次の推論ア、イの正誤について、正しいものをA～Iの中から1つ選びなさい。

　ア　PとQの食塩水を混ぜると、濃度は7.5%になる。
　イ　Qの食塩水を水だけ蒸発させて3分の1の重さにすると、Rと同じ濃度になる。

- ◯A　アもイも正しい
- ◯B　アは正しいがイは誤り
- ◯C　アは正しいがイはどちらとも言えない
- ◯D　アは誤りだがイは正しい
- ◯E　アもイも誤り
- ◯F　アは誤りだがイはどちらとも言えない
- ◯G　アはどちらとも言えないがイは正しい
- ◯H　アはどちらとも言えないがイは誤り
- ◯I　アもイもどちらとも言えない

❷次の推論力、キの正誤について、正しいものをA～Iの中から1つ選びなさい。

　カ　QとRの食塩水を混ぜると、Pと同じ濃度になる。
　キ　PとRの食塩水を混ぜると、濃度は12.5%になる。

- ◯A　カもキも正しい
- ◯B　カは正しいがキは誤り
- ◯C　カは正しいがキはどちらとも言えない
- ◯D　カは誤りだがキは正しい
- ◯E　カもキも誤り
- ◯F　カは誤りだがキはどちらとも言えない
- ◯G　カはどちらとも言えないがキは正しい
- ◯H　カはどちらとも言えないがキは誤り
- ◯I　カもキもどちらとも言えない

A 重要度ランク

例題

 目標タイム：1分

　P、Q、R、Sの4チームでサッカーの総当たり戦を行った。その結果について、次のことがわかっている。なお、引き分けの試合はないものとする。

　　Ⅰ）PはRに勝った。
　　Ⅱ）QはS以外に勝った。

　次の推論ア、イ、ウのうち、<u>必ずしも誤りとは言えない</u>ものはどれか。A～Hの中から1つ選びなさい。

　　ア　Pは2勝1敗だった。
　　イ　Rは2勝1敗だった。
　　ウ　Sは2勝1敗だった。

○**A**　アだけ　　○**B**　イだけ　　○**C**　ウだけ　　○**D**　アとイ
○**E**　アとウ　　○**F**　イとウ　　○**G**　アとイとウ　　○**H**　なし

解法 対戦表を作って考えよう

　総当たり戦の問題では、図のような対戦表を作って考えます。対戦表のマスは対になっているので注意しましょう。たとえば「P対R」のマスに○を入れたら、R対Pのマスには×が入ります。

対戦相手

色の○×：情報Ⅰより
黒の○×：情報Ⅱより
　　：不明

　　情報Ⅰ、Ⅱからわかる勝敗をすべて埋めると、上記のようになります。空欄の
マスには〇か×のどちらが入るかわかりません。推論ア〜ウが、この表に当てはまるかどうかを検討します。

ア：PはSに勝てば2勝1敗になります。したがって必ずしも誤りとは言えません。

イ：Rはすでに2敗しているので、Sに勝ったとしても、2勝1敗になることはありません。したがってイは誤りです。

ウ：SはPかRのどちらかに勝ち、もう一方に負ければ2勝1敗になります。したがって必ずしも誤りとは言えません。

【正解】E

実践演習問題

解説・解答は別冊 017 - 019 ページ

 問 01　リピート
チェック ▶ □ □ □ ---------------------------------- 別冊 ▶ 017

　P、Q、Rの3人がジャンケンをした。1回目は勝負がつかず、2回目は1人が勝った。このジャンケンについて、次のことがわかっている。なお、勝負がつかないとは、3人とも同じものを出したときか、3人とも違うものを出したときである。

　　Ⅰ）Pは2回ともチョキを出した。
　　Ⅱ）Qは1回だけパーを出した。
　　Ⅲ）Rは1回目にグーを出した。

　2回目のジャンケンについて、次の推論ア、イ、ウのうち、<u>必ずしも誤りとは言えない</u>ものはどれか。A〜Hの中から1つ選びなさい。

　　ア　勝ったのはPである。
　　イ　勝ったのはQである。
　　ウ　パー出した人が少なくとも1人はいる。

○**A**　アだけ　　　○**B**　イだけ　　　○**C**　ウだけ　　　○**D**　アとイ
○**E**　アとウ　　　○**F**　イとウ　　　○**G**　アとイとウ　　　○**H**　なし

　P、Q、R、Sの4チームでバスケットボールの総当たり戦を行った。その結果について、次のことがわかっている。なお、引き分けの試合はないものとする。

　Ⅰ）PはQに負けた。
　Ⅱ）RはSにだけ勝った。

❶次の推論ア、イ、ウのうち、<u>必ずしも誤りとは言えない</u>ものはどれか。A～Hの中から1つ選びなさい。

　ア　Pは1勝2敗だった。
　イ　Qは1勝2敗だった。
　ウ　Sは1勝2敗だった。

○**A**　アだけ　　　○**B**　イだけ　　　○**C**　ウだけ　　　○**D**　アとイ
○**E**　アとウ　　　○**F**　イとウ　　　○**G**　アとイとウ　　　○**H**　なし

❷最も少ない情報ですべての試合の勝敗がわかるためには、情報Ⅰ、Ⅱのほかに、次のカ、キ、クのどれを加えればよいか。A～Hの中から1つ選びなさい。

　カ　Pは1勝2敗だった。
　キ　Qは2勝1敗だった。
　ク　Sは2勝1敗だった。

○**A**　カだけ　　　○**B**　キだけ　　　○**C**　クだけ　　　○**D**　カとキ
○**E**　カとク　　　○**F**　キとク　　　○**G**　カとキとク
○**H**　カとキとクを加えてもわからない

　P、Q、R、Sの4チームで、野球のトーナメント戦を行った。その結果について、次のことがわかっている。

　Ⅰ）PとQの対戦ではQが勝った。
　Ⅱ）PとRの対戦ではRが負けた。

なお、4チームによるトーナメント戦については、次の2通りの方式が考えられるが、どちらの方式で対戦が行われたかはわからないものとする。

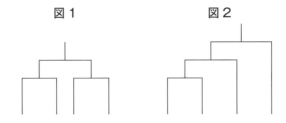

図1   図2

❶次の推論ア、イ、ウのうち、<u>必ずしも誤りとは言えない</u>ものはどれか。A～Hの中から1つ選びなさい。

　　ア　QはRと対戦した。
　　イ　SはQと対戦した。
　　ウ　SはRと対戦した。

○**A**　アだけ　　　○**B**　イだけ　　　○**C**　ウだけ　　　　○**D**　アとイ
○**E**　アとウ　　　○**F**　イとウ　　　○**G**　アとイとウ　　○**H**　なし

❷次の推論カ、キ、クのうち、<u>確実に正しいと言える</u>ものはどれか。A～Hの中から1つ選びなさい。

　　カ　Qが優勝した。
　　キ　Pは1試合だけ対戦した。
　　ク　Sは1試合だけ対戦した。

○**A**　カだけ　　　○**B**　キだけ　　　○**C**　クだけ　　　　○**D**　カとキ
○**E**　カとク　　　○**F**　キとク　　　○**G**　カとキとク　　○**H**　なし

07 推論⑦
位置関係を推理する

A 重要度
ランク

テストセンター ペーパーテスト WEBテスティング

例題

 目標タイム：**2分**

　8つのテーブル席が図のように配置された居酒屋に、P、Q、R、S、Tの5組の客が来店している。4番テーブルと5番テーブルだけが喫煙席で、ほかのテーブルはすべて禁煙席である。空いているテーブルはなく、異なる組の客が1つのテーブルで相席となることはない。

1	2	3	4
8	7	6	5

　各テーブルの客について、次のことがわかっている。

　　Ⅰ）2つ以上のテーブルを使っている客は2組あり、いずれも喫煙席を含む隣り合ったテーブルを使っている。

　　Ⅱ）Pは1番テーブルを使っている。

　　Ⅲ）Sは5番テーブルを使っている。

①次の推論ア、イ、ウのうち、<u>必ずしも誤りとは言えない</u>ものはどれか。A〜Hの中から1つ選びなさい。

　　ア　Pは2つ以上のテーブルを使っている。

　　イ　Qは2つ以上のテーブルを使っている。

　　ウ　Rは6番テーブルを使っている。

○**A** アだけ　　○**B** イだけ　　○**C** ウだけ　　○**D** アとイ
○**E** アとウ　　○**F** イとウ　　○**G** アとイとウ　　○**H** なし

②最も少ない情報で、5組の客のテーブルがすべてわかるには、情報Ⅰ〜Ⅲのほかに、次のカ、キ、クのどの情報を加えればよいか。A〜Hの中から1つ選びなさい。

　　カ　Qは2番テーブルを使っている。

　　キ　Rは3つ以下のテーブルを使っている。

　　ク　Tは7番テーブルを使っている。

○**A** カだけ　　○**B** キだけ　　○**C** クだけ　　○**D** カとキ
○**E** カとク　　○**F** キとク　　○**G** カとキとク
○**H** カとキとクを加えてもわからない

解法 情報を図で表そう

①情報Ⅰ～Ⅲからわかるテーブルは次のとおりです。

ア：この推論が正しいとすると、Pは1～4番までのテーブルを使うことになります。それでは客が入りきらないので、推論アは誤り。

イ：3番、4番テーブルをQが使うことは考えられます。

よって、推論イは必ずしも誤りとは言えません。

ウ：6番テーブルはSが使うので、推論ウは誤りです。

| 1 | 2 | 3 | 4 |

情報Ⅱ→ | P | | | |

| 8 | 7 | 6 | 5 |
| | | S | S | ←情報Ⅲ

↑ 禁煙席を使う客はその隣のテーブルも使う（情報Ⅰ）

②情報**カ**、**キ**、**ク**を順番に検討します。

カ：Qが2番テーブルだけを使う場合は、3、4番テーブルをRかTが使い、5～7番テーブルをSが使うことになります。また、Qが2～4番テーブルを連続して使い、残りのテーブルをRとTで1つずつ分けあう方法もあります。

キ：「3つ以下」には3つの場合も1つの場合も含まれるので、この情報だけではRの位置は確定できません。

ク：これにより、Tの位置は7番テーブルに確定します。この場合、2～4番テーブルは1組の客が使うことになります。

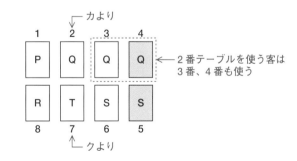

┌カより

| 1 | 2 | 3 | 4 |
| P | Q | Q | Q | ←2番テーブルを使う客は
3番、4番も使う

| 8 | 7 | 6 | 5 |
| R | T | S | S |

↑クより

　以上から、**カ**と**ク**の情報を組み合わせると、Qの位置、Tの位置が確定します。残った8番テーブルがRの位置となります。

【正解】①B　②E

必須 **問01** リピート
チェック ▶ ✓ ✓ ✓ -----------------------------

　図のような2階建てアパートに、P、Q、R、S、T、Uの6人が1人1部屋ずつ住んでいる。空き部屋は各階に1つずつあり、6人の部屋割りについて、次のことがわかっている。

201	202	203	204
101	102	103	104

Ⅰ）202号室は空き部屋である。
Ⅱ）PはSの隣に住んでいる。
Ⅲ）Pの真下にはQが住んでいる。
Ⅳ）Tは端には住んでおらず、一方の隣は空き部屋である。

❶次の推論ア、イ、ウについて、<u>必ずしも誤りとは言えない</u>ものはどれか。次のA～Hの中から1つ選びなさい。

　ア　RはUの隣に住んでいる。
　イ　空き部屋の真下も空き部屋である。
　ウ　Tは1階に住んでいる。

○**A** アだけ　　○**B** イだけ　　○**C** ウだけ　　　　○**D** アとイ
○**E** アとウ　　○**F** イとウ　　○**G** アとイとウ　　○**H** なし

❷最も少ない情報で、6人の部屋割りがすべてわかるには、情報Ⅰ～Ⅳのほかに、次のカ、キ、クのどの情報を加えればよいか。A～Hの中から1つ選びなさい。

　カ　Rの真下は空き部屋である。
　キ　Rは端に住んでいる。
　ク　Uは103号室に住んでいる。

○**A** カだけ　　○**B** キだけ　　○**C** クだけ　　　　○**D** カとキ
○**E** カとク　　○**F** キとク　　○**G** カとキとク
○**H** カとキとクを加えてもわからない

問 02 リピート
チェック ▶ ✓ ✓ ✓ ------------------------------------

　8両編成の団体貸切列車に、P、Q、R、S、Tの5組の団体が乗車している。列車の5両目と6両目はダブルデッカー（2階建て車両）で、ほかの車両はすべて普通車両となっている。それぞれの団体は車両単位で貸し切り、1つの車両を複数の団体が使うことはない。空いている車両もないものとする。

| 1両目 | 2両目 | 3両目 | 4両目 | 5両目 | 6両目 | 7両目 | 8両目 |

この列車について、次のことがわかっている。

　Ⅰ）2両以上の車両を使う団体は2組あり、いずれもダブルデッカーを含む連続した車両を使っている。
　Ⅱ）Pは7両目を使っている。
　Ⅲ）Qは3両目を使っている。

❶次の推論ア、イ、ウのうち、<u>必ずしも誤りとは言えない</u>ものはどれか。A～Hの中から1つ選びなさい。

　ア　Pは1両だけを使っている。
　イ　Qは2両以上の車両を使っている。
　ウ　Rは2両以上の車両を使っている。

○**A** アだけ　　○**B** イだけ　　○**C** ウだけ　　　　○**D** アとイ
○**E** アとウ　　○**F** イとウ　　○**G** アとイとウ　　○**H** なし

❷最も少ない情報で、5組の団体の使う車両がすべてわかるには、情報Ⅰ～Ⅲのほかに、次のカ、キ、クのどの情報を加えればよいか。A～Hの中から1つ選びなさい。

　カ　Rは1両だけを使っている。
　キ　Sは2両目を使っている。
　ク　Tは4両目を使っている。

○**A** カだけ　　○**B** キだけ　　○**C** クだけ　　　　○**D** カとキ
○**E** カとク　　○**F** キとク　　○**G** カとキとク
○**H** カとキとクを加えてもわからない

推論⑧
チェックボックス

A 重要度ランク

テストセンター　ペーパーテスト　WEBテスティング

例　題

⏱目標タイム：**3分**

　１から９までの数字を１つずつ書いた９枚のカードを、P、Q、Rの3人に3枚ずつ配った。配られたカードについて、次のことがわかっている。

　　Ⅰ）Pに配られたカードの数字の和は20である。
　　Ⅱ）Qに配られたカードの数字の積は40である。
　　Ⅲ）6のカードはRに配られた。

①確実にPに配られたと言えるカードはどれか。A〜Hの中から<u>すべて</u>選びなさい。

□A　1　　　　　□B　2　　　　　□C　3　　　　　□D　4
□E　5　　　　　□F　7　　　　　□G　8　　　　　□H　9

②6以外で、Rに配られた可能性があるカードはどれか。A〜Hの中から<u>すべて選び</u>なさい。

□A　1　　　　　□B　2　　　　　□C　3　　　　　□D　4
□E　5　　　　　□F　7　　　　　□G　8　　　　　□H　9

解法 可能性のあるものをすべてチェックする

①6を除く1〜9の数を使って、3つの数の合計が20になる組合せは、

　9、8、3
　9、7、4
　8、7、5

の3通りです（大きい数から考えた方がわかりやすい）。

・Pのカードが9、8、3のとき：残ったカードは1、2、4、5、7。この中の数字を3つ使って積が40になる組合せは、2、4、5です。

・Pのカードが9、7、4のとき：残ったカードは1、2、3、5、8。この中の数字を3つ使って積が40になる組合せは、1、5、8です。
・Pのカードが8、7、5のとき：残ったカードは1、2、3、4、9。この中の数字を3つ使って積が40になる組合せはありません。

　以上から、Pに配られたカードは「9、8、3」または「9、7、4」であることがわかります。両方に共通する数字は9だけなので、確実にPに配られたと言えるのは9のカードです。

②Pに配られたカードが9、8、3のとき、Qに配られるのは2、4、5なので、Rには残った1、6、7が配られます。
また、Pに配られたカードが9、7、4のとき、Qに配られるのは1、5、8なので、Rには残った2、3、6が配られます。

	P	Q	R
①	3、8、9	2、4、5	1、6、7
②	4、7、9	1、5、8	2、3、6

以上から、Rに配られる可能性があるカードは、6以外に「1、2、3、7」の4つです。

【正解】①H　②A、B、C、F

実践演習問題

解説・解答は別冊 020 - 023 ページ

必須 **問01** リピート チェック ▶ □ □ □ - 別冊 ▶ 020

　あるアーティストが、1月から6月までの半年間に、全国の会場でコンサートをおこなった。これらのコンサートについて、次のことがわかっている。

　Ⅰ）コンサートは1ヶ月に少なくとも1回以上、3回以下の頻度でおこなった。
　Ⅱ）2月は1回だけしかおこなわなかった。

❶合計で15回のコンサートを行う場合、10回目のコンサートは何月におこなったか。可能性のある月をA～Fの中から<u>すべて</u>選びなさい。

□A　1月　　□B　2月　　□C　3月　　□D　4月　　□E　5月
□F　6月

❷合計で 10 回のコンサートを行う場合、5 回目のコンサートは何月におこなったか。可能性のある月を A ～ F の中から<u>すべて</u>選びなさい。

☐A　1 月　　☐B　2 月　　☐C　3 月　　☐D　4 月　　☐E　5 月
☐F　6 月

| 問 02 | リピート
チェック ▶ ☐☐☐ | 別冊 ▶ 021 |

ある小学生は、週に 4 日習い事に通っている。習い事に通っている曜日について、次のことがわかっている。

　　Ⅰ）習字教室は、毎週ピアノの 4 日後に行く。
　　Ⅱ）毎週水曜日はスイミングスクールがある。
　　Ⅲ）同じ曜日に 2 つ以上の習い事に通うことはない。

❶ピアノの翌日に英会話教室がある場合、ピアノの曜日として可能性のあるものはどれか。可能性のあるものを<u>すべて</u>選びなさい。

☐A　月曜日　　☐B　火曜日　　☐C　水曜日　　☐D　木曜日
☐E　金曜日　　☐F　土曜日　　☐G　日曜日

❷習字教室の 2 日後に英会話教室がある場合、英会話教室の曜日として可能性のあるものはどれか。可能性のあるものを<u>すべて</u>選びなさい。

☐A　月曜日　　☐B　火曜日　　☐C　水曜日　　☐D　木曜日
☐E　金曜日　　☐F　土曜日　　☐G　日曜日

| 難! | 問 03 | リピート
チェック ▶ ☐☐☐ | 別冊 ▶ 021 |

リンゴが 3 個、ミカンが 3 個、カキが 4 個ある。この 10 個の果物を、P、Q、R、S、T の 5 人で 2 個ずつ分けた。5 人がもらった果物について、次のことがわかっている。

　　Ⅰ）P は 2 個とも同じ果物をもらった。
　　Ⅱ）Q がもらった果物は、R がもらった果物と同じだった。

❶2 個とも同じ果物をもらった人は 1 人しかいないとき、S がもらった果物は

何か。A～Fの中から、可能性のあるものを<u>すべて</u>選びなさい。

☐ A　リンゴ2個　　　　　　☐ B　ミカン2個
☐ C　カキ2個　　　　　　　☐ D　リンゴ1個とミカン1個
☐ E　リンゴ1個とカキ1個　 ☐ F　ミカン1個とカキ1個

❷ 2個とも同じ果物をもらった人が2人いるとき、Sがもらった果物は何か。
A～Fの中から、可能性のあるものを<u>すべて</u>選びなさい。

☐ A　リンゴ2個　　　　　　☐ B　ミカン2個
☐ C　カキ2個　　　　　　　☐ D　リンゴ1個とミカン1個
☐ E　リンゴ1個とカキ1個　 ☐ F　ミカン1個とカキ1個

難! | **問 04** | リピート
チェック ▶ ☑ ☑ ☑ ----------------------------------- 別冊 ▶ 022

図のように、表面をふせた状態で並べた7枚のトランプの札の中から、1枚
ずつ順番に4枚開く。はじめに真ん中の札を開いた。その次に開いた札について、
次のことがわかっている。ただし、ア、イ、ウの順番は不明である。

　　ア　次に、1つ隣の札を開いた。
　　イ　次に、4つ隣の札を開いた。
　　ウ　次に、2つ右の札を開いた。

❶ 表にした4枚の札のうち、2番目に開いた札はどれか。A～Fの中から、可
能性のあるものを<u>すべて</u>選びなさい。

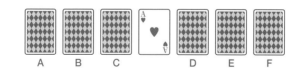

❷ 表にした4枚の札のうち、最後に開いた札はどれか。A～Fの中から、可能
性のあるものを<u>すべて</u>選びなさい。

数値を推理する

A 重要度
ランク

テストセンター　　ペーパーテスト　　**WEBテスティング**

例題 1

⏱ 目標タイム：**1分**

空欄に当てはまる数値を答えなさい。

P、Q、Rの3人が数学の試験を受けた。得点はP、Q、Rの順に高く、3人の平均点は73点である。このほかに以下のことがわかっている。

> ア　PとQの得点の差は6点である。
> イ　PとQの平均点は、QとRの平均点より9点高かった。

このとき、Rの得点は□点である。

解法 問題文から式を組み立てよう

問題文から式を組み立てます。「3人の平均点は73点である」という記述からは、

$$\frac{P+Q+R}{3} = 73 \quad \rightarrow \quad P+Q+R = 73 \times 3 = 219 \quad \cdots ①$$

アの「PとQの得点の差は6点である」という記述からは、

$$P-Q = 6 \quad \cdots ②$$

イの「PとQの平均点は、QとRの平均点より9点高かった」という記述からは、

$$\frac{P+Q}{2} - \frac{Q+R}{2} = 9 \quad \rightarrow \quad P-R = 18 \quad \cdots ③$$

という3つの式ができます。式②と式③を、Q = P − 6、R = P − 18と変形し、これを式①に代入すると、

$$P + (P-6) + (P-18) = 219 \quad \rightarrow \quad 3P = 243 \quad \therefore P = 81$$

P = 81を式③に代入すれば、R = 63となります。

【正解】63

例題2

⏱ 目標タイム：1分

以下について、[問]の答えがわかるには、ア、イの情報のうちどれがあればよいか。A～Eの中から正しいものを1つ選びなさい。

1から4までの数字が1つずつ書かれた4枚のカードの中から、2枚のカードを選んで2けたの整数を作る。

[問] この整数はいくつか。

　ア　17で割り切れる。
　イ　16で割ると2余る。

○**A**　アだけでわかるが、イだけではわからない
○**B**　イだけでわかるが、アだけではわからない
○**C**　アとイの両方でわかるが、片方だけではわからない
○**D**　アだけでも、イだけでもわかる
○**E**　アとイの両方があってもわからない

解法 情報は2つとも調べよう

情報アより、「**17で割り切れる**」数には、

　17、34、51…

などがあります。このうち1から4までの数字で作れるのは34だけです。したがって、情報アだけでこの整数が34であることがわかります。

しかし、ここで「解けた！」と思ってはいけません。情報イについても調べましょう。情報イより、「**16で割ると2余る**」数には、

　18、34、50…

などがあります。このうち1から4までの数字で作れるのは、やはり34だけです。つまり、情報イだけでも、この整数が34であることはわかります。

以上から、正解は「**アだけでも、イだけでもわかる**」です。情報ア、イを両方とも調べる必要があることに注意しましょう。

【正解】D

問 01 リピート チェック ▶ ☑ ☑ ☑ ------- 別冊 ▶ 023

空欄に当てはまる数値を答えなさい。

P、Q、Rの3人の所持金の合計は3000円である。このほか、3人の所持金について以下のことがわかっている。

　ア　PとQの所持金は等しい。
　イ　Rの所持金はPの2倍である。

このとき、Rの所持金は ☐ 円である。

問 02 リピート チェック ▶ ☑ ☑ ☑ ------- 別冊 ▶ 023

空欄に当てはまる数値を答えなさい。

X、Y、Zの3人の平均年齢は16歳で、X、Y、Zの順に年長である。このほかに以下のことがわかっている。

　ア　XとYの年齢の和は、Zの年齢の3倍である。
　イ　YはZより3歳年長である。

このとき、Xの年齢は ☐ 歳である。

問 03 リピート チェック ▶ ☑ ☑ ☑ ------- 別冊 ▶ 023

空欄に当てはまる数値を答えなさい。

P、Q、Rの3人が英語の試験を受けた。その結果について以下のことがわかっている。

　ア　3人の平均点は60点だった。
　イ　PとQの2人の平均点は、Rの点数よりも3点高かった。

このとき、Rの点数は ☐ 点である。

 空欄に当てはまる数値を答えなさい。

P、Q、R、S、Tの5人で37個のミカンを分けた。5人がもらったミカンの個数について、以下のことがわかっている。

　ア　同じ個数をもらった人はいない。
　イ　最も多くもらった人は、最も少ない人より5個多い。

このとき、3番目に多くもらった人は□□個のミカンをもらった。

問 05

別冊▶024

空欄に当てはまる数値を答えなさい。

Xは2の倍数、Yは3の倍数、Zは5の倍数であり、以下のことがわかっている。

　ア　$X + Z = 42$
　イ　$Y + Z = 38$

X、Y、Zがいずれも正の整数であるとき、Xは□□である。

問 06

別冊▶024

以下について、[問]の答えがわかるには、ア、イの情報のうちどれがあればよいか。A～Eの中から正しいものを1つ選びなさい。

1から5までの数字が1つずつ書かれた5枚のカードの中から3枚を選ぶ。
[問] 選んだカードに書かれた3つの数字は何か。

　ア　3枚のカードの和は10である。
　イ　3枚のカードの積は30である。

○ **A**　アだけでわかるが、イだけではわからない
○ **B**　イだけでわかるが、アだけではわからない
○ **C**　アとイの両方でわかるが、片方だけではわからない
○ **D**　アだけでも、イだけでもわかる
○ **E**　アとイの両方があってもわからない

問07 リピート
チェック ▶ ☐☐☐

以下について、[問]の答えがわかるには、ア、イの情報のうちどれがあれば
よいか。A〜Eの中から正しいものを1つ選びなさい。

ある人が数学と国語と英語のテストを受けた。
[問] 国語の点数は何点か。

　ア　3科目の平均点は82点だった。
　イ　数学の点数は、国語と英語の2科目の平均点より3点高い。

○ **A**　アだけでわかるが、イだけではわからない
○ **B**　イだけでわかるが、アだけではわからない
○ **C**　アとイの両方でわかるが、片方だけではわからない
○ **D**　アだけでも、イだけでもわかる
○ **E**　アとイの両方があってもわからない

 問08 リピート
チェック ▶

以下について、[問]の答えがわかるには、ア、イの情報のうちどれがあれば
よいか。A〜Eの中から正しいものを1つ選びなさい。

P、Q、Rの3人の所持金は合計で37000円である。
[問] Rの所持金はいくらか。

　ア　Rの所持金はQの2倍だった。
　イ　Pの所持金はRより5000円多かった。

○ **A**　アだけでわかるが、イだけではわからない
○ **B**　イだけでわかるが、アだけではわからない
○ **C**　アとイの両方でわかるが、片方だけではわからない
○ **D**　アだけでも、イだけでもわかる
○ **E**　アとイの両方があってもわからない

問 09 リピート チェック ▶ -------- 別冊 ▶ 024

以下について、[問]の答えがわかるには、ア、イの情報のうちどれがあればよいか。A ～ E の中から正しいものを 1 つ選びなさい。

1 周 20 キロの湖があり、P と Q が互いに反対方向に走ってこの湖を 1 周する。
[問] 同じ地点から同時に出発する場合、P と Q が出会うのは出発から何分後か。

ア P は時速 18km、Q は時速 12km で走る。
イ 2 人が出会うのは、出発点から 8km の地点である。

○ **A** アだけでわかるが、イだけではわからない
○ **B** イだけでわかるが、アだけではわからない
○ **C** アとイの両方でわかるが、片方だけではわからない
○ **D** アだけでも、イだけでもわかる
○ **E** アとイの両方があってもわからない

 問 10 リピート チェック ▶ -------- 別冊 ▶ 025

難! 以下について、[問]の答えがわかるには、ア、イの情報のうちどれがあればよいか。A ～ E の中から正しいものを 1 つ選びなさい。

ある店の金曜日、土曜日、日曜日の 3 日間の売上を調査した。
[問] 最も売上が少なかったのは何曜日か。

ア 日曜日の売上は金曜日の 1.6 倍で、3 日間の売上全体の 4 割を占めた。
イ 土曜日の売上は金曜日の 1.4 倍だった。

○ **A** アだけでわかるが、イだけではわからない
○ **B** イだけでわかるが、アだけではわからない
○ **C** アとイの両方でわかるが、片方だけではわからない
○ **D** アだけでも、イだけでもわかる
○ **E** アとイの両方があってもわからない

場合の数①
数字の組合せ

S 重要度ランク

テストセンター ペーパーテスト WEBテスティング

例題

⏱目標タイム：**2分**

　1から4までの数字を使って3けたの整数を作る。ただし、同じ数字を何回使ってもよいものとする。

① 200より大きい数は何通り作れるか。

〇A　4通り　　〇B　8通り　　〇C　12通り　　　〇D　16通り
〇E　24通り　　〇F　32通り　〇G　36通り　　　〇H　48通り
〇I　64通り　　〇J　A～Iのいずれでもない

② 320より大きい数は何通り作れるか。

〇A　4通り　　〇B　6通り　　〇C　12通り　　　〇D　16通り
〇E　20通り　　〇F　24通り　〇G　28通り　　　〇H　32通り
〇I　36通り　　〇J　A～Iのいずれでもない

解法 けたごとに場合分けして考えよう

① 1から4までの数字を使った200より大きい数は「211」「212」「213」…「444」まであります。各けたごとに使える数字は、

　　百の位：2、3、4の3通り
　　十の位：1、2、3、4の4通り
　　一の位：1、2、3、4の4通り

以上から、200より大きい3けたの数は、

　　3通り×4通り×4通り＝48通り

となります。

②百の位の数が「3」の場合と「4」の場合を分けて考える必要があることに注意しましょう。百の位が3の場合、十の位は2以上でなければ「320」より大きくなりません。一方、百の位が4の場合、十の位は1でもかまいません。

(1) 百の位が「3」の場合：

十の位：2、3、4の3通り
一の位：1、2、3、4の4通り

→ 3通り× 4通り＝ 12通り

(2) 百の位が「4」の場合：

十の位：1、2、3、4の4通り
一の位：1、2、3、4の4通り

→ 4通り× 4通り＝ 16通り

「320」より大きな数は、(1) と (2) を合計した数になります。

12通り＋ 16通り＝ 28通り

【正解】① H　② G

●実践演習問題

解説・解答は別冊 025 - 027 ページ

 問 01　リピートチェック ▶ ☑ ☑ ☑

別冊 ▶ 025

1、3、6、9の4つの数字を組合せて3けたの整数を作る。ただし、同じ数字を何回使ってもよいものとする。

❶ どのけたにも9が入っていない数は何通り作れるか。

○A　6通り　　○B　9通り　　○C　12通り　　○D　24通り
○E　27通り　　○F　36通り　　○G　40通り　　○H　48通り
○I　64通り　　○J　A～Iのいずれでもない

❷ 360 より大きい数は何通り作れるか。

○A　6通り　　○B　9通り　　○C　12通り　　○D　24通り
○E　27通り　　○F　36通り　　○G　40通り　　○H　48通り
○I　64通り　　○J　A～Iのいずれでもない

0 から 5 までの数字を使って 3 けたの整数を作る。ただし、0 を一番上の位に使うことはできない。また、同じ数字を何回使ってもよいものとする。

❶奇数は何通り作れるか。

○ **A** 60 通り ○ **B** 75 通り ○ **C** 90 通り ○ **D** 108 通り
○ **E** 120 通り ○ **F** 180 通り ○ **G** 216 通り ○ **H** 240 通り
○ **I** 256 通り ○ **J** A ～ I のいずれでもない

❷ 5 の倍数は何通り作れるか。

○ **A** 60 通り ○ **B** 75 通り ○ **C** 90 通り ○ **D** 108 通り
○ **E** 120 通り ○ **F** 180 通り ○ **G** 216 通り ○ **H** 240 通り
○ **I** 256 通り ○ **J** A ～ I のいずれでもない

0 から 4 までの数字を使って整数を作る。ただし、0 を一番上の位に使うことはできない。また、同じ数字を何回使ってもよいものとする。

❶ 3 けたの整数は何通り作れるか。

○ **A** 4 通り ○ **B** 20 通り ○ **C** 25 通り ○ **D** 64 通り
○ **E** 100 通り ○ **F** 125 通り ○ **G** 200 通り ○ **H** 250 通り
○ **I** 300 通り ○ **J** A ～ I のいずれでもない

❷ 1 以上 3000 以下の整数は何通り作れるか。

○ **A** 125 通り ○ **B** 250 通り ○ **C** 325 通り ○ **D** 350 通り
○ **E** 375 通り ○ **F** 421 通り ○ **G** 499 通り ○ **H** 550 通り
○ **I** 578 通り ○ **J** A ～ I のいずれでもない

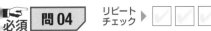

必須 **問04** リピートチェック ▶ ☑ ☑ ☑

1から5までの数字を使って整数を作る。ただし、<u>同じ数字を重複して使うことはできない</u>ものとする。

❶ 4けたの整数は何通り作れるか。

○ **A** 24通り　　○ **B** 48通り　　○ **C** 64通り　　○ **D** 80通り
○ **E** 120通り　○ **F** 160通り　○ **G** 256通り　○ **H** 320通り
○ **I** 625通り　○ **J** A～Iのいずれでもない

❷ 4けたの偶数は何通り作れるか。

○ **A** 16通り　　○ **B** 24通り　　○ **C** 48通り　　○ **D** 60通り
○ **E** 96通り　　○ **F** 120通り　○ **G** 160通り　○ **H** 218通り
○ **I** 256通り　○ **J** A～Iのいずれでもない

  必須 **問05** リピートチェック ▶ ☑ ☑ ☑

別冊 ▶ 026

1から4までの数字を使って4けたの整数を作る。ただし、同じ数字を何回使ってもよいものとする。

❶ 同じ数字を2個以上含む整数は何通り作れるか。

○ **A** 24通り　　○ **B** 40通り　　○ **C** 64通り　　○ **D** 88通り
○ **E** 128通り　○ **F** 176通り　○ **G** 232通り　○ **H** 256通り
○ **I** 280通り　○ **J** A～Iのいずれでもない

❷ 同じ数字を3個以上含む整数は何通り作れるか。

○ **A** 30通り　　○ **B** 48通り　　○ **C** 52通り　　○ **D** 96通り
○ **E** 144通り　○ **F** 180通り　○ **G** 212通り　○ **H** 224通り
○ **I** 260通り　○ **J** A～Iのいずれでもない

テストセンター　ペーパーテスト　WEBテスティング

⓪ ① ② ③ ④ ⑤ の 6 枚のカードがある。この中から 3 枚選んで並べ、3 けたの整数を作る。ただし、⓪ を一番上の位に置くことはできないものとする。

| 0 | 1 | 2 | 3 | 4 | 5 |

❶偶数は何通り作れるか。

○**A** 26 通り 　○**B** 30 通り 　○**C** 48 通り 　○**D** 50 通り
○**E** 52 通り 　○**F** 60 通り 　○**G** 75 通り 　○**H** 90 通り
○**I** 120 通り 　○**J** A～I のいずれでもない

❷340 以上の整数は何通り作れるか。

○**A** 26 通り 　○**B** 30 通り 　○**C** 48 通り 　○**D** 50 通り
○**E** 52 通り 　○**F** 60 通り 　○**G** 75 通り 　○**H** 90 通り
○**I** 120 通り 　○**J** A～I のいずれでもない

1、2、3、4、5 の 5 つの数字を使って 3 けたの整数を作る。同じ数字を重複して使うことはできないものとする。

❶各けたの数字が異なる奇数は何通り作れるか。

○**A** 6 通り 　○**B** 8 通り 　○**C** 12 通り 　○**D** 16 通り
○**E** 24 通り 　○**F** 32 通り 　○**G** 36 通り 　○**H** 48 通り
○**I** 60 通り 　○**J** A～I のいずれでもない

❷各けたの数字が異なる 3 の倍数は何通り作れるか。

○**A** 6 通り 　○**B** 8 通り 　○**C** 12 通り 　○**D** 16 通り
○**E** 24 通り 　○**F** 32 通り 　○**G** 36 通り 　○**H** 48 通り
○**I** 60 通り 　○**J** A～I のいずれでもない

問 08

リピート
チェック ▶ ☑ ☑ ☑

図のような5枚のカードを並べて5けたの数字を作る。

| 1 | 2 | 3 | 4 | 5 |

❶ 1と2が隣り合っている整数は何通り作れるか。

○ A　16通り　　○ B　24通り　　○ C　32通り　　○ D　36通り
○ E　40通り　　○ F　48通り　　○ G　52通り　　○ H　60通り
○ I　68通り　　○ J　A～Iのいずれでもない

❷ 24000より小さい整数は何通り作れるか。

○ A　16通り　　○ B　24通り　　○ C　32通り　　○ D　36通り
○ E　40通り　　○ F　48通り　　○ G　52通り　　○ H　60通り
○ I　68通り　　○ J　A～Iのいずれでもない

難! 問 09

リピート
チェック ▶ ☑ ☑ ☑

1から4まで4種類の数字を使って3けたの整数を作る。ただし、<u>同じ数字は2回まで使うことができる</u>ものとする。

❶何通りの整数が作れるか。

○ A　16通り　　○ B　24通り　　○ C　32通り　　○ D　36通り
○ E　40通り　　○ F　48通り　　○ G　52通り　　○ H　60通り
○ I　68通り　　○ J　A～Iのいずれでもない

❷同じ数字を2回使った整数は何通り作れるか。

○ A　16通り　　○ B　24通り　　○ C　32通り　　○ D　36通り
○ E　40通り　　○ F　48通り　　○ G　52通り　　○ H　60通り
○ I　68通り　　○ J　A～Iのいずれでもない

11 場合の数②

順列・組合せ

S 重要度ランク

学習日付

テストセンター　ペーパーテスト　WEBテスティング

例 題

⏱ 目標タイム：1分

演劇部には7人の部員がいる。

①この7人の中から部長と副部長を1人ずつ選びたい。選び方は何通りあるか。

○**A** 14通り　　○**B** 21通り　　○**C** 42通り　　○**D** 49通り
○**E** A〜Dのいずれでもない

②この7人の中から出演者を2人選びたい。選び方は何通りあるか。

○**A** 14通り　　○**B** 21通り　　○**C** 42通り　　○**D** 49通り
○**E** A〜Dのいずれでもない

解法
順列：7人から2人を選んで並べる並べ方→ $_7P_2$
組合せ：7人から2人を選ぶ組合せ→ $_7C_2$

①7人から部長を選ぶ選び方は7通り。残った6人から副部長を選ぶ選び方は6通りです。したがって、部長と副部長の選び方は $7 \times 6 = 42$ 通りになります。このように、選んだ順番を区別する場合を「順列」といいます。7人から2人を選ぶ順列を $_7P_2$ と書き、次のように計算します。

7人から
2人選ぶ

$$_7P_2 = 7 \times 6 = 42 \text{ 通り} \quad \cdots\cdots \quad _nP_r = \frac{n!}{(n-r)!}$$

n! は n の階乗を表す

7から1に向かって2回掛ける

②7人から、順番に関係なく2人を選ぶ「組合せ」は、 $_7C_2$ と書き、次のように計算します。

7から1に向かって2回掛ける

$$_7C_2 = \frac{7 \times 6}{2 \times 1} = 21\,通り \quad \cdots\cdots \, _nC_r = \frac{_nP_r}{r!}$$

7人から──

2人選ぶ──

2から1まで順に掛ける

以上から、7人から2人を選ぶ組合せは21通りです。

【正解】① C　② B

●実践演習問題

解説・解答は別冊 027 - 032 ページ

必須　**問 01**　リピート
チェック ▶ ☑ ☑ ☑ 別冊 ▶ 027

8人のメンバーの中から、掃除当番を選びたい。

❶ 8人の中から掃除当番を3人選ぶ場合、選び方は何通りあるか。

○ **A**　28通り　　○ **B**　56通り　　○ **C**　168通り　　○ **D**　280通り
○ **E**　A ～ D のいずれでもない

❷ 8人の中から掃除当番を7人選ぶ場合、選び方は何通りあるか。

○ **A**　8通り　　○ **B**　80通り　　○ **C**　800通り　　○ **D**　1600通り
○ **E**　A ～ D のいずれでもない

必須　**問 02**　リピート
チェック ▶ ☑ ☑ ☑ 別冊 ▶ 028

男性5人、女性3人の計8人からなるグループがある。このグループの中から、男女合わせて5人を選びたい。

❶ 男性が3人、女性が2人となるように選ぶ場合、選び方は何通りあるか。

○ **A**　13通り　　○ **B**　30通り　　○ **C**　36通り　　○ **D**　66通り
○ **E**　A ～ D のいずれでもない

❷5人のうち、女性が少なくとも1人は含まれるように選ぶ場合、選び方は何
通りあるか。

○A　40通り　　○B　45通り　　○C　50通り　　○D　55通り
○E　A～Dのいずれでもない

別冊▶028

問03　リピート▶ ☐ ☐ ☐

男性4人、女性3人の計7人からなるグループがある。この中から4人を選
んで、リレーチームを作りたい。

❶男性から2人、女性から2人を選ぶ場合、走る順番は何通りあるか。

○A　144通り　　○B　288通り　　○C　432通り　　○D　576通り
○E　A～Dのいずれでもない

❷少なくとも1人は女性を選ぶ場合、走る順番は何通りあるか。

○A　72通り　　○B　413通り　　○C　816通り　　○D　840通り
○E　A～Dのいずれでもない

別冊▶028

問04　リピート▶ ☑ ☑ ☑

レンタルDVDショップで、邦画5作品、洋画4作品の中から、好きなもの
を3作品選んで借りることにした。

❶邦画ばかり3作品を選ぶ場合、選び方は何通りあるか。

○A　6通り　　○B　10通り　　○C　12通り　　○D　20通り
○E　A～Dのいずれでもない

❷邦画2本、洋画1本を選ぶ場合、選び方は何通りあるか。

○A　10通り　　○B　14通り　　○C　22通り　　○D　40通り
○E　A～Dのいずれでもない

問 05　リピート チェック ▶ ☑ ☑ ☑

数学が 4 問、英語が 3 問出題されるテストがあり、受験者は全 7 問の中から 4 問を選択して解答する。

❶数学から 2 問、英語から 2 問を選択する場合、問題の選び方は何通りあるか。

○**A**　12 通り　　○**B**　18 通り　　○**C**　24 通り　　○**D**　48 通り
○**E**　A ～ D のいずれでもない

❷少なくとも数学から 1 問、英語から 1 問を選択する場合、問題の選び方は何通りあるか。

○**A**　22 通り　　○**B**　27 通り　　○**C**　34 通り　　○**D**　49 通り
○**E**　A ～ D のいずれでもない

問 06　リピート ▶ ☑ ☑ ☑

男性 5 人、女性 5 人の計 10 人からなるグループがある。

❶この中から 5 人を選びたい。少なくとも男性が 1 人、女性が 2 人は含まれるように選ぶ場合、選び方は何通りあるか。

○**A**　27 通り　　○**B**　225 通り　　○**C**　252 通り　　○**D**　288 通り
○**E**　A ～ D のいずれでもない

❷男女のペアを 3 組作る場合、ペアの組合せは何通りあるか。

○**A**　100 通り　　○**B**　400 通り　　○**C**　480 通り　　○**D**　600 通り
○**E**　A ～ D のいずれでもない

白い碁石が4個と黒い碁石が3個ある。

❶これらの碁石を一列に並べる場合、並べ方は何通りあるか。

○**A** 35通り ○**B** 70通り ○**C** 144通り ○**D** 210通り
○**E** A〜Dのいずれでもない

❷これらの碁石の中から4個を取り出して一列に並べる場合、並べ方は何通りあるか。

○**A** 12通り ○**B** 15通り ○**C** 21通り ○**D** 27通り
○**E** A〜Dのいずれでもない

P、Q、R、S、T、Uの6人を一列に並べる。

❶先頭をP、最後尾をUにする場合、並び方は何通りあるか。

○**A** 12通り ○**B** 24通り ○**C** 36通り ○**D** 48通り
○**E** A〜Dのいずれでもない

❷QとRの2人は必ず隣合うように並べる場合、並び方は何通りあるか。

○**A** 30通り ○**B** 60通り ○**C** 120通り ○**D** 240通り
○**E** A〜Dのいずれでもない

P、Q、R、S、Tの5人を一列に並べる。

❶Pが前から3番目で、QがPより前にならないようにする場合、並び方は何通りあるか。

○**A** 6通り ○**B** 12通り ○**C** 20通り ○**D** 24通り

○**E**　A ～ D のいずれでもない

❷PはQより前、RはQより後になるように並ぶ場合、並び方は何通りあるか。

○**A**　6 通り　　○**B**　12 通り　　○**C**　20 通り　　○**D**　24 通り
○**E**　A ～ D のいずれでもない

| 問 10 | リピート
チェック ▶ | | | | ----- 別冊 ▶ 030 |

　P、Q の 2 つの野球チームが対戦し、先に 4 勝したほうを優勝とする。ただし、引き分けの試合はないものとする。

❶7 試合目でPの優勝が決まる場合、考えられる勝敗のパターンは何通りあるか。

○**A**　10 通り　　○**B**　16 通り　　○**C**　20 通り　　○**D**　24 通り
○**E**　A ～ D のいずれでもない

❷6 試合までにどちらかの優勝が決まる場合、考えられる勝敗のパターンは何通りあるか。

○**A**　15 通り　　○**B**　30 通り　　○**C**　60 通り　　○**D**　120 通り
○**E**　A ～ D のいずれでもない

| 問 11 | リピート
チェック ▶ | | | | ----- 別冊 ▶ 031 |

　リンゴ 2 個、ミカン 2 個、バナナ 1 本を、P、Q、R、S、T の 5 人に 1 つずつ配る。

❶PとQに同じ果物を配る場合、何通りの配り方があるか。

○**A**　3 通り　　○**B**　6 通り　　○**C**　12 通り　　○**D**　24 通り
○**E**　A ～ D のいずれでもない

❷PとQに異なる果物を配る場合、何通りの配り方があるか。

○**A**　3 通り　　○**B**　6 通り　　○**C**　12 通り　　○**D**　24 通り
○**E**　A ～ D のいずれでもない

表と裏のある 1 枚のコインを 8 回投げた。

❶表が 5 回だけ出るような出方は何通りあるか。

○**A** 56 通り　　○**B** 112 通り　　○**C** 155 通り　　○**D** 310 通り
○**E** A ～ D のいずれでもない

❷表が連続で 6 回以上出るような出方は何通りあるか。

○**A** 5 通り　　○**B** 7 通り　　○**C** 8 通り　　○**D** 10 通り
○**E** A ～ D のいずれでもない

白と黒の 2 つのサイコロを同時に投げた。

❶出た目の和が 6 になる組合せは何通りあるか。

○**A** 3 通り　　○**B** 4 通り　　○**C** 5 通り　　○**D** 7 通り
○**E** A ～ D のいずれでもない

❷出た目の積が 5 の倍数になる組合せは何通りあるか。

○**A** 6 通り　　○**B** 9 通り　　○**C** 11 通り　　○**D** 12 通り
○**E** A ～ D のいずれでもない

P、Q、R、S、T、U、V の 7 人を、4 人と 3 人のグループに分ける。

❶4 人組の中に P が入る組合せは何通りあるか。

○**A** 10 通り　　○**B** 20 通り　　○**C** 30 通り　　○**D** 40 通り
○**E** A ～ D のいずれでもない

❷ PとQが同じグループに入る組合せは何通りあるか。

○**A** 5通り　　○**B** 10通り　　○**C** 15通り　　○**D** 30通り
○**E** A〜Dのいずれでもない

問 15　リピート▶チェック ☑ ☑ ☑ ------------------------------ 別冊▶032

5階建てのビルの各フロアに、営業部、企画部、総務部を配置する。営業部と企画部にそれぞれ2フロアを割り当て、残った1フロアに総務部を配置する。

❶各フロアの配置は何通りあるか。

○**A** 10通り　　○**B** 20通り　　○**C** 30通り　　○**D** 40通り
○**E** A〜Dのいずれでもない

❷1階は必ず営業部としたい。各フロアの配置は何通りあるか。

○**A** 8通り　　○**B** 10通り　　○**C** 12通り　　○**D** 15通り
○**E** A〜Dのいずれでもない

難!　**問 16**　リピート▶チェック ☐ ☐ ☐ ------------------------------ 別冊▶032

9人の学生を3つのグループに分ける。

❶4人、3人、2人のグループに分ける場合、組合せは何通りあるか。

○**A** 980通り　　○**B** 1260通り　　○**C** 1680通り
○**D** 2400通り　　○**E** A〜Dのいずれでもない

❷3人ずつのグループに分ける場合、組合せは何通りあるか。

○**A** 280通り　　○**B** 560通り　　○**C** 1260通り
○**D** 1680通り　　○**E** A〜Dのいずれでもない

12 場合の数③
重複組合せ

A 重要度ランク

テストセンター　ペーパーテスト　WEBテスティング

例題

⏱ 目標タイム：**1分**

　箱の中に赤、青、緑の3色のクレヨンがたくさん入っている。この中から5本のクレヨンを選ぶ場合、選び方は何通りあるか。

○**A**　12通り　　○**B**　21通り　　○**C**　45通り　　○**D**　60通り
○**E**　A〜Dのいずれでもない

解法 3色を分ける仕切りを考える

　選んだ5本のクレヨンを、赤、緑、青の順に並べ、色と色の間を仕切り線で区切ります。仕切り線の位置は、各色の本数によって次のように変わります。

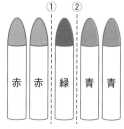

3色そろっている場合

2色しかない場合

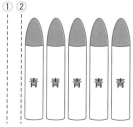

1色しかない場合

　5本のクレヨンの構成は、2本の仕切り線の位置ですべて表すことができます。ここで、2本の仕切り線を黒のクレヨンに置き換えてみましょう。するとクレヨンの置き場所は全部で7箇所になり、その中から2箇所を選んで黒のクレヨンを置くことになります。これは、「7箇所の中から、2箇所を選ぶ組合せは何通りあるか」という問題と同じです。

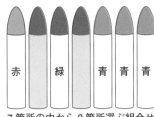

$$_7C_2 = \frac{7 \times 6}{2 \times 1} = 21 \text{ 通り}$$

7箇所の中から2箇所選ぶ組合せ

以上から、答えは $_7C_2 = 21$ 通りとなります。

この例題のように、異なるn種類の中からr個とる組合せを「**重複組合せ**」といいます。重複組合せの次の公式も覚えておきましょう。

重複組合せ：n+r−1Cr

例題は3種類の中から5本を選ぶ重複組合せなので、公式を当てはめると、

$$_{3+5-1}C_5 = {}_7C_5 = {}_7C_2 = 21 \text{ 通り}$$

となります。

【正解】B

▶実践演習問題

解説・解答は別冊 032 - 034 ページ

 問 01　リピート
チェック ▶ ☑ ☑ ☑ --------------------------------- 別冊 ▶ 032

ショートケーキ、チョコレートケーキ、チーズケーキの3種類のケーキがある。この中から合わせて7個を選びたい。

❶ 7個を選ぶ選び方は何通りあるか。

○**A**　12通り　　○**B**　24通り　　○**C**　36通り　　○**D**　52通り
○**E**　A～Dのいずれでもない

❷ 3種類の中から少なくとも1個を選ぶ場合、選び方は何通りあるか。

○**A**　12通り　　○**B**　15通り　　○**C**　18通り　　○**D**　21通り
○**E**　A～Dのいずれでもない

袋の中に赤玉３個、青玉３個、白玉２個が入っている。

❶この中から４個を取り出す場合、選び方は何通りあるか。

○**A** 10通り　○**B** 12通り　○**C** 15通り　○**D** 21通り
○**E** Ａ～Ｄのいずれでもない

❷３種類の中から少なくとも１個を選び、合わせて５個取り出す場合、選び方は何通りあるか。

○**A** 2通り　○**B** 3通り　○**C** 4通り　○**D** 5通り
○**E** Ａ～Ｄのいずれでもない

Ｘ＋Ｙ＋Ｚ＝10となる整数Ｘ、Ｙ、Ｚがある。

❶Ｘ、Ｙ、Ｚが負の数でないとき、Ｘ、Ｙ、Ｚの解の組合せは何通りあるか。

○**A** 10通り　○**B** 36通り　○**C** 48通り　○**D** 66通り
○**E** Ａ～Ｄのいずれでもない

❷Ｘ、Ｙ、Ｚが正の整数の場合、Ｘ、Ｙ、Ｚの解の組合せは何通りあるか。

○**A** 12通り　○**B** 24通り　○**C** 36通り　○**D** 48通り
○**E** Ａ～Ｄのいずれでもない

クッキーが３種類、キャンデーが２種類ある。この中から８個を選びたい。

❶全部で８個を選ぶ選び方は何通りあるか。

○**A** 450通り　○**B** 495通り　○**C** 775通り　○**D** 1280通り
○**E** Ａ～Ｄのいずれでもない

❷クッキーとキャンディーをそれぞれ4個ずつ、合わせて8個選ぶ場合、組合せは何通りあるか。

- ○ **A**　20通り　　○ **B**　25通り　　○ **C**　75通り　　○ **D**　150通り
- ○ **E**　A〜Dのいずれでもない

問 05　リピート
チェック ▶ ☑ ☑ ☑ --- 別冊 ▶ 034

登山部の部員は7人である。次回の遠征で登る山について、P山、Q岳、R峠の3候補の中から7人全員による投票で決めることになった。なお、棄権や無効票はないものとする。

❶票数のパターンは何通りあるか。

- ○ **A**　12通り　　○ **B**　24通り　　○ **C**　36通り　　○ **D**　48通り
- ○ **E**　A〜Dのいずれでもない

❷過半数の票を得てP山に決定した場合、票数のパターンは何通りあるか。

- ○ **A**　6通り　　○ **B**　10通り　　○ **C**　20通り　　○ **D**　30通り
- ○ **E**　A〜Dのいずれでもない

 問 06 　リピート
チェック ▶ ☑ ☑ ☑ --- 別冊 ▶ 034

X、Y、Zの3つの正の整数がある。

❶ X、Y、Zの積が210であるとき、X、Y、Zの数の組合せは何通りあるか。

- ○ **A**　12通り　　○ **B**　27通り　　○ **C**　45通り　　○ **D**　81通り
- ○ **E**　A〜Dのいずれでもない

❷ X、Y、Zの積が432であるとき、X、Y、Zの数の組合せは何通りあるか。

- ○ **A**　90通り　　○ **B**　120通り　　○ **C**　150通り　　○ **D**　210通り
- ○ **E**　A〜Dのいずれでもない

13 場合の数④
席順

テストセンター **ペーパーテスト** WEBテスティング

例題

⏱ 目標タイム：**2分**

P、Q、R、S の 4 人が、図のように❶から❻の席がある丸テーブルに座る。

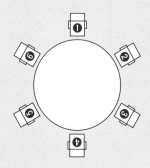

①❶に P が座る場合、その真向かいが空席になる座り方は何通りあるか。

○A　6通り　　○B　8通り　　○C　12通り　　○D　24通り

○E　36通り　　○F　48通り　　○G　96通り　　○H　120通り

○I　144通り　　○J　A〜Iのいずれでもない

②P と Q が隣り同士になる座り方は何通りあるか。

○A　6通り　　　○B　8通り　　○C　12通り　　○D　24通り

○E　36通り　　　○F　48通り　　○G　96通り　　○H　120通り

○I　144通り　　○J　A〜Iのいずれでもない

解法 ▶ 順列の公式を使う

①❶には P が座り、その真向かいの❹を空席とするので、残りの❷、❸、❺、❻
の 4 席に Q、R、S の 3 人が座ります。座り方の数は、4 つの座席から 3 つを選

んで並べる順列となります。

$_4P_3 = 4 \times 3 \times 2 = 24$ 通り

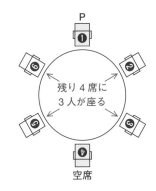

②PとQの2人が座る席は、❶❷、❷❸、❸❹、❹❺、❺❻、❻❶の6通りの組
合せがあります。それぞれの場合について、PとQの左右の位置が2通りある
ので、座り方は全部で**6 × 2 = 12 通り**あります。

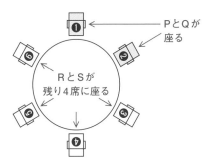

　残った4席にRとSの2人が座る座り方は、4つの座席から2つを選んで並べ
る順列なので、

$_4P_2 = 4 \times 3 = 12$ 通り

　PとQの座り方が12通りあり、そのそれぞれについて、RとSの座り方が12
通りあるので、全体では**12 × 12 = 144 通り**となります。

【正解】① D　② I

必須 問01 ┃ リピート
チェック ▶ ☑ ☑ ☑ ----------------------------------- 別冊▶034

K、L、M、N、Oの5人が、図のように①から⑥の
席がある丸テーブルに座る。

❶KとLが真向かいに座る座り方は何通りあるか。

○A　12通り　　○B　24通り
○C　48通り　　○D　96通り
○E　144通り　　○F　288通り　　○G　432通り
○H　576通り　　○I　720通り　　○J　A〜Iのいずれでもない

❷KとLが隣同士に<u>ならない</u>座り方は何通りあるか。

○A　12通り　　○B　24通り　　○C　48通り　　○D　96通り
○E　144通り　　○F　288通り　　○G　432通り　　○H　576通り
○I　720通り　　○J　A〜Iのいずれでもない

問02 ┃ リピート
チェック ▶ ☑ ☑ ☑ ----------------------------------- 別冊▶035

A、B、C、D、E、Fの6人が、図のように①から
⑥の席がある丸テーブルに座る。

❶①にAが座り、BとCが真向かいに座る場合、6人
の座り方は何通りあるか。

○A　6通り　　○B　8通り　　○C　12通り
○D　24通り　　○E　36通り　　○F　48通り
○G　96通り　　○H　120通り　　○I　144通り
○J　A〜Iのいずれでもない

❷AとBが真向かいに<u>座らない</u>座り方は何通りあるか。

○A　24通り　　○B　48通り　　○C　96通り　　○D　144通り
○E　288通り　　○F　576通り　　○G　720通り　　○H　800通り

○I　932通り　　○J　A～Iのいずれでもない

問 03　リピート
チェック ▶ ☑ ☑ ☑ ーーーーーーーーーーーーーーーーーーーーーー別冊 ▶ 035

P、Q、R、S、T、Uの6人が、図のように①から⑥
の席がある四角いテーブルに座る。

①	②	③
④	⑤	⑥

❶Pが①に座り、QとRが真向かいに座る座り方は何通
りあるか。

○A　6通り　　　○B　8通り　　　○C　12通り　　○D　24通り
○E　36通り　　○F　48通り　　○G　96通り　　○H　120通り
○I　144通り　　○J　A～Iのいずれでもない

❷PとQが隣同士になる座り方は何通りあるか。

○A　12通り　　○B　24通り　　　○C　36通り　　　○D　48通り
○E　96通り　　○F　120通り　　○G　144通り　　○H　192通り
○I　256通り　　○J　A～Iのいずれでもない

難 問 04　リピート
チェック ▶ ☑ ☑ ☑ ーーーーーーーーーーーーーーーーーーーーーー別冊 ▶ 035

男性3人、女性3人からなるグループがある。

❶6人全員が輪になって並ぶ場合、並び方は何通りあるか。

○A　12通り　　○B　24通り　　　○C　36通り　　　○D　48通り
○E　96通り　　○F　120通り　　○G　144通り　　○H　192通り
○I　256通り　　○J　A～Iのいずれでもない

❷男女が交互になるように6人が輪になって並ぶ場合、並び方は何通りあるか。

○A　6通り　　　○B　8通り　　　○C　12通り　　○D　24通り
○E　36通り　　○F　48通り　　○G　96通り　　○H　120通り
○I　144通り　　○J　A～Iのいずれでもない

14 場合の数⑤
塗り分け

A 重要度ランク

テストセンター　ペーパーテスト　WEBテスティング

例題

⏱ 目標タイム：**2分**

　図のような図形の A、B、C、D の領域を何色かで塗り分けたい。ただし、隣り合う領域は異なる色で塗り分けるものとする。

①赤、青、黄、緑の中から3色を選んで塗り分ける場合、塗り方は何通りか。

- ○A　6通り
- ○B　8通り
- ○C　12通り
- ○D　24通り
- ○E　36通り
- ○F　48通り
- ○G　96通り
- ○H　120通り
- ○I　144通り
- ○J　A～Iのいずれでもない

②赤、青、黄、緑、白の5色で塗り分ける場合、塗り方は何通りか。ただし、使わない色があってもよいものとする。

- ○A　12通り
- ○B　24通り
- ○C　48通り
- ○D　96通り
- ○E　120通り
- ○F　144通り
- ○G　180通り
- ○H　192通り
- ○I　240通り
- ○J　A～Iのいずれでもない

解法 ▶ 順列の公式を使う

① A、B、C の3つの領域は互いに隣り合っているので、それぞれ異なる色で塗り分けます。4色の中から3色を選ぶ選び方は、

$$_4P_3 = 4 \times 3 \times 2 = 24 通り$$

です。領域 D は B、C と隣り合っているため、B、C 以外の色で塗り分けます。3色のうち、B、C 以外の色は1色しかないので、領域 D の色の塗り方は1通りになります。したがって全体では、

24 × 1 ＝ 24 通り

になります。

② A、B、C の 3 つの領域は異なる色で塗り分けます。5 色の中から 3 色を選ぶ選び方は、

$_5P_3 = 5 × 4 × 3 = 60$ 通り

です。領域 D は B、C 以外の色で塗ります。5 色のうち、B、C 以外の色は 3 色あるので、領域 D の色の塗り方は 3 通りになります。したがって全体では、

60 × 3 ＝ 180 通り

になります。

【正解】① D　② G

●実践演習問題

解説・解答は別冊 035 - 037 ページ

 必須　問 01　 リピート
チェック ▶ ☑ ☑ ☑ - 別冊 ▶ 035

図のような図形の A、B、C、D の領域を何色かで塗り分けたい。ただし、隣り合う領域は異なる色で塗り分けるものとする。

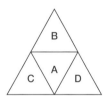

❶赤と青の 2 色で塗り分ける場合、塗り方は何通りか。

〇A　1 通り　　〇B　2 通り　　〇C　3 通り　　〇D　4 通り
〇E　5 通り　　〇F　6 通り　　〇G　7 通り　　〇H　8 通り
〇I　9 通り　　〇J　A ～ I のいずれでもない

❷赤、青、黄、緑の 4 色で塗り分ける場合、塗り方は何通りか。ただし、使わない色があってもよいものとする。

〇A　10 通り　　〇B　18 通り　　〇C　24 通り　　〇D　36 通り
〇E　48 通り　　〇F　56 通り　　〇G　72 通り　　〇H　98 通り
〇I　108 通り　　〇J　A ～ I のいずれでもない

　図のような図形の A、B、C、D、E の領域を、赤、青、黄、緑、紫、白の6
色を使って塗り分けたい。ただし、隣り合う領域は異なる色で塗り分けるものと
する。

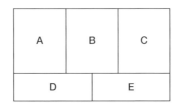

❶塗り分け方は何通りあるか。ただし、使わない色があってもよいものとする。

　○ **A** 　208 通り 　○ **B** 　240 通り 　○ **C** 　420 通り 　○ **D** 　488 通り
　○ **E** 　820 通り 　○ **F** 　960 通り 　○ **G** 　1640 通り 　○ **H** 　1920 通り
　○ **I** 　2010 通り 　○ **J** 　A ～ I のいずれでもない

❷領域 A を赤で塗る場合、塗り方は何通りか。ただし、使わない色があっても
　よいものとする。

　○ **A** 　120 通り 　○ **B** 　180 通り 　○ **C** 　240 通り 　○ **D** 　320 通り
　○ **E** 　450 通り 　○ **F** 　600 通り 　○ **G** 　760 通り 　○ **H** 　800 通り
　○ **I** 　920 通り 　○ **J** 　A ～ I のいずれでもない

　正円を図のように分割した4つの領域を、赤、青、緑、
黄色の4色を使って塗り分けたい。ただし、隣り合う領域
は異なる色で塗り分けるものとする。また、図形を回転
させると同じ塗り方になる場合は同一の塗り方とみなす。

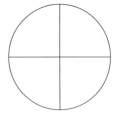

❶2色に塗り分ける場合、塗り方は何通りあるか。

　○ **A** 　1 通り 　○ **B** 　2 通り 　○ **C** 　3 通り 　○ **D** 　6 通り
　○ **E** 　8 通り 　○ **F** 　10 通り 　○ **G** 　12 通り 　○ **H** 　14 通り
　○ **I** 　16 通り 　○ **J** 　A ～ I のいずれでもない

❷ 3色に塗り分ける場合、塗り方は何通りあるか。

○A　1通り　　○B　2通り　　○C　3通り　　○D　6通り
○E　8通り　　○F　10通り　　○G　12通り　　○H　14通り
○I　16通り　　○J　A～Iのいずれでもない

❸ 4色に塗り分ける場合、塗り方は何通りあるか。

○A　1通り　　○B　2通り　　○C　3通り　　○D　6通り
○E　8通り　　○F　10通り　　○G　12通り　　○H　14通り
○I　16通り　　○J　A～Iのいずれでもない

 問 04　リピート
チェック ▶ ☐ ☐ ☐ -------------------------------- 別冊 ▶ 037

　赤、青、緑、黄、紫、白の6色を使って、図のような立方体の6つの面を塗り分けたい。ただし、隣り合う面は異なる色で塗り分けるものとする。また、立方体を回転させると同じ塗り方になる場合は同一の塗り方とみなす。

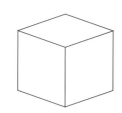

❶ 6色に塗り分ける場合、塗り方は何通りあるか。

○A　6通り　　○B　10通り　　○C　12通り　　○D　24通り
○E　30通り　　○F　48通り　　○G　60通り　　○H　72通り
○I　90通り　　○J　A～Iのいずれでもない

❷ 5色に塗り分ける場合、塗り方は何通りあるか。

○A　6通り　　○B　10通り　　○C　12通り　　○D　24通り
○E　30通り　　○F　48通り　　○G　60通り　　○H　72通り
○I　90通り　　○J　A～Iのいずれでもない

15 確率

S 重要度ランク

テストセンター　ペーパーテスト　WEBテスティング

例 題

⏱ 目標タイム：**1分**

　映画の試写会が当たる2つの抽選に応募した。このとき、映画Xの試写会に当選する確率は0.3、映画Yの試写会に当選する確率は0.4とする。

①いずれの試写会にも当選しない確率はいくらか。

○**A** 0.30　　○**B** 0.42　　○**C** 0.65　　○**D** 0.88
○**E** A～Dのいずれでもない

②どちらか一方の試写会だけに当選する確率はいくらか。

○**A** 0.41　　○**B** 0.46　　○**C** 0.54　　○**D** 0.68
○**E** A～Dのいずれでもない

解法▶「かつ」は積の法則、「または」は和の法則

　試写会Xに当選する確率が0.3のとき、落選する確率は1 − 0.3 = 0.7になります。同様に、試写会Yに当選する確率が0.4なら、落選する確率は1 − 0.4 = 0.6です。

	当選する確率	落選する確率
試写会 **X**	0.3	0.7
試写会 **Y**	0.4	0.6

① 「Xに落選し、かつ、Yにも落選する確率」を考えます。このように、2つの確率を「かつ」で結ぶ場合は、両者を掛け算します。これを「**積の法則**」といいます。
　上の表から、Xに落選する確率は0.7、Yに落選する確率は0.6。2つの確率を「かつ」で結ぶので、積の法則を使います。

0.7　×　0.6　=　0.42　←「かつ」で結ぶときは掛け算する
Xに落選　かつ　Yに落選

②いずれか一方だけに当選するので、「Xに当選し、かつ、Yに落選する」または「Xに落選し、かつ、Yに当選する」確率を考えます。

0.3　×　0.6　=　0.18　または　0.7　×　0.4　=　0.28
Xに当選　かつ　Yに落選　Xだけ　　　Xに落選　かつ　Yに当選　Yだけ

このように、2つの確率を「または」で結ぶ場合は、両者を足し算します。これを「和の法則」といいます。

0.18　+　0.28　=　0.46　←「または」で結ぶときは足し算する
Xだけ　　Yだけ

【正解】① B　② B

●実践演習問題

解説・解答は別冊 037 - 043 ページ

 必須　問01　リピート
チェック ▶ ☐ ☐ ☐ ------------------------------------ 別冊 ▶ 037

種を土にまくと、1/5 の確率で芽が出る植物がある。この植物の種 2 粒を土にまいた。

❶ 2 粒とも芽が出ない確率はいくらか。

○ A　1/25　　○ B　3/25　　○ C　1/5　　○ D　9/25
○ E　2/5　　○ F　3/5　　○ G　16/25　　○ H　18/25
○ I　4/5　　○ J　A〜I のいずれでもない

❷ 2 粒のうち、少なくとも 1 粒は芽が出る確率はいくらか。

○ A　1/25　　○ B　3/25　　○ C　1/5　　○ D　9/25
○ E　2/5　　○ F　3/5　　○ G　16/25　　○ H　18/25
○ I　4/5　　○ J　A〜I のいずれでもない

2 つのサイコロを同時に投げる。

❶出た目の和が 4 以下になる確率はいくらか。

○**A** 1/12　○**B** 1/6　○**C** 2/9　○**D** 1/4
○**E** 1/3　○**F** 4/9　○**G** 1/2　○**H** 2/3
○**I** 3/4　　○**J** A 〜 I のいずれでもない

❷出た目の積が偶数になる確率はいくらか。

○**A** 1/6　○**B** 2/9　○**C** 1/4　○**D** 1/3
○**E** 4/9　○**F** 1/2　○**G** 2/3　○**H** 3/4
○**I** 7/9　　○**J** A 〜 I のいずれでもない

2 つのサイコロを同時に投げる。

❶出た目の和が 3 の倍数になる確率はいくらか。

○**A** 1/6　○**B** 7/36　○**C** 2/9　　○**D** 5/18
○**E** 1/3　○**F** 5/12　○**G** 4/9　○**H** 5/9
○**I** 2/3　　○**J** A 〜 I のいずれでもない

❷出た目の積が 3 の倍数になる確率はいくらか。

○**A** 1/6　○**B** 7/36　○**C** 2/9　　○**D** 5/18
○**E** 1/3　○**F** 5/12　○**G** 4/9　○**H** 5/9
○**I** 2/3　　○**J** A 〜 I のいずれでもない

袋の中に赤い玉が 3 個、白い玉が 4 個入っている。この袋の中から 2 個の玉を同時に取り出す。

❶ 2 個とも赤い玉である確率はいくらか。

○ **A**　1/14　　○ **B**　1/7　　○ **C**　3/14　　○ **D**　2/7
○ **E**　5/14　　○ **F**　3/7　　○ **G**　4/7　　○ **H**　9/14
○ **I**　5/7　　　○ **J**　A～I のいずれでもない

❷赤い玉と白い玉が 1 個ずつ出る確率はいくらか。

○ **A**　1/14　　○ **B**　1/7　　○ **C**　3/14　　○ **D**　2/7
○ **E**　5/14　　○ **F**　3/7　　○ **G**　4/7　　○ **H**　9/14
○ **I**　5/7　　　○ **J**　A～I のいずれでもない

袋の中に白い碁石が 4 個、黒い碁石が 3 個入っている。この袋の中から同時に 3 個の碁石を取り出す。

❶ 3 個とも白い碁石である確率はいくらか。

○ **A**　1/35　　○ **B**　2/35　　○ **C**　3/35　　○ **D**　4/35
○ **E**　1/7　　　○ **F**　6/35　　○ **G**　1/5　　　○ **H**　8/35
○ **I**　2/7　　　○ **J**　A～I のいずれでもない

❷白い碁石が 2 個以上含まれている確率はいくらか。

○ **A**　2/7　　　○ **B**　12/35　　○ **C**　13/35　　○ **D**　16/35
○ **E**　18/35　　○ **F**　3/7　　　○ **G**　22/35　　○ **H**　24/35
○ **I**　3/7　　　○ **J**　A～I のいずれでもない

袋の中に赤い玉が 7 個、白い玉が 5 個入っている。この袋の中から 3 個の玉を同時に取り出す。

❶赤い玉が 2 個、白い玉が 1 個である確率はいくらか。

○ A 7/44 ○ B 9/44 ○ C 15/44 ○ D 21/44
○ E 27/44 ○ F 31/44 ○ G 35/44 ○ H 37/44
○ I 41/44 ○ J A〜I のいずれでもない

❷赤い玉と白い玉が少なくとも 1 個ずつある確率はいくらか。

○ A 7/44 ○ B 9/44 ○ C 15/44 ○ D 21/44
○ E 27/44 ○ F 31/44 ○ G 35/44 ○ H 37/44
○ I 41/44 ○ J A〜I のいずれでもない

袋の中に赤い玉が 3 個、青い玉が 3 個、白い玉が 2 個入っている。この袋の中から、玉を 1 個ずつ 2 回取り出す。

❶2 回目に取り出した玉の色が、1 回目と異なる確率はいくらか。ただし、一度取り出した玉は袋に戻さないものとする。

○ A 1/7 ○ B 3/14 ○ C 1/4 ○ D 5/14
○ E 1/2 ○ F 4/7 ○ G 3/4 ○ H 5/7
○ I 11/14 ○ J A〜I のいずれでもない

❷1 度取り出した玉を袋の中に戻す場合、2 回とも同じ色になる確率はいくらか。

○ A 5/32 ○ B 7/32 ○ C 9/32 ○ D 11/32
○ E 13/32 ○ F 15/32 ○ G 17/32 ○ H 19/32
○ I 21/32 ○ J A〜I のいずれでもない

必須 **問 08** リピート
チェック ▶ ☑ ☑ ☑ ----------------------------- 別冊 ▶ 040

　袋の中に、赤い玉と白い玉が 3：2 の割合で入っている。　赤い玉の 10％、
白い玉の 20％には "当たり" と書いてある。

❶袋の中から 1 個を取り出したとき、"当たり" と書かれた赤い玉である確率は
いくらか。

　○ A　1/50　　　○ B　1/25　　　○ C　3/50　　　○ D　2/25
　○ E　1/10　　　○ F　3/25　　　○ G　7/50　　　○ H　4/25
　○ I　1/5　　　　○ J　A～I のいずれでもない

❷ "当たり" と書かれた玉を 2 回続けて取り出す確率はいくらか。ただし、1
回取り出した玉は、次の玉を取り出す前に袋の中に戻すものとする。

　○ A　7/1250　　　　○ B　49/2500　　　○ C　97/2500
　○ D　139/2500　　　○ E　72/625　　　 ○ F　547/2500
　○ G　561/2500　　　○ H　769/2500　　 ○ I　1849/2500
　○ J　A～I のいずれでもない

問 09 リピート ▶ ☐ ☐ ☑ ----------------------------- 別冊 ▶ 040

　1 から 5 までの数字が 1 つずつ書かれた 5 枚のカードがある。これらのカー
ドをよく切って 1 枚ずつ順に並べ、5 けたの数を作った。

❶百の位が 2、一の位が 4 になる確率はいくらか。

　○ A　1/120　　○ B　1/60　　○ C　1/30　　○ D　1/25
　○ E　1/20　　 ○ F　1/12　　○ G　1/6　　 ○ H　1/5
　○ I　1/4　　　　○ J　A～I のいずれでもない

❷一の位の数より十の位の数が大きく、十の位の数より百の位の数が大きくなる
確率はいくらか。

　○ A　1/120　　○ B　1/60　　○ C　1/30　　○ D　1/25
　○ E　1/20　　 ○ F　1/12　　○ G　1/6　　 ○ H　1/5
　○ I　1/4　　　　○ J　A～I のいずれでもない

問 10　リピート
チェック ▶ ☐ ☐ ☐

　袋の中に、1 から 8 までの数字が 1 つずつ書かれた 8 枚のカードが入っている。この袋の中から 3 枚のカードを引く。

❶ 3 枚のカードの数字がすべて偶数となる確率はいくらか。ただし、一度引いたカードは袋に戻さないものとする。

○ **A** 1/32 　 ○ **B** 3/64 　 ○ **C** 17/256 　 ○ **D** 1/14
○ **E** 13/168 　 ○ **F** 4/21 　 ○ **G** 1/8 　 ○ **H** 1/7
○ **I** 2/7 　 　 ○ **J** A～I のいずれでもない

❷ 引いたカードが奇数のときは袋に戻し、偶数のときは袋に戻さないものとする。この方法で、奇数、偶数、奇数の順にカードが出る確率はいくらか。

○ **A** 1/32 　 ○ **B** 3/64 　 ○ **C** 17/256 　 ○ **D** 1/14
○ **E** 13/168 　 ○ **F** 4/21 　 ○ **G** 1/8 　 ○ **H** 1/7
○ **I** 2/7 　 　 ○ **J** A～I のいずれでもない

問 11　リピート
チェック ▶ ☐ ☐ ☐

　P、Q、R、S、T の 5 人が縄跳びをする。縄が 2 本しかないので、最初に飛ぶ 2 人をくじ引きで決めることにした。P、Q、R、S、T の順にくじを引き、当たりを引いた人が最初に縄跳びできる。ただし、くじは 5 本のうち 2 本が当たりで、一度引いたくじは戻さないものとする。

❶ P と R が最初に縄跳びできる確率はいくらか。

○ **A** 2/25 　 ○ **B** 1/12 　 ○ **C** 1/10 　 ○ **D** 3/25
○ **E** 1/5 　 ○ **F** 3/10 　 ○ **G** 2/5 　 ○ **H** 11/25
○ **I** 3/5 　 ○ **J** A～I のいずれでもない

❷ P と R のうち、どちらか一人だけが最初に縄跳びをできる確率はいくらか。

○ **A** 2/25 　 ○ **B** 1/12 　 ○ **C** 1/10 　 ○ **D** 3/25
○ **E** 1/5 　 ○ **F** 3/10 　 ○ **G** 2/5 　 ○ **H** 12/25
○ **I** 3/5 　 ○ **J** A～I のいずれでもない

問12 リピート
チェック ▶

12人の生徒が修学旅行に行き、3人部屋、4人部屋、5人部屋に分かれて宿泊する。この部屋割りをくじ引きで決めることになった。くじは12本あり、一度引いたくじは戻さないものとする。

❶最初にくじを引いた2人が、どちらも5人部屋になる確率はいくらか。

○**A** 1/33 　 ○**B** 2/33 　 ○**C** 1/11 　 ○**D** 4/33
○**E** 5/33 　 ○**F** 2/11 　 ○**G** 7/33 　 ○**H** 8/33
○**I** 3/11 　 ○**J** A〜Iのいずれでもない

❷最初にくじを引いた3人が、4人部屋1人と5人部屋2人に分かれる確率はいくらか。

○**A** 1/33 　 ○**B** 2/33 　 ○**C** 1/11 　 ○**D** 4/33
○**E** 5/33 　 ○**F** 2/11 　 ○**G** 7/33 　 ○**H** 8/33
○**I** 3/11 　 ○**J** A〜Iのいずれでもない

問13 リピート
チェック ▶ 　　　　別冊▶041

1枚のコインを7回投げて、表が出たら甲の勝ち、裏が出たら乙の勝ちとする。

❶4勝3敗で甲が優勝する確率はいくらか。

○**A** 1/128 　 ○**B** 1/64 　 ○**C** 7/128 　 ○**D** 11/128
○**E** 15/128 　 ○**F** 21/128 　 ○**G** 25/128 　 ○**H** 29/128
○**I** 35/128 　 ○**J** A〜Iのいずれでもない

❷甲が少なくとも5勝する確率はいくらか。

○**A** 1/128 　 ○**B** 1/64 　 ○**C** 7/128 　 ○**D** 11/128
○**E** 15/128 　 ○**F** 21/128 　 ○**G** 25/128 　 ○**H** 29/128
○**I** 35/128 　 ○**J** A〜Iのいずれでもない

問 14

P、Q、R、S の 4 人がじゃんけんをした。

❶ 1 回目のじゃんけんで、4 人のうちの 1 人だけが勝つ確率はいくらか。

○ A　1/27　　○ B　1/9　　○ C　4/27　　○ D　2/9
○ E　11/27　　○ F　4/9　　○ G　13/27　　○ H　14/27
○ I　5/9　　　○ J　A ～ I のいずれでもない

❷ 1 回目のじゃんけんで、4 人のうちの 2 人だけが勝つ確率はいくらか。

○ A　1/27　　○ B　1/9　　○ C　4/27　　○ D　2/9
○ E　11/27　　○ F　4/9　　○ G　13/27　　○ H　14/27
○ I　5/9　　　○ J　A ～ I のいずれでもない

❸ 1 回目で勝負がつかない確率はいくらか。

○ A　1/27　　○ B　1/9　　○ C　4/27　　○ D　2/9
○ E　11/27　　○ F　4/9　　○ G　13/27　　○ H　14/27
○ I　5/9　　　○ J　A ～ I のいずれでもない

難 問 15

財布の中に、10 円玉、50 円玉、100 円玉、500 円玉がそれぞれ 2 枚ずつ、合計 8 枚入っている。

❶財布の中から同時に 2 枚を取り出したとき、金額の合計が 150 円になる確率はいくらか。

○ A　1/28　　○ B　1/14　　○ C　3/28　　○ D　1/7
○ E　5/28　　○ F　3/14　　○ G　1/4　　○ H　2/7
○ I　9/28　　　○ J　A ～ I のいずれでもない

❷ 700 円の買い物をしたので、財布の中から同時に 3 枚を取り出した。取り出した硬貨で支払いに不足がない確率はいくらか。

○ **A** 1/28 ○ **B** 1/14 ○ **C** 3/28 ○ **D** 1/7
○ **E** 5/28 ○ **F** 3/14 ○ **G** 1/4 ○ **H** 2/7
○ **I** 9/28 ○ **J** A〜Iのいずれでもない

難！ **問 16** リピート▶ □ □ □ ------------------------------- 別冊 ▶ 042

1 から 100 までの数字が 1 つずつ書かれた 100 枚のカードがある。

❶これらのカードの中から無作為に 1 枚を引いたとき、カードの数が 4 の倍数または 9 の倍数である確率はいくらか。

○ **A** 1/4 ○ **B** 3/10 ○ **C** 17/50 ○ **D** 19/50
○ **E** 21/50 ○ **F** 23/50 ○ **G** 1/2 ○ **H** 27/50
○ **I** 29/50 ○ **J** A〜Iのいずれでもない

❷これらのカードの中から無作為に 2 枚を引いたとき、2 枚のカードの積が 5 の倍数である確率はいくらか。

○ **A** 19/495 ○ **B** 52/165 ○ **C** 32/99
○ **D** 179/495 ○ **E** 61/165 ○ **F** 19/45
○ **G** 16/33 ○ **H** 316/495 ○ **I** 113/165
○ **J** A〜Iのいずれでもない

16 集合

S | 重要度ランク

テストセンター　ペーパーテスト　WEBテスティング

例題

 目標タイム：1分

　ある商品の購入者300人を対象に、アンケート調査を行った。下表は、調査項目と集計結果の一部である。

調査項目	回答	人数
機能には満足していますか	はい	195人
	いいえ	105人
価格には満足していますか	はい	160人
	いいえ	140人

　機能と価格の両方に満足している人は103人いた。機能にも価格にも満足していない人は何人いるか。

○A　20人　　　○B　35人　　　○C　48人　　　○D　55人
○E　57人　　　○F　90人　　　○G　92人　　　○H　190人
○I　245人　　　○J　A〜Iのいずれでもない

解法 集計表にまとめよう

　次のように、2つの項目をクロスさせた表を作ります。

		価格		
		はい	いいえ	計
機能	はい	**103**	①	195人
	いいえ	②	③	105人
	計	160人	140人	300人

　機能、価格ともに満足している人は、問題文から103人です。すると、残る①

〜③の欄は次のように計算できます。

① 195 − 103 = 92
② 160 − 103 = 57
③ 140 − 92 = 48　※ 105 − 57 で計算しても同じ

以上から、機能、価格ともに満足していない人（③の欄）は、48 人とわかります。

[別解]

次のようなベン図を作って解く方法もあります。問題によっては、こちらのほうが素早く解ける場合もあります。

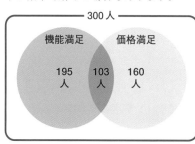

図より、機能・価格の一方または両方に満足している人（図の色網の部分）は、195 + 160 − 103 = 252 人。したがって、どちらにも満足していない人は 300 − 252 = 48 人。

【正解】C

►実践演習問題

解説・解答は別冊 043 - 046 ページ

　　リピート▶ ✓ ✓ ✓ ------------------------------------- 別冊▶043

500 人を対象に、動物についてアンケート調査を行った。下表は、調査項目と集計結果の一部である。

調査項目	回答	人数
犬は好きですか	はい	345 人
	いいえ	155 人
犬を飼ったことがありますか	はい	223 人
	いいえ	277 人
猫は好きですか	はい	265 人
	いいえ	235 人
猫を飼ったことがありますか	はい	93 人
	いいえ	407 人

❶犬が好きで飼ったことがあると回答した人は 180 人いた。犬が好きではなく、飼ったこともないと回答した人は何人いるか。

- ○ **A** 43 人
- ○ **B** 112 人
- ○ **C** 122 人
- ○ **D** 165 人
- ○ **E** 190 人
- ○ **F** 216 人
- ○ **G** 277 人
- ○ **H** 345 人
- ○ **I** 432 人
- ○ **J** A～Iのいずれでもない

❷犬も猫も飼ったことがないと回答した人は 240 人いた。犬か猫、いずれか一方だけを飼ったことがあると回答した人は何人いるか。

- ○ **A** 37 人
- ○ **B** 56 人
- ○ **C** 107 人
- ○ **D** 167 人
- ○ **E** 204 人
- ○ **F** 260 人
- ○ **G** 277 人
- ○ **H** 347 人
- ○ **I** 413 人
- ○ **J** A～Iのいずれでもない

| 問 02 | リピート チェック ▶ ☐☐☐ | 別冊 ▶ 043 |

あるテレビ局が、男女各 300 人の視聴者を対象に、新番組に関する調査を行った。下表は、調査項目と集計結果の一部である。

調査項目	回答	男性	女性
新番組 P はいかがでしたか	面白かった	95 人	180 人
	面白くなかった	205 人	120 人
新番組 Q はいかがでしたか	面白かった	170 人	105 人
	面白くなかった	130 人	195 人

❶新番組 P と新番組 Q の両方を「面白かった」と回答した男性は 48 人いた。どちらも「面白くなかった」と回答した男性は何人いるか。

- ○ **A** 35 人
- ○ **B** 47 人
- ○ **C** 58 人
- ○ **D** 75 人
- ○ **E** 83 人
- ○ **F** 122 人
- ○ **G** 130 人
- ○ **H** 205 人
- ○ **I** 287 人
- ○ **J** A～Iのいずれでもない

❷新番組 P だけを「面白かった」と回答した女性は 115 人いた。新番組 Q だけを「面白かった」と回答した女性は何人いるか。

- ○ **A** 40 人
- ○ **B** 65 人
- ○ **C** 80 人
- ○ **D** 105 人
- ○ **E** 120 人
- ○ **F** 180 人
- ○ **G** 195 人
- ○ **H** 225 人

問 03 リピート
チェック ▶ ☑ ☑ ☑ ----------------------------- 別冊▶044

男女各 100 人ずつ計 200 人を対象に、2 つの新製品 P、Q についてアンケート調査を行った。下表は、調査項目と集計結果の一部である。

調査項目	回答	男性	女性
製品 P を買いましたか	はい	68 人	73 人
	いいえ	32 人	27 人
製品 Q を買いましたか	はい	57 人	34 人
	いいえ	43 人	66 人

製品 P だけを買った男性は 23 人、製品 Q だけを買った女性は 11 人だった。製品 P と製品 Q を両方とも買った人は男女合わせて何人いるか。

○A 11 人	○B 23 人	○C 45 人	○D 68 人
○E 72 人	○F 80 人	○G 96 人	○H 108 人
○I 115 人	○J A～Iのいずれでもない		

👉必須 **問 04** リピート
チェック ▶ ☑ ☑ ☑ ----------------------------- 別冊▶044

ある会社で、従業員 300 人を対象に健康に関する調査を行った。下表は、調査項目と集計結果の一部である。

調査項目	回答	
朝食は毎朝食べる	はい	172 人
	いいえ	128 人
飲酒（週 3 回以上）	はい	120 人
	いいえ	180 人
喫煙する	はい	85 人
	いいえ	215 人

❶朝食を毎朝食べる人の 25％が週 3 回以上飲酒をする。週 3 回以上飲酒するが朝食は毎朝食べない人は何人いるか。

○A 32 人	○B 43 人	○C 60 人	○D 77 人
○E 92 人	○F 128 人	○G 137 人	○H 172 人
○I 180 人	○J A～Iのいずれでもない		

❷飲酒はするが喫煙をしない人は、喫煙はするが飲酒をしない人の2倍だった。飲酒も喫煙もしない人は何人いるか。

○**A** 35人　　○**B** 50人　　○**C** 65人　　○**D** 70人
○**E** 80人　　○**F** 95人　　○**G** 145人　○**H** 155人
○**I** 185人　　○**J** A～Iのいずれでもない

必須　問 05　リピートチェック ▶　　　　別冊 ▶ 044

大学生200人を対象に、読書と音楽について調査したところ、読書が好きな人は140人、音楽が好きな人は115人、読書も音楽も好きではない人は50人いた。読書と音楽が両方好きな人は何人いるか。

○**A** 25人　　○**B** 55人　　○**C** 80人　　○**D** 105人
○**E** 115人　○**F** 140人　○**G** 150人　○**H** 185人
○**I** 255人　　○**J** A～Iのいずれでもない

問 06　リピートチェック ▶　　　　別冊 ▶ 044

ある会社が従業員300人を対象に調査したところ、P新聞を購読している人は180人、Q新聞を購読している人は130人、どちらも購読していない人が70人だった。P新聞を購読しているが、Q新聞は購読していない人は何人いるか。

○**A** 50人　　○**B** 60人　　○**C** 70人　　○**D** 80人
○**E** 90人　　○**F** 100人　○**G** 110人　○**H** 120人
○**I** 140人　　○**J** A～Iのいずれでもない

問 07　リピートチェック ▶　　　　別冊 ▶ 044

大学生100人を対象に週末の過ごし方について調査したところ、買い物と回答した人が46人、アルバイトと回答した人が60人で、買い物とアルバイトの両方と回答した人は、どちらもしないと回答した人の3倍だった。どちらもしないと回答した人は何人いるか。

○**A** 0人　　　○**B** 1人　　　○**C** 3人　　　○**D** 5人
○**E** 7人　　　○**F** 9人　　　○**G** 11人　　○**H** 13人
○**I** 15人　　　○**J** A～Iのいずれでもない

☞必須 問08 リピートチェック ▶ ☑ ☑ ☑ ------------------------------- 別冊 ▶ 045

　ある高校の生徒 200 人について、通学時の交通手段について調査したところ、電車を利用している人は 85 人、バスを利用している人は 42 人、自転車を利用している人は 75 人だった。このうち、電車とバスを両方利用している人は 30 人だった。また、電車、バス、自転車のいずれも利用しない人は 40 人だった。

❶自転車だけを利用している人は何人いるか。

○A　7人　　　○B　18人　　　○C　33人　　　○D　63人
○E　97人　　　○F　103人　　○G　127人　　○H　160人
○I　167人　　○J　A～Iのいずれでもない

❷電車、バス、自転車をすべて利用する人は、いずれも利用しない人の 1/10 だった。電車と自転車を両方利用する人が 10 人いたとすると、電車と自転車を利用するが、バスは利用しない人は何人いるか。

○A　0人　　○B　1人　　　○C　2人　　　○D　3人
○E　4人　　○F　5人　　　○G　6人　　　○H　7人
○I　8人　　○J　A～Iのいずれでもない

問09 リピートチェック ▶ ☑ ☑ ☑ ------------------------------- 別冊 ▶ 045

　日本在住の外国人 300 人について調査したところ、以下のような結果になった。

英語を話す	150人
韓国語を話す	95人
中国語を話す	120人

　このうち、英語と韓国語の両方を話す人は 43 人、中国語だけを話す人は 83 人いた。

❶韓国語を話すが、英語は話さない人は何人いるか。

○A　12人　　　○B　40人　　　○C　52人　　　○D　77人
○E　95人　　　○F　107人　　○G　120人　　○H　150人
○I　202人　　○J　A～Iのいずれでもない

❷英語、韓国語、中国語のいずれも話さない人は何人いるか。

○**A** 0人　　○**B** 3人　　○**C** 5人　　○**D** 7人
○**E** 9人　　○**F** 11人　　○**G** 13人　　○**H** 15人
○**I** 17人　　○**J** A～Iのいずれでもない

❸英語と中国語を話すが韓国語は話さない人は、韓国語と中国語を話すが英語は話さない人の2倍いた。英語、韓国語、中国語をすべて話す人が10人いたとすると、英語だけを話す人は何人いるか。

○**A** 33人　　○**B** 43人　　○**C** 52人　　○**D** 65人
○**E** 72人　　○**F** 80人　　○**G** 89人　　○**H** 98人
○**I** 107人　　○**J** A～Iのいずれでもない

空欄に当てはまる数値を求めなさい。

　小学生100人に習い事についてアンケートをとったところ、水泳教室に通っている人は55人、英会話教室に通っている人は32人で、どちらにも通っていない人は26人だった。このとき、水泳教室と英会話教室の両方に通っている人は☐人である。

空欄に当てはまる数値を求めなさい。

　2つの小説について200人に調査したところ、小説Pを読んだことがある人は、小説Qを読んだことのある人の3倍だった。また、両方とも読んだことがある人は18人、どちらも読んだことがない人は34人だった。このとき、Qだけを読んだことのある人は☐人である。

空欄に当てはまる数値を求めなさい。

　ペットについて175人に調査したところ、犬を飼っている人は36%、猫を飼っている人は20%、どちらも飼っていない人が52%だった。このとき、犬と猫の両方を飼っている人は☐人である。

問13

リピートチェック▶

空欄に当てはまる数値を求めなさい。

ある会社が新製品についてモニター調査をしたところ、「機能」が良いと回答した人が48%、「デザイン」が良いと回答した人が32%だった。また、「機能」が良いと回答した人の25%は「デザイン」についても良いと回答していた。このとき、「機能」も「デザイン」も良いと回答しなかった人の割合は▢%である。

問14

リピートチェック▶

空欄に当てはまる数値を求めなさい。

希望者を対象に国語と数学の試験を実施したところ、60%の受験者が国語と数学の両方で合格点をとり、12%の受験者が国語、数学ともに不合格だった。国語または数学のどちらか1つだけ合格した受験者が42人だとすると、受験者は全部で▢人である。

問15

リピートチェック▶

空欄に当てはまる数値を求めなさい。

外国人にアンケート調査を実施したところ、英語が話せる人は68%、日本語が話せる人は45%だった。また、英語と日本語を両方とも話せる人は、どちらも話せない人の1.5倍だった。このとき、日本語は話せるが英語を話せない人の割合は▢%である。

問16

リピートチェック▶

空欄に当てはまる数値を求めなさい。

100人を対象に、映画P、Q、Rを観たかどうかを調査したところ、Pは36人、Qは24人、Rは21人が観ていた。また、PとQを両方観たという人は10人、PとRを両方観たという人は8人、QとRを両方観たという人は3人いたが、P、Q、Rをすべて観たという人はいなかった。このとき、P、Q、Rのいずれも観ていなかった人は▢人である。

17 損益算

S 重要度
ランク

テストセンター ┃ ペーパーテスト ┃ WEBテスティング

例 題

⏱ 目標タイム：**2分**

ある店舗では、商品に原価の３割の利益を見込んで定価をつけている。

①定価が 1365 円の商品の原価はいくらか。

○A 900 円	○B 950 円	○C 1000 円	○D 1050 円
○E 1100 円	○F 1150 円	○G 1200 円	○H 1250 円
○I 1300 円	○J A～I のいずれでもない		

②定価 715 円の商品を 2 割引で販売すると、1 個あたりの利益はいくらになるか。

○A 12 円	○B 15 円	○C 18 円	○D 20 円
○E 22 円	○F 25 円	○G 28 円	○H 30 円
○I 32 円	○J A～I のいずれでもない		

解法 定価・原価・利益の関係を式にする

①商品の定価は、原価（仕入れ値）にいくらかの利益を上乗せして設定されます。
原価の何割を利益とするかを「**利益率**」といいます。たとえば利益率が３割（＝
30％）なら、原価の３割を原価にプラスしたものが定価となります。

定価＝原価＋<u>原価×利益率</u> → 定価＝原価×（１＋利益率）
　　　　　　　利益

原価を x として、上の式に定価＝ 1365 円、利益率＝ 0.3 を当てはめれば、
$1365 = x \times (1 + 0.3)$
$1365 = 1.3x$ 　　　∴ $x = 1365 \div 1.3 = 1050$ 円
のように、原価を求めることができます。

②「2割引」のように割引率が設定されている場合、商品の売値は次の式で求められます。

売値＝定価×（1－割引率）

定価715円の商品を2割引で売る場合、売値は、
$715 × (1 － 0.2) = 715 × 0.8 = 572$ 円
一方、この商品の原価は「定価＝原価×（1＋利益率）」より、
原価＝定価÷（1＋利益率）＝ $715 ÷ 1.3 = 550$ 円
となります。売値から原価を引いたものが利益となるので、この商品の1個あたりの販売利益は、
$572 － 550 = 22$ 円
となります。

【正解】 ① D　② E

►実践演習問題

解説・解答は別冊 047 - 051 ページ

必須 **問 01** リピート チェック ► - 別冊 ► 047

　ある商店では、定価で販売すると原価の3割の利益が得られるように価格を設定している。1個1800円で仕入れた商品の定価はいくらに設定すればよいか。

○A　1800円　　○B　1890円　　○C　1900円　　○D　1960円
○E　2010円　　○F　2120円　　○G　2200円　　○H　2340円
○I　2400円　　○J　A～Iのいずれでもない

必須 **問 02** リピート チェック ► - 別冊 ► 047

　ある商店では、定価で販売すると仕入れ値の2割の利益が得られるように価格を設定している。この商店で、定価5100円の商品の仕入れ値はいくらか。

○A　3250円　　○B　3500円　　○C　3950円　　○D　4000円
○E　4250円　　○F　4500円　　○G　4850円　　○H　5100円
○I　6120円　　○J　A～Iのいずれでもない

　仕入れ値が 1 個 230 円の弁当がある。これを 200 個仕入れて定価 320 円で販売するとき、10000 円の利益を得るためには、弁当を何個販売すればよいか。なお、売れ残った分はすべて廃棄するものとする。

○ **A**　150 個　　○ **B**　155 個　　○ **C**　160 個　　○ **D**　165 個
○ **E**　170 個　　○ **F**　175 個　　○ **G**　180 個　　○ **H**　185 個
○ **I**　190 個　　○ **J**　A ～ I のいずれでもない

　ある商品を、1 個 500 円で 200 個仕入れた。そのうち 150 個を定価の 1 割引で売り、残り 50 個を定価の 2 割引で売ったところ、40000 円の利益を得た。この商品の定価はいくらか。

○ **A**　500 円　　○ **B**　550 円　　○ **C**　600 円　　○ **D**　650 円
○ **E**　700 円　　○ **F**　750 円　　○ **G**　800 円　　○ **H**　850 円
○ **I**　900 円　　○ **J**　A ～ I のいずれでもない

　定価で販売すると 300 円の利益が得られる商品を、定価の 2 割引で販売したところ、150 円の利益が得られた。この商品の原価はいくらか。

○ **A**　350 円　　○ **B**　400 円　　○ **C**　450 円　　○ **D**　500 円
○ **E**　550 円　　○ **F**　600 円　　○ **G**　650 円　　○ **H**　700 円
○ **I**　750 円　　○ **J**　A ～ I のいずれでもない

　原価の 30% の利益を見込んで定価を付けたが、売れないので定価から 5000 円引いて販売した。これにより、原価の 10% の利益を得た。この商品の原価はいくらか。

○ **A**　18000 円　　○ **B**　19000 円　　○ **C**　20000 円
○ **D**　21000 円　　○ **E**　22000 円　　○ **F**　23000 円

○**G** 24000 円　　○**H** 25000 円　　○**I** 26000 円
○**J** A ～ I のいずれでもない

問 07　リピート
チェック ▶ ☑☑☑ --- 別冊 ▶ 047

　ある商店では、定価で販売すると原価の 3 割の利益が得られるように価格を設定している。商品 P を定価の 2 割引で販売したところ、500 円の利益が得られた。商品 P の売値はいくらか。

○**A** 10000 円　　○**B** 11000 円　　○**C** 12500 円
○**D** 13000 円　　○**E** 14500 円　　○**F** 15000 円
○**G** 16250 円　　○**H** 17380 円　　○**I** 18000 円
○**J** A ～ I のいずれでもない

問 08　リピート
チェック ▶ ☑☑☑ --- 別冊 ▶ 048

　ある商店では、仕入れ値の 2 割の利益が得られるように定価を設定している。定価 480 円の商品を 200 個仕入れ、そのうち 180 個が売れた。売れ残った商品はすべて廃棄する場合、利益または損失はいくらになるか。

○**A** 3200 円の損失　　○**B** 4800 円の損失　　○**C** 8000 円の損失
○**D** 9600 円の損失　　○**E** 利益も損失も0円　　○**F** 6400 円の利益
○**G** 14400 円の利益　　○**H** 64000 円の利益　　○**I** 86400 円の利益
○**J** A ～ I のいずれでもない

問 09　リピート
チェック ▶ ☑☑☑ --- 別冊 ▶ 048

　仕入れ値が 250 円の商品を 30 個仕入れ、定価 280 円で販売したところ、22 個が定価で売れた。残りはすべて定価の半額で売ってしまった。このとき、利益または損失は全体でいくらか。

○**A** 利益も損失もなし　　○**B** 120 円の損失　　○**C** 180 円の損失
○**D** 200 円の損失　　○**E** 220 円の損失　　○**F** 120 円の利益
○**G** 180 円の利益　　○**H** 200 円の利益　　○**I** 220 円の利益
○**J** A ～ I のいずれでもない

ある商店では、販売する商品の定価を仕入れ値の 3 割の利益を見込んで設定している。

❶定価 1170 円の商品の仕入れ値はいくらか（必要なときは、最後に小数点以下第 1 位を四捨五入すること）。

○**A** 700 円 　 ○**B** 714 円 　 ○**C** 798 円 　 ○**D** 800 円
○**E** 819 円 　 ○**F** 845 円 　 ○**G** 900 円 　 ○**H** 928 円
○**I** 998 円 　 ○**J** A ～ I のいずれでもない

❷定価 2210 円の商品を、定価の 1 割引で売ったときの利益はいくらか（必要なときは、最後に小数点以下第 1 位を四捨五入すること）。

○**A** 197 円 　 ○**B** 201 円 　 ○**C** 224 円 　 ○**D** 263 円
○**E** 289 円 　 ○**F** 312 円 　 ○**G** 345 円 　 ○**H** 389 円
○**I** 442 円 　 ○**J** A ～ I のいずれでもない

定価 1020 円の商品を 2 割引で販売したところ、仕入れ値の 2 割の利益を得た。

❶この商品の仕入れ値はいくらか。

○**A** 390 円 　 ○**B** 410 円 　 ○**C** 480 円 　 ○**D** 540 円
○**E** 680 円 　 ○**F** 780 円 　 ○**G** 840 円 　 ○**H** 980 円
○**I** 1020 円 　 ○**J** A ～ I のいずれでもない

❷仕入れ値の 3 割の利益を得るには、この商品の売価をいくらに設定すればよいか。

○**A** 820 円 　 ○**B** 884 円 　 ○**C** 936 円 　 ○**D** 998 円
○**E** 1020 円 　 ○**F** 1122 円 　 ○**G** 1136 円 　 ○**H** 1200 円
○**I** 1234 円 　 ○**J** A ～ I のいずれでもない

問 12

別冊▶048

リピート
チェック ▶ ☑ ☑ ☑

ある店舗では、商品を定価で販売したとき、仕入れ値の 3 割が利益になる。

❶ 商品 P を定価 390 円で販売するとき、商品 P の 1 個あたりの利益はいくらになるか。

○ **A** 40 円　　　○ **B** 50 円　　　○ **C** 60 円　　　○ **D** 70 円
○ **E** 80 円　　　○ **F** 90 円　　　○ **G** 100 円　　○ **H** 110 円
○ **I** 120 円　　○ **J** A ～ I のいずれでもない

❷ 商品 Q を 2 割引きで販売したところ、1 個あたりの利益は 50 円になった。商品 Q の仕入れ値はいくらか。

○ **A** 1150 円　　○ **B** 1200 円　　○ **C** 1250 円　　○ **D** 1300 円
○ **E** 1350 円　　○ **F** 1400 円　　○ **G** 1450 円　　○ **H** 1500 円
○ **I** 1550 円　　○ **J** A ～ I のいずれでもない

問 13

別冊▶049

リピート
チェック ▶ ☑ ☑ ☑

仕入れ値が 800 円の商品を 30 個仕入れ、仕入れ値の 2 割の利益を見込んで定価を設定した。

❶ 30 個すべてを定価で売った場合、全体の利益はいくらになるか。

○ **A** 3000 円　　○ **B** 3200 円　　○ **C** 3600 円　　○ **D** 4000 円
○ **E** 4800 円　　○ **F** 5000 円　　○ **G** 5200 円　　○ **H** 5800 円
○ **I** 6000 円　　○ **J** A ～ I のいずれでもない

❷ 20 個は定価で売れたが、10 個売れ残ってしまった。そこで、売れ残った分は仕入れ値の 2 割引ですべて売り切った。このとき、利益または損失はいくらになるか。

○ **A** 400 円の利益　　○ **B** 800 円の利益　　○ **C** 1600 円の利益
○ **D** 2400 円の利益　　○ **E** 400 円の損失　　○ **F** 800 円の損失
○ **G** 1600 円の損失　　○ **H** 2400 円の損失　　○ **I** 利益も損失も 0 円
○ **J** A ～ I のいずれでもない

原価 500 円の商品を 100 個仕入れて、定価 700 円で販売している。

❶この商品を定価の 10%引きで売ったときの利益は原価の何%か（必要なとき
は、最後に小数点以下第 1 位を四捨五入すること）。

○A 14%　○B 18%　○C 22%　○D 26%　○E 30%
○F 34%　○G 38%　○H 44%　○I 74%
○J A ～ I のいずれでもない

❷定価で 60 個売ったが 40 個売れ残ったので、残りは定価から割引きして売る
ことにした。すべて売り切ったとき、全体の利益を仕入れ値合計の 26%とす
るには、割引率を定価の何%にすればよいか（必要なときは、最後に小数点以
下第 1 位を四捨五入すること）。

○A 20%　○B 21%　○C 22%　○D 23%　○E 24%
○F 25%　○G 26%　○H 27%　○I 28%
○J A ～ I のいずれでもない

原価が 1 個 500 円の商品を 80 個仕入れ、定価を 640 円にして販売した。
売れ残った商品があったので、定価の 2 割引で売ったところすべて売り切れ、
利益は全部で 10688 円になった。

❶売れ残った商品の売価はいくらか。

○A 500 円　○B 512 円　○C 516 円　○D 518 円
○E 520 円　○F 524 円　○G 530 円　○H 534 円
○I 538 円　○J A ～ I のいずれでもない

❷売れ残った商品の個数はいくつか。

○A 1 個　○B 2 個　○C 3 個　○D 4 個
○E 5 個　○F 6 個　○G 7 個　○H 8 個
○I 9 個　○J A ～ I のいずれでもない

問 16 リピート▶ ☑ ☑ ☑

商品 P、Q は、いずれも定価の 3 割引で売ると、1 個あたり 250 円の利益を得る。

❶商品 P の仕入れ値は 800 円であった。この商品を定価で売ったとき、1 個あたりの利益はいくらか。

○ **A**　400 円　　○ **B**　500 円　　○ **C**　600 円　　○ **D**　700 円
○ **E**　800 円　　○ **F**　900 円　　○ **G**　1000 円　○ **H**　1200 円
○ **I**　1500 円　　○ **J**　A ～ I のいずれでもない

❷商品 Q を定価の 2 割引で売ると、1 個あたり 350 円の利益を得る。この商品の定価はいくらか。

○ **A**　800 円　　○ **B**　900 円　　○ **C**　1000 円　○ **D**　1100 円
○ **E**　1200 円　○ **F**　1300 円　○ **G**　1400 円　○ **H**　1500 円
○ **I**　1600 円　　○ **J**　A ～ I のいずれでもない

問 17 リピート▶

商品 P を 200 個仕入れて、仕入れ値の 2 割の利益が得られるように定価を設定した。商品 P を定価ですべて売り切ると、19200 円の利益が得られる。

❶商品 P の 1 個あたりの仕入れ値はいくらか。

○ **A**　260 円　　○ **B**　288 円　　○ **C**　336 円　　○ **D**　384 円
○ **E**　400 円　　○ **F**　416 円　　○ **G**　480 円　　○ **H**　552 円
○ **I**　560 円　　○ **J**　A ～ I のいずれでもない

❷商品 P をすべて売り切ったとき、20000 円以上の利益を得るには、1 個あたりの売価をいくら以上にすればよいか。

○ **A**　450 円　　○ **B**　480 円　　○ **C**　500 円　　○ **D**　520 円
○ **E**　550 円　　○ **F**　580 円　　○ **G**　600 円　　○ **H**　620 円
○ **I**　650 円　　○ **J**　A ～ I のいずれでもない

別冊 ▶ 050

問 18 リピート チェック ▶

空欄に当てはまる数値を求めなさい。

仕入れ値の 20％の利益が得られるように定価を設定した商品がある。この商品を売って、仕入れ値の 8％の利益が得られるのは、定価の ☐ ％で売ったときである（必要なときは、最後に小数点以下第 2 位を四捨五入すること）。

別冊 ▶ 050

問 19 リピート チェック ▶

空欄に当てはまる数値を求めなさい。

ある商品を 50 個仕入れ、仕入れ値の 30％増しの定価をつけた。30 個を定価で売り、残り 20 個は定価の 20％引きにしてすべて売り切った。このとき 1 個あたりの利益は仕入れ値の ☐ ％になる（必要なときは、最後に小数点以下第 2 位を四捨五入すること）。

別冊 ▶ 050

問 20 リピート チェック ▶

空欄に当てはまる数値を求めなさい。

ある商品を 150 個仕入れ、100 個を定価で売り、残り 50 個は定価の 25％引きにしてすべて売り切ったところ、商品 1 個あたり仕入れ値の 10％の利益が得られた。この商品の定価は仕入れ値の ☐ ％増しである。

別冊 ▶ 050

問 21 リピート チェック ▶

空欄に当てはまる数値を求めなさい。

ある商品を 100 個仕入れ、50 個を定価 500 円で売り、残り 50 個は定価の 20％引きにしてすべて売り切ったときの利益は 9000 円であった。このとき商品 1 個あたりの仕入れ値は ☐ 円である。

別冊 ▶ 051

問 22 リピート チェック ▶

空欄に当てはまる数値を求めなさい。

定価 1500 円の商品を、仕入れ値 1280 円で 150 個仕入れた。すべて売り切ったときの利益を全体で 21750 円にするには、売値を定価の ☐ ％引きとする（必要なときは、最後に小数点以下第 2 位を四捨五入すること）。

問 23

リピート
チェック ▶

別冊 ▶ 051

空欄に当てはまる数値を求めなさい。

ある商品を 200 個仕入れ、150 個を定価 500 円で売り、残り 50 個は定価の半額にしてすべて売り切ったときの利益は 24500 円であった。このとき 1 個あたりの仕入れ値は □ 円である。

問 24

リピート
チェック ▶

別冊 ▶ 051

空欄に当てはまる数値を求めなさい。

ある商品を 1 個あたり 400 円で 100 個仕入れた。60 個は定価 500 円で売ったが、売れ残ったので残りを処分価格で売り切ったところ、全体の利益と損失はともにゼロになった。このとき、処分価格は定価の □ ％引きである。

問 25

リピート
チェック ▶

別冊 ▶ 051

空欄に当てはまる数値を求めなさい。

ある商品を定価の 10％割引で販売したところ、仕入れ値の 20％にあたる利益が得られた。このとき商品の定価は仕入れ値の □ ％増しである（必要なときは、最後に小数点以下第 2 位を四捨五入すること）。

問 26

リピート
チェック ▶

別冊 ▶ 051

空欄に当てはまる数値を求めなさい。

ある商品を 750 円の仕入れ値で 50 個仕入れ、仕入れ値の 30％増しの定価をつけた。20 個を定価で売り、残り 30 個は定価の 2 割引きですべて売り切ったとき、商品 1 個あたりの利益は □ 円になる。

問 27

リピート
チェック ▶

別冊 ▶ 051

空欄に当てはまる数値を求めなさい。

ある商品を 1 個あたり 700 円で 50 個仕入れ、30 個を定価で売り、残り 20 個は定価の 20％引きにしてすべて売り切ったところ、全体で 6400 円の利益を得た。このときの商品の定価は □ 円である。

18 割引料金

 重要度ランク

テストセンター　ペーパーテスト　WEBテスティング

例 題

⏱ 目標タイム：**1分**

　ある動物園の入園料は、大人が1人1200円、子どもは大人料金の半額となっている。また、大人、子ども合わせて20人以上の団体については、その団体全員に通常料金の20%割引が適用される。大人18人、子ども7人の合計25人で入園した場合、入園料の総額はいくらになるか。

○**A**　17280円　　○**B**　19200円　　○**C**　20640円
○**D**　21480円　　○**E**　22560円　　○**F**　24000円
○**G**　24240円　　○**H**　25800円　　○**I**　28200円
○**J**　A～Iのいずれでもない

解法　割引料金＝通常料金×（1－割引率）

　団体割引の方法については、大きく次の2通りの方法があります。

①団体全員に割引料金を適用する
②規定の人数を超えた分について割引料金を適用する

　例題は、①の団体割引を適用する問題です。このような割引では、はじめに通常料金での人数分の総額を求め、その総額に団体割引を適用します。

大人通常　：　1200円×18人　　＝21600円
子ども通常：　 600円×7人　　 ＝　4200円
合計　　　：21600円＋4200円　＝25800円
団体割引　：25800円×（1－0.2）＝20640円

【正解】C

問 01　リピートチェック ▶ □ □ □ ──────────────── 別冊 ▶ 052

　ある植物園の入園料は、1 人 500 円である。20 人を超える団体は、20 人を超える分について 1 人 350 円になる。30 人で入園する場合、入園料の総額はいくらになるか。

○A　10000 円　　○B　10500 円　　○C　11000 円
○D　11500 円　　○E　12000 円　　○F　12500 円
○G　13000 円　　○H　13500 円　　○I　14000 円
○J　A ～ I のいずれでもない

問 02　リピートチェック ▶ □ □ □ ──────────────── 別冊 ▶ 052

　ある遊園地の入園料は、大人 1 人 800 円、子ども 1 人 500 円である。ただし、大人が 20 人を超える団体は、20 人を超える分について 1 人 600 円、子どもが 10 人を超える団体は、10 人を超える分について 1 人 300 円になる。大人 25 人、子ども 25 人の合計 50 人で入園した場合、入園料の総額はいくらになるか。

○A　27500 円　　○B　28000 円　　○C　28500 円
○D　29000 円　　○E　29500 円　　○F　30000 円
○G　30500 円　　○H　31000 円　　○I　31500 円
○J　A ～ I のいずれでもない

問 03　リピートチェック ▶ □ □ □ ──────────────── 別冊 ▶ 052

　ある水族館の入館料は、大人 1 人 1200 円、子ども 1 人 800 円である。30 人以上の団体は、団体全員の料金が大人 1100 円、子ども 600 円になる。大人 10 人、子ども 25 人の合計 35 人で入館した場合、総額はいくらになるか。

○A　25000 円　　○B　25500 円　　○C　26000 円
○D　26500 円　　○E　27000 円　　○F　27500 円
○G　28000 円　　○H　28500 円　　○I　29000 円
○J　A ～ I のいずれでもない

問 04 リピート チェック ▶ ☑ ☐ ☐

ある展示会の入場料は、1 人あたり 400 円である。20 人を超える団体は、20 人を超えた人数分について 1 人あたり 2 割引になる。40 人で一度に入場した場合と、25 人と 15 人の 2 グループに分けて入場する場合の総額はいくら異なるか。

- ○ **A** 900 円
- ○ **B** 1000 円
- ○ **C** 1100 円
- ○ **D** 1200 円
- ○ **E** 1300 円
- ○ **F** 1400 円
- ○ **G** 1500 円
- ○ **H** 1600 円
- ○ **I** 1700 円
- ○ **J** A 〜 I のいずれでもない

問 05 リピート チェック ▶ ☑ ☐ ☐

あるバイキングレストランの通常料金は、1 人あたり 1800 円である。また、10 人を超える団体には団体割引が適用され、10 人を超え 20 人以下の分については通常料金の 20%引き、20 人を超える分については通常料金の半額となる。このレストランを 18 人ずつ 2 回に分けて利用する場合と、24 人と 12 人に分けて利用する場合とでは、料金の総額はいくら異なるか。

- ○ **A** 1380 円
- ○ **B** 1440 円
- ○ **C** 1560 円
- ○ **D** 1620 円
- ○ **E** 1740 円
- ○ **F** 1800 円
- ○ **G** 1940 円
- ○ **H** 2160 円
- ○ **I** 2320 円
- ○ **J** A 〜 I のいずれでもない

問 06 リピート チェック ▶ ☑ ☐ ☐

ある遊園地の入園料は、大人 1200 円、子ども 800 円である。合計 30 人を超える団体は、一律で 1 割引になる。大人 15 人、子ども 25 人の合計 40 人で入園する予定だったが、大人 1 人、子ども 3 人の合計 4 人が集合時間に遅れたため、4 人は割引対象でなくなった。40 人で入園する場合と、36 人と遅れてきた 4 人に分けて入園する場合では、総額はいくら異なるか。

- ○ **A** 260 円
- ○ **B** 300 円
- ○ **C** 360 円
- ○ **D** 400 円
- ○ **E** 460 円
- ○ **F** 500 円
- ○ **G** 560 円
- ○ **H** 600 円
- ○ **I** 660 円
- ○ **J** A 〜 I のいずれでもない

問 07　リピート▸ ☑ ☑ ☑ ------------------------------ 別冊 ▸ 053

　ある美術館の入館料は、1 人 1600 円である。30 人を超える団体は、30
人を超えた人数分については 1 人あたり 1200 円になる。入館料の総額を人数
で割り、各人が同じ金額を支払うようにする場合、40 人で入館した団体の 1 人
あたりの支払額はいくらか。

○ **A**　1280 円　　○ **B**　1300 円　　○ **C**　1400 円　　○ **D**　1420 円
○ **E**　1460 円　　○ **F**　1500 円　　○ **G**　1520 円　　○ **H**　1580 円
○ **I**　1600 円　　○ **J**　A 〜 I のいずれでもない

必須 問 08　リピート▸ ☑ ☑ ☑ ------------------------------ 別冊 ▸ 053

　ある劇場の入場料は、2000 円である。40 人を超える団体は、40 人を超え
た人数分については 1 人あたり 2 割引になる。入場料の総額を人数で割り、各
人が同じ金額を支払うようにする場合、1 人あたり 1760 円支払うことになる
のは、何人の団体で入場するときか。

○ **A**　65 人　　　○ **B**　70 人　　　○ **C**　75 人　　　○ **D**　80 人
○ **E**　85 人　　　○ **F**　90 人　　　○ **G**　95 人　　　○ **H**　100 人
○ **I**　105 人　　○ **J**　A 〜 I のいずれでもない

問 09　リピート▸ ☑ ☑ ☑ ------------------------------ 別冊 ▸ 053

　1 個 30 円の菓子がある。50 個を超えるまとめ買いは、50 個を超えた分に
ついては 1 個 25 円になる。1 個あたり 28 円以下になるには、何個以上まと
め買いすればよいか。

○ **A**　78 個　　○ **B**　79 個　　○ **C**　80 個　　○ **D**　82 個
○ **E**　83 個　　○ **F**　84 個　　○ **G**　85 個　　○ **H**　86 個
○ **I**　88 個　　○ **J**　A 〜 I のいずれでもない

ある遊園地の入園料は、大人 1 人 1000 円、子ども 1 人 700 円である。合計 20 人を超える団体には、団体全員の入園料に一律の割引がある。大人 15 人、子ども 20 人の合計 35 人で利用した場合、総額 24650 円だった。割引率は何%か。

○ A　10%　　○ B　15%　　○ C　18%　　○ D　20%
○ E　25%　　○ F　30%　　○ G　35%　　○ H　40%
○ I　45%　　○ J　A ～ I のいずれでもない

あるイベントの参加費は、大人の正規料金に対して子どもは半額である。団体参加によって割引があり、大人と子どもを合わせた合計人数が 10 人以上で、団体全員の料金が大人は 15%、子どもは 10% 割り引かれる。

❶このイベントの大人の正規料金が 1000 円のとき、大人 5 人、子ども 4 人の団体で参加するときの参加費は総額でいくらか。

○ A　4000 円　　○ B　4500 円　　○ C　5000 円　　○ D　5500 円
○ E　6000 円　　○ F　6500 円　　○ G　7000 円　　○ H　7500 円
○ I　8000 円　　○ J　A ～ I のいずれでもない

❷このイベントの大人の正規料金が 1500 円のとき、大人 10 人、子ども 7 人の団体で参加するときの参加費は総額でいくらか。

○ A　17450 円　　○ B　17475 円　　○ C　17500 円
○ D　17525 円　　○ E　17550 円　　○ F　17575 円
○ G　17600 円　　○ H　17625 円　　○ I　17650 円
○ J　A ～ I のいずれでもない

あるネットカフェの利用料金は、最初の 1 時間は 400 円で、延長料金は 30 分につき 150 円である。ただし、夜 22 時以降(翌朝 9 時まで)の延長料金は 30 分につき 120 円になる。

❶このネットカフェを夜 19 時から 23 時まで利用した場合の料金の総額はいくらか。

○A 1200 円　　○B 1240 円　　○C 1300 円　　○D 1340 円
○E 1400 円　　○F 1440 円　　○G 1500 円　　○H 1540 円
○I 1600 円　　○J A〜Iのいずれでもない

❷このネットカフェを朝 9 時から 24 時間利用した場合の料金の総額はいくらか。

○A 6240 円　　○B 6300 円　　○C 6340 円　　○D 6400 円
○E 6440 円　　○F 6500 円　　○G 6540 円　　○H 6600 円
○I 6640 円　　○J A〜Iのいずれでもない

問 13　　リピート▶ ☑ ☑ ☑ --- 別冊▶054
チェック

　ある旅館の宿泊料は、一室が大人 1 人 1 泊 5000 円で、子どもは半額である。一室利用が 5 人以上で、利用者全員の料金が 2 割引になる。また、宿泊数が 3 泊を超えると、3 泊を超えた分については 1 人あたりの料金がさらに 500 円引となる。

❶この旅館の一室に、大人 2 人、子ども 1 人で 4 泊すると、総額はいくらになるか。

○A 30000 円　　○B 32500 円　　○C 35000 円
○D 37500 円　　○E 40000 円　　○F 42500 円
○G 45000 円　　○H 48500 円　　○I 49000 円
○J A〜Iのいずれでもない

❷この旅館の一室に、大人 6 人で何泊か宿泊したところ、1 人あたりの料金が 22500 円になった。何泊していたか。

○A 3 泊　　○B 4 泊　　○C 5 泊　　○D 6 泊
○E 7 泊　　○F 8 泊　　○G 9 泊　　○H 10 泊
○I 11 泊　　○J A〜Iのいずれでもない

問14 リピートチェック▶ ☑ ☑ ☑

　予約制の貸切パーティ会場がある。利用料は1人2500円。20人を超える団体は、20人を超え30人までは1人あたり1割引、30人を超え40人までは1人あたり2割引、40人を超える人数分については1人あたり3割引になる。割引は予約時点での人数が有効になる。

❶このパーティ会場を36人で予約したときの総額はいくらか。

- ○A　81000円
- ○B　81500円
- ○C　82000円
- ○D　82500円
- ○E　83000円
- ○F　83500円
- ○G　84000円
- ○H　84500円
- ○I　85000円
- ○J　A～Iのいずれでもない

❷追加で22人の予約を行うことになった。最初から58人で予約した場合と、36人と22人に分けて予約した場合とで、総額はいくら異なるか。

- ○A　15000円
- ○B　15500円
- ○C　15800円
- ○D　16000円
- ○E　16500円
- ○F　16800円
- ○G　17000円
- ○H　17200円
- ○I　17500円
- ○J　A～Iのいずれでもない

問15 リピートチェック▶ ☑ ☑ ☑

　あるフェリーの乗船運賃は、1人5000円である。25人を超える団体には割引が適用され、25人を超えた人数分については1人あたりの乗船運賃が1割引になる。

❶このフェリーに60人が一度に乗船する場合と、30人ずつ2回に分けて乗船する場合の運賃総額はいくら異なるか。

- ○A　10000円
- ○B　10500円
- ○C　11000円
- ○D　11500円
- ○E　12000円
- ○F　12500円
- ○G　13000円
- ○H　13500円
- ○I　14000円
- ○J　A～Iのいずれでもない

❷このフェリーに 100 人が一度に乗船する場合と、55 人と 45 人の 2 グループに分けて乗船する場合の運賃総額はいくら異なるか。

○**A** 10000 円 　　○**B** 10500 円 　　○**C** 11000 円
○**D** 11500 円 　　○**E** 12000 円 　　○**F** 12500 円
○**G** 13000 円 　　○**H** 13500 円 　　○**I** 14000 円
○**J** A ～ I のいずれでもない

| 問 16 | リピート チェック ▶ | | | 別冊 ▶ 055 |

あるテーマパークの入場料は、正規料金が大人 1000 円、子ども料金は大人料金の半額である。大人、子ども合わせて 30 人以上で団体割引が適用され、その団体全員について、大人料金は 25％引き、子ども料金は 20％引きになる。

❶このテーマパークに大人 25 人、子ども 8 人の団体で入場すると、入場料の総額はいくらになるか。

○**A** 15000 円 　　○**B** 16250 円 　　○**C** 18900 円
○**D** 21750 円 　　○**E** 21950 円 　　○**F** 23200 円
○**G** 25600 円 　　○**H** 29000 円 　　○**I** 31500 円
○**J** A ～ I のいずれでもない

❷大人 30 人、子ども 10 人の団体で入場する予定だったが、大人 4 人、子ども 2 人が集合時間に遅刻したため、その人数を除いて入場した。遅刻した者は全員後から正規料金で入場した。遅刻した者を含めた入場料の総額は、当初の予定といくら異なるか。

○**A** 1000 円 　○**B** 1200 円 　○**C** 1800 円 　○**D** 2500 円
○**E** 2800 円 　○**F** 3000 円 　○**G** 3500 円 　○**H** 3800 円
○**I** 3850 円 　○**J** A ～ I のいずれでもない

　ある居酒屋の食べ放題料金は、1人2100円である。10人を超える団体は、10人を超えた人数分については1人あたり2割引になる。

❶この食べ放題を25人で利用すると、総額はいくらになるか。

○ A　44200円　　○ B　44500円　　○ C　44800円
○ D　45000円　　○ E　45200円　　○ F　45500円
○ G　45800円　　○ H　46000円　　○ I　46200円
○ J　A～Iのいずれでもない

❷この食べ放題で1人あたり1800円支払うことになるのは、何人で利用するときか。

○ A　30人　　○ B　31人　　○ C　32人　　○ D　33人
○ E　34人　　○ F　35人　　○ G　36人　　○ H　37人
○ I　38人　　○ J　A～Iのいずれでもない

　定価1200円の教科書がある。一度に50冊を超える大口の注文で、51冊以上は1冊あたり2割引きになる。

❶この教科書を100冊注文すると、総額はいくらになるか。

○ A　100000円　　○ B　102000円　　○ C　105000円
○ D　108000円　　○ E　110000円　　○ F　112000円
○ G　115000円　　○ H　118000円　　○ I　120000円
○ J　A～Iのいずれでもない

❷この教科書の1冊あたりの単価を1000円にするには、何冊注文すればよいか。

○ A　150冊　　○ B　200冊　　○ C　250冊　　○ D　300冊
○ E　350冊　　○ F　400冊　　○ G　450冊　　○ H　500冊
○ I　550冊　　○ J　A～Iのいずれでもない

問 19 リピートチェック ▶ ☑ ☐ ☐　別冊 ▶ 056

空欄に当てはまる数値を求めなさい。

　ある商店では、一定の個数以上の商品を購入すると定価の何割かを値引きするボリュームディスカウントを行っている。この商店で定価 300 円の玩具を 50 個購入したところ、購入金額は 11250 円だった。値引き率は ☐ ％である。

問 20 リピートチェック ▶ ☑ ☐ ☐　別冊 ▶ 056

空欄に当てはまる数値を求めなさい。

　ある劇場では、学生の入場料が通常料金の 20％引きとなっている。優待会員はさらに 35％引きになる。学生かつ優待会員は、通常料金の ☐ ％引きになる。

問 21 リピートチェック ▶ ☑ ☐ ☐　別冊 ▶ 056

空欄に当てはまる数値を求めなさい。

　ある遊園地の入園料は、通常料金が大人 1000 円、子どもはその半額である。また、30 人以上の団体客向けに、団体全員の入園料を割引料金にする団体割引がある。この遊園地に、大人 15 人、子ども 22 人で入園したところ、入園料の合計は 17420 円だった。団体割引は通常料金の ☐ ％引きである（必要なときは小数点以下第 1 位を四捨五入すること）。

問 22 リピートチェック ▶ ☑ ☐ ☐　別冊 ▶ 056

空欄に当てはまる数値を求めなさい。

　ある携帯電話の利用料金は、基本料金が月 3000 円、一般通話料は 1 分 30 円である。これに特定の通話先が割引通話になる月 300 円のオプション契約を追加した。1 ケ月間に一般通話を 20 分、割引通話を 50 分使用したところ、利用料金は 4320 円だった。割引通話は一般通話料の ☐ ％引きである。

問 23 リピートチェック ▶ ☑ ☐ ☐　別冊 ▶ 057

空欄に当てはまる数値を求めなさい。

　定価 250 円の小冊子のバックナンバーを販売している。3 冊以上の同時購入で割引があり、冊数が多いほど値引き率も高くなる。10 冊購入すると定価の 20％引きで、5 冊買うより 1 冊あたり 20 円安い。この小冊子を 5 冊買うと定価の ☐ ％引きになる。

19 代金精算

例 題

⏱ 目標タイム：**1分**

　X、Y、Z の 3 人の兄弟が、母親の還暦祝いとして食事とプレゼントを贈ることにした。プレゼントの代金 19000 円は長男の X が買い、レストランの食事代 14900 円は次男の Y が支払った。この時点で 3 人が同額ずつ負担する場合、三男の Z は誰にいくら支払えばよいか。

- ○**A**　X に 2900 円、Y に 8400 円支払う
- ○**B**　X に 3600 円、Y に 7700 円支払う
- ○**C**　X に 4300 円、Y に 7000 円支払う
- ○**D**　X に 5000 円、Y に 6300 円支払う
- ○**E**　X に 5700 円、Y に 5600 円支払う
- ○**F**　X に 6300 円、Y に 5000 円支払う
- ○**G**　X に 7000 円、Y に 4300 円支払う
- ○**H**　X に 7700 円、Y に 3600 円支払う
- ○**I**　X に 9400 円、Y に 2900 円支払う
- ○**J**　A〜I のいずれでもない

解法▶「ワリカン」の金額を計算し、負担分との差額を求める

　まず、かかった費用の総額を計算します。ここではプレゼント代と食事代の合計なので、

$$\underset{\text{プレゼント代}}{19000\,\text{円}} \;+\; \underset{\text{食事代}}{14900\,\text{円}} \;=\; \underset{\text{費用総額}}{33900\,\text{円}}$$

　これを 3 人で割れば、1 人あたりの負担額が計算できます。要は「ワリカン（平均金額）」ですね。

$$\underset{\text{費用総額}}{33900\,\text{円}} \;÷\; \underset{\text{人数}}{3\,\text{人}} \;=\; \underset{\text{ワリカン（平均金額）}}{11300\,\text{円}}$$

　X も Y も、現時点では 1 人当たりの負担額より多く出費しているので、差額を Z からもらいます。その金額は、

　　X：19000 円 － 11300 円 ＝ 7700 円

Y：14900円 － 11300円 ＝ 3600円

以上から、Z は X に 7700 円、Y に 3600 円を支払います。両者を足すと、当然
11300 円になります。

【正解】H

● 実践演習問題

解説・解答は別冊 057 - 062 ページ

 問 01　リピート
チェック ▶ ☑ ☐ ☐ --------------------------------- 別冊 ▶ 057

X、Y、Z の 3 人がレストランで食事をして、食事代の 11000 円を Y が支払った。3 人は続けて居酒屋に飲みに行き、その代金 7900 円は Z が支払った。3 人が同額ずつ負担するとしたら、X は誰にいくら支払えばよいか。

- ○ **A**　Y に 3000 円、Z に 4600 円支払う
- ○ **B**　Y に 3300 円、Z に 3000 円支払う
- ○ **C**　Y に 4000 円、Z に 3000 円支払う
- ○ **D**　Y に 4300 円、Z に 2700 円支払う
- ○ **E**　Y に 4700 円、Z に 1600 円支払う
- ○ **F**　Y に 5000 円、Z に 1200 円支払う
- ○ **G**　Y に 5700 円、Z に 1000 円支払う
- ○ **H**　Y に 5700 円、Z に 1600 円支払う
- ○ **I**　Y に 6000 円、Z に 1200 円支払う
- ○ **J**　A ～ I のいずれでもない

 問 02　リピート
チェック ▶ ☑ ☐ ☐ --------------------------------- 別冊 ▶ 057

A と B の 2 人で映画館に行った。A は 2 人分のチケット代 3600 円を支払い、B は 2 人分のポップコーンや飲み物に 1600 円を支払った。A はもともと B に 3000 円の借金があった。このあと、2 人が同額ずつ負担して、2 人の間で貸し借りがなくなるように精算するとしたら、誰がいくら支払えばよいか。

- ○ **A**　A が B に 1000 円支払う
- ○ **B**　A が B に 2000 円支払う
- ○ **C**　A が B に 2600 円支払う
- ○ **D**　A が B に 3600 円支払う
- ○ **E**　B が A に 1000 円支払う
- ○ **F**　B が A に 2000 円支払う
- ○ **G**　B が A に 3000 円支払う
- ○ **H**　B が A に 3600 円支払う
- ○ **I**　B が A に 4000 円支払う
- ○ **J**　A ～ I のいずれでもない

X、Y、Z の 3 人で N の帰国祝いをすることになった。10000 円のプレゼントを X が購入し、レストランの食事代を Y が 15000 円支払った。このあとみんなで二次会へ行き、その費用は Z が支払った。

これまでのプレゼント代、食事代、二次会の費用はすべて合算して、X、Y、Z の 3 人が同額ずつ負担することになり、次のように精算した。

X は Y に 1000 円、Z は Y に 3000 円を支払った。

このとき、二次会の費用はいくらだったか。

○**A** 5000 円　○**B** 5500 円　○**C** 6000 円　○**D** 6500 円
○**E** 7000 円　○**F** 7500 円　○**G** 8000 円　○**H** 8500 円
○**I** 9000 円　○**J** A ～ I のいずれでもない

A と B の兄弟は、父親の退院祝いにレストランで食事をした。食事代の 18000 円は、とりあえず A が 10000 円、B が 8000 円支払った。2 人で食事代を折半することになった。ただし、A は母親から食事の費用として 5000 円を事前に受け取っていた。誰が誰にいくら支払えば、同額ずつの負担になるか。

○**A** B が A に 1000 円支払う　　○**B** B が A に 1500 円支払う
○**C** B が A に 2000 円支払う　　○**D** B が A に 5000 円支払う
○**E** A が B に 1000 円支払う　　○**F** A が B に 1500 円支払う
○**G** A が B に 2000 円支払う　　○**H** A が B に 3000 円支払う
○**I** A が B に 5000 円支払う　　○**J** A ～ I のいずれでもない

P と Q の 2 人で、友人 R の結婚祝いのプレゼントをすることにした。P は Q からとりあえず 5000 円を預かり、自分の分として 1000 円を上乗せして 6000 円の品物を買った。この後、プレゼント代を 2 人で折半することになったが、Q はもともと P に 3000 円の借金があった。そこで P は、Q から預かった 5000 円から、貸していた 3000 円と自分が上乗せした 1000 円を差し引き、残りの 1000 円を折半して 500 円を Q に支払った。この精算方法で、P はいくら損または得をするか。

○ A	損も得もしない	○ B	500円損をする	○ C	1000円損をする
○ D	1500円損をする	○ E	2000円損をする	○ F	500円得をする
○ G	1000円得をする	○ H	1500円得をする	○ I	2000円得をする

問 06　リピート
チェック ▶ □ □ □ ------------------------------------

X、Y、Z の 3 人でクリスマスパーティを開いた。X は料理を 4200 円、Y はワインを 3900 円、Z はケーキを 1200 円でそれぞれ購入した。

❶誰が誰にいくら支払えば、同額ずつの負担になるか。

○ A　Y が X に 1000 円、Z が X に 3000 円を支払う
○ B　Y が X に 1000 円、Z が X に 4000 円を支払う
○ C　Y が X に 2000 円、Z が X に 4000 円を支払う
○ D　Y が X に 2000 円、Z が X に 3000 円を支払う
○ E　Y が X に 3000 円、Z が X に 1000 円を支払う
○ F　Y が X に 3000 円、Z が X に 2000 円を支払う
○ G　Z が X に 800 円、Y に 1200 円を支払う
○ H　Z が X に 1100 円、Y に 800 円を支払う
○ I　Z が X に 1500 円、Y に 300 円を支払う
○ J　A ～ I のいずれでもない

❷パーティをはじめたが、Z はお酒が飲めないので、ワインの代金は支払わなくてよいことにした。また、X は甘いものを食べないので、ケーキの代金は支払わなくてよいことにした。3 人が飲食した分のみを負担するとしたら、誰が誰にはいくら支払えばよいか。

○ A　Y が X に 850 円支払う
○ B　Z が X に 50 円、Y が X に 850 円支払う
○ C　Z が X に 150 円、Y が X に 1850 円支払う
○ D　X が Y に 50 円、Z が X に 850 円支払う
○ E　X が Y に 150 円、Z が X に 700 円支払う
○ F　Z が X に 650 円支払う
○ G　Z が X に 850 円支払う
○ H　Y が X に 50 円、Z が X に 800 円支払う
○ I　Y が X に 150 円、Z が X に 700 円支払う
○ J　A ～ I のいずれでもない

X、Y、Z の 3 人で遊園地に行った。入園料は全員で 3600 円で X がまとめて支払った。アトラクションのチケット代の 2400 円は Y がまとめて支払った。園内のレストランでの食事代は Z がまとめて支払った。帰りがけに費用を 3 人で均等に負担することになり、Y は X に 500 円、Z に 200 円を支払った。

❶ 1 人あたりの負担額はいくらか。

○ **A** 2400 円 ○ **B** 2800 円 ○ **C** 3000 円 ○ **D** 3100 円
○ **E** 3300 円 ○ **F** 3500 円 ○ **G** 3600 円 ○ **H** 4000 円
○ **I** 4100 円 ○ **J** A～I のいずれでもない

❷食事代の費用は 1 人あたりいくらか。

○ **A** 700 円 ○ **B** 900 円 ○ **C** 1100 円 ○ **D** 1500 円
○ **E** 1800 円 ○ **F** 2200 円 ○ **G** 2500 円 ○ **H** 3000 円
○ **I** 3300 円 ○ **J** A～I のいずれでもない

X、Y、Z の 3 人が 2 泊の温泉旅館に旅行に行くことにした。X が 3 人の宿泊費 24000 円を、Y が 3 人の交通費 18000 円を負担した。Z は 3 人のお土産代を負担した。帰宅後に旅費は 3 人で均等に支払うことにした。帰宅後の精算で、Z は 8000 円を追加で支払った。

❶お土産代の総額はいくらか。

○ **A** 5000 円 ○ **B** 6000 円 ○ **C** 7000 円 ○ **D** 8000 円
○ **E** 9000 円 ○ **F** 10000 円 ○ **G** 11000 円 ○ **H** 12000 円
○ **I** 13000 円 ○ **J** A～I のいずれでもない

❷精算が終わった後、購入したお土産に X の分が含まれていなかったことがわかった。そこで、お土産代は Y と Z で折半することにして精算をやり直した。X の負担額はいくらになるか。

○ **A** 8000 円 ○ **B** 10000 円 ○ **C** 11000 円 ○ **D** 14000 円

別冊▶059

○ **E** 15000円 ○ **F** 16000円 ○ **G** 17000円 ○ **H** 18000円
○ **I** 19000円 ○ **J** A～Iのいずれでもない

問 09 リピート▶ ☑ ☑ ☑

男性 X、Y と女性 Z の 3 人でバーに飲みに行った。3 人の総額が 18000 円だったので、とりあえず X が 10000 円、Y が 5000 円、Z が 3000 円を支払った。

❶ 3 人が同額ずつ負担するとしたら、誰が誰にいくら支払えばよいか。

○ **A** Y が 1000 円、Z が 3000 円を X に支払う
○ **B** Y が 1000 円、Z が 4000 円を X に支払う
○ **C** Y が 2000 円、Z が 4000 円を X に支払う
○ **D** Y が 2000 円、Z が 3000 円を X に支払う
○ **E** Y が 3000 円、Z が 1000 円を X に支払う
○ **F** Y が 3000 円、Z が 2000 円を X に支払う
○ **G** Y が 4000 円、Z が 1000 円を X に支払う
○ **H** Y が 4000 円、Z が 2000 円を X に支払う
○ **I** Y が 4000 円、Z が 4000 円を X に支払う
○ **J** A～Iのいずれでもない

❷ 3 人の負担が同額になるように精算した後、レシートを確認したところ、その日はレディースデイで女性は男性料金の半額であることがわかった。X とY は、Z にいくら返金すればよいか。

○ **A** X と Y が 800 円ずつを Z に支払う
○ **B** X と Y が 1000 円ずつを Z に支払う
○ **C** X と Y が 1200 円ずつを Z に支払う
○ **D** X と Y が 1400 円ずつを Z に支払う
○ **E** X と Y が 1600 円ずつを Z に支払う
○ **F** X と Y が 1800 円ずつを Z に支払う
○ **G** X と Y が 2000 円ずつを Z に支払う
○ **H** X と Y が 2200 円ずつを Z に支払う
○ **I** X と Y が 2400 円ずつを Z に支払う
○ **J** A～Iのいずれでもない

問 10 リピート チェック ▶ ☐☐☐

　X、Y、Z の 3 人は共通の友人である N の栄転祝いを催すことにした。X が 4700 円の花束を、Y が 5500 円のプレゼントを買った。祝賀会の会場は Z が用意して 6000 円を負担した。費用は 3 人で同額ずつ負担することにした。

❶もし、この時点で精算するとすると、

　　 ア が イ に 600 円、 ウ が エ に 100 円支払えばよい。

　このとき、 ア イ ウ エ に当てはまる組み合わせとして正しいものは次のうちのどれか。

	ア	イ	ウ	エ
○ A	X	Y	X	Z
○ B	X	Z	X	Y
○ C	X	Y	Z	Y
○ D	Y	X	X	Z
○ E	Y	Z	Z	X
○ F	Y	X	Y	Z
○ G	Z	X	X	Y
○ H	Z	Y	Y	X
○ I	Z	X	Z	Y

○ J　A ～ I のいずれでもない

❷栄転祝いで夜遅くなったので、N をタクシーで帰宅させることにした。タクシー代はとりあえず X が支払い、後日に栄転祝いの費用を含めて 3 人で同額ずつで精算することにした。

　そして、Y が X に 1300 円、Z が X に 800 円を支払って清算した。タクシー代はいくらか。

○ A　3800 円　　○ B　4000 円　　○ C　4200 円　　○ D　4500 円
○ E　4700 円　　○ F　4900 円　　○ G　5000 円　　○ H　5200 円
○ I　5400 円　　○ J　A ～ I のいずれでもない

問 11 リピート チェック ▶ ☐☐☐

　X、Y、Z の 3 人で文化祭の模擬店をやることになった。X は 5400 円で屋台を借りてきた。Y は 3600 円で食材を購入してきた。Z は調理器具を調達してきた。調達にかかる経費は 3 人で均等に分割して精算することにした。精算のときに、Y は X に 700 円を支払った。Z も X に支払いをしたが、支払い金

額はわからない。

❶ Z は調理器具をいくらで調達してきたか。

○ **A** 3100 円　　○ **B** 3200 円　　○ **C** 3300 円　　○ **D** 3400 円
○ **E** 3500 円　　○ **F** 3600 円　　○ **G** 3700 円　　○ **H** 3800 円
○ **I** 3900 円　　○ **J** A 〜 I のいずれでもない

❷ 精算のとき、Z が X に支払ったのはいくらか。

○ **A** 100 円　　○ **B** 200 円　　○ **C** 300 円　　○ **D** 400 円
○ **E** 500 円　　○ **F** 600 円　　○ **G** 700 円　　○ **H** 800 円
○ **I** 900 円　　○ **J** A 〜 I のいずれでもない

別冊 ▶ 060

問 12	リピート チェック ▶

　P、Q、R の兄弟 3 人は、両親の結婚記念日に花束とプレゼントを送ることにした。P が 2500 円の花束を、Q が 8000 円のプレゼントを買った。花束とプレゼントの費用は兄弟で均等に 3 分割することにした。なお、Q は P と R に 3000 円ずつの借金があり、この機会に精算することにした。

❶ もし、この時点で精算するとすると、
　　　 ア 　が　 イ 　に 2000 円、　 ウ 　が　 エ 　に 500 円支払えばよい。
　　このとき、　 ア 　 イ 　 ウ 　 エ 　に当てはまる組み合わせとして正しいものは、次のうちのどれか。

	ア	イ	ウ	エ
○ **A**	R	P	R	Q
○ **B**	R	P	Q	P
○ **C**	R	Q	P	Q
○ **D**	Q	R	P	R
○ **E**	Q	P	R	Q
○ **F**	Q	R	Q	P
○ **G**	P	Q	P	R
○ **H**	P	R	P	Q
○ **I**	P	Q	R	Q
○ **J**	A 〜 I のいずれでもない			

❷Rが費用を支払えないことになった。P、Qの2人で費用を清算し、なおかつQの借金を精算する場合、QはPにいくら支払うか。

○ A　50円　　○ B　100円　　○ C　150円　　○ D　200円
○ E　250円　　○ F　300円　　○ G　350円　　○ H　400円
○ I　450円　　○ J　A〜Iのいずれでもない

別冊▶060

難!ー **問 13**　リピート
チェック ▶ □ □ □

X、Y、Zの3人の間には、次のような貸し借りがある。YはXに3000円、Zに2000円の借金があり、ZはXに1500円の借金がある。

ある日、3人はレストランで食事をして、代金が1人2500円だったが、ひとまずYが合計7500円を支払った。このあと、3人で貸し借りがなくなるように精算するには、　ア　が　イ　に　ウ　円支払えば精算できる。　ア　　イ　に入る人物と、　ウ　に入る金額はどれか。

	ア	イ	ウ
○ A	X	Y	500
○ B	X	Y	1500
○ C	X	Y	2000
○ D	Z	X	500
○ E	Z	X	1500
○ F	Z	X	2000
○ G	Y	X	500
○ H	Y	X	1500
○ I	Y	X	2000
○ J	A〜Iのいずれでもない		

別冊▶061

難!ー **問 14**　リピート
チェック ▶ □ □ □

P、Q、Rの3人の間には、次のような貸し借りがある。PはQに1000円、Rに1500円、QはRに2000円の借金がある。

3人は居酒屋で忘年会を開いた。会費は3人で均等に支払うことにした。忘年会の会計は全員で16500円で、ひとまずPは10000円、Qが6500円を支払った。

❶3人の間で貸し借りがなくなるよう精算するには、Rは誰にいくら支払えばよいか。

○ **A**　Pに1000円支払う
○ **B**　Pに2000円支払う
○ **C**　Pに3000円支払う
○ **D**　Pに4000円支払う
○ **E**　Qに1000円支払う
○ **F**　Qに2000円支払う
○ **G**　Qに3000円支払う
○ **H**　Qに4000円支払う
○ **I**　Qに5000円支払う
○ **J**　A～Iのいずれでもない

❷店の計算ミスで10%のサービス料が含まれていなかった。追加でサービス料をRが支払った。このあと、3人の間で貸し借りがなくなるよう精算する方法として、次の2通りの方法を考えた。

（1）QがRに（a）円支払い、RがPに（b）円支払う
（2）QがPに（c）円支払い、RがPに（d）円支払う

（a）に当てはまる数値はいくらか。ただし、（a）、（b）、（c）、（d）はすべて0以上の正の整数とする。

○ **A**　0　　　　○ **B**　550　　　○ **C**　900　　　○ **D**　1000
○ **E**　1450　　○ **F**　1500　　○ **G**　1550　　○ **H**　2000
○ **I**　2450　　○ **J**　A～Iのいずれでもない

20 分割払い

テストセンター ペーパーテスト WEBテスティング

例 題

⏱ 目標タイム：**1分**

　ノートパソコンを 12 回の分割払いで購入した。1 回目に購入価格の 1/5 を支払い、2 回目以降は支払い残額を 11 回に分けて均等に支払う。ただし、利子や分割手数料はかからないものとする。

① 2 回目の支払い額は購入価格に対してどれだけにあたるか。

○ A　1/55　　　○ B　2/55　　　○ C　3/55　　　○ D　1/15
○ E　4/55　　　○ F　1/12　　　○ G　3/35　　　○ H　1/11
○ I　2/15　　　○ J　A～I のいずれでもない

② 7 回目の支払いが済んだ時点で、支払い済みの額は購入価格のどれだけにあたるか。

○ A　4/35　　　○ B　23/55　　　○ C　7/15　　　○ D　28/55
○ E　6/11　　　○ F　7/12　　　○ G　3/5　　　　○ H　7/11
○ I　39/55　　　○ J　A～I のいずれでもない

解法 全体を 1 とする

① 全体を 1 とすると、初回に全体の 1/5 を支払ったので、残額は 4/5。これを 11 回に分割します。

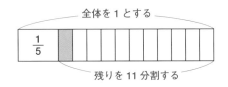

全体を 1 とする

$\dfrac{1}{5}$

残りを 11 分割する

$$\frac{4}{5} \div 11 = \frac{4}{5 \times 11} = \frac{4}{55}$$

② 1回目の支払額が 1/5、2 ～ 7 回の支払額が 4/55。これらをすべて合計します。

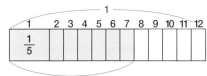

この部分が全体のどれだけかを求める

$$\frac{1}{5} + \frac{4}{55} \times 6 = \frac{11}{55} + \frac{24}{55} = \frac{35}{55} = \frac{7}{11}$$

↑
1回目の支払い

↑
2～7回目の支払い

【正解】① E ② H

実践演習問題

解説・解答は別冊 062 - 065 ページ

必須 | 問 01

リピート
チェック ▶ ☑ ☑ ☑ ------------------------------- 別冊 ▶ 062

エアコンを購入した。購入と同時に総額の 3/10 を支払い、翌月に総額の 1/2 を支払った。支払い残額は、総額のどれだけにあたるか。ただし、利子はかからないものとする。

- A 1/9　　○B 1/8　　○C 1/7　　○D 1/6
- E 1/5　　○F 2/5　　○G 3/5　　○H 4/5
- I 9/11　　○J A ～ I のいずれでもない

必須 | 問 02

リピート
チェック ▶ ☑ ☑ ☑ ------------------------------- 別冊 ▶ 062

オーディオ機器を購入した。購入と同時に総額の 1/11 を支払い、残りは 6 回に分けて均等に支払うことにした。2 回目に支払う金額は、支払い総額のどれだけにあたるか。ただし、利子や分割手数料はかからないものとする。

- A 1/10　　○B 3/14　　○C 1/12　　○D 5/21
- E 3/42　　○F 1/50　　○G 5/33　　○H 3/42
- I 5/66　　○J A ～ I のいずれでもない

問 03 リピート
チェック ▶ ☑ ☑ ☑

マッサージチェアを購入する。購入と同時に購入価格の 2/15 を頭金として支払い、残りを 12 回に分割して支払う。ボーナスの月（6 月と 12 月）には購入価格の 1/6 ずつ、その他の月には残りの額を均等に支払う。7 月の支払い額は、支払い総額のどれだけにあたるか。ただし、利子や分割手数料はかからないものとする。

○**A** 24/45　○**B** 3/14　○**C** 2/13　○**D** 4/75
○**E** 1/13　○**F** 2/15　○**G** 1/9　○**H** 2/7
○**I** 3/4　　○**J** A〜I のいずれでもない

問 04 リピート
チェック ▶ ☑ ☑ ☑

家具を購入することにした。購入価格から頭金を引いた金額を、6 回の分割払いで支払う。1 回分の支払い額が購入金額の 2/15 であるとき、頭金の額は購入金額のどれだけにあたるか。ただし、利子や分割手数料はかからないものとする。

○**A** 1/5　○**B** 2/9　○**C** 1/11　○**D** 2/13
○**E** 1/12　○**F** 1/13　○**G** 2/15　○**H** 3/19
○**I** 2/25　○**J** A〜I のいずれでもない

必須　**問 05** リピート
チェック ▶ ☑ ☑ ☑

マウンテンバイクを購入することにした。購入時にいくらかの頭金を支払い、購入価格から頭金を引いた残額を 10 回の分割払いにする。このとき、1 回の支払い額は、残額の 1/14 を分割手数料として加えた額を 10 等分するものとする。頭金として購入価格の 1/5 を支払うとすると、分割払いの 1 回の支払い額は、購入価格のどれだけにあたるか。

○**A** 2/97　○**B** 1/61　○**C** 1/50　○**D** 1/42
○**E** 2/91　○**F** 3/35　○**G** 3/41　○**H** 1/72
○**I** 1/81　○**J** A〜I のいずれでもない

必須 **問 06** リピート
チェック ▶

パソコンを購入する。購入と同時に総額の 3/8 を支払い、2 回目は初回の支払金額の 1/3 を支払った。ただし、利子や分割手数料はかからないものとする。

❶支払い残額は、総額のどれだけにあたるか。

○**A** 1/6　　○**B** 1/4　　○**C** 1/3　　○**D** 1/2
○**E** 2/3　　○**F** 12/27　○**G** 21/31　○**H** 19/25
○**I** 9/11　　○**J** A〜Iのいずれでもない

❷残りの支払い残額を 8 回に均等に分割して支払うことにした。1 回分の支払い額は、総額のどれだけにあたるか。

○**A** 1/16　　○**B** 1/14　　○**C** 1/13　　○**D** 1/12
○**E** 1/11　　○**F** 1/10　　○**G** 1/9　　○**H** 8/25
○**I** 1/8　　○**J** A〜Iのいずれでもない

問 07 リピート
チェック ▶ ------------------------------

オートバイを分割払いで購入する。頭金として支払い総額の 1/5 を支払い、残りは 12 回の均等に分割して支払う。ただし、利子や分割手数料はかからないものとする。

❶分割 1 回分に支払う金額は、支払い総額のどれだけにあたるか。

○**A** 4/5　　○**B** 2/3　　○**C** 1/3　　○**D** 1/10
○**E** 1/12　　○**F** 1/15　　○**G** 1/18　　○**H** 18/23
○**I** 10/13　○**J** A〜Iのいずれでもない

❷7 回目の支払いが終わった時点での支払い残額は、支払い総額のどれだけにあたるか。

○**A** 4/5　　○**B** 2/3　　○**C** 1/3　　○**D** 1/5
○**E** 1/8　　○**F** 1/10　　○**G** 1/12　　○**H** 2/23
○**I** 1/16　　○**J** A〜Iのいずれでもない

テレビを購入する。購入と同時に総額の 2/9 を支払い、2 回目は初回の支払
金額の 1/2 を支払った。ただし、利子や分割手数料はかからないものとする。

❶支払い残額は、支払い総額のどれだけにあたるか。

○ **A** 1/9 ○ **B** 2/9 ○ **C** 1/3 ○ **D** 1/2
○ **E** 2/3 ○ **F** 16/27 ○ **G** 20/31 ○ **H** 18/25
○ **I** 9/11 ○ **J** A〜I のいずれでもない

❷3 回目は初回の支払額の 1/3 を支払った。支払い残額は、支払い総額のどれ
だけにあたるか。

○ **A** 1/9 ○ **B** 2/9 ○ **C** 1/3 ○ **D** 1/2
○ **E** 2/3 ○ **F** 16/27 ○ **G** 20/31 ○ **H** 18/25
○ **I** 9/11 ○ **J** A〜I のいずれでもない

新車を分割払いで購入する。購入時にいくらかの頭金を支払い、購入価格から
頭金を差し引いた残額を 12 回の分割払いにする。このとき、分割手数料として
残額の 1/12 を加えた額を 12 等分して支払う。

❶頭金として購入価格の 1/7 を支払った。このとき分割払いの 1 回の支払額は、
購入価格のどれだけにあたるか。

○ **A** 1/14 ○ **B** 11/151 ○ **C** 13/168 ○ **D** 12/151
○ **E** 1/12 ○ **F** 32/163 ○ **G** 35/168 ○ **H** 39/151
○ **I** 49/168 ○ **J** A〜I のいずれでもない

❷分割払いの 1 回の支払額を購入価格の 1/20 にするには、頭金を購入価格の
どれだけにすればよいか。

○ **A** 5/13 ○ **B** 24/55 ○ **C** 29/65 ○ **D** 9/20
○ **E** 7/15 ○ **F** 38/75 ○ **G** 7/13 ○ **H** 11/20
○ **I** 36/65 ○ **J** A〜I のいずれでもない

問 10　リピート
チェック ▶ ☑ ☑ ☑ -----------------------------------

カメラを分割払いで購入する。購入と同時に購入価格の 1/7 を支払い、1 回のボーナス時に購入価格の 1/3、残りは 6 回に均等に分割して支払うことにした。

❶ 分割払いによる 1 回の支払い額は、購入価格のどれだけにあたるか。

○ **A**　7/13　　　○ **B**　6/11　　　○ **C**　9/20　　　○ **D**　5/21
○ **E**　12/151　　○ **F**　11/100　　○ **G**　13/168　　○ **H**　11/126
○ **I**　9/172　　　○ **J**　A ～ I のいずれでもない

❷ 分割払いにあたって分割手数料が購入価格の 1/21 かかることになった。これを分割払いに均等に含めて支払うとしたとき、1 回に支払う金額は、購入価格のどれだけにあたるか。

○ **A**　7/13　　　○ **B**　6/11　　　○ **C**　9/20　　　○ **D**　2/21
○ **E**　5/21　　　○ **F**　2/19　　　○ **G**　1/12　　　○ **H**　1/9
○ **I**　1/6　　　　○ **J**　A ～ I のいずれでもない

21 仕事算

B 重要度ランク

テストセンター　ペーパーテスト　WEBテスティング

例 題

⏱ 目標タイム：**2分**

　月曜日から金曜日までの5日間で、1冊の本を読み終えることにした。月曜日に全体の 1/5、火曜日に全体の 2/7 を読み終えた。

①残りのページを水曜日から金曜日までの3日間で読み終えるとすると、1日あたりに読みすすめるページは、全体のどれだけにあたるか。

○**A** 2/15　　○**B** 1/7　　○**C** 16/105　　○**D** 17/105
○**E** 6/35　　○**F** 18/105　　○**G** 1/5　　　○**H** 8/35
○**I** 9/35　　○**J** A～Iのいずれでもない

②残りのページの 1/3 を水曜日に、4/9 を木曜日に読み、金曜日に 64 ページを読んで、本を読み終えた。この本は全部で何ページあるか。

○**A** 480ページ　　○**B** 496ページ　　○**C** 512ページ
○**D** 528ページ　　○**E** 544ページ　　○**F** 560ページ
○**G** 576ページ　　○**H** 592ページ　　○**I** 608ページ
○**J** A～Iのいずれでもない

解法 ▶ 全体を1として、1回の仕事量を分数で表す

①月曜日に 1/5、火曜日に 2/7 を読み終えたので、読み終えたページは

$$\frac{1}{5} + \frac{2}{7} = \frac{7+10}{35} = \frac{17}{35}$$

となります。全体を1と考えると、残りのページは

$$1 - \frac{17}{35} = \frac{35-17}{35} = \frac{18}{35}$$

です。これを、水、木、金の3日間で均等に分けます。

$$\frac{18}{35} \div 3 = \frac{6}{35}$$

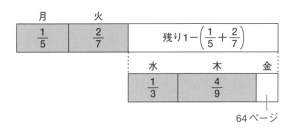

月	火	水	木	金
$\frac{1}{5}$	$\frac{2}{7}$	残り$1 - \left(\frac{1}{5} + \frac{2}{7}\right)$		

3等分する

②水曜日と木曜日の2日間で読み終えたのは、残りページ数の

$$\frac{1}{3} + \frac{4}{9} = \frac{3+4}{9} = \frac{7}{9}$$

なので、金曜日に読んだ分は残りページ数の $1 - 7/9 = 2/9$ です。前問より、残りページ数は全体の $18/35$ なので、金曜日に読んだ分は、全体に対して

$$\frac{18}{35} \times \frac{2}{9} = \frac{4}{35}$$

にあたります。これが64ページなので、全体のページ数は次のようになります。

$$64 \div \frac{4}{35} = 64 \times \frac{35}{4} = 560 \text{ページ}$$

月	火		
$\frac{1}{5}$	$\frac{2}{7}$	残り$1 - \left(\frac{1}{5} + \frac{2}{7}\right)$	

水	木	金
$\frac{1}{3}$	$\frac{4}{9}$	

64ページ

【正解】① E ② F

●実践演習問題

解説・解答は別冊 065 - 069 ページ

必須 | 問01

リピート
チェック ▶ ✓ ✓ ✓ -------------------------------- 別冊 ▶ 065

　ある仕事を行うのに、初日に全体の 1/12 の作業を行った。2日目には初日の 1/3 の作業を行い、残りは 10 日間に均等に分けて作業を行うことにした。10 日間に分けて行う 1 日分の作業は、全体の作業のどれだけにあたるか。

○A 1/12　　○B 1/16　　○C 1/30　　○D 2/41
○E 3/52　　○F 3/61　　○G 3/71　　○H 4/45
○I 6/55　　○J A〜Iのいずれでもない

別冊▶065

問 02 リピート
チェック ▶

ある仕事を A さんが 1 人で行うと 4 時間、B さんが 1 人で行うと 6 時間かかる。この仕事を 2 人が共同して行うと、何時間かかるか。

○ **A** 1 時間 24 分　○ **B** 1 時間 46 分　○ **C** 2 時間
○ **D** 2 時間 24 分　○ **E** 2 時間 46 分　○ **F** 3 時間
○ **G** 3 時間 24 分　○ **H** 3 時間 46 分　○ **I** 4 時間
○ **J** A ～ I のいずれでもない

別冊▶065

問 03 リピート
チェック ▶

ある仕事を終わらせるのに、ベテラン 1 人では 8 日、新人 1 人では 12 日かかる。この仕事をベテラン 2 人、新人 3 人で行うと何日かかるか。

○ **A** 2 日　　○ **B** 3 日　　○ **C** 4 日　　○ **D** 5 日
○ **E** 6 日　　○ **F** 7 日　　○ **G** 8 日　　○ **H** 9 日
○ **I** 10 日　　○ **J** A ～ I のいずれでもない

別冊▶065

問 04 リピート
チェック ▶

金曜日から日曜日までの 3 日間で、1 冊の本を読んだ。金曜日に全体の 4/9 を読み終え、土曜日には金曜日の 2/5 を読み終えた。

❶残りのページは、全体のどれだけにあたるか。

○ **A** 7/45　　○ **B** 8/45　　○ **C** 11/45　　○ **D** 12/45
○ **E** 17/45　○ **F** 28/45　○ **G** 29/45　○ **H** 31/45
○ **I** 32/45　　○ **J** A ～ I のいずれでもない

❷日曜日にさらに 82 ページを読んだところ、読み残しは 54 ページになった。残りのページは全体のどれだけにあたるか。

○ **A** 1/20　　○ **B** 1/15　　○ **C** 1/12　　○ **D** 1/10
○ **E** 2/15　　○ **F** 3/20　　○ **G** 4/15　　○ **H** 5/18
○ **I** 4/9　　○ **J** A ～ I のいずれでもない

別冊 ▶ 066

問 05　リピート チェック ▶ ☑ ☑ ☑

　月曜日から金曜日までの 5 日間で、書類の整理を行うことになった。月曜日は全体の 4/21 の書類を整理し、火曜日は全体の 1/6 を整理した。

❶残った書類を水曜日から金曜日までの 3 日間で均等に分けて整理する場合、金曜日に整理する書類は全体のどれだけか。

○A　1/14　　○B　2/15　　○C　2/13　　○D　3/14
○E　3/13　　○F　4/15　　○G　4/13　　○H　5/14
○I　7/15　　○J　A〜Iのいずれでもない

❷水曜日の仕事をはじめる前に、残りの 2/9 にあたる未整理の書類が新たに追加された。追加された分を含む残りの書類を 3 日間で均等に分けて整理する場合、金曜日に整理する書類は、月曜日の何倍にあたるか。

○A　1/8 倍　　○B　3/8 倍　　○C　5/8 倍　　○D　7/8 倍
○E　9/8 倍　　○F　11/8 倍　　○G　13/8 倍　　○H　15/8 倍
○I　17/8 倍　　○J　A〜Iのいずれでもない

問 06　リピート チェック ▶ ☑ ☑ ☑

　ある仕事を A さん、B さん、C さんの 3 人で分担する。A さんは全体の仕事の 2/5 を受け持ち、B さんは A さんの 1/3、残りは C さんの分担となった。

❶C さんが担当する仕事は、全体のどれだけにあたるか。

○A　2/15　　○B　3/15　　○C　2/7　　○D　1/3
○E　3/7　　○F　7/15　　○G　9/15　　○H　11/15
○I　13/15　　○J　A〜Iのいずれでもない

❷B さんの分担を、A さんの 3/5 に増やすことになった。残りを C さんが分担するとき、C さんの分担は B さんの何倍になるか。

○A　1.5 倍　　○B　2 倍　　○C　2.5 倍　　○D　3 倍
○E　3.5 倍　　○F　4 倍　　○G　4.5 倍　　○H　5 倍
○I　5.5 倍　　○J　A〜Iのいずれでもない

　ある仕事を終わらせるのに、A さんは 20 時間、B さんは 18 時間、C さんは 30 時間かかる。

❶ 3 人が共同して仕事を行うと、何時間で終わるか。

○ **A** 　6 時間　　○ **B** 　6 時間 25 分　　○ **C** 　6 時間 50 分
○ **D** 　7 時間　　○ **E** 　7 時間 12 分　　○ **F** 　7 時間 48 分
○ **G** 　8 時間　　○ **H** 　8 時間 23 分　　○ **I** 　8 時間 42 分
○ **J** 　A 〜 I のいずれでもない

❷ 3 人で 6 時間働いたあと、残りは C さん 1 人で行うことになった。C さんが仕事を終わらせるのに何時間かかるか。

○ **A** 　4 時間　　○ **B** 　4 時間 10 分　　○ **C** 　4 時間 30 分
○ **D** 　5 時間　　○ **E** 　5 時間 12 分　　○ **F** 　5 時間 48 分
○ **G** 　6 時間　　○ **H** 　6 時間 23 分　　○ **I** 　6 時間 42 分
○ **J** 　A 〜 I のいずれでもない

　空の水槽に水道管 X で注水すると 16 分、水道管 Y で注水すると 24 分で満水になる。また、この水槽が満水のときに排水管 Z で排水すると、12 分で水槽は空になる。

❶ この水槽が空のとき、水道管 X と水道管 Y の両方で注水すると、水を入れはじめてから何分で満水になるか。

○ **A** 　9 分 6 秒　　○ **B** 　9 分 36 秒　　○ **C** 　10 分 10 秒
○ **D** 　10 分 48 秒　○ **E** 　11 分 12 秒　○ **F** 　11 分 48 秒
○ **G** 　12 分 12 秒　○ **H** 　12 分 56 秒　○ **I** 　13 分
○ **J** 　A 〜 I のいずれでもない

❷ この水槽が満水のとき、水道管 X で注水しながら同時に排水管 Z で排水すると、何分後に水槽が空になるか。

○ **A** 24分   ○ **B** 27分   ○ **C** 30分   ○ **D** 33分
○ **E** 36分   ○ **F** 39分   ○ **G** 42分   ○ **H** 45分
○ **I** 48分   ○ **J** A～Iのいずれでもない

問 09   リピート
チェック ▶ ☑ ☑ ☑ - 別冊 ▶ 068

空欄に当てはまる数値を求めなさい。

図書館の蔵書を整理する。Pが1人で行うと6時間、Qが1人で行うと9時間かかる。この仕事をPとQの2人で行うと、□□時間□□分かかる。

問 10   リピート
チェック ▶ ☑ ☑ ☑ - 別冊 ▶ 068

空欄に当てはまる数値を求めなさい。

テストの添削の仕事がある。PとQの2人で行うと4日で終わった。同じ仕事をQが1人で行うと6日かかった。同じ仕事をPが1人で行うと□□日かかる。

問 11   リピート
チェック ▶ ☑ ☑ ☑ - 別冊 ▶ 068

空欄に当てはまる数値を求めなさい。

夏休みの宿題を実行する計画を立てる。1週目に宿題全体の5/8を完了し、2週目は1週目の1/3を完了させる。残りの宿題は3週目の3日間で完了させる。つまり、3週目は1日あたりに宿題全体の□□分の1を完了させる。

問 12   リピート
チェック ▶ ☑ ☑ ☑ - 別冊 ▶ 068

空欄に当てはまる数値を求めなさい。

棚卸作業をP、Q、Rの3人で行う。Pは作業全体の2/5を、QはPの1.2倍の作業を担当する。残りはRが担当する。このときQの作業量は、Rの□□倍になる（必要なときは、最後に小数点以下第1位を四捨五入すること）。

問 13   リピート
チェック ▶ ☑ ☑ ☑ - 別冊 ▶ 069

空欄に当てはまる数値を求めなさい。

空のタンクに水道管Aで注水すると8時間、水道管Bで注水すると12時間で満水になる。このタンクに水道管Aで8:00から11:00まで注水したあと、水道管Aと水道管Bの両方で注水すると、満水になるのは□□時□□分である。

22 速度・距離・時間①

S 重要度ランク

テストセンター ペーパーテスト WEBテスティング

例 題

⏱ 目標タイム：**2分**

P地点からQ地点まで、行きは時速4km/時、帰りは時速6km/時で往復したところ、所要時間は2時間30分だった。

①P地点からQ地点までの距離は何kmか（必要なときは、最後に小数点以下第2位を四捨五入すること）。

○**A** 4.8km　○**B** 5.4km　○**C** 6.0km　○**D** 6.6km
○**E** A～Dのいずれでもない

②往復にかかる平均速度は何km/時か（必要なときは、最後に小数点以下第2位を四捨五入すること）。

○**A** 4.8km/時　○**B** 6.0km/時　○**C** 7.2km/時
○**D** 8.4km/時　○**E** A～Dのいずれでもない

解法 速度＝距離÷時間

①速度の公式は「速度＝距離÷時間」ですが、距離や時間を求めるときはこの式を変形します。

　　速度＝距離÷時間　　距離＝速度×時間　　時間＝距離÷速度

このほか、「分」と「時間」を相互に換算する方法も覚えておきましょう。

時間 $\overset{\times 60}{\underset{\div 60}{\longleftrightarrow}}$ 分　　※「6分＝0.1時間」「15分＝0.25時間」
　　　　　　　　　　となることも覚えておくと便利！

2時間30分は、時間に直すと2.5時間。PからQまでの距離を x とすると、「**時間＝距離÷速度**」より、次の式が成り立ちます。

$$\underbrace{(x \div 4)}_{\text{行きの時間}} \quad + \quad \underbrace{(x \div 6)}_{\text{帰りの時間}} \quad = \quad \underbrace{2.5}_{\text{所要時間}}$$

$$\frac{x}{4} + \frac{x}{6} = 2.5$$

$$\frac{5}{12}x = 2.5 \quad \rightarrow \quad x = 2.5 \times \frac{12}{5} = 6.0\text{km}$$

②往復の距離は 6km × 2 = 12km、所要時間が 2.5 時間なので、平均速度は「**速度＝距離÷時間**」より、

  12 ÷ 2.5 ＝ 4.8km/ 時

となります。単純に 4km/ 時と 6km/ 時の平均値をとるのは誤りなので注意しましょう。

【正解】① C ② A

●実践演習問題

解説・解答は別冊 069 - 073 ページ

 問 01 　リピート
　　　　　チェック ▶ ☑ ☑ ☑ -- 別冊 ▶ 069

　S 地点から T 地点まで時速 5km/ 時の速さで歩き、T 地点で 20 分休憩した後、S 地点まで時速 7km/ 時の速さで戻ったところ、所要時間は全部で 3 時間 56 分だった。S 地点から T 地点までの距離は何 km か（必要なときは、最後に小数点以下第 2 位を四捨五入すること）。

○**A**　6.0km　　○**B**　7.5km　　○**C**　9.0km　　○**D**　10.5km
○**E**　A ～ D のいずれでもない

 問 02 　リピート
　　　　　チェック ▶ ☐ ☐ ☐ -- 別冊 ▶ 069

　自宅から学校まで、行きは時速 12km/ 時の速さで走り、帰りは時速 6km/ 時の速さで歩いて帰った。往復の平均速度は何 km/ 時か（必要なときは、最後に小数点以下第 2 位を四捨五入すること）。

○**A**　7.7km/ 時　　○**B**　8.0km/ 時　　○**C**　8.5km/ 時
○**D**　9.0km/ 時　　○**E**　A ～ D のいずれでもない

問 03 リピートチェック▶ ☐ ☐ ☐

A地点からB地点まで自転車で往復したところ、行きは45分、帰りは50分かかった。行きの平均速度は時速20km/時だったとすると、帰りの平均速度は時速何km/時か（必要なときは、最後に小数点以下第1位を四捨五入すること）。

○**A** 15km/時 　○**B** 16km/時 　○**C** 18km/時
○**D** 24km/時 　○**E** A〜Dのいずれでもない

問 04 リピートチェック▶ ☐ ☐ ☐

Lの自宅から学校までは8kmの距離があり、普段は自転車で30分かけて通学している。ある日、家を出るのが5分遅れてしまった。普段と同じ時間に学校に着くには、平均時速を普段よりどれだけ速くすればよいか（必要なときは、最後に小数点以下第2位を四捨五入すること）。

○**A** 3.2km/時 　○**B** 3.5km/時 　○**C** 3.8km/時
○**D** 4.1km/時 　○**E** A〜Dのいずれでもない

必須 問 05 リピートチェック▶ ☑ ☑ ☑

下表は、Pが徒歩でS地点を出発し、T地点を経由してU地点に到着したときの発着時刻を表したものである。ただし、T地点はSU間の中間にあるものとする。

S 地点	発	11:20
T 地点	着	12:10
	発	12:25
U 地点	着	13:05

❶ SU間の距離は12kmであった。休憩時間を除いたPの徒歩の平均時速は何km/時か（必要なときは、最後に小数点以下第2位を四捨五入すること）。

○**A** 5.2km/時 　○**B** 5.6km/時 　○**C** 6.0km/時
○**D** 6.4km/時 　○**E** 6.8km/時 　○**F** 7.2km/時
○**G** 7.6km/時 　○**H** 8.0km/時 　○**I** 8.4km/時
○**J** A〜Iのいずれでもない

❷ P が TU 間を平均時速 6km/ 時で歩いたとすると、TU 間の距離は何 km か（必要なときは、最後に小数点以下第 2 位を四捨五入すること）。

○ **A** 3.4km ○ **B** 3.6km ○ **C** 3.8km
○ **D** 4.0km ○ **E** 4.2km ○ **F** 4.4km
○ **G** 4.6km ○ **H** 4.8km ○ **I** 5.2km
○ **J** A ～ I のいずれでもない

必須 **問 06** リピートチェック ▶ □ □ □ -- 別冊 ▶ 070

P 駅を出発し、途中 Q、R、S 駅に停車して、終点 T 駅に至る特急列車がある。下表はその時刻表である。

P 駅	発	8:45
Q 駅	着	10:15
	発	10:20
R 駅	着	11:20
	発	11:25
S 駅	着	12:10
	発	12:15
T 駅	着	12:45

❶ PQ 間の距離は 150km である。PQ 間の平均時速はいくらか（必要なときは、最後に小数点以下第 1 位を四捨五入すること）。

○ **A** 75km/ 時 ○ **B** 80km/ 時 ○ **C** 96km/ 時
○ **D** 100km/ 時 ○ **E** 120km/ 時 ○ **F** 135km/ 時
○ **G** 142km/ 時 ○ **H** 150km/ 時 ○ **I** 160km/ 時
○ **J** A ～ I のいずれでもない

❷ RT 間の距離は 180km である。また、ST 間の平均時速は、RS 間の平均時速より 10km/ 時だけ遅い。ST 間の平均時速はいくらか（必要なときは、最後に小数点以下第 1 位を四捨五入すること）。

○ **A** 69km/ 時 ○ **B** 98km/ 時 ○ **C** 111km/ 時
○ **D** 123km/ 時 ○ **E** 138km/ 時 ○ **F** 142km/ 時
○ **G** 149km/ 時 ○ **H** 153km/ 時 ○ **I** 156km/ 時
○ **J** A ～ I のいずれでもない

Mの自宅から学校までは 16km の距離がある。ある日、自宅から P 地点まで平均時速 18km/ 時の自転車で走り、P 地点から平均時速 6km/ 時で歩いて学校に到着したところ、自宅から学校まで 1 時間かかった。ただし、P 地点は自宅から学校までの経路の間にある。

❶自宅から P 地点までの距離は何 km か。

○ **A** 7km ○ **B** 8km ○ **C** 9km ○ **D** 10km
○ **E** 11km ○ **F** 12km ○ **G** 13km ○ **H** 14km
○ **I** 15km ○ **J** A〜I のいずれでもない

❷ P 地点から学校までは歩いて何分かかったか。

○ **A** 10分 ○ **B** 12分 ○ **C** 14分 ○ **D** 16分
○ **E** 18分 ○ **F** 20分 ○ **G** 22分 ○ **H** 24分
○ **I** 26分 ○ **J** A〜I のいずれでもない

1 チーム 10 人で参加する駅伝大会がある。第 1 走者から第 5 走者までは往路を走り、第 6 走者から第 10 走者までは復路を走る。第 5 走者と第 6 走者が走る区間は 10km、その他の区間は 8km である。この駅伝大会に参加したあるチームの各区間の通過時刻は、下図の通りだった。

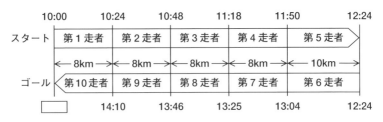

	10:00	10:24	10:48	11:18	11:50	12:24
スタート	第 1 走者	第 2 走者	第 3 走者	第 4 走者	第 5 走者	
	←8km→	←8km→	←8km→	←8km→	←10km→	
ゴール	第 10 走者	第 9 走者	第 8 走者	第 7 走者	第 6 走者	
		14:10	13:46	13:25	13:04	12:24

❶このチームの往路全体の平均時速は何 km/ 時か（必要なときは、最後に小数点以下第 2 位を四捨五入すること）。

○ **A** 16.0km/ 時 ○ **B** 17.5km/ 時 ○ **C** 18.0km/ 時
○ **D** 18.3km/ 時 ○ **E** 18.5km/ 時 ○ **F** 18.8km/ 時

○**G** 19.5km/ 時　　○**H** 20.0km/ 時　　○**I** 20.4km/ 時

○**J** A ～ I のいずれでもない

❷このチームの第 10 走者の平均時速は、第 1 走者の平均時速より 4km/ 時だ
け速かった。復路全体の平均時速は何 km/ 時か（必要なときは、最後に小数
点以下第 2 位を四捨五入すること）。

○**A** 16.0km/ 時　　○**B** 17.5km/ 時　　○**C** 18.0km/ 時
○**D** 18.3km/ 時　　○**E** 18.5km/ 時　　○**F** 18.8km/ 時
○**G** 19.5km/ 時　　○**H** 20.0km/ 時　　○**I** 20.4km/ 時
○**J** A ～ I のいずれでもない

 問 09　リピート
チェック ▶ ☑ ☑ ☑ -------------------------------------- 別冊 ▶ 071

　甲は徒歩で P 地点から S 地点に
向かい、乙は同じルートを徒歩で
S 地点から P 地点に向かっている。
右表は、甲と乙の出発時刻および
ルート途中にある各地点の通過時刻
を表したものである。

	甲	乙	P 地点からの距離
P 地点	9:00 ↓	↑	0.0km
Q 地点	9:35 ↓	↑	6.4km
R 地点		9:50 ↑	12.0km
S 地点	↓	9:30	☐km

❶乙の SR 間の平均速度を 4.8km/ 時とすると、☐ に入る数字として適切
なものは次のうちどれか（必要なときは、最後に小数点以下第 2 位を四捨五
入すること）。

○**A** 12.8km　　○**B** 13.0km　　○**C** 13.2km　　○**D** 13.4km
○**E** 13.6km　　○**F** 14.0km　　○**G** 14.4km　　○**H** 14.8km
○**I** 15.2km　　○**J** A ～ I のいずれでもない

❷甲の QR 間の平均速度は 5.6km/ 時である。甲と乙が QR 間のちょうど真ん
中で出会うとすると、乙の RQ 間の平均速度は何 km/ 時か。ただし、QR 間
で 2 人の歩く速度は一定であるものとする（必要なときは、最後に小数点以
下第 2 位を四捨五入すること）。

○**A** 10.0km　　○**B** 10.2km　　○**C** 10.4km　　○**D** 10.6km
○**E** 10.8km　　○**F** 11.0km　　○**G** 11.2km　　○**H** 11.4km
○**I** 11.6km　　○**J** A ～ I のいずれでもない

　Nの自宅から学校までは 30km 離れている。自宅から駅まで平均時速20km/ 時の自転車で行き、駅から電車に乗って学校に行くと、自宅から学校まで 45 分かかった。ただし、駅から学校までの平均時速は 50km/ 時で、電車の停車時間や乗り継ぎ時間については考えないものとする。

❶自宅から駅まで自転車で何分かかったか。

○A　10 分	○B　11 分	○C　12 分	○D　13 分
○E　14 分	○F　15 分	○G　16 分	○H　17 分
○I　18 分	○J　A ～ I のいずれでもない		

❷駅から学校までの距離は何 km か。

○A　5km	○B　7km	○C　10km	○D　12km
○E　15km	○F　18km	○G　20km	○H　23km
○I　25km	○J　A ～ I のいずれでもない		

　空欄に当てはまる数値を求めなさい。
　自宅から 5.8km 離れた公園まで、途中までは平均時速 4.8km/ 時で歩いて行き、そこから公園までは平均時速 7.2km/ 時で走ったところ、1 時間かかった。このとき、走っていた時間は▢分である。

　空欄に当てはまる数値を求めなさい。
　Pの自宅から学校まで、普段は平均時速 4.5km/ 時で歩いて通っているが、ある日、普段の 80％のスピードでゆっくり歩いたところ、普段より 5 分遅れて学校に到着した。Pは普段学校まで▢分で歩いている。

　空欄に当てはまる数値を求めなさい。
　Pは普段、自宅から学校まで平均時速 15.0km/ 時の自転車で通っている。あ

る日、天気が悪かったので、自宅からバス停まで平均時速 3.5km/ 時で歩いて行き、バス停から学校まで平均時速 38.0km/ 時のバスで行ったところ、所要時間は普段と変わらなかった。その日バスに乗っていた時間が 12 分だったとすると、P は普段、学校まで ☐☐☐ 分で通っている。

問 14　リピートチェック ▶ ☑ ☑ ☑ ‑‑‑‑‑‑‑‑‑‑‑‑‑‑‑‑‑‑‑‑‑‑‑‑‑‑‑‑‑‑‑‑‑ 別冊 ▶ 072

空欄に当てはまる数値を求めなさい。

電車が時速 72km/ 時でトンネルを通過する。トンネルの長さは 800m で、電車の長さは 200m である。この電車がトンネルを通過するのに ☐☐☐ 秒かかる。

問 15　リピートチェック ▶ ☑ ☑ ☑ ‑‑‑‑‑‑‑‑‑‑‑‑‑‑‑‑‑‑‑‑‑‑‑‑‑‑‑‑‑‑‑‑‑ 別冊 ▶ 072

空欄に当てはまる数値を求めなさい。

特急列車が時速 144km/ 時で鉄橋を渡る。鉄橋の長さは 180m で、列車の長さは 220m である。この特急列車が鉄橋を渡るのに ☐☐☐ 秒かかる。

問 16　リピートチェック ▶ ☑ ☑ ☑ ‑‑‑‑‑‑‑‑‑‑‑‑‑‑‑‑‑‑‑‑‑‑‑‑‑‑‑‑‑‑‑‑‑ 別冊 ▶ 072

空欄に当てはまる数値を求めなさい。

時速 72km/ 時の普通電車の後ろを、時速 108km/ 時の特急電車が並行して走っている。普通電車の長さは 200m、特急電車の長さは 240m である。この特急電車が普通電車に追いついてから追い越すまでに ☐☐☐ 秒かかる。

問 17　リピートチェック ▶ ☑ ☑ ☑ ‑‑‑‑‑‑‑‑‑‑‑‑‑‑‑‑‑‑‑‑‑‑‑‑‑‑‑‑‑‑‑‑‑ 別冊 ▶ 072

空欄に当てはまる数値を求めなさい。

時速 102km/ 時の急行列車が、時速 60km/ 時の普通列車とすれちがう。急行列車の長さが 200m、普通列車の長さが 160m のとき、2 つの列車が完全にすれちがうのに ☐☐☐ 秒かかる。

23 速度・距離・時間②
旅人算

S 重要度ランク

テストセンター　ペーパーテスト　WEBテスティング

例 題

⏱ 目標タイム：**2分**

　甲と乙の2人が、P地点からQ地点まで14kmあるランニングコースを走る。甲は時速9km/時、乙は時速12km/時で走り、2人の速度は常に一定であるものとする。

①甲と乙は、2人ともP地点からQ地点に向かって走る。甲がスタートしてから10分後に乙がスタートする場合、乙が甲に追いつくのは、甲のスタートから何分後か。

○**A**　10分後　　○**B**　15分後　　○**C**　20分後　　○**D**　25分後
○**E**　30分後　　○**F**　35分後　　○**G**　40分後　　○**H**　45分後
○**I**　50分後　　○**J**　A〜Iのいずれでもない

②甲はP地点からQ地点に向かって走り、乙はQ地点からP地点に向かって走る。2人が同時にスタートする場合、甲と乙が出会うのは、スタートから何分後か。

○**A**　10分後　　○**B**　15分後　　○**C**　20分後　　○**D**　25分後
○**E**　30分後　　○**F**　35分後　　○**G**　40分後　　○**H**　45分後
○**I**　50分後　　○**J**　A〜Iのいずれでもない

解法 速度・距離・時間の差や等式を考える

①甲は10分 = 1/6時間で、乙との間に $9 \times 1/6 = 1.5$km の距離を開けています。乙と甲の速度の差は $12 - 9 = 3$km/時あるので、乙はこの距離を時速3km/時で埋めます。

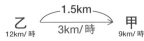

したがって、乙が甲に追いつくのは、スタートから

1.5km　÷　3km/時　=　0.5 時間　= 30 分後

となります。設問は「甲のスタートから何分後か」なので、正解は 30 + 10 = 40 分後です。

② 2 人が出会うまでの時間を x とすると、甲が走る距離は $9x$、乙が走る距離は $12x$ と表せます。両者の合計は P 地点から Q 地点までの距離 = 14km に等しいので、次の式が成り立ちます。

$$\underset{甲}{9x} + \underset{乙}{12x} = \underset{PQ間}{14\text{km}} \rightarrow 21x = 14 \quad \therefore x = \frac{14}{21} = \frac{2}{3} \text{ 時間} = 40 \text{ 分}$$

甲P ───────14km───────Q乙

9km/時＋12km/時=21km/時

【正解】① G　② G

▶実践演習問題

解説・解答は別冊 073 - 075 ページ

 必須　| 問 01 |　リピート
チェック ▶ ☑ ☑ ☑ ----------------------------------- 別冊 ▶ 073

A 地点と B 地点の間は 28km の距離がある。甲は時速 5km で A 地点から B 地点に向かって、乙は時速 7km で B 地点から A 地点に向かって歩きはじめた。甲と乙が同時に出発したとすると、2 人が出会うのは出発してから何時間何分後か。

○ **A**　1 時間 20 分後　　○ **B**　1 時間 40 分後　　○ **C**　2 時間後

○ **D**　2 時間 20 分後　　○ **E**　2 時間 40 分後　　○ **F**　3 時間後

○ **G**　3 時間 20 分後　　○ **H**　3 時間 40 分後　　○ **I**　4 時間後

○ **J**　A ～ I のいずれでもない

| 問 02 |　リピート
チェック ▶ ☑ ☑ ☑ ----------------------------------- 別冊 ▶ 073

湖の周囲をめぐる 1 周 21km のサイクリングコースがある。甲と乙の 2 人が、このサイクリングコースを同じスタート地点から互いに反対方向に向かって走る。甲は時速 15km/時、乙は時速 20km/時で走る場合、甲と乙が出会うのはスタートから何分後か。ただし、2 人の速度は常に一定であるものとする。

○ **A**　12 分後　　○ **B**　15 分後　　○ **C**　20 分後　　○ **D**　24 分後

○ **E**　30 分後　　○ **F**　36 分後　　○ **G**　40 分後　　○ **H**　45 分後

○ **I**　46 分後　　○ **J**　A ～ I のいずれでもない

問 03 リピート
チェック ▶ ☐☐☐

　ＰとＱの２人が、同じスタート地点から、同じルートをそれぞれ自転車で走る。
Ｐは時速 21km/ 時、Ｑは時速 15km/ 時で走り、２人の速度は常に一定であ
るものとする。Ｑが出発して 20 分後にＰが出発する場合、ＰがＱに追いつく
のは、スタート地点から何 km 先の地点か（必要なときは、最後に小数点以下
第２位を四捨五入すること）。

○**A**　10.0km　　○**B**　11.5km　　○**C**　12.0km　　○**D**　13.5km
○**E**　14.0km　　○**F**　15.5km　　○**G**　16.0km　　○**H**　17.5km
○**I**　18.0km　　○**J**　Ａ～Ｉのいずれでもない

必須 **問 04** リピート
チェック ▶ ☐☐☐

　１周 7km の池の周りを、Ｒは時速 13km/ 時、Ｓは時速 18km/ 時の自転
車で走る。いま、ＲとＳは同じスタート地点にいて、２人の速度は常に一定で
あるものとする。Ｓがスタートした 15 分後に、Ｒが同じ方向に向かって走り
出す場合、Ｓが最初にＲを追い越すのは、Ｓのスタートから何分後か。

○**A**　15 分後　　○**B**　20 分後　　○**C**　30 分後　　○**D**　40 分後
○**E**　45 分後　　○**F**　60 分後　　○**G**　75 分後　　○**H**　80 分後
○**I**　90 分後　　○**J**　Ａ～Ｉのいずれでもない

問 05 リピート
チェック ▶ ☐☐☐

　Ｐ地点とＱ地点の間は 2.8km の距離がある。甲はＰ地点を 8:20 に出発し
てＱ地点に向かい、乙はＱ地点を 8:30 に出発してＰ地点に向かったところ、
２人は 8:40 にすれ違った。乙が甲の 1.5 倍の速さで歩いているとすると、甲
の平均時速は何 km/ 時か（必要なときは、最後に小数点以下第２位を四捨五入
すること）。

○**A**　3.3km/ 時　　　○**B**　3.6km/ 時　　　○**C**　3.9km/ 時
○**D**　4.2km/ 時　　　○**E**　4.5km/ 時　　　○**F**　4.8km/ 時
○**G**　5.1km/ 時　　　○**H**　5.4km/ 時　　　○**I**　5.7km/ 時
○**J**　Ａ～Ｉのいずれでもない

問 06　リピート▶ ☑ ☑ ☑

甲と乙の2人が同じハイキングコースを歩く。甲はスタート地点を 9:30 に出発し、乙は同じスタート地点を 9:45 に出発したところ、10:30 に甲を追い越した。甲の歩く速さが時速 7.2km/ 時だとすると、乙の歩く速さは何 km/時か（必要なときは、最後に小数点以下第2位を四捨五入すること）。

○**A**　7.8km/ 時　　○**B**　8.1km/ 時　　○**C**　8.4km/ 時
○**D**　8.7km/ 時　　○**E**　9.0km/ 時　　○**F**　9.3km/ 時
○**G**　9.6km/ 時　　○**H**　9.9km/ 時　　○**I**　10.2km/ 時
○**J**　A～Iのいずれでもない

問 07　リピート▶ ☑ ☑ ☑

S は徒歩で X 地点をスタートし、Y 地点を経由して Z 地点に向かった。下表はそのときの出発および途中経過時刻を表したものである。ただし、Y 地点は XZ 間の中間にあるものとする。

X 地点	発	9:40
Y 地点	着	10:30
	発	11:45
Z 地点	着	12:05

❶ YZ 間の距離が 1.2km だとすると、S の YZ 間の平均時速はいくらか。

○**A**　1.2km/ 時　　○**B**　1.5km/ 時　　○**C**　2.0km/ 時
○**D**　2.4km/ 時　　○**E**　2.8km/ 時　　○**F**　3.2km/ 時
○**G**　3.6km/ 時　　○**H**　4.5km/ 時　　○**I**　4.9km/ 時
○**J**　A～Iのいずれでもない

❷ S は XY 間を時速 4.8km/ 時で歩いている。T が S の 20 分後に自転車で X 地点を出発し、時速 16.8km/ 時で S を追いかけた。T が S に追いつくのは何時何分か。ただし、2人の速度は常に一定のものとする。

○**A**　9 時 56 分　　○**B**　10 時 3 分　　○**C**　10 時 8 分
○**D**　10 時 12 分　　○**E**　10 時 16 分　　○**F**　10 時 18 分
○**G**　10 時 22 分　　○**H**　10 時 25 分　　○**I**　10 時 28 分
○**J**　A～Iのいずれでもない

列車 L は S 駅から T 駅に向かって時速 40km/ 時で走り、列車 M は T 駅から S 駅に向かって時速 60km/ 時で走っている。下表は、列車 L と列車 M の時刻表の一部である。ただし、ST 間の距離は 160km で、各列車の速度は常に一定であるものとする。

	列車 L	列車 M
S 駅	10:20 発	☐ 着
	↓	↑
T 駅	☐ 着	10:30 発

❶列車 L が T 駅に到着するのは何時何分か。

○**A** 12 時 30 分 　○**B** 12 時 40 分 　○**C** 12 時 55 分
○**D** 13 時 10 分 　○**E** 13 時 30 分 　○**F** 13 時 50 分
○**G** 14 時 20 分 　○**H** 14 時 40 分 　○**I** 15 時 0 分
○**J** A ～ I のいずれでもない

❷列車 L と列車 M がすれ違うのは何時何分か。

○**A** 11 時 45 分 　○**B** 11 時 48 分 　○**C** 11 時 50 分
○**D** 11 時 53 分 　○**E** 11 時 55 分 　○**F** 11 時 58 分
○**G** 12 時 2 分 　○**H** 12 時 5 分 　○**I** 12 時 9 分
○**J** A ～ I のいずれでもない

S 駅から V 駅に向かって、普通電車と快速電車が走っている。右表は、その時刻表の一部である。ただし、普通電車の各駅での停車時間については考慮しないものとする。

	普通	快速	S 駅からの距離
S 駅	7:10	7:20	0.0km
	↓	↓	
T 駅	7:28	通過	24.0km
	↓	↓	
U 駅	7:48	通過	48.0km
	↓	↓	
V 駅	8:00	☐ 着	64.0km

❶普通電車の SV 間の平均時速は何 km/ 時か（必要なときは、最後に小数点以下第 2 位を四捨五入すること）。

○ **A** 72.0km/ 時　　○ **B** 72.2km/ 時　　○ **C** 72.4km/ 時
○ **D** 73.1km/ 時　　○ **E** 74.6km/ 時　　○ **F** 75.5km/ 時
○ **G** 76.8km/ 時　　○ **H** 77.3km/ 時　　○ **I** 80.0km/ 時
○ **J** A～Iのいずれでもない

❷快速電車が SV 間を時速 120km/ 時で走行する場合、快速電車が普通電車を追い越すのは何時何分か。

○ **A** 7 時 28 分　　○ **B** 7 時 30 分　　○ **C** 7 時 32 分
○ **D** 7 時 34 分　　○ **E** 7 時 36 分　　○ **F** 7 時 38 分
○ **G** 7 時 40 分　　○ **H** 7 時 42 分　　○ **I** 7 時 44 分
○ **J** A～Iのいずれでもない

難! **問 10**　 リピートチェック ▶ ☑ ☑ ☑ --------------------------------- 別冊 ▶ 075

1 周 18km の池の周りを、甲は時速 21km/ 時、乙は時速 24km/ 時の自転車で走る。ただし、2 人の速度は常に一定であるものとする。

❶甲と乙が、同じスタート地点から反対方向に向かって同時に走り出すとき、甲と乙がすれ違うのは、スタートから何分後か。

○ **A** 12 分後　　○ **B** 15 分後　　○ **C** 20 分後　　○ **D** 24 分後
○ **E** 30 分後　　○ **F** 36 分後　　○ **G** 40 分後　　○ **H** 45 分後
○ **I** 46 分後　　○ **J** A～Iのいずれでもない

❷乙がスタートした 40 分後に、甲が同じ方向に向かって走り出すとき、乙が最初に甲を追い越すのは、<u>甲のスタートから</u>何分後か。

○ **A** 12 分後　　○ **B** 15 分後　　○ **C** 20 分後　　○ **D** 24 分後
○ **E** 30 分後　　○ **F** 36 分後　　○ **G** 40 分後　　○ **H** 45 分後
○ **I** 46 分後　　○ **J** A～Iのいずれでもない

24 割合と比

A 重要度ランク

テストセンター　ペーパーテスト　WEBテスティング

例 題

⏱ 目標タイム：1分

　ある中学校では、全生徒の75%が部活動をしている。部活動をしている生徒のうち、運動部に所属している生徒は64%で、そのうちの15%が野球部に所属している。野球部に所属している生徒が36人のとき、この中学校の全生徒の人数は何人か。

○A　240人　　○B　375人　　○C　420人　　○D　500人
○E　A〜Dのいずれでもない

解法　内訳を整理しよう

　部活動に所属している生徒は「全生徒の75%」、そのうち運動部に所属している生徒は「全生徒の75%の64%」、そのうち野球部に所属している生徒は「全生徒の75%の64%の15%」になります。

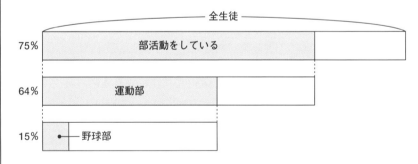

以上から、全生徒のうち、野球部に所属している生徒の割合は、

$$0.75 \times 0.64 \times 0.15 = 0.072$$

となります。この0.072という数字は、全生徒の人数に対する野球部の人数の割合

ですから、

$$\frac{\text{野球部の人数}}{\text{全生徒の人数}} = 0.072$$

です。野球部の人数は 36 人なので、

$$\frac{36 \text{人}}{\text{全生徒の人数}} = 0.072 \rightarrow \text{全生徒の人数} = 36 \text{人} \div 0.072 = 500 \text{人}$$

となります。

【正解】D

▶実践演習問題

解説・解答は別冊 076 - 080 ページ

別冊 ▶ 076

必須　問 01　リピート
チェック ▶

ある高校は、部活動で運動部に所属する生徒が 40％で、その人数は 160 人である。文化部に所属する生徒が 30％であるとき、文化部に所属する生徒は何人いるか。

○ A　90 人　　○ B　100 人　　○ C　110 人　　○ D　120 人
○ E　A ～ D のいずれでもない

別冊 ▶ 076

問 02　リピート
チェック ▶

ある大学のサークルには 50 人の会員がおり、そのうちの 30％が新入生である。新入生以外の部員のうち 60％が男性であるとき、新入生以外の女性は何人か。

○ A　4 人　　○ B　14 人　　○ C　20 人　　○ D　24 人
○ E　A ～ D のいずれでもない

必須 **問 03** リピート
チェック▶ ☑ ☑ ☑

グループ P の男女比は 2：3、グループ Q の男女比は 5：7 で、いずれも女性のほうが多い。2 つのグループの合計は 96 人である。グループ P の男性が 24 人のとき、グループ Q の女性は何人か。

○**A** 17 人　○**B** 21 人　○**C** 24 人　○**D** 27 人
○**E** A～D のいずれでもない

問 04 リピート
チェック▶ ☑ ☑ ☑

ある大学には文学部と経済学部がある。今年の入学者は昨年よりも 15％少なく、374 人だった。また、入学者の減少数は、「文学部：経済学部」の比で「2：1」だった。文学部の入学者は何人減ったか。

○**A** 22 人　○**B** 32 人　○**C** 44 人　○**D** 50 人
○**E** A～D のいずれでもない

必須 **問 05** リピート
チェック▶ ☑ ☑ ☑

ある高校は、普通科と工業科からなる男女共学校である。全校での男子生徒の割合は 64％。普通科に所属する生徒の割合は 60％で、そのうち女子生徒が 40％を占める。工業科に所属する女子生徒は何％か（必要なときは、最後に小数点以下第 1 位を四捨五入すること）。

○**A** 12％　○**B** 14％　○**C** 24％　○**D** 36％
○**E** A～D のいずれでもない

問 06 リピート
チェック▶ ☑ ☑ ☑

ある高校では、全校生徒の 4/7 が男子である。また、大学進学を希望する生徒が全校生徒の 2/3 で、そのうちの女子は 2/5 である。大学進学を希望しない男子は全校生徒のどれだけか。

○**A** 1/35　○**B** 4/35　○**C** 6/35　○**D** 8/35
○**E** A～D のいずれでもない

別冊▶077

問 07　リピートチェック▶

香水 P と香水 Q を 3：2 で混合した香水 X と、香水 P と香水 R を 1：4 で混合した香水 Y がある。香水 X と香水 Y を 2：3 で混合したとき、香水 P の割合は何％になるか（必要なときは、最後に小数点以下第 1 位を四捨五入すること）。

○A　24%　　○B　28%　　○C　32%　　○D　36%
○E　A～D のいずれでもない

別冊▶077

問 08　リピートチェック▶

P、Q、R の 3 種類の試薬を調合して、試薬 S を作る。試薬 P は、薬剤 A と薬剤 B を 7：3 の割合で混合したものである。同様に、試薬 Q は薬剤 B と薬剤 C を 1：4、試薬 R は薬剤 B と薬剤 D を 1：3 の割合で混合したものである。P、Q、R を 1：1：2 の割合で調合したとき、試薬 S に含まれる薬剤 B の割合はどれだけか。

○A　1/2　　○B　1/3　　○C　1/4　　○D　1/5
○E　A～D のいずれでもない

別冊▶077

問 09　リピートチェック▶

350g の水に 50g の食塩を加えると、何％の食塩水になるか（必要なときは、最後に小数点以下第 2 位を四捨五入すること）。

○A　12.5%　　○B　14.2%　　○C　16.7%　　○D　18.0%
○E　A～D のいずれでもない

別冊▶077

問 10　リピートチェック▶

15% の食塩水 220g に 80g の水を加えると、何％の食塩水になるか（必要なときは、最後に小数点以下第 2 位を四捨五入すること）。

○A　7.5%　　○B　12.5%　　○C　11.0%　　○D　15.0%
○E　A～D のいずれでもない

問 11

リピート チェック ▶

10％の食塩水 320g から水だけを蒸発させ、16％の食塩水を作るには、何 g の水を蒸発させればよいか（必要なときは、最後に小数点以下第 1 位を四捨五入すること）。

○ **A** 120g ○ **B** 150g ○ **C** 180g ○ **D** 200g
○ **E** A～D のいずれでもない

必須 問 12

リピート チェック ▶

3％の食塩水 300g に 12％の食塩水を加え、8％の食塩水にするには、12％の食塩水を何 g 混ぜればよいか（必要なときは、最後に小数点以下第 1 位を四捨五入すること）。

○ **A** 365g ○ **B** 370g ○ **C** 375g ○ **D** 380g
○ **E** A～D のいずれでもない

問 13

リピート チェック ▶

緑地整備で公園に樹木を植えることになった。樹木は 2 種類で、樹木 X と樹木 Y を 2：5 の割合で植樹する。

❶樹木 Y を 420 本を植えるとき、樹木 X は何本になるか。

○ **A** 102 本 ○ **B** 108 本 ○ **C** 120 本 ○ **D** 132 本
○ **E** 144 本 ○ **F** 150 本 ○ **G** 168 本 ○ **H** 174 本
○ **I** 180 本 ○ **J** A～I のいずれでもない

❷樹木 X を 190 本を植えるとき、樹木の合計は何本になるか。

○ **A** 610 本 ○ **B** 615 本 ○ **C** 620 本 ○ **D** 625 本
○ **E** 630 本 ○ **F** 635 本 ○ **G** 640 本 ○ **H** 665 本
○ **I** 670 本 ○ **J** A～I のいずれでもない

問 14 リピート
チェック ▶ ☑ ☑ ☑ - 別冊 ▶ 078

会員制のスポーツジムがある。会員には一般会員と特別会員があり、特別会員は全会員中の 40％である。男女別でみると、一般会員と特別会員を合わせて 70％が男性の会員である。

❶一般会員と特別会員を合わせた男性会員は 175 人だった。一般会員と特別会員を合わせた女性会員は何人いるか。

○ **A** 60 人　　○ **B** 65 人　　○ **C** 70 人　　○ **D** 75 人
○ **E** 80 人　　○ **F** 85 人　　○ **G** 90 人　　○ **H** 95 人
○ **I** 100 人　　○ **J** A ～ I のいずれでもない

❷男性の一般会員は全会員中の 42％だった。女性の特別会員は全会員中の何％か。

○ **A** 10％　　○ **B** 12％　　○ **C** 14％　　○ **D** 16％
○ **E** 18％　　○ **F** 20％　　○ **G** 22％　　○ **H** 24％
○ **I** 26％　　○ **J** A ～ I のいずれでもない

難! **問 15** リピート
チェック ▶ ☑ ☑ ☑ - 別冊 ▶ 078

Ｐ社とＱ社が合併してＲ社が設立された。Ｐ社の男性の割合は 36％だったが、Ｑ社と合併後は 40％になった。また、Ｑ社の社員数はＰ社の 4 倍だった。

❶合併前のＱ社の男性の割合は何％だったか（必要なときは、最後に小数点以下第 1 位を四捨五入すること）。

○ **A** 36％　　○ **B** 39％　　○ **C** 41％　　○ **D** 43％
○ **E** 46％　　○ **F** 49％　　○ **G** 52％　　○ **H** 56％
○ **I** 59％　　○ **J** A ～ I のいずれでもない

❷合併後に男性が 25 人退職して、Ｒ社の男性の割合は 37.5％になった。Ｒ社の現在の社員数は何人になったか。ただし、女性の退職者はいないものとする。

○ **A** 425 人　　○ **B** 450 人　　○ **C** 475 人　　○ **D** 500 人
○ **E** 525 人　　○ **F** 550 人　　○ **G** 575 人　　○ **H** 600 人
○ **I** 625 人　　○ **J** A ～ I のいずれでもない

問 16　リピート
チェック ▶ □ □ □

男性 200 人、女性 300 人を対象に「好みの色」についてのアンケート調査を行った。

❶「赤が好き」と答えたのは、男性が 36％、女性が 76％だった。「赤が好き」と答えたのは、全体の何％にあたるか（必要なときは、最後に小数点以下第 1 位を四捨五入すること）。

○ A　40％　　○ B　46％　　○ C　50％　　○ D　56％
○ E　60％　　○ F　66％　　○ G　70％　　○ H　76％
○ I　80％　　○ J　A ～ I のいずれでもない

❷「青が好き」と答えたのは、全体の 22％だった。このうち、女性が 42 人だったとすると、「青が好き」と答えた男性は、男性のうちの何％になるか（必要なときは、最後に小数点以下第 1 位を四捨五入すること）。

○ A　30％　　○ B　32％　　○ C　34％　　○ D　36％
○ E　38％　　○ F　40％　　○ G　42％　　○ H　44％
○ I　46％　　○ J　A ～ I のいずれでもない

問 17　リピート
チェック ▶ ✓ ✓ ✓

展示ホールの壁にペンキを塗ることにした。ひとまず、A さんが展示ホールの全面積の 1/3 を塗り、B さんは残りの 7/9 を分担してペンキを塗ることにした。

❶分担の決まっていない残りの面積は、全体のどれだけにあたるか。

○ A　3/31　　○ B　4/27　　○ C　4/24　　○ D　3/20
○ E　3/18　　○ F　3/16　　○ G　2/15　　○ H　1/7
○ I　1/4　　○ J　A ～ I のいずれでもない

❷分担の決まっていない残りの面積を、A さんと B さんで「5：8」の割合で塗ることにした。B さんの合計の担当面積は、全体のどれだけにあたるか。

○ A　32/351　　○ B　64/351　　○ C　75/351　　○ D　81/351

○ **E** 92/351 　　○ **F** 102/351 　　○ **G** 157/351 　　○ **H** 1/7

○ **I** 214/351 　　○ **J** A ～ I のいずれでもない

| ⊞⊟
✕w | **問 18** | リピート ▶
チェック | | | | | 別冊 ▶ 079 |

空欄に当てはまる数値を求めなさい。

液体Xと液体Yを5：4の割合で混ぜたものと、液体Xと液体Yを1：2の割合で混ぜたものを同量ずつ混ぜあわせたとき、この液体に含まれる液体Yの割合は □ ％である（必要なときは、最後に小数点以下第1位を四捨五入すること）。

| ⊞⊟
✕w | **問 19** | リピート ▶
チェック | | | | | 別冊 ▶ 079 |

空欄に当てはまる数値を求めなさい。

運動場 A の面積の 4/9 は、運動場 B の面積の 2/3 である。運動場 B の面積が 150m^2 であるとき、運動場 A と運動場 B の面積の合計は □ m^2 である。

| ⊞⊟
✕w | **問 20** | リピート ▶
チェック | | | | | 別冊 ▶ 079 |

空欄に当てはまる数値を求めなさい。

ある会社では全社員のうち既婚者が42％で、そのうちの60％が子どもがいる。既婚者で子どものいない社員が42人のとき、全社員の数は □ 人である。

| ⊞⊟
✕w | **問 21** | リピート ▶
チェック | | | | | 別冊 ▶ 080 |

空欄に当てはまる数値を求めなさい。

食塩水 P300g に、食塩水 Q を 200g 混ぜたところ、5％の食塩水になった。食塩水 P の濃度が 7％のとき、食塩水 Q の濃度は □ ％である（必要なときは、最後に小数点以下第 1 位を四捨五入すること）。

| ⊞⊟
✕w | **問 22** | リピート ▶
チェック | | | | | 別冊 ▶ 080 |

難! **空欄に当てはまる数値を求めなさい。**

ボランティアのグループ P は、2 倍のメンバー数のグループ Q と合併して新しいグループ R を結成した。グループ P の女性の割合は 36％だったが、合併後のグループ R では 44％に増えた。さらにグループ R には 30 人の男性が参加したため、女性の割合は 40％になった。グループ P の男性は □ 人である。

25 表の計算

S 重要度ランク

テストセンター ペーパーテスト WEBテスティング

例 題

⏱ 目標タイム：**3分**

　ある会社では、製品の原材料となる P、Q、R を、主に中国、タイ、ベトナム、インドの 4 か国から輸入している。下表は、国ごとの原材料別の輸入割合を示したものである。

	中国	タイ	ベトナム	インド	その他	合計	総輸入量 (t)
原料 P	29.0%	31.8%	11.1%	24.0%	4.1%	100.0%	7500
原料 Q	33.8%	44.2%	0.0%		5.7%	100.0%	
原料 R	23.2%	20.8%	39.6%	9.2%	7.2%	100.0%	3800

①原料 R において、「その他」を除く 4 か国の輸入割合を求めたとき、中国の輸入割合は何％か（必要なときは、最後に小数点以下第 2 位を四捨五入すること）。

○**A** 18.6%　　○**B** 19.1%　　○**C** 20.2%　　○**D** 22.7%
○**E** 23.4%　　○**F** 24.6%　　○**G** 25.0%　　○**H** 33.3%
○**I** 35.1%　　○**J** A～I のいずれでもない

②原料 Q の中国とタイを合わせた輸入量は、4680 トンであった。原料 Q のインドからの輸入量は何トンか（必要なときは、最後に小数点以下第 1 位を四捨五入すること）。

○**A** 579t　　○**B** 662t　　○**C** 751t　　○**D** 830t
○**E** 876t　　○**F** 924t　　○**G** 952t　　○**H** 978t
○**I** 1103t　　○**J** A～I のいずれでもない

③原料 P のタイからの輸入量を 180 トン増やしたい。総輸入量は変えずに、中国からの輸入量を 180 トン減らす場合、原料 P の中国からの輸入割合は何％になるか（必要なときは、最後に小数点以下第 2 位を四捨五入すること）。

○ A 24.5%　○ B 24.9%　○ C 25.3%　○ D 25.8%
○ E 26.1%　○ F 26.6%　○ G 27.0%　○ H 27.4%
○ I 27.8%　○ J A〜Iのいずれでもない

解法 できるだけ割合（%）だけで計算をすすめる

① 原料 R の輸入量は 3800 トンですが、なるべく割合（%）だけで計算をすすめ
たほうが楽です。「その他」を除いた中国の割合は、「中国」÷「4 か国の合計」
で求めることができます。4 か国の合計は 23.2 + 20.8 + 39.6 + 9.2% ですが、
100% から「その他」の 7.2% を引いたほうが計算が早いことに注意しましょう。

　　$23.2 \div (100 - 7.2) = 0.25$　→　25.0%

② 原料 Q の中国とタイからの輸入割合は、

　　33.8%　+　44.2%　=　78.0%

これが 4680 トンなので、原料 Q の総輸入量は

　　4680 トン　÷　0.78　=　6000 トン

となります。インドからの輸入割合は、$100\% - 78.0\% - \underset{\text{その他}}{5.7\%} = 16.3\%$ なので、
輸入量は

　　6000 トン　×　0.163　=　978 トン

③ 総輸入量 7500 トンに対する増減分 180 トンの割合は、

　　180　÷　7500　=　0.024　→　2.4%

タイからの輸入割合が 2.4% 増え、中国からの輸入割合が同じだけ減るので、中
国から輸入割合は、

　　29.0　−　2.4　=　26.6%

となります。

【正解】①G　②H　③F

問 01 リピート チェック ▶ ✓ ✓ ✓ 別冊 ▶ 080

ある地方選挙で、A区、B区、C区についての選挙結果を集計している。下表は、政党ごとの得票率である。

	P党	Q党	R党	無効票	投票数
A区	45%	35%	10%	10%	800
B区	48%	40%	5%	7%	600
C区	27%	50%	13%	10%	400

❶ A区においてQ党への投票数は何票か。

○ A　120票　　○ B　170票　　○ C　200票　　○ D　240票
○ E　280票　　○ F　300票　　○ G　320票　　○ H　360票
○ I　400票　　○ J　A～Iのいずれでもない

❷ C区において、無効票を除いた有効投票数に占めるP党の得票率は何%か（必要なときは、最後に小数点以下第2位を四捨五入すること）。

○ A　12.0%　　○ B　16.7%　　○ C　18.0%　　○ D　24.5%
○ E　27.4%　　○ F　30.0%　　○ G　33.3%　　○ H　36.2%
○ I　40.0%　　○ J　A～Iのいずれでもない

❸ A区、B区、C区の3つの区をあわせたP党の票の割合は全体の何%だったか（必要なときは、最後に小数点以下第2位を四捨五入すること）。

○ A　35.0%　　○ B　36.5%　　○ C　38.0%　　○ D　38.6%
○ E　40.0%　　○ F　40.5%　　○ G　41.7%　　○ H　42.0%
○ I　43.3%　　○ J　A～Iのいずれでもない

下表は、4種類の食品100gに含まれる栄養素（g）を示したものである。なお、タンパク質、脂質、炭水化物における［ ］内の数字は、その栄養素の1gあたりの熱量（kcal/g）を示す。各食品のエネルギーは、食品100gに含まれるこれら3つの栄養素の熱量の合計である。

単位：g

	食パン	ローストビーフ	ヨーグルト	プリン
水分	38.0	64.0	82.6	74.1
たんぱく質［4］	9.3	21.7	4.3	5.5
脂質［9］	4.4		0.2	5.0
炭水化物［4］	46.7	0.9	11.9	
灰分	1.6	1.7	1.0	0.7

注：文部科学省「日本食品標準成分表2010」をもとに作成

❶プリン100gに含まれる炭水化物の重量は何gか。

○A 13.2g ○B 13.6g ○C 14.7g ○D 15.1g
○E 15.3g ○F 15.7g ○G 16.0g ○H 16.2g
○I 16.4g ○J A～Iのいずれでもない

❷食パン100gのエネルギーは何kcalか（必要なときは、最後に小数点以下第1位を四捨五入すること）。

○A 233kcal ○B 237kcal ○C 243kcal ○D 252kcal
○E 264kcal ○F 271kcal ○G 280kcal ○H 281kcal
○I 295kcal ○J A～Iのいずれでもない

❸ローストビーフ100gのエネルギーが195.7kcalのとき、ローストビーフ100gに含まれる脂質の重量は何gか（必要なときは、最後に小数点以下第2位を四捨五入すること）。

○A 10.5g ○B 10.7g ○C 10.9g ○D 11.1g
○E 11.3g ○F 11.5g ○G 11.7g ○H 11.9g
○I 12.1g ○J A～Iのいずれでもない

ある食品加工会社では、工場で生産した製品L、M、Nをトラックで出荷するために、P、Q、R、Sの4つの運送会社を利用している。表1は、製品別、運送会社別の1月あたりの出荷台数、表2は、運送会社別のトラック1台あたりの運送費である。

表1　1月のトラック出荷台数　　　　　　　　　　　　　単位：台

	P	Q	R	S	合計
製品L	10	8	15	（ア）	
製品M	15	5	（ウ）		40
製品N	20	（イ）		5	45

表2　トラック1台あたりの運送費

P	50万円
Q	80万円
R	100万円
S	120万円

❶製品Lの運送費の1月の合計額は3600万円だった。運送会社Sの製品Lの出荷台数（ア）はいくらか。

○A　4台　　○B　5台　　○C　6台　　○D　7台
○E　8台　　○F　9台　　○G　10台　　○H　11台
○I　12台　　○J　A～Iのいずれでもない

❷運送会社Qの運送費の合計は1840万円だった。運送会社Qの製品Nの出荷台数（イ）はいくらか。

○A　4台　　○B　5台　　○C　6台　　○D　7台
○E　8台　　○F　9台　　○G　10台　　○H　11台
○I　12台　　○J　A～Iのいずれでもない

❸製品Mの運送費の1月の合計額は3410万円だった。運送会社Rの製品Mの出荷台数（ウ）はいくらか。

○A　4台　　○B　5台　　○C　6台　　○D　7台
○E　8台　　○F　9台　　○G　10台　　○H　11台

○I　12台　　○J　A～Iのいずれでもない

❹製品Nの出荷を減らしたところ、運送会社Pの運送費が2000万円になった。
運送会社Pが出荷する製品Nは、トラック何台分減ったか。

○A　4台　　○B　5台　　○C　6台　　○D　7台
○E　8台　　○F　9台　　○G　10台　　○H　11台
○I　12台　　○J　A～Iのいずれでもない

| 問04 | リピート
チェック | ☑ ☑ ☑ | 別冊▶081 |

下表は、3つの有機化合物P、Q、Rの各1分子中に含まれる元素の原子個
数の割合を示したものである。なお、各元素の重量比は、水素を1としたとき
炭素は12、酸素は16、窒素は14である。

	水素	炭素	酸素	窒素	その他	合計
有機化合物P	65.4%	21.6%	7.3%	3.8%	1.9%	100.0%
有機化合物Q	62.3%	24.8%	10.4%	2.0%	0.5%	100.0%
有機化合物R	59.8%	22.5%	13.0%	3.5%	1.2%	100.0%

❶有機化合物Pの1分子中に含まれる水素、炭素、酸素、窒素の各元素のうち、
重量が水素より大きいものはいくつあるか。

○A　0　　○B　1　　○C　2　　○D　3　　○E　この表ではわからない

❷有機化合物Qの1分子中に含まれる酸素原子の個数が、有機化合物Rのそれ
の2倍ある場合、有機化合物Qの1分子中に含まれる炭素原子の個数は、有
機化合物Rのそれの何倍か（必要なときは、最後に小数点以下第3位を四捨
五入すること）。

○A　0.36倍　　○B　0.90倍　　○C　1.10倍　　○D　1.14倍
○E　1.67倍　　○F　2.02倍　　○G　2.76倍　　○H　3.12倍
○I　3.68倍　　○J　A～Iのいずれでもない

P、Q、R、Sの4つの映画館の来館者に対してアンケート調査を行い、利用した主な交通手段を1つあげてもらった。表1はその回答結果にもとづいて、映画館ごとの交通手段の割合を示したものである。また、表2は4つの映画館の回答者全体に占める映画館ごとの回答者の割合を示している。

表1

	映画館 P	映画館 Q	映画館 R	映画館 S	合計
電車	50%		20%	30%	34%
自動車	15%	40%	60%	15%	28%
徒歩	30%		10%	40%	
その他	5%	20%	10%	15%	
計	100%	100%	100%	100%	100%

表2

	映画館 P	映画館 Q	映画館 R	映画館 S	合計
回答者の割合	40%	25%	15%	20%	100%

❶映画館Pで「徒歩」と回答した人は、4つの映画館での回答者全体の何%か（必要なときは、最後に小数点以下第1位を四捨五入すること）。

- ○A 10%
- ○B 11%
- ○C 12%
- ○D 13%
- ○E 14%
- ○F 15%
- ○G 16%
- ○H 17%
- ○I 18%
- ○J A～Iのいずれでもない

❷映画館Rで「自動車」と回答した人は、映画館Pで「自動車」と回答した人の何倍か（必要なときは、最後に小数点以下第2位を四捨五入すること）。

- ○A 0.5倍
- ○B 0.8倍
- ○C 1.1倍
- ○D 1.3倍
- ○E 1.5倍
- ○F 1.6倍
- ○G 1.8倍
- ○H 2.0倍
- ○I 2.5倍
- ○J A～Iのいずれでもない

❸映画館Sで「その他」と回答した人は45人であった。4つの映画館での回答者数の合計は何人か。

- ○A 1200人
- ○B 1350人
- ○C 1400人
- ○D 1500人
- ○E 1600人
- ○F 1800人
- ○G 2000人
- ○H 2200人

○Ⅰ　2500人　　○J　A～Ⅰのいずれでもない

❹映画館 Q で「電車」と回答した人は、映画館 Q での回答者数の何%か（必要なときは、最後に小数点以下第 1 位を四捨五入すること）。

○A　18%　　○B　20%　　○C　22%　　○D　24%
○E　25%　　○F　26%　　○G　28%　　○H　30%
○Ⅰ　33%　　○J　A～Ⅰのいずれでもない

問 06　　リピート▶ ☑ ☐ ☐　チェック▶　- 別冊 ▶ 082

　あるクラスの生徒 45 人を対象に、英語と数学のテストを実施した。下表は、その結果を 2 科目の得点の組合せごとの人数で示したものである。

英語＼数学	0～19点	20～39点	40～59点	60～79点	80～100点
0～19点		1			
20～39点		2	3	2	
40～59点	1	1	6	3	1
60～79点		2	3	6	5
80～100点				6	3

❶英語が 40 点未満だった生徒の数学の平均点としてあり得るのは、次のア～エのうちどれか。答えを A～J の中から 1 つ選びなさい。

　ア　35.5点　　　　イ　42.5点　　　ウ　55.5点　　　　エ　57.5点

○A　アだけ　　　　○B　イだけ　　○C　ウだけ　　○D　エだけ
○E　アとイ　　　　○F　イとウ　　○G　ウとエ　　○H　アとイとウ
○Ⅰ　イとウとエ　　○J　アとイとウとエ

❷英語と数学の 2 科目をあわせた平均点が 60 点以上だった生徒は、何人から何人の間と考えられるか。

○A　14人のみ　　　　○B　14人～20人　　○C　14人～24人
○D　20人から24人　　○E　21人のみ　　　○F　21人から24人
○G　21人から27人　　○H　24人のみ　　　○Ⅰ　27人のみ
○J　A～Ⅰのいずれでもない

ある学校の 2 年生は、1 クラス 30 人で、R、S、T、U の 4 クラスからなる。この学年を対象に、世界史、日本史、地理の 3 科目の中から 1 科目を選択して受験するテストを実施した。表 1 は科目別、クラス別の受験者数を示し、表 2 は科目別、クラス別のテストの平均点を示す。

表 1

	R クラス	S クラス	T クラス	U クラス
世界史	8	4	10	6
日本史	10	14	11	15
地理	12	12	9	9

表 2

	R クラス	S クラス	T クラス	U クラス
世界史	66.0	67.5	70.0	63.0
日本史	70.5	72.0	68.0	62.0
地理	68.5	59.5	65.0	63.0

❶ R クラス全員の平均点はいくらか（必要なときは、最後に小数点以下第 2 位を四捨五入すること）。

- ○ A　68.0 点
- ○ B　68.1 点
- ○ C　68.2 点
- ○ D　68.3 点
- ○ E　68.4 点
- ○ F　68.5 点
- ○ G　68.6 点
- ○ H　68.7 点
- ○ I　68.8 点
- ○ J　A 〜 I のいずれでもない

❷ 世界史の受験者全員の平均点はいくらか（必要なときは、最後に小数点以下第 2 位を四捨五入すること）。

- ○ A　53.5 点
- ○ B　55.0 点
- ○ C　58.5 点
- ○ D　61.0 点
- ○ E　62.5 点
- ○ F　66.6 点
- ○ G　67.0 点
- ○ H　67.8 点
- ○ I　68.5 点
- ○ J　A 〜 I のいずれでもない

　ある旅行会社が企画した 3 泊 4 日の旅行ツアーに、200 人が参加した。この ツアーの 3 日目と 4 日目は自由行動で、参加者は W、X、Y の 3 つの美術館の 中から自由に行き先を決める。どちらか 1 日、または 2 日間とも美術館に行か ない参加者もいる。

　ツアー終了後、旅行会社は参加者の 3 日目と 4 日目の行動を調査し、行き先 の組合せごとの人数をまとめた。下表はその結果の一部である。なお、1 日に 2 か所以上の行き先をまわった参加者はいないものとする。

3日目＼4日目	W	X	Y	美術館以外	合計
W	15	23	24		69
X	16	20	18		
Y	13	11	（ア）	6	
美術館以外	7	5	10	2	24
合計	51	59			200

❶ 2 日間とも違う美術館に行った人は何人いるか。

- ○ A　30 人
- ○ B　35 人
- ○ C　65 人
- ○ D　98 人
- ○ E　105 人
- ○ F　127 人
- ○ G　140 人
- ○ H　155 人
- ○ I　175 人
- ○ J　A 〜 I のいずれでもない

❷ 2 日間とも美術館 W に行った人は、美術館 W に行った人全体の何 % か（必要 なときは、最後に小数点以下第 1 位を四捨五入すること）。

- ○ A　12%
- ○ B　14%
- ○ C　15%
- ○ D　16%
- ○ E　18%
- ○ F　19%
- ○ G　20%
- ○ H　22%
- ○ I　25%
- ○ J　A 〜 I のいずれでもない

❸ 4 日目に美術館 Y に行った人数が、3 日目に美術館 Y に行った人数の 1.5 倍であるとき、2 日間とも美術館 Y に行った人（ア）は何人か。

- ○ A　5 人
- ○ B　6 人
- ○ C　7 人
- ○ D　9 人
- ○ E　10 人
- ○ F　11 人
- ○ G　14 人
- ○ H　16 人
- ○ I　18 人
- ○ J　A 〜 I のいずれでもない

下表は、P市、Q市、R市の3市について、ある年の1月、5月、9月の交通事故件数と、年間の交通事故件数を示したものである。表1には実際の事故件数を、表2には年間の事故件数を100%とした月ごとの事故件数の割合を示している。

表1

	1月	5月	9月	年間
P市		198	566	3550
Q市			270	
R市	104			3000

表2

	1月	5月	9月	年間
P市	8.0%			100%
Q市	7.8%	10.5%	7.2%	100%
R市		11.5%	4.6%	100%

❶ P市の1月の交通事故件数は何件か。

○A　8件　　　○B　44件　　　○C　78件　　　○D　198件
○E　284件　　○F　322件　　○G　439件　　○H　578件
○I　862件　　○J　A〜Iのいずれでもない

❷ R市の5月の交通事故件数は、9月の交通事故件数の何倍か（必要なときは、最後に小数点以下第3位を四捨五入すること）。

○A　0.40倍　　○B　0.67倍　　○C　0.67倍　　○D　1.12倍
○E　1.54倍　　○F　1.89倍　　○G　2.11倍　　○H　2.32倍
○I　2.50倍　　○J　A〜Iのいずれでもない

❸ Q市の年間事故件数は何件か。

○A　3104件　　○B　3308件　　○C　3512件　　○D　3750件
○E　3920件　　○F　4124件　　○G　4328件　　○H　4532件
○I　4736件　　○J　A〜Iのいずれでもない

次の表は、P市、Q市、R市、S市の4市における工業生産高の構成割合を示したものである（2010年調べ）。なお、最下欄の数字は、4市の工業生産高の合計に占める、各市の工業生産高の割合の百分率である。

	P市	Q市	R市	S市	4市
金属工業	40%	20%	30%	20%	30.0%
化学工業	20%	30%	10%	30%	
機械工業	10%	30%	20%	40%	
繊維工業	30%	20%	40%	10%	
市/4市 (P+Q+R+S)	40%	30%	20%	10%	100%

❶繊維工業の生産高は、4市全体の何%か（必要なときは、最後に小数点以下第1位を四捨五入すること）。

○ **A** 18%　　○ **B** 20%　　○ **C** 22%　　○ **D** 24%
○ **E** 25%　　○ **F** 26%　　○ **G** 27%　　○ **H** 28%
○ **I** 29%　　○ **J** A〜Iのいずれでもない

❷S市では、金属工業と機械工業が10年前の2倍に増える一方、繊維工業は半分に減った。化学工業は横ばいだった。10年前のS市の工業生産高に対する機械工業の生産高の割合は何%であったか（必要なときは、最後に小数点以下第1位を四捨五入すること）。

○ **A** 18%　　○ **B** 20%　　○ **C** 22%　　○ **D** 24%
○ **E** 25%　　○ **F** 26%　　○ **G** 27%　　○ **H** 28%
○ **I** 29%　　○ **J** A〜Iのいずれでもない

❸右の図は、1990年以降のQ市の工業生産高の変動を、2010年を100とする指数で表したグラフである。1990年におけるQ市の工業の種類を生産高の高い順に並べるとどうなるか。正しいものをA〜Jの中から1つだけ選びなさい。

○ **A**　金属工業、化学工業、機械工業、繊維工業
○ **B**　金属工業、繊維工業、化学工業、機械工業
○ **C**　機械工業、化学工業、繊維工業、金属工業
○ **D**　機械工業、繊維工業、化学工業、金属工業
○ **E**　化学工業、機械工業、繊維工業、金属工業
○ **F**　化学工業、金属工業、機械工業、繊維工業
○ **G**　繊維工業、化学工業、機械工業、金属工業
○ **H**　繊維工業、機械工業、金属工業、化学工業
○ **I**　A〜Hのいずれでもない

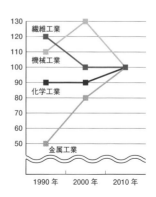

26 情報の読み取り①
料金表

A 重要度ランク

テストセンター　ペーパーテスト　WEBテスティング

例　題

 目標タイム：2分

　下表は、ある24時間営業のコインパーキング（時間貸し駐車場）の料金表である。

	平日	土・日・祝日
9:00 ～ 24:00	20分／100円	15分／100円
24:00 ～ 9:00	60分／100円	60分／100円
最大料金	1000円	1200円

◎通常料金が最大料金を超える場合は、駐車時間にかかわらず最大料金が適用される。

◎日付をまたいで駐車する場合は、駐車した当日分の駐車料金についてのみ、最大料金が適用される。

①資料の内容と一致するものは、次のア、イ、ウのうちどれか。A～Fの中から1つ選びなさい。

　ア　平日の11:00から14:00まで駐車した場合、駐車料金は1000円である。

　イ　祝日の12:00から16:00まで駐車した場合、駐車料金は1200円である。

　ウ　平日の7:00から10:00まで駐車した場合、駐車時間は900円である。

○A　アだけ　　○B　イだけ　　○C　ウだけ　　○D　アとイ
○E　アとウ　　○F　イとウ

②資料の内容と一致するものは、次のカ、キ、クのうちどれか。A～Fの中から1つ選びなさい。

　カ　平日の8:00から13:00まで駐車した場合、駐車料金は1000円である。

　キ　平日の21:00から翌日3:00まで駐車した場合、駐車料金は

1200円である。

ク　日曜日の20:00から翌日2:00まで駐車した場合、駐車料金は1200円である。

○ **A**　カだけ　　○ **B**　キだけ　　○ **C**　クだけ　　○ **D**　カとキ

○ **E**　カとク　　○ **F**　キとク

解法 料金表は注釈までよく読もう

料金表示は「100円で何分か」で表していますが、「1時間あたりいくらか」に読み変えたほうが計算しやすくなります。

平日	9:00 ～ 24:00	20分／100円	→	1時間300円
土日祝日	9:00 ～ 24:00	15分／100円	→	1時間400円
	24:00 ～ 9:00	60分／100円	→	1時間100円

①平日か土・日・祝日か、昼間か夜間かを読み取ります。

×ア　平日の午前9時から深夜0時までの駐車料金は、1時間300円です。したがって、11時から14時までの3時間駐車した場合の駐車料金は、300円×3時間＝900円になります。

○イ　土・日・祝日の午前9時から深夜0時までの駐車料金は、1時間400円です。したがって、12時から16時までの料金は400円×4時間＝1600円になりますが、最大料金1200円を超えるので、駐車料金は1200円となります。

×ウ　平日の午前7時から9時までの料金は100円×2時間＝200円、9時から10時までの料金は300円×1時間＝300円。駐車料金は合計で500円になります。

②平日／土日、昼間／夜間の区別に加え、最大料金のルールを適用するかどうかを読み取ります。

○カ　平日の8時から9時までの1時間の料金は100円、9時から13時までの料金は300円×4時間＝1200円。合計で1300円となり、平日の最大料金を超えるので、駐車料金は最大料金の1000円になります。

●実践演習問題

解説・解答は別冊 085 - 087 ページ

必須　問 01　　リピート チェック▶ ------------------------------ 別冊▶085

　下表は、ある24時間営業のコインパーキング（時間貸し駐車場）の料金表である。

時間帯	通常料金	最大料金
昼間	10分／100円	1600円
夜間	60分／100円	400円

◎時間帯は、午前7時から午後7時までを「昼間」、午後7時から翌日の午前7時までを「夜間」とする。

◎昼間10分未満、夜間60分未満の駐車時間は、それぞれ10分、60分とみなして料金を計算する。

◎通常料金が最大料金を超える場合は、駐車時間にかかわらず、駐車した時間帯の最大料金を駐車料金とする。

◎午前7時または午後7時をまたいで駐車する場合の駐車料金は、その前後の時間帯ごとの料金の合計金額とする。ただし、時間帯ごとの料金は、その時間帯の最大料金を上限とする。

❶資料の内容と一致するものは、次のア、イ、ウのうちどれか。A〜Fの中から1つ選びなさい。

　　ア　12:00から15:00まで駐車した場合、駐車料金は1800円である。
　　イ　17:00から21:00まで駐車した場合、駐車料金は1400円である。
　　ウ　5:00から8:30まで駐車した場合、駐車料金は1100円である。

○A　アだけ　　○B　イだけ　　○C　ウだけ　　○D　アとイ
○E　アとウ　　○F　イとウ

❷資料の内容と一致するものは、次のカ、キ、クのうちどれか。Ａ～Ｆの中から１つ選びなさい。

カ　15:00 から 24:00 まで駐車した場合、駐車料金は 1600 円である。
キ　16:30 から 21:40 まで駐車した場合、駐車料金は 1100 円である。
ク　23:00 から翌日の 9:00 まで駐車した場合、駐車料金は 1600 円である。

○**A**　カだけ　　○**B**　キだけ　　○**C**　クだけ　　○**D**　カとキ
○**E**　カとク　　○**F**　キとク

別冊▶085

問 02　リピート
チェック ▶ □ □ □

あるモバイルデータ通信会社は、会員に音声通話サービスとデータ通信サービスを提供している。利用料金は次の通りである。

	エントリー会員	プレミアム会員
基本料金	1200 円 / 月	2000 円 / 月
機器レンタル料	300 円 / 月	300 円 / 月
基本通話料	50 円 / 分	30 円 / 分
無料通話分	500 円（翌月繰越不可）	1000 円（翌月繰越可）

◎月額料金は「基本料金＋機器レンタル料＋音声通話料＋追加データ通信量」で計算する。
◎音声通話料は「基本通話料×通話時間（分）」から無料通話分を引いた金額とする。ただし、その金額が０円より小さい場合は０円とする。
◎プレミアム会員で、その月の「基本通話料×通話時間（分）」が 1000 円に満たない場合は、その差額を翌月の無料通話分に繰り越すことができる。
◎エントリー会員で、１月のデータ通信量が 10G バイトを超える場合には、超えた分について 1G バイトあたり 100 円の追加データ通信量を月額料金に加算する。プレミアム会員は、データ通信量の上限はない。

❶資料の内容と一致するものは、次のア、イ、ウのうちどれか。Ａ～Ｆの中から１つ選びなさい。

ア　エントリー会員で、今月の通話時間が 20 分、データ通信量が 12G バイトである場合、月額料金は 2000 円である。
イ　プレミアム会員で、今月の通話時間が 20 分である場合、月額料金は 2900 円である。
ウ　プレミアム会員で、今月の通話時間が １ 時間、無料通話分の前月繰越分が 400 円ある場合、月額料金は 2700 円である。

○ **A** アだけ ○ **B** イだけ ○ **C** ウだけ ○ **D** アとイ
○ **E** アとウ ○ **F** イとウ

❷資料の内容と一致するものは、次のカ、キ、クのうちどれか。A ～ F の中から 1 つ選びなさい。

カ 通話時間が 30 分の月は、プレミアム会員のほうが得である。
キ 通話時間が 20 分、データ通信量が 12G バイトの月は、プレミアム会員のほうが得である。
ク 通話時間が 0 分、データ通信量が 20G バイトなら、プレミアム会員のほうが得である。

○ **A** カだけ ○ **B** キだけ ○ **C** クだけ ○ **D** カとキ
○ **E** カとク ○ **F** キとク

| 問 03 | リピート
チェック ▶ ☑ ☑ ☑ | 別冊 ▶ 086 |

以下は、あるテーマパークの入場チケット料金について記述した資料である。

チケット料金表

時間帯	最大料金
大人チケット	1 人 5000 円
学生チケット	1 人 4000 円
子どもチケット	1 人 3000 円
回数券（10 枚つづり）	40000 円

◎小学生以下は子どもチケット、中学生・高校生・大学生は学生チケットで入場できる。
◎家族割引：小学生以下の子どもを含む 3 人以上の家族は、大人チケットのみ 2 割引となる。
◎団体割引：10 名以上の団体は、所属する大人、学生、子どもが一律 1 割引となる。
◎回数券は、切り離して複数人で使用することができる。ただし、学生と子どもも 1 人につき 1 枚を使用する。

❶資料の内容と一致するものは、次のア、イ、ウのうちどれか。A ～ F の中から 1 つ選びなさい。

ア 父親 1 人、中学生 1 人、小学生 1 人は、最低で 11000 円で入場できる。
イ 母親 1 人と小学生 2 人は、最低で 10000 円で入場できる。
ウ 親 1 人と小学生 1 人は、最低で 7000 円で入場できる。

○ **A** アだけ ○ **B** イだけ ○ **C** ウだけ ○ **D** アとイ

○E　アとウ　　○F　イとウ

❷資料の内容と一致するものは、次のカ、キ、クのうちどれか。A～Fの中から1つ選びなさい。

　カ　大人8人と中学生1人は、最低で40000円で入場できる。
　キ　中学生6人、子ども4人は、最低で36000円で入場できる。
　ク　大人10人は、最低で45000円で入場できる。

○A　カだけ　　○B　キだけ　　○C　クだけ　　○D　カとキ
○E　カとク　　○F　キとク

問04　リピートチェック ▶ ☑ ☑ ☑ ------ 別冊 ▶ 086

　以下は、あるショッピングモールの駐車料金サービスについて記述した資料である。

駐車料金サービス表

購入金額	平日	土・日・祝日
1000円未満	30分無料	－
1000円以上2000円未満	1時間無料	－
2000円以上5000円未満	2時間無料	1時間無料
5000円以上	3時間無料	2時間無料

◎ショッピングモールの会員は、購入金額にかかわらず、1時間分の駐車料金が無料になる。
◎駐車料金は、駐車時間から無料サービス時間を差し引いた残りの時間について、3時間までは30分につき100円、3時間を超えた分については30分につき200円とする。

❶資料の内容と一致するものは、次のア、イ、ウのうちどれか。A～Fの中から1つ選びなさい。

　ア　非会員が平日に1000円の買い物をして1時間駐車すると、駐車料金は100円になる。
　イ　非会員が平日に1500円の買い物をして2時間駐車すると、駐車料金は200円になる。
　ウ　非会員が土曜日に3000円の買い物をして5時間駐車すると、駐車料金は800円になる。

○ **A** アだけ　　○ **B** イだけ　　○ **C** ウだけ　　○ **D** アとイ
○ **E** アとウ　　○ **F** イとウ

❷資料の内容と一致するものは、次のカ、キ、クのうちどれか。A～Fの中から1つ選びなさい。

カ　会員が平日に3000円の買い物をして3時間駐車すると、駐車料金は無料になる。

キ　会員が日曜日に1000円の買い物をして6時間駐車すると、駐車料金は1000円になる。

ク　会員が祝日に7000円の買い物をして5時間駐車すると、駐車料金は600円になる。

○ **A** カだけ　　○ **B** キだけ　　○ **C** クだけ　　○ **D** カとキ
○ **E** カとク　　○ **F** キとク

| 問 05 | リピート
チェック ▶ | □ □ □ | 別冊 ▶ 087 |

以下は、ある映画館の料金について記述した資料である。

通常料金

大人	1800円
学生	1500円
小学生以下	1000円
シニア（60歳以上）	1000円

各種割引サービス

会員料金	会員になると、平日は大人料金が1000円、土・日は大人料金が1500円になる。
カップル割引	夫婦で入場すると、1人あたりの料金が1000円になる。
サービスデイ	毎週火曜日は、非会員でも大人料金が1500円、学生が1300円になる。

◎会員の同伴者1名までは、会員料金で入場できる。
◎会員サービスが受けられるのは、会員本人とその同伴者に限る。

❶資料の内容と一致するものは、次のア、イ、ウのうちどれか。A～Fの中から1つ選びなさい。

ア　土曜日に、非会員の夫婦2人、小学生の子ども1人で入場すると、料

金の合計は 4600 円になる。

イ　火曜日に、非会員の 50 代の男性 1 人、学生 1 人で入場すると、料金
の合計は 2800 円になる。

ウ　金曜日に、非会員の 60 代の女性 1 人、小学生の子ども 2 人で入場すると、
料金は合計 3000 円になる。

○A　アだけ　　○B　イだけ　　○C　ウだけ　　○D　アとイ

○E　アとウ　　○F　イとウ

❷資料の内容と一致するものは、次のカ、キ、クのうちどれか。A 〜 F の中か
ら 1 つ選びなさい。

カ　日曜日に、会員の 50 代の男性 1 人、非会員の男性 2 人で入場すると、
料金の合計は 4600 円になる。

キ　土曜日に、会員の男性とその妻（非会員）、会員の女性 1 人で入場すると、
料金の合計は 4500 円になる。

ク　火曜日に、会員の男性 1 人、非会員の 50 代の男性 1 人、非会員の 60
代の男性 1 人で入場すると、料金の合計は 3000 円になる。

○A　カだけ　　○B　キだけ　　○C　クだけ　　○D　カとキ

○E　カとク　　○F　キとク

27 情報の読み取り②

長文

A 重要度ランク

学習日付

/

テストセンター　ペーパーテスト　WEBテスティング

例 題

⏱ 目標タイム：**3分**

次の文を読んで、各問に答えなさい。

　2013年の貿易収支は、－11兆4,684億円と過去最大の赤字となった。2012年に、第二次石油危機に見舞われた1980年以来32年ぶりとなる過去最大の赤字（－6兆9,411億円）となったが、2013年はそれを更に大きく上回る赤字となった。

　輸出額は前年比9.5%増の69兆7,742億円と3年ぶりの増加となった。一方で輸入額は火力発電用の化石燃料の輸入額増や好調な内需等を背景に、前年比14.9%増の81兆2,425億円と4年連続で増加し、過去最大の輸入額となった。この輸入額の増加が貿易赤字の大きな要因となっている。

経済産業省「通商白書2014」より（一部改変）

①資料の内容に一致するものを、A～Dの中から1つ選びなさい。

　A　2013年の日本の貿易収支は、2012年と比べて2倍以上も赤字が増えた。

　B　2013年の日本の貿易収支は、2012年と比べて小幅だが改善された。

　C　2013年の日本の貿易収支は、2012年よりも約4.5兆円も赤字が増えた。

　D　2013年の日本の貿易収支は、1980年よりも約6.9兆円も赤字が増えた。

②資料の内容に一致するものは、次のア、イ、ウのうちどれか。A～Fの中から正しいものを1つ選びなさい。

　ア　2013年の輸入額は、輸出額より大きい。

　イ　前年（2012年）の日本の輸出額は、約52.8兆円である。

　ウ　前年（2012年）の日本の輸入額は、約70.7兆円である。

○**A**　アだけ　　○**B**　イだけ　　○**C**　ウだけ　　○**D**　アとイ
○**E**　アとウ　　○**F**　イとウ

解法 資料から関連する数値を正しく抜き出す

① A ～ D の記述を検討します。

× **A**　2012年の貿易収支は6兆9,411億円の赤字、2013年の貿易収支は11兆4,684
　　　　億円の赤字。赤字は増えていますが、「2倍以上」ではありません。
× **B**　赤字が増えているので、改善されていません。
○ **C**　赤字の増加分は、11兆4,684億 − 6兆9,411億 ＝ 4兆5,273億円（約4.5兆
　　　　円）です。
× **D**　1980年の赤字額については記述がありません。

②ア、イ、ウの記述を検討します。

○**ア**　輸出額は69兆7,742億円、輸入額は81兆2,425億円なので、輸入額のほう
　　　　が輸出額より大きくなっています。
×**イ**　2013年の輸出額を約69.8兆円とすると、「前年比9.5%増」なので、

前年の輸出額×（1＋0.095）＝69.8兆円　→　前年の輸出額＝69.8÷1.095
　　　　　　　　　　　　　　　　　　　　　　　　　　　　　　　＝約63.7兆円

○**ウ**　2013年の輸入額を約81.2兆円とすると、「前年比14.9%増」なので、

前年の輸入額×（1＋0.149）＝81.2兆円　→　前年の輸入額＝81.2÷1.149
　　　　　　　　　　　　　　　　　　　　　　　　　　　　　　　＝約70.7兆円

【正解】①C　②E

問 01　リピート　▶ ☐ ☐ ☐ -------------------------------- 別冊 ▶ 087
　　　　　チェック

次の文を読んで、各問に答えなさい。

　我が国は、一次エネルギー自給率が低く、ほとんどのエネルギー源を海外から
の輸入に頼っているため、海外においてエネルギー供給上の何らかの問題が発生
した場合、我が国が自律的に資源を確保することが難しいという根本的な脆弱性
を有しています。

　我が国では、エネルギー自給率を向上する取組を進めてきた結果、第一次石油
ショック時の 1973 年に 9.2%だった自給率は、2010 年には 19.9%にまで改
善されました。しかしながら、近年の推移をみると、原子力発電所が停止した結果、
2010 年の 19.9%から 2011 年に 11.2%、2012 年に 6.0%と低下しています。
OECD（経済協力開発機構）諸国 34 か国の中では、33 位（2010 年は 29 位）
と、ルクセンブルク（2.9%）に次ぐ低水準となっています。

　なお、2012 年の我が国のエネルギー自給率 6.0%の内訳をみると、水力 1.5%、
天然ガス 0.7%、原子力 0.6%、原油 0.1%、再生可能エネルギー等 3.1%となっ
ています。

経済産業省「エネルギー白書 2014」より

❶ 2012 年の我が国のエネルギー自給率は、2010 年のそれの何倍か。A 〜 D
　の中から最も近いものを 1 つ選びなさい。

　○ **A**　3.3 倍　　○ **B**　1.9 倍　　○ **C**　0.5 倍　　○ **D**　0.3 倍
　○ **E**　A 〜 D のいずれでもない

❷ 資料の内容と一致するものは、次のア、イ、ウのうちどれか。A 〜 F の中か
　ら正しいものを 1 つ選びなさい。

　　ア　2012 年の我が国の自給エネルギーのうち、原子力は 10%を占める。
　　イ　2012 年の我が国の自給エネルギーのうち、水力は 40%を占める。
　　ウ　2012 年の我が国の自給エネルギーのうち、原油は 6%を占める。

　○ **A**　アだけ　　○ **B**　イだけ　　○ **C**　ウだけ　　○ **D**　アとイ
　○ **E**　アとウ　　○ **F**　イとウ

❸我が国の 2012 年のエネルギー供給量全体に占める、水力エネルギーの割合はどれだけか。ただし、水力エネルギーの輸入量は 0％とする（必要なときは、最後に小数点以下第 3 位を四捨五入すること）。

○**A**　0.09％　　○**B**　0.15％　　○**C**　1.5％　　○**D**　9.0％

問 02　リピート▶ □ □ □ ------------------------------- 別冊▶087
チェック

次の文を読んで、各問に答えなさい。

　世界人口は、開発途上国と中間国において大幅な増加が見込まれており、2000 年の 60 億人から 2050 年の 92 億人まで 1.5 倍に増加する見通しです。また、世界の国内総生産（GDP）も大幅な増加が見込まれており、2000 年の29 兆 1,500 億ドルから 2050 年の 110 兆 9,200 億ドルまで 3.8 倍に増加する見通しです。このうち、開発途上国の GDP は、2000 年の 7,600 億ドルから 2050 年の 12 兆 1,300 億ドルまで 16.0 倍、中間国の GDP は、同期間において 5 兆 7,700 億ドルから 52 兆 5,100 億ドルまで 9.1 倍に増加すると見込まれており、先進国の増加（2.0 倍）に比べて大きく拡大する見通しです。

「平成 25 年度 食料・農業・農村白書」農林水産省より（一部改変）

❶ 2050 年の世界人口 1 人あたりの GDP は、2000 年のそれに比べて何倍になると予測されるか（必要なときは、最後に小数点以下第 2 位を四捨五入すること）。

○**A**　0.4 倍　　○**B**　1.5 倍　　○**C**　2.5 倍　　○**D**　3.8 倍

❷ 2050 年の開発途上国と中間国の GDP の合計は、同年における世界のGDP の約何％に相当すると予測されるか（必要なときは、最後に小数点以下第 1 位を四捨五入すること）。

○**A**　36％　　○**B**　42％　　○**C**　47％　　○**D**　58％

❸ 2050 年の先進国の GDP は、約何ドルと予測されるか。

○**A**　46 兆 2,800 億ドル　　○**B**　52 兆 5,100 億ドル
○**C**　63 兆 4,800 億ドル　　○**D**　71 兆 9,100 億ドル

問 03 リピート チェック ▶ ☐ ☐ ☐

次の文を読んで、各問に答えなさい。

　2014 年 2 月に世界銀行は、FAO 及び国際食糧政策研究所等と共同で、2030 年における世界の漁業・養殖業について分析・予測した報告書を発表しました。

　これによると、2030 年の漁業・養殖業生産量は 1 億 8,684 万トンで、そのうち半分以上の 9,361 万トンが養殖による生産と予測しています。このうち食用向けの需要は 1 億 5,177 万トンとなり、食用向け需要の ア ％が養殖水産物で占められると予測しています。また、技術開発等により養殖業生産量が更に伸びる可能性を指摘しており、その場合の養殖業生産量は 1 億トンを超え、食用向け需要の 3 分の 2 が養殖水産物で占められると予測しています。

　逆に、適切な資源管理等により漁船漁業による生産量が増加した場合でも、2030 年の漁業・養殖業生産量は 1 億 9,630 万トン、このうち養殖業生産量は 9,070 万トンと全体の イ ％を占めると予測しており、水産物供給の上での養殖業の重要性は変わらないものと見込んでいます。

農林水産省「平成 25 年度 食料・農業・農村白書」より

❶ 2030 年の漁業・養殖業の食用向け需要のうち、養殖水産物が占める割合（ア）は何％か（必要なときは、最後に小数点以下第 1 位を四捨五入すること）。

　○ **A**　72%　　○ **B**　62%　　○ **C**　50%　　○ **D**　42%

❷ 適切な資源管理等により漁船漁業による生産量が増加した場合、2030 年の養殖業生産量は全体の何％（イ）になると予測されているか（必要なときは、最後に小数点以下第 1 位を四捨五入すること）。

　○ **A**　38%　　○ **B**　42%　　○ **C**　46%　　○ **D**　49%

問 04 リピート チェック ▶ ☑ ☑ ☑

次の文を読んで、各問に答えなさい。

　「オンラインゲーム」に関する消費生活相談は近年増加傾向にあり、2013 年度の総数は 5,827 件でした。このうち、未成年者に関する相談件数は、2010 年度以降、毎年度 2 倍のペースで増加しており、2013 年度は 2,439 件と全体

の約4割を占めています。

　未成年者に関する相談の詳細を見ると、2012年度から2013年度にかけて未就学児の相談が3.6倍、小学生（低学年）の相談が2.4倍、小学生（高学年）の相談が2.1倍、中学生の相談が1.8倍と増えており、低年齢化が進んでいることがうかがえます。一方、高校生以上の相談は横ばいとなっています。また、女子より男子の相談が圧倒的多数を占めています。

消費者庁「平成26年版消費者白書」より（一部改変）

❶資料の内容に一致するものを、A〜Dの中から1つ選びなさい。

○ A　2013年度の成年者の相談件数は、3,088件である。
○ B　2013年度の小中学生の相談件数は、前年度の2.1倍である。
○ C　2013年度の未就学児の相談件数が198件のとき、2012年度の相談件数は55件である。
○ D　2013年度の高校生の相談件数は、前年度の約2倍である。

❷資料の内容に一致するものは、次のア、イ、ウのうちどれか。A〜Fの中から1つ選びなさい。

　ア　2010年度における未成年者の相談件数は、300件を超えていた。
　イ　相談の低年齢化が進んでおり、2013年度は年齢や学年が低いほど、相談件数が多い。
　ウ　2013年度の中学生の相談件数は933件だった。前年度の相談件数は、約518件である。

○ A　アだけ　　　○ B　イだけ　　　○ C　ウだけ　　　○ D　アとイ
○ E　アとウ　　　○ F　イとウ

28 整数の推測

学習日付

テストセンター　ペーパーテスト　WEBテスティング

例 題

⏱目標タイム：**30秒**

空欄に当てはまる数値を求めなさい。

2つの整数XとYがある。XはYより6大きく、Yの2倍よりも10小さい。このときXは □ である。

解法 連立方程式を解く

問題文から、次の2つの式が成り立ちます。

X = Y + 6　…①

X = 2Y − 10　…②

①−②より、Y + 6 = 2Y − 10　→　2Y − Y = 6 + 10　→　Y = 16

Y = 16 を①に代入すれば、X = 16 + 6 = 22

XとY、どちらを解答するかに注意しましょう。

【正解】22

▶実践演習問題

解説・解答は別冊 088 - 091 ページ

 問01 別冊▶088

空欄に当てはまる数値を求めなさい。

2つの整数XとYがある。YはXより18大きく、Xの2倍よりも4小さい。このときXは □ である。

 問02 別冊▶089

空欄に当てはまる数値を求めなさい。

2つの整数XとYがある。XはYより21大きく、Yの3倍よりも3小さい。このときXは □ である。

問 03 リピート
チェック ▶ □□□ 別冊 ▶ 089

空欄に当てはまる数値を求めなさい。

2つの整数XとYがある。XはYより22大きく、Yの2倍よりも3大きい。
このときYは□□□である。

問 04 リピート
チェック ▶ □□□ 別冊 ▶ 089

空欄に当てはまる数値を求めなさい。

不等式 $11x < 63$ の x に当てはまる整数のうち、もっとも大きい数は□□□
である。

問 05 リピート
チェック ▶ □□□ 別冊 ▶ 089

空欄に当てはまる数値を求めなさい。

不等式 $72/x > 17$ の x に当てはまる整数のうち、もっとも大きい数は□□□
である。

問 06 リピート
チェック ▶ □□□ 別冊 ▶ 089

空欄に当てはまる数値を求めなさい。

不等式 $67/x > 12$ の x に当てはまる整数のうち、もっとも大きい数は□□□
である。

問 07 リピート
チェック ▶ □□□ 別冊 ▶ 089

空欄に当てはまる数値を求めなさい。

不等式 $8 < 47/x + 3$ の x に当てはまる整数のうち、もっとも大きい数は
□□□である。

問 08 リピート
チェック ▶ □□□ 別冊 ▶ 089

空欄に当てはまる数値を求めなさい。

2つの整数XとYがある。XはYより大きく、XとYの和は21で、XとY
の積は68である。このときXは□□□である。

問 09　リピートチェック ▶ ☐ ☐ ☐

空欄に当てはまる数値を求めなさい。

2つの整数ＸとＹがある。ＸはＹより大きく、ＸとＹの和は19で、ＸとＹの積は84である。このときＸは ☐ である。

問 10　リピートチェック ▶ ☐ ☐ ☐

空欄に当てはまる数値を求めなさい。

2つの整数ＸとＹがある。ＹはＸより大きく、ＸとＹの和は28で、ＸとＹの積は171である。このときＸは ☐ である。

問 11　リピートチェック ▶ ☐ ☐ ☐

空欄に当てはまる数値を求めなさい。

7で割ると4余り、8で割ると1余る正の整数のうち、もっとも小さい数は ☐ である。

問 12　リピートチェック ▶ ☐ ☐ ☐

空欄に当てはまる数値を求めなさい。

5で割ると2余り、9で割ると1余る正の整数のうち、もっとも小さい数は ☐ である。

問 13　リピートチェック ▶ ☐ ☐ ☐

空欄に当てはまる数値を求めなさい。

6で割ると3余り、5で割ると2余る正の整数のうち、もっとも小さい数は ☐ である。

問 14　リピートチェック ▶ ☐ ☐ ☐

空欄に当てはまる数値を求めなさい。

3つの整数Ｘ、Ｙ、Ｚがある。Ｘ＋Ｙ＝2、Ｘ＋Ｚ＝19、Ｙ＋Ｚ＝5のとき、Ｘ＋Ｙ＋Ｚ＝ ☐ である。

問15 リピート チェック ▶ ☑☑☑ ----------------------------------- 別冊 ▶ 090

空欄に当てはまる数値を求めなさい。

3つの整数 X、Y、Z がある。X + Y = 12、X + Z = 4、Y + Z = 6 のとき、X + Y + Z = ☐ である。

 問16 リピート チェック ▶ ☑☑☑ ----------------------------------- 別冊 ▶ 091

空欄に当てはまる数値を求めなさい。

2つの正の整数 X、Y がある。X の 1/7 は Y の 1/8 で、X と Y の差は 4 である。このとき、Y は ☐ である。

 問17 リピート チェック ▶ ☑☑☑ ----------------------------------- 別冊 ▶ 091

空欄に当てはまる数値を求めなさい。

3つの整数 X、Y、Z がある。2X + Y = 16、X + 2Z = 14、2Y + Z = 9 のとき、X + Y + Z = ☐ である。

 問18 リピート チェック ▶ ☑☑☑ ----------------------------------- 別冊 ▶ 091

空欄に当てはまる数値を求めなさい。

3つの整数 X、Y、Z がある。2X + 3Y = 24、4X + 3Z = 27、3Y + 2Z = 14 のとき、X + Y + Z = ☐ である。

29 グラフの領域①

条件と領域

A 重要度
ランク

例 題

⏱ 目標タイム：**2分**

ある工場では、原料Pと原料Qを使用して製品Rを生産している。原料の価格は、Pが1kgあたり5千円、Qが1kgあたり8千円である。1回に仕入れる原料Pと原料Qの量については、次のような条件がある。

条件a　原料Pは40kg以上とする
条件b　原料Pは120kg以下とする
条件c　原料Qは40kg以上とする
条件d　原料Qは90kg以下とする
条件e　原料Qは原料Pの50%以上とする

これらの条件にあてはまる1回の仕入れ量は、下図のア、イ、ウ、エ、オで囲まれた領域で表すことができる。

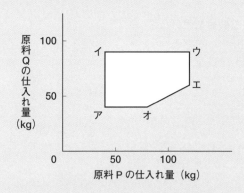

①点イと点ウを通る直線で表される境界は、どの条件によるものか。

○**A** 条件a　　○**B** 条件b　　○**C** 条件c　　○**D** 条件d
○**E** 条件e

②上の条件aから条件eまでの5つの条件に、次の条件を加える。

条件f　原料Pと原料Qの合計を100kg以上とする

　これらの条件にあてはまるように原料Pと原料Qの仕入れるとき、最も安い原料費はいくらか。

○**A**　50万円　　○**B**　62万円　　○**C**　68万円　　○**D**　72万円
○**E**　80万円

解法 条件を不等式で表す

①条件a～eは、次のような不等式で表すことができます。

条件a	原料Pは40kg以上とする	→	$P \geqq 40$
条件b	原料Pは120kg以下とする	→	$P \leqq 120$
条件c	原料Qは40kg以上とする	→	$Q \geqq 40$
条件d	原料Qは90kg以下とする	→	$Q \leqq 90$
条件e	原料Qは原料Pの50%以上とする	→	$Q \geqq \dfrac{1}{2}P$

グラフは、横軸に原料Pの仕入れ量、縦軸に原料Qの仕入れ量をとって、これらの不等式の領域を表したものです。5つの不等式すべての領域が重なるのが、**ア**から**オ**で囲まれた部分になります。

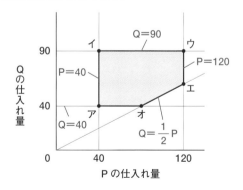

点**イ**と点**ウ**を通る直線はQ＝90で、この直線の下側の領域がQ≦90になります。したがって、条件dの境界を表しています。

②条件 f は、式で表すと P ＋ Q ≧ 100。
グラフで表すと、点**ア**から**オ**の直線
に、直線 Q ＝ － P ＋ 100 を追加した
領域になります（右図）。

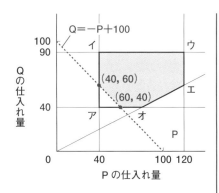

この領域内で原料費が最も安くなる
のは、P と Q の仕入れ量の合計が最
小の 100kg になるとき、すなわち直
線 Q ＝ － P ＋ 100 の境界線上です。
また、原料 P のほうが価格が安いの
で、P をできるだけ多く、Q をでき
るだけ少なくします。したがって、点**ア**－**オ**の直線と、Q ＝ － P ＋ 100 の交わ
る点が、最も原料費が安くなる点になります。この点は、P ＝ 60、Q ＝ 40 なの
で、原料 P を 60kg、原料 Q を 40kg 仕入れたときが、最も安い原料費になるこ
とがわかります。

<u>5000 円× 60kg</u> ＋ <u>8000 円× 40kg</u> ＝ 620000 円
　　P の仕入れ値　　　　　　Q の仕入れ値

【正解】① D　② B

●実践演習問題

解説・解答は別冊 091 - 092 ページ

別冊▶091

| 問 01 | リピート
チェック ▶ | ☑ | ☑ | ☑ |

ある会社では、消耗品 X と消耗品 Y を定期的に購入している。消耗品の価格は、
X が 1 個 1000 円、Y が 1 個 2000 円である。1 回に購入する X と Y の数
量ついては、次のような条件がある。

　条件 a　X の個数は 20 個以上とする
　条件 b　X の個数は 60 個以下とする
　条件 c　Y の個数は 20 個以上とする
　条件 d　Y の個数は 60 個以下とする
　条件 e　X の個数と Y の個数の合計は 100 個以下とする

これらの条件にあてはまる 1 回の仕入れ量は、下図のア、イ、ウ、エ、オで
囲まれた領域で表すことができる。

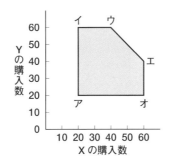

❶点イと点ウを通る直線で表される境界は、どの条件によるものか。

○ **A**　条件 a　　○ **B**　条件 b　　○ **C**　条件 c　　○ **D**　条件 d
○ **E**　条件 e

❷条件 c によって定められる境界は、どの点を通る直線か。

○ **A**　点アと点イ　　○ **B**　点イと点ウ　　○ **C**　点ウと点エ
○ **D**　点エと点オ　　○ **E**　点アと点オ

❸条件 e によって定められる境界は、どの点を通る直線か。

○ **A**　点アと点イ　　○ **B**　点イと点ウ　　○ **C**　点ウと点エ
○ **D**　点エと点オ　　○ **E**　点アと点オ

❹点イにおける X と Y の購入価格はいくらか。

○ **A**　60000 円　　○ **B**　100000 円　　○ **C**　120000 円
○ **D**　140000 円　　○ **E**　160000 円

❺X と Y の購入価格の合計が最も高くなるのはいくらのときか。

○ **A**　60000 円　　○ **B**　100000 円　　○ **C**　120000 円
○ **D**　140000 円　　○ **E**　160000 円

❻条件 a から条件 e までの 5 つの条件に加え、次の条件を加えた。

　　条件 f　Y の個数は X の個数の 0.5 倍以上とする

これらの条件によって定められる領域の図形に最も近いのは次のうちどれか。

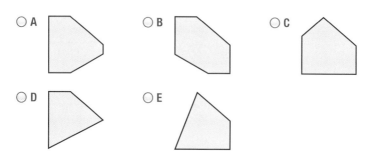

○ A
○ B
○ C
○ D
○ E

別冊▶092

問 02 リピート チェック▶ ☑ ☑ ☑

ある会社で、ノートパソコンとデスクトップパソコンをまとめて購入することになった。購入にあたっては、次のような条件を定めた。

条件 a　ノートパソコンは 5 台以上とする
条件 b　デスクトップパソコンは 3 台以上とする
条件 c　ノートパソコンは 15 台以下とする
条件 d　デスクトップパソコンは 10 台以下とする
条件 e　ノートパソコンとデスクトップパソコンを合わせて、20 台以下とする

ノートパソコンの購入台数を横軸、デスクトップパソコンの購入台数を縦軸にとると、これらの条件にあてはまる購入台数の組合せは、図の黒点で表すことができる。

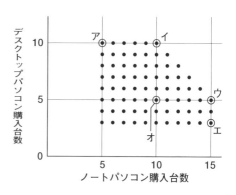

❶点アと点イを結ぶ直線で表される境界は、どの条件によるものか。

○ A　条件 a　　○ B　条件 b　　○ C　条件 c　　○ D　条件 d　　○ E　条件 e

❷**点イと点ウを結ぶ直線で表される境界は、どの条件によるものか。**

○ A 　条件a　　　○ B 　条件b　　　○ C 　条件c　　　○ D 　条件d　　　○ E 　条件e

❸**点ウと点エを結ぶ直線で表される境界は、どの条件によるものか。**

○ A 　条件a　　　○ B 　条件b　　　○ C 　条件c　　　○ D 　条件d　　　○ E 　条件e

❹**ノートパソコンとデスクトップパソコンの合計台数が、点オと同じになるのはどれか。**

○ A 　点アだけ　　　　○ B 　点イだけ　　　　○ C 　点ウだけ
○ D 　点エだけ　　　　○ E 　点アと点ウ　　　○ F 　点アと点エ
○ G 　点イと点ウ　　　○ H 　点イと点エ

❺**ノートパソコンの価格は1台15万円、デスクトップパソコン価格は1台10万円である。点ア、点イ、点ウ、点エ、点オのうち、購入費用が最も高くなるのはどれか。**

○ A 　点ア　　　○ B 　点イ　　　○ C 　点ウ　　　○ D 　点エ　　　○ E点オ

❻**条件aから条件eまでの5つの条件に加え、次の条件を加えた。**

　　条件 f　　ノートパソコンとデスクトップパソコンを合わせて、12台以上購入する

これらの条件によって定められる購入台数の組合せを表したものは、次のうちどれか。

○ A 　　　○ B 　　　○ C

○ D 　　　○ E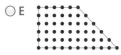

30 グラフの領域②
方程式と領域

A 重要度ランク

例 題

⏱ 目標タイム：**2分**

　次の3つの式によって表される直線と放物線は、下図のように平面を8つの領域に分割する。

> ア　$y = x^2$
> イ　$y = x + 3$
> ウ　$y = 0$

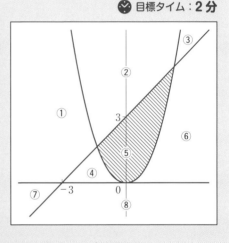

　これらの領域は、上のア、イ、ウの各式の等号を適宜不等号に置き換えて得られる1組の連立不等式によって表すことができる。ただし、図中の太い境界線は領域に含まないものとする。

①ア、イ、ウの各式の等号をすべて不等号に置き換えて、⑤の領域（図の斜線部分）を表したとすると、左開きの不等号（＞）がつくのはア、イ、ウのうちどれか。A〜Hの中から1つ選びなさい。

○**A** アだけ　　○**B** イだけ　　○**C** ウだけ　　○**D** アとイ
○**E** アとウ　　○**F** イとウ　　○**G** アとイとウ
○**H** ア、イ、ウのいずれにもつかない

②次の3つの式からなる連立不等式によって表される領域は、①から⑧のうちどれか。A〜Hの中から1つ選びなさい。

> カ　$y < x^2$
> キ　$y < x + 3$
> ク　$y > 0$

○A　①　　　○B　②　　　○C　③　　　○D　④
○E　④と⑤　○F　④と⑥　○G　⑥と⑧　○H　⑦と⑧

解法　「＞」は線より上、「＜」は線より下

① 3つの式は、グラフ上の次の線を表します。領域を表す場合は、線より上の領域は＞、線より下の領域は＜に置き換えます。

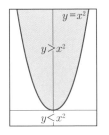

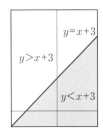

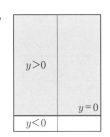

領域⑤は、次の3つの不等式を組み合わせて表すことができます。

$$y > x^2$$
$$y < x + 3$$
$$y > 0$$

以上から、左開きの不等号（＞）がつくのは**ア**と**ウ**です。

② **カ**、**キ**、**ク**の各式が表す領域は、以下のようになります。

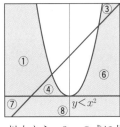

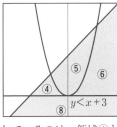

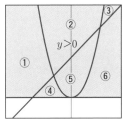

以上から、3つの式に共通しているのは、領域④と⑥です。

【正解】 ① E　② F

次の 3 つの式によって表される直線と放物線は、下図のように平面を 9 つの領域に分割する。

ア $y = x^2 - 1$
イ $y = -x + 2$
ウ $y = 0$

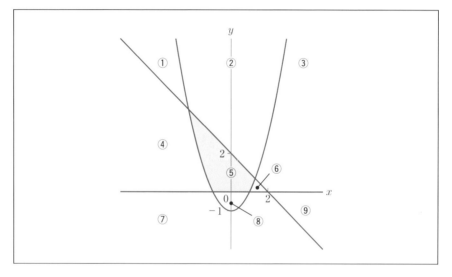

これらの領域は、上のア、イ、ウの各式の等号を適宜不等号に置き換えて得られる 1 組の連立不等式によって表すことができる。ただし、図中の太い境界線は領域に含まないものとする。

❶ア、イ、ウの各式の等号をすべて不等号に置き換えて、⑤の領域（図の色網部分）を表したとすると、右開きの不等号（＜）がつくのはア、イ、ウのうちどれか。A ～ H の中から 1 つ選びなさい。

○ A アだけ ○ B イだけ ○ C ウだけ ○ D アとイ
○ E アとウ ○ F イとウ ○ G アとイとウ
○ H ア、イ、ウのいずれにもつかない

❷次の３つの式からなる連立不等式によって表される領域は、①から⑨のうち
どれか。Ａ～Ｉの中から１つ選びなさい。

カ　$y < x^2 - 1$
キ　$y > -x + 2$
ク　$y > 0$

○ **A**　①　　　　○ **B**　②　　　　○ **C**　③　　　　○ **D**　⑨
○ **E**　①と②　　○ **F**　①と③　　○ **G**　③と④　　○ **H**　③と⑨
○ **I**　Ａ～Ｈのいずれでもない

❸次の３つの式からなる連立不等式によって表される領域は、①から⑨のうち
どれか。Ａ～Ｉの中から１つ選びなさい。

サ　$y < x^2 - 1$
シ　$y < -x + 2$
ス　$y > 0$

○ **A**　④　　　　○ **B**　⑥　　　　○ **C**　⑦　　　　○ **D**　⑧
○ **E**　④と⑤　　○ **F**　④と⑥　　○ **G**　④と⑦　　○ **H**　⑦と⑧
○ **I**　Ａ～Ｈのいずれでもない

❹次の３つの式からなる連立不等式によって表される領域は、①から⑨のうち
どれか。Ａ～Ｉの中から１つ選びなさい。

タ　$y < x^2 - 1$
チ　$y < -x + 2$
ツ　$y < 0$

○ **A**　⑥　　　　○ **B**　⑦　　　　○ **C**　⑧　　　　○ **D**　⑨
○ **E**　⑥と⑦　　○ **F**　⑦と⑧　　○ **G**　⑦と⑨　　○ **H**　⑧と⑨
○ **I**　Ａ～Ｈのいずれでもない

Part 1
非言語能力検査
グラフの領域②
方程式と領域
テストセンター
ペーパーテスト
WEBテスティング

問 02　リピート
チェック ▶ ☐ ☐ ☐ -

　次の３つの式によって表される直線と放物線は、下図のように平面を８つの
領域に分割する。

　ア　$y = -x^2 + 4$
　イ　$y = x + 2$
　ウ　$x = 0$

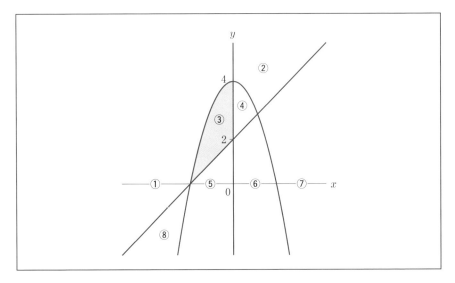

　これらの領域は、上のア、イ、ウの各式の等号を適宜不等号に置き換えて得ら
れる１組の連立不等式によって表すことができる。ただし、図中の太い境界線
は領域に含まないものとする。

❶ア、イ、ウの各式の等号をすべて不等号に置き換えて、③の領域（図の色網部
　分）を表したとすると、右開きの不等号（＜）がつくのはア、イ、ウのうちど
　れか。Ａ～Ｈの中から１つ選びなさい。

　○**A**　アだけ　　○**B**　イだけ　　○**C**　ウだけ　　○**D**　アとイ
　○**E**　アとウ　　○**F**　イとウ　　○**G**　アとイとウ
　○**H**　ア、イ、ウのいずれにもつかない

❷次の３つの式からなる連立不等式によって表される領域は、①から⑧のうち
　どれか。Ａ～Ｉの中から１つ選びなさい。

カ　$y < -x^2 + 4$
キ　$y < x + 2$
ク　$x > 0$

○ **A**　④　　　　○ **B**　⑤　　　　○ **C**　⑥　　　　○ **D**　⑦
○ **E**　④と⑤　　○ **F**　④と⑥　　○ **G**　⑤と⑥　　○ **H**　⑥と⑦
○ **I**　A〜Hのいずれでもない

❸次の3つの式からなる連立不等式によって表される領域は、①から⑧のうち
どれか。A〜Iの中から1つ選びなさい。

サ　$y > -x^2 + 4$
シ　$y > x + 2$
ス　$x > 0$

○ **A**　②　　　　○ **B**　④　　　　○ **C**　⑥　　　　○ **D**　⑦
○ **E**　②と④　　○ **F**　②と⑦　　○ **G**　④と⑥　　○ **H**　⑥と⑦
○ **I**　A〜Hのいずれでもない

❹次の3つの式からなる連立不等式によって表される領域は、①から⑧のうち
どれか。A〜Iの中から1つ選びなさい。

タ　$y > -x^2 + 4$
チ　$y > x + 2$
ツ　$x < 0$

○ **A**　①　　　　○ **B**　②　　　　○ **C**　③　　　　○ **D**　⑧
○ **E**　①と②　　○ **F**　①と⑧　　○ **G**　②と③　　○ **H**　③と⑧
○ **I**　A〜Hのいずれでもない

問 03 リピート チェック ▶ ☐ ☐ ☐ ------------------------

次の 3 つの式によって表される直線と放物線は、下図のように平面を 8 つの領域に分割する。

ア $x^2 + y^2 = 16$
イ $y = x + 1$
ウ $y = 0$

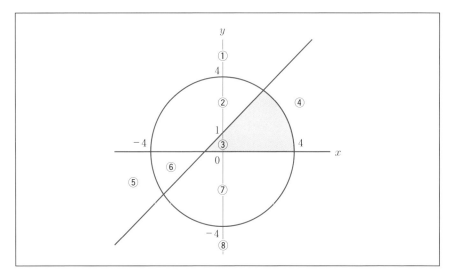

これらの領域は、上のア、イ、ウの各式の等号を適宜不等号に置き換えて得られる 1 組の連立不等式によって表すことができる。ただし、図中の太い境界線は領域に含まないものとする。

❶ア、イ、ウの各式の等号をすべて不等号に置き換えて、③の領域（図の色網部分）を表したとすると、左開きの不等号（＞）がつくのはア、イ、ウのうちどれか。A〜H の中から 1 つ選びなさい。

○A アだけ　　○B イだけ　　○C ウだけ　　○D アとイ
○E アとウ　　○F イとウ　　○G アとイとウ
○H ア、イ、ウのいずれにもつかない

❷次の 3 つの式からなる連立不等式によって表される領域は、①から⑧のうちどれか。A〜I の中から 1 つ選びなさい。

カ $x^2 + y^2 > 16$
キ $y < x + 1$
ク $y > 0$

○A ①　○B ②　○C ③　○D ④　○E ⑤　○F ⑥
○G ⑦　○H ⑧　○I A～Hのいずれでもない

❸次の3つの式からなる連立不等式によって表される領域は、①から⑧のうちどれか。A～Iの中から1つ選びなさい。

サ $x^2 + y^2 < 16$
シ $y > x + 1$
ス $y > 0$

○A ①　○B ②　○C ③　○D ④　○E ⑤　○F ⑥
○G ⑦　○H ⑧　○I A～Hのいずれでもない

❹次の3つの式からなる連立不等式によって表される領域は、①から⑧のうちどれか。A～Iの中から1つ選びなさい。

タ $x^2 + y^2 > 16$
チ $y < x + 1$
ツ $y < 0$

○A ①　○B ②　○C ③　○D ④　○E ⑤　○F ⑥
○G ⑦　○H ⑧　○I A～Hのいずれでもない

31 入出力装置

B 重要度ランク

テストセンター　ペーパーテスト　WEBテスティング

例 題

⏲ 目標タイム：**2分**

次のような規則で数値を変換させる装置 P、Q、R がある。

・P は、入力された数値を 3 倍する。
・Q は、入力された数値を 1/2 倍する。
・R は、入力された数値から 3 を引く。

例　1 ⟶ P ⟶ 3　　6 ⟶ Q ⟶ 3　　7 ⟶ R ⟶ 4

P、Q、R を次のように組み合わせて、左の入力口から整数 a を入力したところ、右の出力口から整数 b が出力された。

a ⟶ P ⟶ Q ⟶ R ⟶ P ⟶ b

①a＝4 のとき、出力される b はいくつになるか。

○**A** 1　　○**B** 3　　○**C** 5　　○**D** 7　　○**E** 9
○**F** 12　　○**G** 15　　○**H** 17

②出力された整数 b が 45 のとき、入力された整数 a はいくつになるか。

○**A** 1　　○**B** 3　　○**C** 5　　○**D** 7　　○**E** 9
○**F** 12　　○**G** 15　　○**H** 17

解法 各装置の変換規則に数値をあてはめてみる

①整数 a に 4 を代入し、規則にしたがって演算を行います。

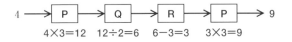

4 ⟶ P ⟶ Q ⟶ R ⟶ P ⟶ 9

4×3＝12　12÷2＝6　6−3＝3　3×3＝9

②規則と逆の演算を行い、bからaを求めます。

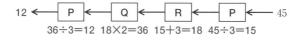

$36 \div 3 = 12$　$18 \times 2 = 36$　$15 + 3 = 18$　$45 \div 3 = 15$

【正解】　① E　② F

→実践演習問題

解説・解答は別冊 094 - 097 ページ

リピート
チェック ▶

別冊 ▶ 094

次のような規則で数値を変換させる装置 P、Q、R がある。

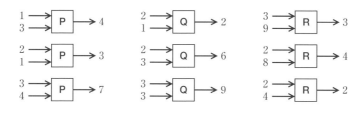

$1 \atop 3$ → P → 4　　$2 \atop 1$ → Q → 2　　$3 \atop 9$ → R → 3

$2 \atop 1$ → P → 3　　$2 \atop 3$ → Q → 6　　$2 \atop 8$ → R → 4

$3 \atop 4$ → P → 7　　$3 \atop 3$ → Q → 9　　$2 \atop 4$ → R → 2

P、Q、R を図のように組み合わせて、左の入力口から a、b、c、d を入力したところ、右の出力口から整数 e が出力された。

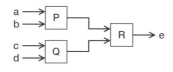

❶ a = 5、b = 3、c = 8、d = 2 を装置に入力したとき、出力 e はいくつになるか。

○A 1　　○B 2　　○C 3　　○D 4
○E 5　　○F 6　　○G 7　　○H 8

❷ a = 8、b = 2、c = X、d = 5 を装置に入力したとき、出力 e は 3 になった。X の値はいくつだったか。

○A 1　　○B 2　　○C 3　　○D 4
○E 5　　○F 6　　○G 7　　○H 8

227

次のような規則で数値を変換させる装置 P、Q、R がある。

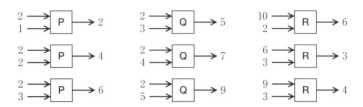

　P、Q、R を図のように組み合わせて、左の入力口から a、b、c、d を入力したところ、右の出力口から整数 e が出力された。

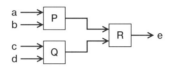

❶ a＝9、b＝4、c＝5、d＝2 を装置に入力したとき、出力 e はいくつになるか。

○**A** 1　　○**B** 2　　○**C** 3　　○**D** 4
○**E** 5　　○**F** 6　　○**G** 7　　○**H** 8

❷ a＝6、b＝9、c＝X、d＝5 を装置に入力したとき、出力 e は 7 になった。X はいくつだったか。

○**A** 1　　○**B** 2　　○**C** 3　　○**D** 4
○**E** 5　　○**F** 6　　○**G** 7　　○**H** 8

次のような規則で数値を変換させる装置 P、Q、R がある。

❶ この装置を図のように接続したとき、c の値はいくつになるか。なお、各装置に入力される数値は、上が a、下が b である。

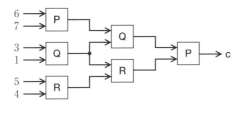

○A 27　　○B 31　　○C 36　　○D 42
○E 47　　○F 51　　○G 55　　○H A〜Gのいずれでもない

❷この装置を図のように接続して、数値を入力したところ75が出力された。X、Yに当てはまる数値の組み合わせとして正しいのはどれか。なお、各装置に入力される数値は、上がa、下がbである。

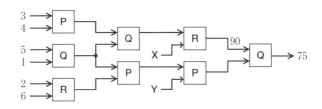

○A X＝30　Y＝−1　　○B X＝10　Y＝6
○C X＝6　Y＝12　　　○D X＝50　Y＝−3
○E X＝6　Y＝3　　　 ○F X＝12　Y＝−6
○G X＝12　Y＝4　　　○H A〜Gのいずれでもない

必須　問04　リピート
チェック　　　　　　　　　　　　　　　　　　　　　別冊▶095

　P、Q、Rは、1と0で区別される入力信号を、次のような規則で変換して出力する装置である。

　　P：入力された信号を逆の信号にして出力する（1なら0、0なら1）。
　　Q：入力された信号が両方とも1なら1、いずれか一方または両方が0なら0。
　　R：入力された信号が両方とも同じなら0、異なる場合は1。

❶PとQを図のように組み合わせた回路を作り、表のア、イ、ウの3通りの組合せを回路に入力したとき、出力dが1になるのはどれか。

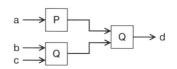

	ア	イ	ウ
a	0	0	0
b	0	1	1
c	0	0	1

○**A** アだけ　　○**B** イだけ　　○**C** ウだけ　　○**D** アとイ
○**E** アとウ　　○**F** イとウ　　○**G** アとイとウ
○**H** いずれでもない

❷ P、Q、R を図のように組み合わせた回路を作り、表のア、イ、ウの 3 通りの組合せを回路に入力したとき、d が 1 になるのはどれか。

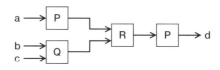

	ア	イ	ウ
a	1	1	0
b	1	1	1
c	1	0	1

○**A** アだけ　　○**B** イだけ　　○**C** ウだけ　　○**D** アとイ
○**E** アとウ　　○**F** イとウ　　○**G** アとイとウ
○**H** いずれでもない

問 05 リピート
チェック ▶ ☑ ☑ ☑ --------------------------------- 別冊 ▶ 096

　P、Q、R は、1 と 0 で区別される入力信号を、次のような規則で変換して出力する装置である。

　　P：入力された信号のいずれか一方または両方が 1 なら 1、両方 0 なら 0。
　　Q：入力された信号が両方とも 1 なら 1、いずれか一方または両方が 0 なら 0。

R：同時に入力された2つの信号のいずれか一方または両方が1なら2/5の確率で1を、3/5の確率で0を出力する。両方とも0の場合は0を出力する。

❶装置P、Qを図のように組み合わせた回路を作り、表のア、イ、ウの3通りの組合せを入力したとき、dが1になるのはどれか。

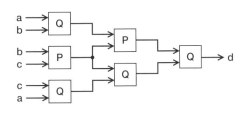

	ア	イ	ウ
a	1	1	0
b	1	0	1
c	1	1	0

○**A** アだけ　　○**B** イだけ　　○**C** ウだけ　　○**D** アとイ
○**E** アとウ　　○**F** イとウ　　○**G** アとイとウ
○**H** いずれでもない

❷装置P、Q、Rを組み合わせて、入力口から図のような信号を入力したとき、出力口Xが1になる確率はいくらか。

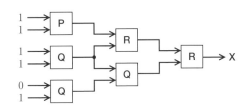

○**A** 3/5　　○**B** 2/5　　○**C** 1/5　　○**D** 4/25
○**E** 1/9　　○**F** 1/15　　○**G** 3/20　　○**H** 1/25

問06 リピート チェック▶

P、Q、Rは1と0で区別される入力信号を、次のような規則で変換して出力する装置である。

- P：入力された信号が両方とも1なら1、片方または両方が0なら0を出力する。
- Q：同時に入力された2つの信号のうち、片方または両方が1なら2/3の確率で1を、1/3の確率で0を出力する。両方とも0の場合は0を出力する。
- R：同時に入力された2つの信号のうち、両方とも1なら4/5の確率で1を、1/5の確率で0を出力する。片方または両方が0の場合は0を出力する。

❶装置P、Qを組み合わせて、入力口から図のような信号を入力したとき、出力口Xが1になる確率はいくらか。

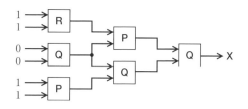

○**A** 4/5 　○**B** 2/3 　○**C** 1/2 　○**D** 4/9
○**E** 1/3 　○**F** 1/5 　○**G** 2/15 　○**H** 1/15

❷装置P、Q、Rを組み合わせて、入力口から図のような信号を入力したとき、出力口Xが1になる確率はいくらか。

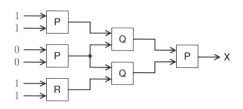

○**A** 4/5 　○**B** 2/3 　○**C** 8/15 　○**D** 1/2
○**E** 1/3 　○**F** 16/45 　○**G** 8/25 　○**H** 1/9

ある数値を入力すると、次のような規則で変換して出力する装置 P がある。

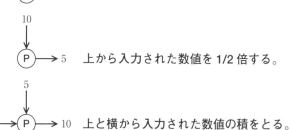

（例） 5 ──▶(P)──▶ 15   横から入力された数値を 3 倍する。

　　　　　　10
　　　　　　↓
　　　　　(P)──▶ 5   上から入力された数値を 1/2 倍する。

　　　　　　5
　　　　　　↓
　　2 ──▶(P)──▶ 10   上と横から入力された数値の積をとる。

❶装置 P を図のように組み合わせて、a に 8、b に 12 を入力したとき、c は
いくつになるか。

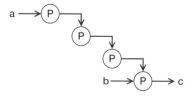

　　　　　a ──▶(P)─┐
　　　　　　　　　　└▶(P)─┐
　　　　　　　　　　　　　　└▶(P)─┐
　　　　　　　　　　　　　b ──▶(P)──▶ c

　○A　8　　　○B　12　　　○C　24　　　○D　36
　○E　48　　　○F　64　　　○G　72　　　○H　96

❷装置 P を図のように組み合わせて、a に 4、b に 5 を入力したとき、c はい
くつになるか。

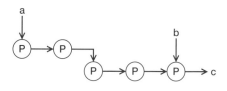

　　　　　　　　a
　　　　　　　　↓　　　　　　　　　　　b
　　　　　　　　　　　　　　　　　　　　↓
　　　　　　　(P)──▶(P)─┐
　　　　　　　　　　　　　└▶(P)──▶(P)──▶(P)──▶ c

　○A　25　　　○B　30　　　○C　35　　　○D　40
　○E　45　　　○F　50　　　○G　55　　　○H　60

32 流れと比率

B 重要度ランク

テストセンター　**ペーパーテスト**　WEBテスティング

例題

⏱ 目標タイム：**3分**

ある鉄道路線の乗降客の動向について、以下のような調査を行った。

[共通規則]

　P駅から電車に乗った乗客のうち、比率にして m の人がQ駅で降車する。このとき、これを次の図で表す。

$$P \xrightarrow{\quad m \quad} Q$$

　P駅から乗車した人の人数をP、Q駅で降車した人の人数をQとすると、式 $Q = mP$ が成り立つ。

　また、P駅から乗車した人のうち比率 m の乗客と、Q駅から乗車した人のうち比率 n の乗客がR駅で降車するとき、これを次の図で表す。

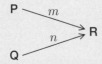

　この場合、式 $R = mP + nQ$ が成り立つ。

　また、P駅から乗車した比率 m の人がQ駅で別の路線に乗り継ぎ、そのうちの比率 n の人だけがR駅で降車するとき、これを次の図で表す（乗り継ぎ駅から新たに乗車する乗客は考えないものとする）。

$$P \xrightarrow{\quad m \quad} Q \xrightarrow{\quad n \quad} R$$

　この場合、式 $R = nQ$、$Q = mP$ が成り立つ。また、$R = n(mP) = mnP$ と表すこともできる。

　なお、式については次の例に示すような一般の演算が成り立つものとする。

$(m + n) \text{P} = m\text{P} + n\text{P}$

$k (m + n) \text{P} = km\text{P} + kn\text{P}$

①U駅で降車する乗客の動向を図1に示す。図1を表す式は、次のア、イ、ウのうちどれか。

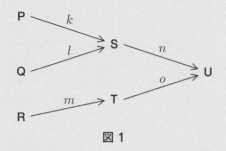

図1

ア　$\text{U} = n\text{S} + o\text{T}$

イ　$\text{U} = n (l\text{P} + k\text{Q}) + o\text{T}$

ウ　$\text{U} = kn\text{P} + ln\text{Q} + mo\text{R}$

○A　アだけ　　○B　イだけ　　○C　ウだけ　　○D　アとイ
○E　アとウ　　○F　イとウ　　○G　ア、イ、ウのすべて
○H　ア、イ、ウのいずれでもない

②図1におけるそれぞれの比率は、次のとおりである。

$k = 0.6$　$l = 0.7$　$m = 0.8$　$n = 0.5$　$o = 0.4$

　R駅から乗車した人の人数は250人であった。このうち、U駅で降車した人は何人か。

○A　60人　　　○B　72人　　　○C　80人　　　○D　96人
○E　112人　　○F　120人　　　○G　144人　　○H　160人
○I　168人　　○J　A～Iのいずれでもない

解法 ルールにしたがって図を式に変換

①図1を、［共通規則］に書いてある3つの基本パターンに分解します。

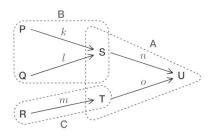

Aの部分は、SとTが合流してUになることを表しているので、次のように書けます。

$$U = nS + oT \quad \cdots ①$$

Bの部分は、PとQが合流してSになることを表しているので、次のように書けます。

$$S = kP + lQ \quad \cdots ②$$

この式を式①に代入すると、次のようになります。

$$U = n\,(kP + lQ) + oT \quad \cdots ③$$

Cの部分は、RからTへの流れなので、T = mR と書けます。この式を式③に代入し、カッコをはずせば次の式④になります。

$$U = n\,(kP + lQ) + o\,(mR) = knP + lnQ + moR \quad \cdots ④$$

アは式①、ウは式④と同じです。イは式③と似ていますが、比率 l と k が逆になっています。

②R駅から乗車した人のうち、T駅で乗り換えてU駅で降車する人は、図より

$$oT = o\,(mR) = moR$$

上の式に、R = 250、m = 0.8、o = 0.4 を代入します。

$$0.8 \times 0.4 \times 250 = 80 \text{人}$$

【正解】①E ②C

以下の各問については、234 ページの［共通規則］を参照すること。

問 01　リピート▶　☑ ☑ ☑ ------------------------------------- 別冊▶ 097
チェック

K 駅、L 駅から乗車し、O 駅で降車する乗客の動向を図 2 に示す。

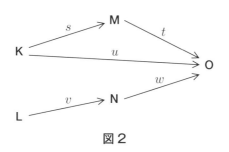

図 2

図 2 におけるそれぞれの比率は、次のとおりであった。

$s = 0.3$　$t = 0.6$　$u = 0.5$　$v = 0.7$　$w = 0.4$

❶図 2 を表す式は、次のア、イ、ウのうちどれか。A ～ H の中から 1 つを選びなさい。

　ア　$O = tM + wN$
　イ　$O = (st + u) K + vwN$
　ウ　$O = stK + uK + vwL$

○**A**　アだけ　　　○**B**　イだけ　　　○**C**　ウだけ　　　○**D**　アとイ
○**E**　アとウ　　　○**F**　イとウ　　　○**G**　ア、イ、ウのすべて
○**H**　ア、イ、ウのいずれでもない

❷K 駅から乗車した人のうち、O 駅で降車する人は何%か（必要なときは、最後に小数点以下第 1 位を四捨五入すること）。

○**A**　18%　　○**B**　21%　　○**C**　30%　　○**D**　32%
○**E**　45%　　○**F**　50%　　○**G**　68%　　○**H**　70%
○**I**　72%　　○**J**　A ～ I のいずれでもない

❸K 駅から乗車する人は 200 人だった。また、M 駅から O 駅に到着する人は、N 駅から O 駅に到着する人より 6 人少なかった。このとき、L 駅から乗車する人は何人か。

○ **A** 120 人　　○ **B** 150 人　　○ **C** 168 人　　○ **D** 180 人
○ **E** 215 人　　○ **F** 240 人　　○ **G** 280 人　　○ **H** 325 人
○ **I** 360 人　　○ **J** A〜I のいずれでもない

別冊 ▶ 098

問 02　リピート
チェック ▶ □ □ □

G 駅で降車する乗客の動向を図 3 に示す。

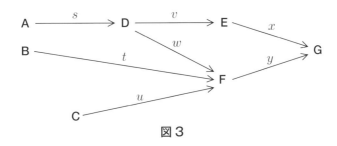

図 3

図 3 におけるそれぞれの比率は、次のとおりであった。

$s = 0.8$　$t = 0.7$　$u = 0.9$　$v = 0.4$　$w = 0.5$　$x = 0.25$　$y = 0.6$

❶図 3 を表す式は、次のア、イ、ウのうちどれか。A〜H の中から 1 つを選びなさい。

　ア　$G = x\mathrm{E} + y\,(t\mathrm{B} + u\mathrm{C} + w\mathrm{D})$
　イ　$G = y\,(t\mathrm{B} + u\mathrm{C}) + (vx + wy)\,\mathrm{D}$
　ウ　$G = s\,(vx + wy)\,\mathrm{A} + ty\mathrm{B} + uy\mathrm{C}$

○ **A** アだけ　　○ **B** イだけ　　○ **C** ウだけ　　○ **D** アとイ
○ **E** アとウ　　○ **F** イとウ　　○ **G** ア、イ、ウのすべて
○ **H** ア、イ、ウのいずれでもない

❷A 駅から乗車した人は 200 人、B 駅で乗車した人は 300 人、C 駅で乗車した人は 250 人であった。このうち、G 駅で降りた人は何人いるか。

○**A** 120人　○**B** 145人　○**C** 160人　○**D** 180人
○**E** 215人　○**F** 240人　○**G** 280人　○**H** 325人
○**I** 360人　○**J** A～Iのいずれでもない

問03　リピート▶ ☑ ☑ ☑ ------------------------------- 別冊▶098
チェック

Y駅で降車する乗客の動向を図4に示す。

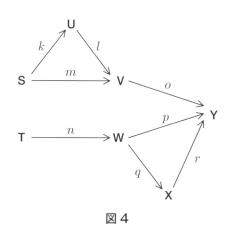

図4

図4におけるそれぞれの比率は、次のとおりであった。

$k = 0.3$　$l = 0.8$　$m = 0.4$　$n = 0.6$　$o = 0.5$　$p = 0.7$　$q = 0.25$
$r = 0.2$

❶図4を表す式は、次のア、イ、ウのうちどれか。A～Hの中から1つを選び
なさい。

　ア　$Y = oV + pW + qX$
　イ　$Y = oV + (p + qr) T$
　ウ　$Y = o (kl + m) S + n (p + qr) T$

○**A** アだけ　　○**B** イだけ　　○**C** ウだけ　　○**D** アとイ
○**E** アとウ　　○**F** イとウ　　○**G** ア、イ、ウのすべて
○**H** ア、イ、ウのいずれでもない

❷S駅から乗車した人のうち、Y駅で降車する人は何%か（必要なときは、最後に小数点以下第1位を四捨五入すること）。

○A　15%　　○B　18%　　○C　21%　　○D　24%
○E　27%　　○F　32%　　○G　36%　　○H　41%
○I　44%　　○J　A〜Iのいずれでもない

❸T駅から乗車した人のうち、Y駅で降車する人は何%か（必要なときは、最後に小数点以下第1位を四捨五入すること）。

○A　15%　　○B　20%　　○C　25%　　○D　30%
○E　33%　　○F　40%　　○G　45%　　○H　48%
○I　52%　　○J　A〜Iのいずれでもない

❹S駅から乗車した人の人数は500人であった。また、S駅からU駅に到達した乗客の人数は、W駅から直通でY駅に到達した乗客より18人少なかった。T駅から乗車した人は何人か。

○A　150人　　○B　168人　　○C　240人　　○D　300人
○E　360人　　○F　400人　　○G　480人　　○H　500人
○I　520人　　○J　A〜Iのいずれでもない

言語能力検査

言語能力検査は、受検者の基本的な国語力や文章読解力を測定します。いわゆる「国語」の問題ですが、漢字の読み書きではなく、主として**熟語の意味や言葉の用法**が問われます。最近はメールや SNS が普及して、言葉を極端に切り詰めたコミュニケーションがよく行われていますが、それと同じような感覚で考えていると、難しく感じるかもしれません。

言語能力検査の対策は、「2 語の関係」「熟語の意味」「語句の用法」のような、頻出問題を中心に行います。問題の形式に慣れておきましょう。

01 2語の関係①
トレーニング編

S 重要度ランク

テストセンター　ペーパーテスト　WEBテスティング

関係パターンの分類

関係パターン	例	チェック例文
①同義語（同意語）	欠点：短所	「欠点は短所とも言う」
②対義語（反意語）	権利：義務	「権利は義務の反対」
③包含	心臓：内臓	「心臓は内臓の一種」
	※包含関係が逆になるパターンもあるので注意	
④役割	検察：起訴	「検察は起訴する」
⑤用途	フィルター：ろ過	「フィルターでろ過する」
⑥原料	寒天：テングサ	「寒天はテングサから作る」
⑦ペア	太鼓：撥（ばち）	「太鼓と撥のペア」
⑧同列	りんご：桃	「りんごも桃もくだもの」

解法 パターンに分類する

　「2語の関係」は、一方の語句に対応する語句を選択する問題です。この問題では、まず、2語の関係のパターンを把握することが重要です。出題パターンはほぼ決まっており、本書では上記の8つに分類しました。

　2つの語句が正しく対応しているかどうかは、パターンごとの「チェック例文」に、2語を当てはめて確認します。

例：役割関係の場合

　検察：（　　　）

　○ A　司法　→　「検察は<u>司法</u>する」×
　○ B　被告　→　「検察は<u>被告</u>する」×
　○ C　起訴　→　「検察は<u>起訴</u>する」○
　○ D　弁護　→　「検察は<u>弁護</u>する」×
　○ E　立法　→　「検察は<u>立法</u>する」×

実践演習問題

解説・解答は別冊 100 - 104 ページ

問 01

別冊 ▶ 100

次に示す二語の関係を考え、これと同じ関係になるように（　）に当てはまる言葉を選びなさい。

故意：過失

❶ 曖昧：（　）
- ○A　愚鈍
- ○B　偶然
- ○C　率直
- ○D　明瞭
- ○E　平均

❷ 優雅：（　）
- ○A　素朴
- ○B　美麗
- ○C　粗野
- ○D　醜悪
- ○E　不利

❸ 利得：（　）
- ○A　恩恵
- ○B　利益
- ○C　損失
- ○D　被害
- ○E　得心

❹ 傲慢：（　）
- ○A　偏見
- ○B　不幸
- ○C　尊敬
- ○D　謙虚
- ○E　満足

❺ 豪胆：（　）
- ○A　臆病
- ○B　慢心
- ○C　豪遊
- ○D　強固
- ○E　富豪

❻ 愚直：（　）
- ○A　正直
- ○B　率直
- ○C　狡猾
- ○D　臆病
- ○E　心配

❼ 包含：（　）
- ○A　含有
- ○B　統括
- ○C　収納
- ○D　収容
- ○E　除外

❽ 冗長：（　）
- ○A　簡潔
- ○B　短小
- ○C　複雑
- ○D　長期
- ○E　短期

❾ 肥沃：（　）
- ○A　矮小
- ○B　堆肥
- ○C　痩躯
- ○D　不毛
- ○E　肥満

❿ 脆弱：（　）
- ○A　強靱
- ○B　弱小
- ○C　強烈
- ○D　微弱
- ○E　強圧

⓫ 帰納：（　）
- ○A　論理
- ○B　証明
- ○C　納税
- ○D　演繹
- ○E　演算

⓬ 引力：（　）
- ○A　重力
- ○B　斥力
- ○C　張力
- ○D　遠心力
- ○E　理力

次に示す二語の関係を考え、これと同じ関係になるように（　　）に当てはまる言葉を選びなさい。

精通：知悉

❶ 真偽：（　　）
- ○A　真実
- ○B　明白
- ○C　欺瞞
- ○D　虚実
- ○E　偽物

❷ 反目：（　　）
- ○A　対立
- ○B　直視
- ○C　近視
- ○D　協同
- ○E　利害

❸ 阻害：（　　）
- ○A　侵略
- ○B　合成
- ○C　邪魔
- ○D　病気
- ○E　停止

❹ 翻意：（　　）
- ○A　回転
- ○B　変心
- ○C　趣向
- ○D　翻訳
- ○E　文意

❺ 迎合：（　　）
- ○A　同感
- ○B　対立
- ○C　追従
- ○D　感服
- ○E　合同

❻ 早計：（　　）
- ○A　軽率
- ○B　遅滞
- ○C　達者
- ○D　熟慮
- ○E　機敏

❼ 猜疑：（　　）
- ○A　不安
- ○B　原因
- ○C　捜索
- ○D　信頼
- ○E　不信

❽ 撞着：（　　）
- ○A　矛盾
- ○B　癒着
- ○C　警鐘
- ○D　乖離
- ○E　順位

❾ 慟哭：（　　）
- ○A　号泣
- ○B　動悸
- ○C　目眩
- ○D　腹痛
- ○E　爆笑

❿ 剽窃：（　　）
- ○A　瓢箪
- ○B　引用
- ○C　改変
- ○D　批評
- ○E　盗用

⓫ 逓減：（　　）
- ○A　逓増
- ○B　微減
- ○C　漸減
- ○D　激減
- ○E　低減

⓬ 逍遥：（　　）
- ○A　散策
- ○B　消沈
- ○C　闊歩
- ○D　漂流
- ○E　推進

問 03　リピートチェック▶ ☐ ☐ ☐

次に示す二語の関係を考え、これと同じ関係になるように（　）に当てはまる言葉を選びなさい。

水素：元素

❶ 小麦：（　）
- ○ A　穀物
- ○ B　でんぷん
- ○ C　パン
- ○ D　大麦
- ○ E　うどん

❷ ニューヨーク：（　）
- ○ A　ブロードウェー
- ○ B　自由の女神
- ○ C　マンハッタン
- ○ D　セントラルパーク
- ○ E　アメリカ

❸ 手術：（　）
- ○ A　医療
- ○ B　がん
- ○ C　保険
- ○ D　内科
- ○ E　医師

❹ 津波：（　）
- ○ A　低気圧
- ○ B　地震
- ○ C　避難
- ○ D　災害
- ○ E　警報

❺ 新書：（　）
- ○ A　文庫
- ○ B　書籍
- ○ C　帯
- ○ D　ベストセラー
- ○ E　付録

❻ シェイクスピア：（　）
- ○ A　戯曲
- ○ B　ハムレット
- ○ C　劇作家
- ○ D　悲劇
- ○ E　古典

❼ クジラ：（　）
- ○ A　イルカ
- ○ B　生物
- ○ C　捕鯨
- ○ D　竜田揚げ
- ○ E　魚類

❽ ラジオ：（　）
- ○ A　FM 番組
- ○ B　テレビ
- ○ C　アナウンサー
- ○ D　放送
- ○ E　リスナー

❾ 公園：（　）
- ○ A　施設
- ○ B　遊具
- ○ C　役所
- ○ D　自然
- ○ E　図書館

❿ 刑法：（　）
- ○ A　民事
- ○ B　法律
- ○ C　懲役
- ○ D　告訴
- ○ E　違法

⓫ 石油：（　）
- ○ A　ガソリン
- ○ B　化合物
- ○ C　化石燃料
- ○ D　重油
- ○ E　アルコール

⓬ 硬貨：（　）
- ○ A　紙幣
- ○ B　貨幣
- ○ C　資産
- ○ D　金貨
- ○ E　コイン

問 04 リピート チェック ▶ ☐ ☐ ☑

次に示す二語の関係を考え、これと同じ関係になるように（　　）に当てはまる言葉を選びなさい。

惑星：地球

❶ 嗜好品：（　　）
- ○A　パン
- ○B　白米
- ○C　煙草
- ○D　野菜
- ○E　果物

❷ 通信：（　　）
- ○A　貨物
- ○B　雑貨
- ○C　菓子
- ○D　手紙
- ○E　荷台

❸ 文学：（　　）
- ○A　ピアノ
- ○B　生花
- ○C　書道
- ○D　小説
- ○E　絵画

❹ スポーツ：（　　）
- ○A　マラソン
- ○B　グルメ
- ○C　クラブ
- ○D　体力
- ○E　運動

❺ 教育：（　　）
- ○A　残業
- ○B　宿題
- ○C　外泊
- ○D　昼寝
- ○E　診察

❻ 職業：（　　）
- ○A　カップル
- ○B　ライター
- ○C　チーム
- ○D　スタッフ
- ○E　グループ

❼ 演奏：（　　）
- ○A　歌唱
- ○B　交信
- ○C　音読
- ○D　読書
- ○E　演題

❽ 料理：（　　）
- ○A　日本酒
- ○B　味噌
- ○C　岩塩
- ○D　寿司
- ○E　栄養

❾ 食器：（　　）
- ○A　料理
- ○B　調理
- ○C　陶器
- ○D　茶碗
- ○E　和食

❿ 中国：（　　）
- ○A　東京
- ○B　北京
- ○C　平壌
- ○D　大阪
- ○E　ソウル

⓫ 両生類：（　　）
- ○A　トカゲ
- ○B　サソリ
- ○C　クモ
- ○D　カエル
- ○E　マムシ

⓬ 植物：（　　）
- ○A　造花
- ○B　動物
- ○C　繊維
- ○D　肥料
- ○E　大豆

問 05　リピートチェック▶ ☑☑☑ -

次に示す二語の関係を考え、これと同じ関係になるように（　）に当てはまる言葉を選びなさい。

　　　セールスマン：販売

❶ イラストレーター
：（　）
- ○A　印刷
- ○B　編集
- ○C　執筆
- ○D　収集
- ○E　作画

❷ 調理師：（　）
- ○A　修理
- ○B　料理
- ○C　相談
- ○D　設計
- ○E　給餌

❸ 探偵：（　）
- ○A　調査
- ○B　逮捕
- ○C　運送
- ○D　警護
- ○E　変装

❹ 医師：（　）
- ○A　調剤
- ○B　監視
- ○C　警護
- ○D　清掃
- ○E　治療

❺ 著者：（　）
- ○A　印刷
- ○B　編集
- ○C　出版
- ○D　執筆
- ○E　報道

❻ 写真家：（　）
- ○A　撮影
- ○B　録音
- ○C　運転
- ○D　計量
- ○E　企画

❼ 騎手：（　）
- ○A　乗車
- ○B　乗馬
- ○C　登山
- ○D　狙撃
- ○E　引率

❽ ディレクター
：（　）
- ○A　出演
- ○B　撮影
- ○C　監督
- ○D　配給
- ○E　出資

❾ 学芸員：（　）
- ○A　キュレーション
- ○B　ディレクション
- ○C　オークション
- ○D　コンストラクション
- ○E　クラクション

❿ 俳優：（　）
- ○A　演出
- ○B　演技
- ○C　台本
- ○D　指導
- ○E　舞台

⓫ ジャーナリスト
：（　）
- ○A　取材
- ○B　旅行
- ○C　研究
- ○D　批評
- ○E　創作

⓬ コンポーザー
：（　）
- ○A　作詞
- ○B　作曲
- ○C　編曲
- ○D　伴奏
- ○E　演奏

問 06 リピート
チェック ▶ ☑ ☑ ☑ -------------------------------

次に示す二語の関係を考え、これと同じ関係になるように（　　）に当てはまる言葉を選びなさい。

ポンプ：揚水

❶ 国会：（　　）
- ○ A　行政
- ○ B　司法
- ○ C　立法
- ○ D　議員
- ○ E　権力

❷ ビデオカメラ：（　　）
- ○ A　家電
- ○ B　演奏
- ○ C　撮影
- ○ D　計量
- ○ E　通話

❸ 定規：（　　）
- ○ A　集計
- ○ B　規則
- ○ C　計量
- ○ D　線引き
- ○ E　手本

❹ ボールペン：（　　）
- ○ A　鉛筆
- ○ B　切断
- ○ C　筆記
- ○ D　接着
- ○ E　捺印

❺ 蛍光灯：（　　）
- ○ A　消灯
- ○ B　点灯
- ○ C　電灯
- ○ D　照明
- ○ E　発光

❻ トラック：（　　）
- ○ A　貨物
- ○ B　自動車
- ○ C　事故
- ○ D　ブレーキ
- ○ E　運送

❼ 電話：（　　）
- ○ A　電波
- ○ B　携帯
- ○ C　通話
- ○ D　回線
- ○ E　公衆

❽ ラジエーター：（　　）
- ○ A　熱交換
- ○ B　加湿
- ○ C　除湿
- ○ D　換気
- ○ E　過熱

❾ ミキサー：（　　）
- ○ A　整形
- ○ B　洗浄
- ○ C　煮沸
- ○ D　攪拌
- ○ E　発酵

❿ やすり：（　　）
- ○ A　切削
- ○ B　研磨
- ○ C　切断
- ○ D　塗装
- ○ E　穿孔

⓫ 顕微鏡：（　　）
- ○ A　望遠
- ○ B　倍率
- ○ C　透視
- ○ D　検眼
- ○ E　観察

⓬ 名簿：（　　）
- ○ A　編纂
- ○ B　登録
- ○ C　削除
- ○ D　購読
- ○ E　照会

問 07　リピート
チェック ▶ ☑ ☑ ☑ -

次に示す二語の関係を考え、これと同じ関係になるように（　　）に当てはまる言葉を選びなさい。

うどん：小麦粉

❶ 日本酒：（　　）
- ○ A　清酒
- ○ B　焼酎
- ○ C　小麦
- ○ D　大麦
- ○ E　米

❷ 絹：（　　）
- ○ A　綿花
- ○ B　羊
- ○ C　着物
- ○ D　繭
- ○ E　シルク

❸ ダイヤモンド：（　　）
- ○ A　カラット
- ○ B　炭素
- ○ C　珪素
- ○ D　ドリル
- ○ E　指輪

❹ 半導体：（　　）
- ○ A　ハイテク
- ○ B　カリウム
- ○ C　シリコン
- ○ D　CPU
- ○ E　メモリ

❺ 豆腐：（　　）
- ○ A　小豆
- ○ B　大豆
- ○ C　米
- ○ D　小麦
- ○ E　ジャガイモ

❻ セメント：（　　）
- ○ A　銅鉱石
- ○ B　花崗岩
- ○ C　大理石
- ○ D　石英
- ○ E　石灰石

❼ マーガリン：（　　）
- ○ A　牛乳
- ○ B　植物性油脂
- ○ C　石油
- ○ D　小麦
- ○ E　動物性樹脂

❽ 肥料：（　　）
- ○ A　窒素
- ○ B　酸素
- ○ C　フッ素
- ○ D　ホウ素
- ○ E　水素

❾ アルミニウム：（　　）
- ○ A　ニッケル
- ○ B　鉄
- ○ C　銀
- ○ D　コバルト
- ○ E　ボーキサイト

❿ ぜんざい：（　　）
- ○ A　大豆
- ○ B　小豆
- ○ C　米
- ○ D　黒糖
- ○ E　サツマイモ

⓫ たくあん：（　　）
- ○ A　胡瓜
- ○ B　大根
- ○ C　白菜
- ○ D　キムチ
- ○ E　かんぴょう

⓬ 一円硬貨：（　　）
- ○ A　銅
- ○ B　銀
- ○ C　錫
- ○ D　アルミニウム
- ○ E　鉄

問 08

次に示す二語の関係を考え、これと同じ関係になるように（　　）に当てはまる言葉を選びなさい。

針：糸

❶ 徳利：（　　）
- ○ **A** 湯呑
- ○ **B** 猪口
- ○ **C** 急須
- ○ **D** 茶碗
- ○ **E** 盆

❷ 衆議院：（　　）
- ○ **A** 国会
- ○ **B** 上院
- ○ **C** 内閣
- ○ **D** 参議院
- ○ **E** 比例区

❸ ボルト：（　　）
- ○ **A** リベット
- ○ **B** 部品
- ○ **C** 機械
- ○ **D** 歯車
- ○ **E** ナット

❹ 鉛筆：（　　）
- ○ **A** 文具
- ○ **B** 修正液
- ○ **C** 消しゴム
- ○ **D** ボールペン
- ○ **E** 教室

❺ 包丁：（　　）
- ○ **A** フォーク
- ○ **B** まな板
- ○ **C** フライパン
- ○ **D** はさみ
- ○ **E** エプロン

❻ シャンプー：（　　）
- ○ **A** 漂白剤
- ○ **B** スポンジ
- ○ **C** リンス
- ○ **D** 歯ブラシ
- ○ **E** たらい

❼ ドライバー：（　　）
- ○ **A** ワッシャ
- ○ **B** ネジ
- ○ **C** 工具
- ○ **D** 電動
- ○ **E** プラス

❽ ナイフ：（　　）
- ○ **A** 食器
- ○ **B** 箸
- ○ **C** レストラン
- ○ **D** フォーク
- ○ **E** 食事

❾ マイク：（　　）
- ○ **A** スピーカー
- ○ **B** ケーブル
- ○ **C** オーディオ
- ○ **D** 演説
- ○ **E** 指向性

❿ スキー板：（　　）
- ○ **A** ストック
- ○ **B** アルペン
- ○ **C** リフト
- ○ **D** ノルディック
- ○ **E** スポーツ

⓫ 杵：（　　）
- ○ **A** 棹
- ○ **B** 笙
- ○ **C** 臼
- ○ **D** 棒
- ○ **E** 笛

⓬ プラグ：（　　）
- ○ **A** レバー
- ○ **B** スイッチ
- ○ **C** アダプター
- ○ **D** コネクター
- ○ **E** コンセント

次に示す二語の関係を考え、これと同じ関係になるように（　）に当てはまる言葉を選びなさい。

イルカ：シャチ

❶ フルート：（　）
- ○ A 楽器
- ○ B 演奏
- ○ C 笛
- ○ D クラリネット
- ○ E 楽譜

❷ 英語：（　）
- ○ A 外国語
- ○ B 文法
- ○ C フランス語
- ○ D 同義語
- ○ E ヒアリング

❸ 関東：（　）
- ○ A 愛知
- ○ B 大阪
- ○ C 北陸
- ○ D 東京
- ○ E 名古屋

❹ 野球：（　）
- ○ A レスリング
- ○ B バレエ
- ○ C スケート
- ○ D 水泳
- ○ E サッカー

❺ 火星：（　）
- ○ A 太陽
- ○ B 金星
- ○ C マーズ
- ○ D 銀河系
- ○ E 宇宙

❻ ウイスキー：（　）
- ○ A コーラ
- ○ B 大麦
- ○ C ブランデー
- ○ D ブドウ
- ○ E 酒類

❼ カナヅチ：（　）
- ○ A クギ
- ○ B ノコギリ
- ○ C カッターナイフ
- ○ D ガムテープ
- ○ E 工具

❽ 酸素：（　）
- ○ A 酵素
- ○ B 原子
- ○ C 水
- ○ D 窒素
- ○ E 元素

❾ 阿蘇山：（　）
- ○ A 火山
- ○ B 噴火
- ○ C 熊本県
- ○ D 浅間山
- ○ E 火の国

❿ オペラ：（　）
- ○ A 歌手
- ○ B 芸術
- ○ C 音楽
- ○ D 交響曲
- ○ E 指揮

⓫ ヨーグルト：（　）
- ○ A マーガリン
- ○ B チーズ
- ○ C マヨネーズ
- ○ D ジャム
- ○ E トースト

⓬ ユーラシア：（　）
- ○ A オーストラリア
- ○ B 日本列島
- ○ C アルプス
- ○ D 太平洋
- ○ E 北極

02 2語の関係②
実践編

S 重要度ランク

テストセンター　ペーパーテスト　WEBテスティング

例 題

⏱ 目標タイム：**20**秒

　太字で示された二語の関係と同じ関係のものを、ア～ウの中から選びなさい。

指輪：装身具

　ア　短歌：文学
　イ　包丁：調理
　ウ　筆記具：鉛筆

○**A**　アだけ　　○**B**　イだけ　　○**C**　ウだけ
○**D**　アとイ　　○**E**　アとウ　　○**F**　イとウ

解法 関係パターンに当てはめて同じパターンを選ぶ

　まず、例示された「指輪」と「装身具」が、242ページのどの関係パターンになるかを考えます。「指輪は装身具の一種」なので、包含関係ですね。次に、包含関係のチェック例文「○○は○○の一種」に、ア～ウの二語を当てはめ、意味のとおるものを選びます。

ア：「短歌は文学の一種」 → ○
イ：「包丁は調理の一種」 → ×（正しくは「包丁で調理する」）
ウ：「筆記具は鉛筆の一種」 → ×（正しくは「鉛筆は筆記具の一種」）

【正解】A

| 問 01 | リピート
チェック ▶ | ✓ | ✓ | ✓ | 別冊 ▶ 104 |

太字で示された二語の関係を考え、同じ関係になるように（　　）に当てはまる言葉を選びなさい。

❶ そろばん：計算

自転車：（　　）

- ○A　サドル
- ○B　ブレーキ
- ○C　自動車
- ○D　移動
- ○E　停止

❷ 醤油：調味料

マカロニ：（　　）

- ○A　サラダ
- ○B　グラタン
- ○C　パスタ
- ○D　小麦
- ○E　チーズ

❸ 弓：矢

布団：（　　）

- ○A　テント
- ○B　衣類
- ○C　洗濯
- ○D　枕
- ○E　こたつ

❹ プラスチック：原油

ポップコーン：（　　）

- ○A　ポテトチップス
- ○B　コーンフレーク
- ○C　トウモロコシ
- ○D　菓子
- ○E　小麦

❺ 嘲弄：揶揄

越権：（　　）

- ○A　僭越
- ○B　特権
- ○C　侵害
- ○D　越境
- ○E　不敬

❻ 入力：出力

希釈：（　　）

- ○A　解釈
- ○B　濃縮
- ○C　洗浄
- ○D　調整
- ○E　冷凍

❼ ルビー：サファイア

クラシック：（　　）

- ○A　メロディー
- ○B　ジャズ
- ○C　音楽
- ○D　演奏
- ○E　指揮

❽ 鳩：鳥

ジュース：（　　）

- ○A　オレンジ
- ○B　リンゴ
- ○C　ビタミン
- ○D　果糖
- ○E　飲料

❾ 様相：状態

食傷：（　　）

- ○A　中毒
- ○B　倦怠
- ○C　侮辱
- ○D　慢心
- ○E　絶句

⑩ 教師：教育

公認会計士：（　　）

○ A　経営
○ B　会計
○ C　開業
○ D　販促
○ E　資格

⑪ 拒絶：承諾

親切：（　　）

○ A　懇意
○ B　恩恵
○ C　畏怖
○ D　熱心
○ E　冷淡

⑫ 動転：狼狽

驚愕：（　　）

○ A　辟易
○ B　失意
○ C　脱帽
○ D　仰天
○ E　平静

⑬ 魔法瓶：保温

コンロ：（　　）

○ A　沸騰
○ B　加熱
○ C　電気
○ D　ガス
○ E　やかん

⑭ 明治：大正

横綱：（　　）

○ A　行司
○ B　土俵
○ C　小結
○ D　相撲
○ E　関取

⑮ 心配：懸念

理解：（　　）

○ A　合格
○ B　知識
○ C　明確
○ D　把握
○ E　理想

⑯ ビール：麦

かまぼこ：（　　）

○ A　ちくわ
○ B　はんぺん
○ C　魚類
○ D　精肉
○ E　板

⑰ 自転車：自動車

うちわ：（　　）

○ A　家電
○ B　扇風機
○ C　冷蔵庫
○ D　電子レンジ
○ E　テレビ

⑱ 享楽：禁欲

巧妙：（　　）

○ A　拙劣
○ B　劣等
○ C　未熟
○ D　狡猾
○ E　熟練

⑲ 人体：細胞

ドライアイス：（　　）

○ A　一酸化炭素
○ B　二酸化炭素
○ C　冷凍食品
○ D　氷
○ E　フリーザー

⑳ 金属：銅

役者：（　　）

○ A　花形
○ B　歌手
○ C　女優
○ D　監督
○ E　衣装

㉑ 蹉跌：頓挫

濫觴：（　　）

○ A　腐敗
○ B　介入
○ C　起源
○ D　危害
○ E　傷跡

問 02 リピート チェック ▶ ☑ ☑ ☑ --------------------------------

太字で示された二語の関係と、同じ関係のものはア〜ウのうちどれか。A 〜 F の中から選んで答えなさい。

❶ **数学：物理**
ア　コンビニ：小売店
イ　テレビ：家電
ウ　福岡：名古屋

○**A** 　アだけ　　○**B** 　イだけ
○**C** 　ウだけ　　○**D** 　アとイ
○**E** 　アとウ　　○**F** 　イとウ

❷ **チョコレート：菓子**
ア　カソリック：宗教
イ　飴：鞭
ウ　長男：次女

○**A** 　アだけ　　○**B** 　イだけ
○**C** 　ウだけ　　○**D** 　アとイ
○**E** 　アとウ　　○**F** 　イとウ

❸ **テレビ：視聴**
ア　ドリル：穴あけ
イ　ラジオ：チューナー
ウ　プリンター：印刷

○**A** 　アだけ　　○**B** 　イだけ
○**C** 　ウだけ　　○**D** 　アとイ
○**E** 　アとウ　　○**F** 　イとウ

❹ **鍬：農具**
ア　軍手：手袋
イ　パソコン：ソフトウェア
ウ　ワイン：ブドウ

○**A** 　アだけ　　○**B** 　イだけ
○**C** 　ウだけ　　○**D** 　アとイ
○**E** 　アとウ　　○**F** 　イとウ

❺ **砂糖：サトウキビ**
ア　封筒：便箋
イ　医師：職業
ウ　オムレツ：鶏卵

○**A** 　アだけ　　○**B** 　イだけ
○**C** 　ウだけ　　○**D** 　アとイ
○**E** 　アとウ　　○**F** 　イとウ

❻ **暫定：臨時**
ア　割愛：省略
イ　過日：後日
ウ　奏功：成功

○**A** 　アだけ　　○**B** 　イだけ
○**C** 　ウだけ　　○**D** 　アとイ
○**E** 　アとウ　　○**F** 　イとウ

❼ チョコレート：カカオ

ア　そば：うどん
イ　ポテトチップス：じゃがいも
ウ　コーヒー：紅茶

○A　アだけ　　○B　イだけ
○C　ウだけ　　○D　アとイ
○E　アとウ　　○F　イとウ

❽ 分析：総合

ア　崇拝：冒瀆
イ　凝視：一瞥
ウ　厨房：台所

○A　アだけ　　○B　イだけ
○C　ウだけ　　○D　アとイ
○E　アとウ　　○F　イとウ

❾ 果実：林檎

ア　機械：ロボット
イ　工具：スパナ
ウ　キャップ：ペン

○A　アだけ　　○B　イだけ
○C　ウだけ　　○D　アとイ
○E　アとウ　　○F　イとウ

❿ 糾弾：弾劾

ア　安泰：平穏
イ　肯定：否定
ウ　邂逅：遭遇

○A　アだけ　　○B　イだけ
○C　ウだけ　　○D　アとイ
○E　アとウ　　○F　イとウ

⓫ ほうき：ちり取り

ア　弓：矢
イ　酸素：水素
ウ　洪水：雪崩

○A　アだけ　　○B　イだけ
○C　ウだけ　　○D　アとイ
○E　アとウ　　○F　イとウ

⓬ 面舵：取舵

ア　朗報：悲報
イ　衰退：凋落
ウ　弛緩：緊張

○A　アだけ　　○B　イだけ
○C　ウだけ　　○D　アとイ
○E　アとウ　　○F　イとウ

⓭ キリスト教：仏教

ア　北海道：札幌
イ　地震：災害
ウ　セシウム：カリウム

○A　アだけ　　○B　イだけ
○C　ウだけ　　○D　アとイ
○E　アとウ　　○F　イとウ

⓮ 力士：相撲

ア　タイヤ：ゴム
イ　庭師：造園
ウ　ほうき：掃除機

○A　アだけ　　○B　イだけ
○C　ウだけ　　○D　アとイ
○E　アとウ　　○F　イとウ

⑮ 薬：治療

ア　ストーブ：暖房
イ　電卓：計算
ウ　ゼリー：ゼラチン

○ A　アだけ　　○ B　イだけ
○ C　ウだけ　　○ D　アとイ
○ E　アとウ　　○ F　イとウ

⑯ 委細：概略

ア　国語：数学
イ　幕開け：幕切れ
ウ　批評：寸評

○ A　アだけ　　○ B　イだけ
○ C　ウだけ　　○ D　アとイ
○ E　アとウ　　○ F　イとウ

⑰ 大工：建築

ア　検察：弁護
イ　洋服：和服
ウ　台車：運搬

○ A　アだけ　　○ B　イだけ
○ C　ウだけ　　○ D　アとイ
○ E　アとウ　　○ F　イとウ

⑱ 末端：中枢

ア　失望：落胆
イ　類似：相違
ウ　了解：承諾

○ A　アだけ　　○ B　イだけ
○ C　ウだけ　　○ D　アとイ
○ E　アとウ　　○ F　イとウ

⑲ 慢心：自惚

ア　走狗：手先
イ　刹那：永劫
ウ　蓋然：必然

○ A　アだけ　　○ B　イだけ
○ C　ウだけ　　○ D　アとイ
○ E　アとウ　　○ F　イとウ

⑳ イノベーション：革新

ア　プレゼンス：存在感
イ　コンセンサス：常識
ウ　テンプレート：ひな形

○ A　アだけ　　○ B　イだけ
○ C　ウだけ　　○ D　アとイ
○ E　アとウ　　○ F　イとウ

㉑ 傍観：座視

ア　大家：泰斗
イ　寡聞：博識
ウ　傾注：没頭

○ A　アだけ　　○ B　イだけ
○ C　ウだけ　　○ D　アとイ
○ E　アとウ　　○ F　イとウ

㉒ 漸進：急進

ア　廉価：安価
イ　嚥下：吐瀉
ウ　勇敢：卑怯

○ A　アだけ　　○ B　イだけ
○ C　ウだけ　　○ D　アとイ
○ E　アとウ　　○ F　イとウ

03 熟語の意味

S 重要度ランク

テストセンター　ペーパーテスト　WEBテスティング

例 題

⏱ 目標タイム：**20秒**

　下線部のことばの意味と合致する語句として最も適切なものを、A～E の中から1つ選びなさい。

　　　<u>使い尽くすこと</u>

- ○ **A**　散財
- ○ **B**　干魃
- ○ **C**　枯渇
- ○ **D**　蕩尽
- ○ **E**　支出

解法 似た意味の言葉の使い分けに注意

　選択肢の中には、似た意味の言葉がいくつか入っているので、下線部の意味にいちばん近いのはどれかをよく判断する必要があります。

- ○ **A**　**散財**…余計なことにお金を使うこと
- ○ **B**　**干魃**（かんばつ）…日照り
- ○ **C**　**枯渇**（こかつ）…枯れてなくなること
- ○ **D**　**蕩尽**（とうじん）…使い尽くすこと
- ○ **E**　**支出**…お金を支払うこと

【正解】D

問 01

リピート
チェック ▶

別冊 ▶ 106

下線部のことばの意味と合致する語句として最も適切なものを、A〜Eの中から 1 つ選びなさい。

❶ 礼をつくして人を招くこと
- ○ A 勧誘
- ○ B 来客
- ○ C 来訪
- ○ D 招聘
- ○ E 引率

❷ あいさつすること
- ○ A 介錯
- ○ B 御礼
- ○ C 同衾
- ○ D 礼節
- ○ E 会釈

❸ かけ離れていること
- ○ A 隔離
- ○ B 乖離
- ○ C 離別
- ○ D 決別
- ○ E 別離

❹ かたくなで柔軟性がないこと
- ○ A 堅牢
- ○ B 強靱
- ○ C 頑強
- ○ D 頑迷
- ○ E 列強

❺ かみ合わないこと
- ○ A 噛砕
- ○ B 齟齬
- ○ C 異議
- ○ D 破戒
- ○ E 破断

❻ ぐずぐずと考えあぐねること
- ○ A 愚鈍
- ○ B 堕落
- ○ C 逡巡
- ○ D 遅刻
- ○ E 遅延

❼ すぐれた判断力
- ○ A 見解
- ○ B 見識
- ○ C 鑑識
- ○ D 査定
- ○ E 浅見

❽ はるかにすぐれていること
- ○ A 上達
- ○ B 上越
- ○ C 円卓
- ○ D 卓上
- ○ E 卓越

❾ 非常に速いことのたとえ

- ○ A 脱兎
- ○ B 颯爽
- ○ C 早計
- ○ D 早速
- ○ E 早退

❿ のんびりした会話

- ○ A 会談
- ○ B 論談
- ○ C 対談
- ○ D 閑談
- ○ E 談話

⓫ ばかばかしいこと

- ○ A 粋狂
- ○ B 一興
- ○ C 滑稽
- ○ D 破格
- ○ E 空疎

⓬ ひどく酔うこと

- ○ A 朦朧
- ○ B 酔狂
- ○ C 不覚
- ○ D 昏迷
- ○ E 酩酊

⓭ へりくだること

- ○ A 下野
- ○ B 反省
- ○ C 卑下
- ○ D 不遜
- ○ E 無双

⓮ まちがいがないこと

- ○ A 無謬
- ○ B 無常
- ○ C 真相
- ○ D 無形
- ○ E 無為

⓯ むごたらしく痛ましいこと

- ○ A 過酷
- ○ B 非道
- ○ C 悪行
- ○ D 荒涼
- ○ E 酸鼻

⓰ めったにないこと

- ○ A 異変
- ○ B 珍味
- ○ C 天変
- ○ D 事変
- ○ E 稀代

⓱ 悪口をいうこと

- ○ A 失言
- ○ B 戯言
- ○ C 放言
- ○ D 誹謗
- ○ E 軽口

⓲ 意地の悪い扱い

- ○ A 邪魔
- ○ B 邪推
- ○ C 邪険
- ○ D 倦厭
- ○ E 嫌疑

⑲ 一箇所に集中してこみ合うこと
　○A　混乱
　○B　輻輳
　○C　混合
　○D　集配
　○E　混信

⑳ 行き詰まって余裕のないこと
　○A　焦眉
　○B　焦燥
　○C　切実
　○D　逼迫
　○E　肉薄

㉑ 忌み嫌う対象のたとえ
　○A　虎穴
　○B　牛後
　○C　蛇蝎
　○D　蛇口
　○E　蛇足

㉒ 気の利いた冗談
　○A　毒舌
　○B　嫌味
　○C　暴言
　○D　諧謔
　○E　皮肉

㉓ 刑を軽減・免除すること
　○A　冤罪
　○B　原罪
　○C　逆罪
　○D　恩赦
　○E　疑獄

㉔ 欠陥があること
　○A　瑕疵
　○B　誤謬
　○C　誤嚥
　○D　無欠
　○E　欠格

㉕ 堅牢なさま
　○A　磐石
　○B　定石
　○C　万全
　○D　安全
　○E　礎石

㉖ 嫌って避けること
　○A　嫌厭
　○B　忌避
　○C　離脱
　○D　脱出
　○E　脱獄

㉗ 言いふらすこと
　○A　風評
　○B　風潮
　○C　吹聴
　○D　発言
　○E　公言

㉘ 遠くまで広く見渡すこと
　○A　羨望
　○B　好望
　○C　信望
　○D　眺望
　○E　望遠

㉙ 支配下に置くこと
- ○A 規制
- ○B 把握
- ○C 収拾
- ○D 掌握
- ○E 完遂

㉚ 事情・心情をくみとること
- ○A 温情
- ○B 推察
- ○C 推測
- ○D 斟酌
- ○E 同感

㉛ 心配そうな顔つき
- ○A 苦渋
- ○B 痛恨
- ○C 寂寥
- ○D 愁眉
- ○E 眉唾

㉜ 深く極めること
- ○A 謙譲
- ○B 研修
- ○C 浅学
- ○D 蒙昧
- ○E 研鑽

㉝ 深く敬うこと
- ○A 礼拝
- ○B 敬虔
- ○C 推奨
- ○D 敬遠
- ○E 狂信

㉞ 徳の力で人を感化すること
- ○A 玉石
- ○B 精鋭
- ○C 薫陶
- ○D 稽古
- ○E 訓練

㉟ 痩せ衰えること
- ○A 病弱
- ○B 痩躯
- ○C 憔悴
- ○D 衰退
- ○E 老衰

㊱ 態度ががらりと変わること
- ○A 変容
- ○B 変身
- ○C 改変
- ○D 機変
- ○E 豹変

㊲ たびたびで嫌になること
- ○A 悪寒
- ○B 食傷
- ○C 嫌悪
- ○D 怠惰
- ○E 横行

㊳ 目がくらんで判断できないこと
- ○A 当惑
- ○B 眩惑
- ○C 目暈
- ○D 熱射
- ○E 光芒

㊴ 余計な心配
- ○A 危惧
- ○B 心痛
- ○C 心労
- ○D 苦渋
- ○E 杞憂

㊵ 礼儀正しいこと
- ○A 礼讃
- ○B 慇懃
- ○C 割礼
- ○D 御礼
- ○E 儀礼

㊶ 哀れに思うこと
- ○A 悲愴
- ○B 耽溺
- ○C 慈愛
- ○D 哀悼
- ○E 憐憫

㊷ 内容をよく理解する
- ○A 咀嚼
- ○B 溜飲
- ○C 看破
- ○D 掘削
- ○E 見聞

㊸ 仕事などがはかどること
- ○A 進行
- ○B 邁進
- ○C 遅滞
- ○D 行程
- ○E 進捗

㊹ 前のことをそのまま受け継ぐこと
- ○A 世襲
- ○B 踏襲
- ○C 反復
- ○D 認証
- ○E 登龍

㊺ あるものをよりどころにし、それに従う
- ○A 監修
- ○B 準拠
- ○C 参考
- ○D 模倣
- ○E 引用

㊻ 急に人が亡くなること
- ○A 逝去
- ○B 縊死
- ○C 急逝
- ○D 急遽
- ○E 毳磔

㊼ 脅して恐れさせる
- ○A 恫喝
- ○B 慟哭
- ○C 威圧
- ○D 咬傷
- ○E 因縁

㊽ とても満足する
- ○A 満帆
- ○B 福寿
- ○C 堪能
- ○D 慶福
- ○E 辟易

04 語句の用法①
文法

S 重要度ランク

学習日付
/

テストセンター　ペーパーテスト　WEBテスティング

例題

⏰目標タイム：**30秒**

　はじめに示す文章の下線部の語句と最も近い意味で使われているものを、A～Eの中から1つ選びなさい。

　　　浜辺<u>で</u>貝殻を拾う

○ **A**　砂<u>で</u>築いたお城
○ **B**　裸足<u>で</u>波打ち際を歩く
○ **C**　川を泳い<u>で</u>渡る
○ **D**　日焼け<u>で</u>背中が痛い
○ **E**　木陰<u>で</u>水着に着替える

解法　前後の語句の関係が同じ文をさがそう

　選択肢の中には、似た意味の言葉がいくつか入っているので、下線部の意味にいちばん近いのはどれかをよく判断する必要があります。

浜辺<u>で</u>貝殻を拾う　→　浜辺という場所で拾う

└──────↑「浜辺」と「拾う」の関係に注目！

　「浜辺」というのは場所で、「拾う」はその場所で行った行為です。前後に同じ関係の語句をもつ文を選択肢からさがしましょう。

○ **A**　砂<u>で</u>築いたお城→砂<u>を使って</u>築く
○ **B**　裸足<u>で</u>波打ち際を歩く→裸足<u>の状態で</u>歩く
○ **C**　川を泳い<u>で</u>渡る→接続助詞「で」の用法
○ **D**　日焼け<u>で</u>背中が痛い→日焼け<u>のせいで</u>痛い
○ **E**　木陰<u>で</u>水着に着替える→木陰<u>という場所で</u>着替える

【正解】E

●格助詞の用法

語句	分類	例文（関係性）
で	場所	庭で遊ぶ（〜という場所で）
	時点	20歳で酒を飲む（〜の時点で／〜の期間で）
	主体	委員会で検討する（〜が主体となって）
	基準	3個で100円（〜に対して）
	状態	裸でうろつくな（〜の状態で）
	手段・材料	物差しで背中をかく（〜によって／〜を使って）
	原因	事故で渋滞している（〜のせいで）
に	時間	8時に起きる（〜になったら）
	場所	草原に風が吹く（〜という場所に）
	到達点	駅に着く（〜の方向に）
	対象・目標	ろうそくに火をつける（〜に対して）
	原因・きっかけ	記念に写真をとる（〜のために）
	動作のもと	熊に襲われる（〜によって）
	状態	上下に動く（〜の状態に）
	変化の結果	夜になる（〜という結果に）
	比較の基準	一家に一台（〜を基準に）
の	連体修飾語	学校の先生（所属・性質・同格など）
	従属句の主格	私の好きな服（〜が）
	名詞に準ずる	君のは少ないね（〜のもの）
	並立	なんのかんのと文句が多い（〜だの〜だの）
と	相手	友人と旅行に行く（〜と一緒に／とともに）
	比較	前と同じ住所（〜と比べて）
	結果	彼はその後店長となった（〜という結果に）
	内容	試合は中止と決定した（〜ということに）
	様子	きっぱりとあきらめる（〜という様子で）
	心理	あと少しの辛抱と歩き出した（〜と思って）
	引用	思わず「嘘だ」と叫んだ

※格助詞：助詞の1つ。主に体言につき、その体言が文中で他の語とどのような関係にあるかを示す助詞。

テストセンター　ペーパーテスト　WEBテスティング

●接続助詞の用法

つつ	継続	天候は回復し<u>つつ</u>ある（～しはじめている）
	同時	ラジオを聴き<u>つつ</u>洗濯をした（～ながら、同時に）
	相反	負けと知り<u>つつ</u>応援した（～にもかかわらず）

●助動詞の用法

そうだ	推量	雨が降り<u>そうだ</u>（～そうな予感）
	伝聞	明日は雪だ<u>そうだ</u>（～と聞いた）
れる／られる	受身	受付で待た<u>される</u>（～れてしまう）
	可能	許<u>される</u>ことではない（～することが可能）
	尊敬	出席<u>される</u>方のお名前（～なされる）
	自発	他人の苦労が身につま<u>される</u>（～れている）

➜ 実践演習問題

解説・解答は別冊 107 - 109 ページ

問 01  別冊 ▶ 107

　各問のはじめに示す文章の下線部の語句と最も近い意味で使われているものを、A ～ E の中から 1 つ選びなさい。

❶ 手<u>で</u>水をすくった
　○ A　あの店<u>で</u>ずっと待っている
　○ B　3 時間<u>で</u>到着する
　○ C　やすり<u>で</u>仕上げる
　○ D　それは誤報<u>で</u>あった
　○ E　閣議<u>で</u>決定する

❷ 台風<u>で</u>欠航となった
　○ A　寝不足<u>で</u>仕事にならない
　○ B　イベントは来週<u>で</u>終了します
　○ C　笑顔<u>で</u>声をかけた
　○ D　タクシー<u>で</u>現地に向かった
　○ E　この件は会議<u>で</u>検討する

❸ 道端<u>で</u>つい話し込む

○ **A** 言いたいことは表情<u>で</u>わかる
○ **B** 日本円<u>で</u>約1億円の豪邸
○ **C** 人を見た目<u>で</u>判断する
○ **D** デパート<u>で</u>買い物をした
○ **E** 夕飯は残り物<u>で</u>済ませた

❹ 全会一致<u>で</u>賛成する

○ **A** 明日<u>で</u>還暦を迎える
○ **B** 寝不足<u>で</u>会社に行く
○ **C** 豪雨<u>で</u>中止になる
○ **D** 家族<u>で</u>旅行する
○ **E** 委員会<u>で</u>可決する

❺ チョーク<u>で</u>黒板に図を描く

○ **A** 十問正解<u>で</u>合格です
○ **B** こんな通り道<u>で</u>座り込まない
○ **C** 今月末<u>で</u>閉店する
○ **D** やかん<u>で</u>お湯をわかす
○ **E** 本社<u>で</u>確認いたします

❻ ノート<u>に</u>日程をメモした

○ **A** あの橋<u>に</u>立っていた
○ **B** お礼<u>に</u>プレゼントをあげた
○ **C** 船は西<u>に</u>向かった
○ **D** コンセント<u>に</u>差し込んだ
○ **E** お祝い<u>に</u>花束を贈る

❼ 真夜中<u>に</u>ラーメンを食べた

○ **A** うどん<u>に</u>煮汁をかけた
○ **B** 仕事の合間<u>に</u>電話をする
○ **C** 危険はゼロ<u>に</u>等しい
○ **D** 彼は社長<u>に</u>なる
○ **E** 美容<u>に</u>ビタミンが効く

❽ スタッフが現地に到着した
　　○A　匿名でネットに発表する
　　○B　病院へ見舞いに行く
　　○C　目的地に近づいた
　　○D　駅への道を人にたずねる
　　○E　冷たい風に吹かれる

❾ 私の知らない人だった
　　○A　名古屋の友人にもらった
　　○B　母の描いた絵
　　○C　私のでよければ使ってください
　　○D　やるのやらないのとぐずぐず言うな
　　○E　やはりそうだったのか

❿ 大学の授業で習った
　　○A　彼の読んでいた本だ
　　○B　夕陽の沈む様子を眺めていた
　　○C　本来興味のなかったものです
　　○D　先生の話を聞いた
　　○E　古いのはぜんぶ処分した

⓫ のちに家康と改名した
　　○A　父さんと買い物にいく
　　○B　間違っていると思う
　　○C　やがて議員となった
　　○D　これとどちらがいいか
　　○E　新潟と仙台に行く

⓬ あなたと方向が違う
　　○A　ほそぼそと続けてきた
　　○B　以前と大きく変わっていた
　　○C　恩師と明日再会する
　　○D　彼は無実ということだ
　　○E　台風が来ようと出港する

⓭ 価格は高い<u>が</u>性能は良い

- ○ **A** 大きな犬<u>が</u>吠える
- ○ **B** 小さな猫<u>が</u>飼いたい
- ○ **C** われら<u>が</u>母校
- ○ **D** 雨がやめばいい<u>が</u>
- ○ **E** 気温は高い<u>が</u>湿度は低い

⓮ 別の選択肢<u>も</u>ある

- ○ **A** あれ<u>も</u>これ<u>も</u>使い物にならない
- ○ **B** あの件は僕<u>も</u>悪かった
- ○ **C** これ以上のことは何<u>も</u>ない
- ○ **D** 5万円<u>も</u>あれば足りる
- ○ **E** 建設には5年<u>も</u>かかるようだ

⓯ 危険と知り<u>つつ</u>探りを入れた

- ○ **A** 雨が降り<u>つつ</u>あった
- ○ **B** 空を眺め<u>つつ</u>帰路についた
- ○ **C** 無駄と思い<u>つつ</u>忠告した
- ○ **D** 酒を飲み<u>つつ</u>話をした
- ○ **E** 北風が強くなり<u>つつ</u>ある

⓰ 目的地に近づき<u>つつ</u>ある

- ○ **A** 焦燥を感じ<u>つつ</u>家路に急いだ
- ○ **B** ゆっくりと味わい<u>つつ</u>食事した
- ○ **C** まずいと知り<u>つつ</u>注文した
- ○ **D** 売上は上昇し<u>つつ</u>も、利益は減少している
- ○ **E** 昔を思い出し<u>つつ</u>仕事にはげんだ

⓱ 仕事は今夜中に終わり<u>そうだ</u>

- ○ **A** 二次会にはみんな来る<u>そうだ</u>
- ○ **B** 彼はやって来ない<u>そうだ</u>
- ○ **C** 雨は雪に変わり<u>そうだ</u>
- ○ **D** 電話で知らせる<u>そうだ</u>
- ○ **E** 試験には出ない<u>そうだ</u>

⑱ 警察は犯人を見失った<u>そうだ</u>
- ○ A　この分では雨が降り<u>そうだ</u>
- ○ B　選挙は与党が勝ち<u>そうだ</u>
- ○ C　花が今にも咲き<u>そうだ</u>
- ○ D　死んだら化けて出<u>そうだ</u>
- ○ E　近所の店は評判だ<u>そうだ</u>

⑲ まんまと敵にして<u>やられる</u>
- ○ A　受験で落と<u>される</u>
- ○ B　お食事を召し上が<u>られる</u>
- ○ C　先が思い<u>やられる</u>
- ○ D　彼なら三振に仕留め<u>られる</u>
- ○ E　先に現地に行か<u>れる</u>そうだ

⑳ この書類は完璧に仕上げ<u>られる</u>
- ○ A　この山なら今日中に<u>登れる</u>
- ○ B　美しい着物を着ておら<u>れる</u>
- ○ C　選挙の管理委員に選ば<u>れる</u>
- ○ D　学生時代が思い出<u>される</u>
- ○ E　公園で財布を盗<u>まれる</u>

㉑ 窓<u>から</u>光が差し込む
- ○ A　明日<u>から</u>三連休だ
- ○ B　諸般の事情<u>から</u>撤退する
- ○ C　すき間<u>から</u>水が漏れる
- ○ D　麦<u>から</u>ビールができる
- ○ E　結果<u>から</u>原因を探る

㉒ 混雑<u>から</u>ダイヤの乱れが生じた
- ○ A　衛星<u>から</u>電波を受信した
- ○ B　不注意<u>から</u>けがをした
- ○ C　それは一通の手紙<u>から</u>はじまった
- ○ D　来週<u>から</u>夏休みになる
- ○ E　東京<u>から</u>大阪まで移動する

㉓ お金よりも家族が大事
- ○ A　見た目より若く見える
- ○ B　そうするより仕方ない
- ○ C　祖父より手紙が届いた
- ○ D　病気により亡くなった
- ○ E　信号より手前の交差点を曲がる

㉔ 相手が納得するまで話す
- ○ A　閉店まであと 10 分しかない
- ○ B　そこまで謝罪すべきか
- ○ C　彼とは手を切るまでだ
- ○ D　猿にまで馬鹿にされた
- ○ E　東京まで 10 キロの距離だ

㉕ できるだけの成果を上げた
- ○ A　残りはこれだけしかない
- ○ B　この店だけにしかない
- ○ C　頑張っただけあっていい結果だ
- ○ D　二人だけの秘密だ
- ○ E　いまのうち寝られるだけ寝ておこう

㉖ 声をあげるほど喜んだ
- ○ A　どれほどの時間が経ったのか
- ○ B　驚くほど自分に似ていた
- ○ C　一週間ほど休みます
- ○ D　飲むほどに旨さを感じる
- ○ E　昨日ほど寒くない

㉗ 本は出たばかりで売っていない
- ○ A　今度ばかりは容赦しない
- ○ B　テレビに出たばかりに有名に
- ○ C　夕飯をごちそうになったばかりか宿まで
- ○ D　いま出掛けたばかりです
- ○ E　グラスに半分ばかり残っている

05 語句の用法②
多義語

S 重要度ランク

テストセンター　ペーパーテスト　WEBテスティング

例 題

⏱ 目標タイム：**30** 秒

　下線部の語句と最も近い意味で使われている文を、Ａ～Ｅの中から１つ選びなさい。

昨日はひどい<u>目</u>にあった

○ **A**　見た<u>目</u>は悪いが、味はいい
○ **B**　夫は甘い物に<u>目</u>がない
○ **C**　ご馳走にありつけて、とてもいい<u>目</u>を見た
○ **D**　部長には人を見る<u>目</u>がある
○ **E**　この勝負には勝ち<u>目</u>がない

解法 言い換えても同じ意味になる文をさがそう

　ひとつの語句が複数の意味をもつ場合を、「**多義語**」といいます。多義語の問題は、該当部分の語句を別の語句に言い換えて、同じ言い換えができる文をさがします。
　例題の「**ひどい目にあう**」の「**目**」は、物事に出会った体験のこと。「昨日はひどい**目**にあった」は「昨日はひどい**体験**をした」と言い換えられます。同じ言い換えができる文を、選択肢からさがしましょう。

× **A**　見た<u>体験</u>は悪いが、味はいい
× **B**　夫は甘い物に<u>体験</u>がない
○ **C**　ご馳走にありつけて、とてもいい<u>体験をした</u>
× **D**　部長には人を見る<u>体験</u>がある
× **E**　この勝負には勝ち<u>体験</u>がない

　Ａの「見た目」は、目に映る状態や様子のこと。Ｂの「目がない」は、分別がつかないほど好きなこと。Ｄの「見る目」は、鑑識眼や洞察力のこと。Ｅの「勝ち目」は博打で勝ちとなるサイコロの目のこと（転じて、勝つ見込みのこと）です。

【正解】C

各問のはじめに示す文章の下線部の語句と最も近い意味で使われているものを、A 〜 E の中から 1 つ選びなさい。

❶ 指のサイズに<u>あう</u>リング
- ○ A　久しぶりに古い友人と<u>あう</u>
- ○ B　彼とはずっと話が<u>あう</u>
- ○ C　電車の席で向かい<u>あう</u>
- ○ D　親戚が交通事故に<u>あう</u>
- ○ E　次の勝負で<u>あう</u>相手は強敵だ

❷ 彼は常に正論を<u>はく</u>
- ○ A　出かけるので靴を<u>はく</u>
- ○ B　後悔していると弱音を<u>はく</u>
- ○ C　ほうきで塵を<u>はく</u>
- ○ D　寒くて白い息を<u>はく</u>
- ○ E　祖母が頬紅を<u>はく</u>

❸ 顧客からのクレームを受け<u>流す</u>
- ○ A　水道に水を<u>流す</u>
- ○ B　過去のことは水に<u>流す</u>
- ○ C　相手の話を聞き<u>流す</u>
- ○ D　夜の街でタクシーを<u>流す</u>
- ○ E　質入れした質草を<u>流す</u>

❹ 辞書に<u>あたる</u>
- ○ A　バットの芯に<u>あたる</u>
- ○ B　仕事の不満で妻に<u>あたる</u>
- ○ C　詳しい専門家に<u>あたる</u>
- ○ D　私の義理の祖父に<u>あたる</u>
- ○ E　天気予報が<u>あたる</u>

❺ 階段で 1 階に<u>おりる</u>
　○ **A**　停車駅でバスから<u>おりる</u>
　○ **B**　演劇の舞台の幕が<u>おりる</u>
　○ **C**　胸のつかえが<u>おりる</u>
　○ **D**　役所の許可が<u>おりる</u>
　○ **E**　急いで山から<u>おりる</u>

❻ 背筋を寒気が<u>走る</u>
　○ **A**　目的地に向けて列車は<u>走る</u>
　○ **B**　あまりの不快さに虫唾が<u>走る</u>
　○ **C**　山脈が東西に<u>走る</u>
　○ **D**　気持よく筆が<u>走る</u>
　○ **E**　修羅の道に<u>走る</u>

❼ フォークで肉を<u>さす</u>
　○ **A**　雨が上がって陽が<u>さす</u>
　○ **B**　会話に水を<u>さす</u>
　○ **C**　頬に紅を<u>さす</u>
　○ **D**　胸を<u>さす</u>痛み
　○ **E**　蚊が<u>さす</u>

❽ 大学で教鞭を<u>とる</u>
　○ **A**　商品を手に<u>とる</u>
　○ **B**　無断で他人の物を<u>とる</u>
　○ **C**　楽団の指揮を<u>とる</u>
　○ **D**　中立の立場を<u>とる</u>
　○ **E**　デジカメで写真を<u>とる</u>

❾ 失敗の責任を<u>とる</u>
　○ **A**　果物で栄養を<u>とる</u>
　○ **B**　家の跡を<u>とる</u>
　○ **C**　投手が打球を<u>とる</u>
　○ **D**　森でクワガタムシを<u>とる</u>
　○ **E**　強硬な態度を<u>とる</u>

⑩ ご飯を海苔で<u>まく</u>

○ **A** 庭に水を<u>まく</u>

○ **B** 大声で周囲を煙に<u>まく</u>

○ **C** 傷口に包帯を<u>まく</u>

○ **D** 時計のゼンマイを<u>まく</u>

○ **E** 博識ぶりに舌を<u>まく</u>

⑪ お見合い話が<u>すすむ</u>

○ **A** 技術が<u>すすむ</u>と便利になる

○ **B** 空腹だったので食が<u>すすむ</u>

○ **C** 工事が予定どおり<u>すすむ</u>

○ **D** 会社を辞めて政界に<u>すすむ</u>

○ **E** 良い話で気が<u>すすむ</u>

⑫ 台風の影響で上下線とも電車が<u>とまる</u>

○ **A** 家の前に車が<u>とまる</u>

○ **B** 友人の部屋に<u>とまる</u>

○ **C** 工事で水道が<u>とまる</u>

○ **D** 悪い噂が耳に<u>とまる</u>

○ **E** 薬を飲んだので頭痛が<u>とまる</u>

⑬ それ以来消息を<u>たつ</u>

○ **A** ただ時間だけが<u>たつ</u>

○ **B** 呼び出しを受け椅子から<u>たつ</u>

○ **C** 抗議するために食事を<u>たつ</u>

○ **D** 念願の家が<u>たつ</u>

○ **E** 午前8時に自宅を<u>たつ</u>

⑭ 有名な戯曲の一節を<u>ひく</u>

○ **A** 電源レバーを手前に<u>ひく</u>

○ **B** 気に入った相手の気を<u>ひく</u>

○ **C** ペッパーミルで胡椒を<u>ひく</u>

○ **D** スピーチでことわざを<u>ひく</u>

○ **E** 美しい音色のピアノを<u>ひく</u>

⑮ 面倒な問題の片が<u>つく</u>

○ A　暗い時間に家に<u>つく</u>

○ B　年頃の妹に悪い虫が<u>つく</u>

○ C　暗くなって街の明かりが<u>つく</u>

○ D　この料理は精が<u>つく</u>

○ E　ホームランで勝負が<u>つく</u>

⑯ メンバーが一人<u>かける</u>

○ A　この試合に勝負を<u>かける</u>

○ B　馬たちが草原を<u>かける</u>

○ C　お気に入りの茶碗が<u>かける</u>

○ D　ハンガーに洋服を<u>かける</u>

○ E　空に虹の橋を<u>かける</u>

⑰ コーヒーにミルクを<u>かける</u>

○ A　花に水を<u>かける</u>

○ B　料理に手を<u>かける</u>

○ C　疲れたので椅子に<u>かける</u>

○ D　演技に磨きをかける

○ E　悪い計略に<u>かける</u>

⑱ 母の一言が胸を<u>うつ</u>

○ A　休日は厨房で蕎麦を<u>うつ</u>

○ B　心を<u>うつ</u>名場面

○ C　友人を助けるために一芝居<u>うつ</u>

○ D　親のかたきを<u>うつ</u>

○ E　野生の鹿を猟銃で<u>うつ</u>

⑲ 生徒に<u>甘い</u>先生

○ A　<u>甘い</u>チョコレート菓子

○ B　発想は良いが詰めが<u>甘い</u>

○ C　あの家は子どもに<u>甘い</u>

○ D　<u>甘い</u>言葉に騙された

○ E　このカレーはやけに<u>甘い</u>

⑳ 電球が新しく部屋が<u>明るい</u>

- ○ A　予想より見通しは<u>明るい</u>
- ○ B　彼は鉄道の知識に<u>明るい</u>
- ○ C　彼女は性格が<u>明るい</u>
- ○ D　真夏の太陽の日差しが<u>明るい</u>
- ○ E　<u>明るい</u>選挙がキャッチフレーズ

㉑ 夜中に足音を<u>たてる</u>

- ○ A　同僚の顔を<u>たてる</u>
- ○ B　うわさ話に聞き耳を<u>たてる</u>
- ○ C　給料で生計を<u>たてる</u>
- ○ D　平和な家庭に波風を<u>たてる</u>
- ○ E　図書館で笑い声を<u>たてる</u>

㉒ 週末の旅行の計画を<u>たてる</u>

- ○ A　卵白でメレンゲの泡を<u>たてる</u>
- ○ B　交渉に代理人を<u>たてる</u>
- ○ C　地震による被害対策を<u>たてる</u>
- ○ D　大げさに騒ぎ<u>たてる</u>
- ○ E　二度としないと誓いを<u>たてる</u>

㉓ 茶柱は縁起がいい<u>という</u>

- ○ A　他人の<u>いう</u>ことは気にしない
- ○ B　彼みたいのを大食漢と<u>いう</u>らしい
- ○ C　これ<u>という</u>取り柄もない
- ○ D　１億<u>という</u>大金はない
- ○ E　自分の名前を<u>いう</u>

㉔ 同僚の恨みを<u>かう</u>

- ○ A　コンビニでおにぎりを<u>かう</u>
- ○ B　庭で可愛い子犬を<u>かう</u>
- ○ C　的はずれな質問で失笑を<u>かう</u>
- ○ D　君たちのこれまでの努力は<u>かう</u>
- ○ E　市場で鮮魚を<u>かう</u>

㉕ 学校の成績が**あがる**
- ○ **A** 息子が中学校に<u>あがる</u>
- ○ **B** 作業の効率が<u>あがる</u>
- ○ **C** 初舞台で緊張して<u>あがる</u>
- ○ **D** 今日はもう仕事を<u>あがる</u>
- ○ **E** 友人の部屋に<u>あがる</u>

㉖ 主電源のスイッチを**切る**
- ○ **A** 包丁で指を<u>切る</u>
- ○ **B** 親子の縁を<u>切る</u>
- ○ **C** 自動車のハンドルを<u>切る</u>
- ○ **D** 話の途中で電話を<u>切る</u>
- ○ **E** 論争の口火を<u>切る</u>

㉗ 庭から温泉が**わいた**
- ○ **A** いろんな疑問が<u>わいた</u>
- ○ **B** 米びつに虫が<u>わいた</u>
- ○ **C** やかんのお湯が<u>わいた</u>
- ○ **D** 井戸から水が<u>わいた</u>
- ○ **E** 実在するのか疑念が<u>わいた</u>

㉘ 敵の軍勢が押し**寄せる**
- ○ **A** 友人の恋人に思いを<u>寄せる</u>
- ○ **B** アンケートに回答を<u>寄せる</u>
- ○ **C** 大きな波が<u>寄せる</u>
- ○ **D** 眉間にしわを<u>寄せる</u>
- ○ **E** 友人たちと肩を<u>寄せる</u>

㉙ 年齢のさばを**読む**
- ○ **A** 小説の新刊を<u>読む</u>
- ○ **B** 世間の空気を<u>読む</u>
- ○ **C** 手の内を<u>読む</u>
- ○ **D** 選挙の票を<u>読む</u>
- ○ **E** 寺でお経を<u>読む</u>

各問のはじめに示す文章の下線部の語句と最も近い意味で使われているものを、A 〜 E の中から 1 つ選びなさい。

❶ 今日一日が山だ
- ○ A　博打でひと山当てる
- ○ B　試験で山が当たった
- ○ C　山に登るのが趣味だ
- ○ D　問題が山積みだ
- ○ E　景気は山を越えた

❷ 空模様が気になる
- ○ A　うわの空で聞いていた
- ○ B　秋の空は変わりやすい
- ○ C　知り合いかと思ったら、他人の空似だった
- ○ D　まるで空を飛ぶ鳥のようだ
- ○ E　空で覚えている

❸ 私の目に狂いはなかった
- ○ A　目を見張る光景だ
- ○ B　ひどい目にあった
- ○ C　目が笑っていない
- ○ D　目にもの見せてやる
- ○ E　実にお目が高い

❹ 地球の緑を守る
- ○ A　信号が緑に変わる
- ○ B　都会には緑が少ない
- ○ C　緑色の絵の具
- ○ D　緑に染まる大地
- ○ E　草木の緑が目に映る

❺ 評判の店に<u>足</u>を運ぶ
- ○ A 馬の<u>足</u>は強い
- ○ B 予算に<u>足</u>が出た
- ○ C 机の<u>足</u>が折れた
- ○ D 客<u>足</u>がばったりと途絶える
- ○ E お気に入りの場所に自然と<u>足</u>が向く

❻ もうほかに<u>手</u>がない
- ○ A 鍬を<u>手</u>に持つ
- ○ B 行く<u>手</u>を阻む
- ○ C その<u>手</u>はくわない
- ○ D 火の<u>手</u>があがる
- ○ E 他人の<u>手</u>に渡る

❼ 仕上げに細かい<u>手</u>がかかっている
- ○ A この案件は自分の<u>手</u>には余る
- ○ B この料理は<u>手</u>が込んでいる
- ○ C ゲームで対戦相手の<u>手</u>を読んだ
- ○ D 忙しくて人の<u>手</u>が足りない
- ○ E この<u>手</u>の品は出来がよくない

❽ <u>口</u>を謹んだほうがいい
- ○ A この味は<u>口</u>に合わない
- ○ B 彼は<u>口</u>程にもない
- ○ C 流行に乗ってはじめた<u>口</u>だ
- ○ D まだ宵の<u>口</u>だ
- ○ E 勤め<u>口</u>がある

❾ 彼は<u>頭</u>の回転が速い
- ○ A <u>頭</u>が痛く頭痛薬を飲んだ
- ○ B 父は<u>頭</u>がかたく頑固だった
- ○ C <u>頭</u>ごなしに否定された
- ○ D 来月の<u>頭</u>から開始する
- ○ E <u>頭</u>数が揃った

⓾ 出掛ける前に<u>火</u>の元を確認する

　○ A　<u>火</u>を見るよりも明らかだ
　○ B　ライターでタバコに<u>火</u>をつけた
　○ C　額が<u>火</u>のように熱い
　○ D　やかんに<u>火</u>をかけて湯をわかした
　○ E　<u>火</u>の用心のポスター

⓫ 歴史の<u>波</u>に翻弄された人々

　○ A　人の<u>波</u>に飲み込まれていった
　○ B　感情の<u>波</u>が激しい人だ
　○ C　国際化の<u>波</u>が押し寄せている
　○ D　毎月の売上に<u>波</u>がある
　○ E　景気の<u>波</u>に乗る

⓬ <u>腹</u>に一物ありそうな男だ

　○ A　悪口に<u>腹</u>を立てる
　○ B　食べ過ぎで<u>腹</u>がもたれる
　○ C　互いの<u>腹</u>の中を探った
　○ D　年齢のせいか<u>腹</u>が出てきた
　○ E　<u>腹</u>が据った好人物だ

⓭ 宿題の多さに<u>気</u>が滅入る

　○ A　彼は彼女に<u>気</u>がある
　○ B　<u>気</u>を楽にもったほうがいい
　○ C　長男は<u>気</u>がきかない
　○ D　君、<u>気</u>はたしかか
　○ E　<u>気</u>の抜けたビール

⓮ 野球の打者に代打を<u>出した</u>

　○ A　漫画の同人誌を<u>出した</u>
　○ B　洗濯物を乾燥機から<u>出した</u>
　○ C　隣国の王に使いを<u>出した</u>
　○ D　部下に命令を<u>出した</u>
　○ E　訪問客にお茶を<u>出した</u>

06 熟語の成り立ち

A 重要度ランク

テストセンター　ペーパーテスト　**WEBテスティング**

例 題

⏱ 目標タイム：1分

　次の5つの熟語の成り立ち方として、当てはまるものをAからDのうちからそれぞれ1つずつ選びなさい。

（1）雷鳴
（2）苦楽
（3）同等
（4）読書
（5）疾走

○ **A**　主語と述語の関係である
○ **B**　似た意味を持つ漢字を重ねる
○ **C**　動詞の後に目的語をおく
○ **D**　AからCのどれにも当てはまらない

解法 「訓読み」「言い換え」で2単語に分解

　漢字熟語を、成り立ちの違いによって分類する問題です。分類には次の5種類があります。

①主語と述語の関係である
②似た意味を持つ漢字を重ねる
③反対の意味を持つ漢字を重ねる
④前の漢字が後ろの漢字を修飾する
⑤動詞の後に目的語をおく

分類	説明
主語と述語の関係である	前の漢字が「主語」、後ろの漢字が「述語」の関係。前から後ろに「○は△する」「○が△する」と読める。 （例）頭痛→<u>頭</u>が<u>痛い</u>
似た意味を持つ漢字を重ねる	前後の漢字が同じ意味をもつ熟語。 （例）美麗→「<u>美</u>しい」と「<u>麗<ruby>麗<rt>うるわ</rt></ruby>しい</u>」
反対の意味を持つ漢字を重ねる	前後の漢字が相反する意味を持つ熟語。 （例）功罪→「<u>功</u>績」と「<u>罪</u>過」
前の漢字が後ろの漢字を修飾する	前の漢字が後ろの漢字を修飾する熟語。前の漢字が後ろの漢字の状況や性質などを説明する。 （例）低空→<u>低い</u>空
動詞の後に目的語をおく	前の漢字が動詞で、後ろの漢字が目的語の熟語。後ろから前に「△を○する」「△に○する」と読める。 （例）犯罪→「<u>罪</u>を<u>犯す</u>」

(1)「雷鳴」は訓読みで「雷が鳴る」と読めます。「雷」は主語、「鳴る」は述語なので「A 主語と述語の関係である」が正解です。

(2)「苦楽」は、「苦しい」と「楽しい」という、反対の意味の漢字の組合せです。選択肢に「反対の意味を持つ漢字を重ねる」はないので、「D AからCのどれにも当てはまらない」が正解です。

(3)「同等」は、「同じ」と「等しい」という、似た意味の漢字の組合せです。したがって「B 似た意味を持つ漢字を重ねる」が正解です。

(4)「読書」は「書を読む」と読めます。「書」は、「読む」という動作の目的語なので、「C 動詞の後に目的語をおく」が正解です。

(5)「疾走」は訓読みで「疾く走る」と読めます。「疾く」は「速く」という意味で、「走る」という動作を修飾しています。したがって「前の漢字が後ろの漢字を修飾する」に分類できますが、この分類は選択肢にないので「D AからCのどれにも当てはまらない」が正解になります。

【正解】(1) A　(2) D　(3) B　(4) C　(5) D

問 01　　リピート
　　　　　　チェック ▶ ☑ ☑ ☑ ----------------------------------- 別冊 ▶ 111

　各問の（1）～（5）の熟語の成り立ち方に当てはまるものを、それぞれ A から D のうちから 1 つずつ選びなさい。

❶ （1）避難
　（2）利害
　（3）日没
　（4）極寒
　（5）是非

　○ **A**　反対の意味を持つ漢字を重ねる
　○ **B**　前の漢字が後ろの漢字を修飾する
　○ **C**　動詞の後に目的語をおく
　○ **D**　A から C のどれにも当てはまらない

❷ （1）貧弱
　（2）弱者
　（3）公私
　（4）国営
　（5）賠償

　○ **A**　主語と述語の関係である
　○ **B**　似た意味を持つ漢字を重ねる
　○ **C**　前の漢字が後ろの漢字を修飾する
　○ **D**　A から C のどれにも当てはまらない

❸（1）登山
　（2）危険
　（3）美女
　（4）雌雄
　（5）断食

　○A　前の漢字が後ろの漢字を修飾する
　○B　反対の意味を持つ漢字を重ねる
　○C　動詞の後に目的語をおく
　○D　AからCのどれにも当てはまらない

❹（1）私有
　（2）救護
　（3）吉凶
　（4）進軍
　（5）清純

　○A　似た意味を持つ漢字を重ねる
　○B　反対の意味を持つ漢字を重ねる
　○C　主語と述語の関係である
　○D　AからCのどれにも当てはまらない

❺（1）送金
　（2）大漁
　（3）明暗
　（4）起立
　（5）寒村

　○A　反対の意味を持つ漢字を重ねる
　○B　動詞の後に目的語をおく
　○C　前の漢字が後ろの漢字を修飾する
　○D　AからCのどれにも当てはまらない

❻ （1）逃避
（2）奇偶
（3）円安
（4）強力
（5）反対

○ **A** 主語と述語の関係である
○ **B** 似た意味を持つ漢字を重ねる
○ **C** 反対の意味を持つ漢字を重ねる
○ **D** ＡからＣのどれにも当てはまらない

❼ （1）小額
（2）消毒
（3）損得
（4）戦争
（5）訪日

○ **A** 動詞の後に目的語をおく
○ **B** 前の漢字が後ろの漢字を修飾する
○ **C** 反対の意味を持つ漢字を重ねる
○ **D** ＡからＣのどれにも当てはまらない

❽ （1）日照
（2）請求
（3）上京
（4）天地
（5）洗浄

○ **A** 似た意味を持つ漢字を重ねる
○ **B** 主語と述語の関係である
○ **C** 動詞の後に目的語をおく
○ **D** ＡからＣのどれにも当てはまらない

❾（1）虚実
（2）聖杯
（3）気軽
（4）通学
（5）急用

○ **A** 前の漢字が後ろの漢字を修飾する
○ **B** 反対の意味を持つ漢字を重ねる
○ **C** 動詞の後に目的語をおく
○ **D** ＡからＣのどれにも当てはまらない

❿（1）植樹
（2）地震
（3）喧騒
（4）矛盾
（5）受信

○ **A** 主語と述語の関係である
○ **B** 似た意味を持つ漢字を重ねる
○ **C** 動詞の後に目的語をおく
○ **D** ＡからＣのどれにも当てはまらない

⓫（1）人為
（2）添付
（3）高温
（4）清濁
（5）強欲

○ **A** 似た意味を持つ漢字を重ねる
○ **B** 主語と述語の関係である
○ **C** 前の漢字が後ろの漢字を修飾する
○ **D** ＡからＣのどれにも当てはまらない

⑫ （1）汚濁
　　（2）防火
　　（3）人権
　　（4）濃淡
　　（5）借金

　　　○ **A**　反対の意味を持つ漢字を重ねる
　　　○ **B**　似た意味を持つ漢字を重ねる
　　　○ **C**　動詞の後に目的語をおく
　　　○ **D**　AからCのどれにも当てはまらない

⑬ （1）屈伸
　　（2）暗黒
　　（3）民営
　　（4）苦闘
　　（5）言論

　　　○ **A**　似た意味を持つ漢字を重ねる
　　　○ **B**　主語と述語の関係である
　　　○ **C**　前の漢字が後ろの漢字を修飾する
　　　○ **D**　AからCのどれにも当てはまらない

⑭ （1）光陰
　　（2）開花
　　（3）人造
　　（4）計測
　　（5）殺人

　　　○ **A**　動詞の後に目的語をおく
　　　○ **B**　反対の意味を持つ漢字を重ねる
　　　○ **C**　主語と述語の関係である
　　　○ **D**　AからCのどれにも当てはまらない

⑮ （1）追跡
　（2）巧知
　（3）強大
　（4）前後
　（5）温暖

　○ A　前の漢字が後ろの漢字を修飾する
　○ B　動詞の後に目的語をおく
　○ C　似た意味を持つ漢字を重ねる
　○ D　AからCのどれにも当てはまらない

⑯ （1）巧妙
　（2）否応
　（3）水力
　（4）通院
　（5）黒板

　○ A　反対の意味を持つ漢字を重ねる
　○ B　似た意味を持つ漢字を重ねる
　○ C　動詞の後に目的語をおく
　○ D　AからCのどれにも当てはまらない

⑰ （1）怪獣
　（2）住所
　（3）縦横
　（4）動揺
　（5）失速

　○ A　反対の意味を持つ漢字を重ねる
　○ B　前の漢字が後ろの漢字を修飾する
　○ C　動詞の後に目的語をおく
　○ D　AからCのどれにも当てはまらない

07 文の並べ替え①
文節

A 重要度ランク

テストセンター｜ペーパーテスト｜WEBテスティング

例 題

⏱ 目標タイム：1分

A～Eの語句を空欄 1 ～ 5 に入れて文の意味が成り立つようにするとき、 4 に入るものはどれか。

「敷居が高い」という慣用句は、もともと 1 2 3 4 5 意味で使われることも多い。

- ○ A　最近では高級過ぎて
- ○ B　面目の立たない事情があって
- ○ C　その人の家に行きにくいという
- ○ D　その店に入りにくいという
- ○ E　意味で使われていたが

解法 文頭と文末の空欄から埋めよう

　文節の並べ換えは、文章の最初と最後だけが表示され、間の文章を並べ替えて意味が通るようにする問題です。

　問題を解くには、まず、文頭の続きとなる空欄 1 か、末尾の1つ前の空欄 5 に当てはまるものを選択肢から探します。残りの選択肢は、つないで意味が通る順番に並べます。

　例題は、まず空欄 5 から考えます。文末の「**意味で使われることも多い**」の前にくる文節としては、「**C その人の家に行きにくいという**」と「**D その店に入りにくいという**」の2種類の候補があります。この2つの文節は、それぞれ

A 最近では高級過ぎて→D その店に入りにくいという

B 面目の立たない事情があって→C その人の家に行きにくいという

のようにつながります。Cを空欄 5 に入れてしまうと、空欄 1 にAが入ることになり、「もともと」とつながりません。したがって、空欄 5 には

D が入ります。すると、空欄　1　　2　に B、C、空欄　4　に A が入ることになり、残った空欄　3　に E が入ります。

全文は次のようになります。

「敷居が高い」という慣用句は、もともと **B** 面目の立たない事情があって **C** その人の家に行きにくいという **E** 意味で使われていたが **A** 最近では高級過ぎて **D** その店に入りにくいという　意味で使われることも多い。

【正解】A

●実践演習問題

解説・解答は別冊 112 - 113 ページ

問 01 リピート▶
チェック - 別冊▶112

A ～ E の語句を空欄　1　～　5　に入れて文の意味が成り立つようにするとき、　4　に入るものはどれか。

近年の　1　　2　　3　　4　　5　おそれが生じている。

- ○ A　温室効果ガスが
- ○ B　人間活動の拡大に伴って
- ○ C　地球が温暖化する
- ○ D　排出されることで
- ○ E　大量に大気中に

問 02 リピート▶
チェック - 別冊▶112

A ～ E の語句を空欄　1　～　5　に入れて文の意味が成り立つようにするとき、　3　に入るものはどれか。

国際宇宙ステーション（ISS）計画は　1　　2　　3　　4　　5　している。

- ○ A　15 か国共同の
- ○ B　米国・ロシア・日本・カナダ・欧州による
- ○ C　日本は実験棟「きぼう」により
- ○ D　国際協力プロジェクトで
- ○ E　ISS 計画に参加

問 03

リピート
チェック ▶ ☑ ☑ ☑

A～Eの語句を空欄 1 ～ 5 に入れて文の意味が成り立つようにするとき、 2 に入るものはどれか。

高度成長期以降の 1 2 3 4 5 といわれている。

- ○A コンクリートの寿命は
- ○B 100年から50年程度
- ○C 建造された建築物の
- ○D 急速施工の時代に
- ○E 内部の鉄筋の劣化により

問 04

リピート
チェック ▶ ☑ ☑ ☑

A～Eの語句を空欄 1 ～ 5 に入れて文の意味が成り立つようにするとき、 3 に入るものはどれか。

20代の男性は 1 2 3 4 5 といわれる。

- ○A 女性の運動習慣は
- ○B 低下傾向にあり
- ○C 運動習慣のある者の割合が
- ○D 2割を下回っている
- ○E やや上昇しているが

問 05

リピート
チェック ▶ ☑ ☑ ☑

A～Eの語句を空欄 1 ～ 5 に入れて文の意味が成り立つようにするとき、 2 に入るものはどれか。

アカショウビン（カワセミ科）は 1 2 3 4 5 夏鳥です。

- ○A 東南アジアなどに
- ○B 毎年春になると
- ○C 日本に飛来する
- ○D 繁殖のために
- ○E 広く分布しており

問 06　リピートチェック ▶ ☑ ☑ ☑ 　-----------------------------　別冊▶113

　A 〜 E の語句を空欄 1 〜 5 に入れて文の意味が成り立つようにするとき、 4 に入るものはどれか。

我が国の地域社会は、 1 2 3 4 5 困難になっている。

- ○ A　人間関係の希薄化が進み、
- ○ B　目撃情報の入手などが
- ○ C　事件解決に欠かせなかったが、
- ○ D　聞き込み捜査による
- ○ E　警察捜査への協力の基盤として

問 07　リピートチェック ▶ ☑ ☑ ☑ 　-----------------------------　別冊▶113

　A 〜 E の語句を空欄 1 〜 5 に入れて文の意味が成り立つようにするとき、 2 に入るものはどれか。

2012 年に 1 2 3 4 5 大規模な被害を受けた。

- ○ A　直撃を受けたニューヨークは
- ○ B　ハリケーン・サンディが
- ○ C　米国東海岸に上陸して
- ○ D　大型で強い勢力の
- ○ E　浸水や停電などによる

問 08　リピートチェック ▶ ☑ ☑ ☑ 　-----------------------------　別冊▶113

　A 〜 E の語句を空欄 1 〜 5 に入れて文の意味が成り立つようにするとき、 2 に入るものはどれか。

近年、西日本を中心に 1 2 3 4 5 集まりつつある。

- ○ A　社会的な注目が
- ○ B　大規模化しており
- ○ C　黄砂の飛来が
- ○ D　環境問題としても
- ○ E　中国やモンゴルからの

問 09　リピート
チェック ▶ ☑ ☐ ☑

　A〜Eの語句を空欄 ⬚ 1 ⬚ 〜 ⬚ 5 ⬚ に入れて文の意味が成り立つようにするとき、⬚ 3 ⬚ に入るものはどれか。

　物理学の学徒としての自分は、日常普通に ⬚ 1 ⬚ ⬚ 2 ⬚ ⬚ 3 ⬚ ⬚ 4 ⬚ ⬚ 5 ⬚ はできない。

　　◯ A　存在を信ずること
　　◯ B　不思議を感ずる事は多いが、
　　◯ C　古来のいわゆる
　　◯ D　身辺に起こる自然現象に
　　◯ E　「怪異」なるものの

問 10　リピート
チェック ▶ ☑ ☑ ☑

　A〜Eの語句を空欄 ⬚ 1 ⬚ 〜 ⬚ 5 ⬚ に入れて文の意味が成り立つようにするとき、⬚ 3 ⬚ に入るものはどれか。

　国際自然保護連合（IUCN）は、⬚ 1 ⬚ ⬚ 2 ⬚ ⬚ 3 ⬚ ⬚ 4 ⬚ ⬚ 5 ⬚ 公表している。

　　◯ A　レッドリストとして
　　◯ B　危険性を評価・選定し
　　◯ C　それらの生物種のリストを
　　◯ D　野生生物の絶滅の
　　◯ E　絶滅危惧種として認定して

08 文の並べ替え②

長文

B 重要度ランク

例 題

⏱ 目標タイム：**1分**

ア〜オの文章を読んで、次の問に答えなさい。

ア こうした色々な物を「共有」する価値観の背景には、物を所有することに伴うコストへの負担感、よりコストのかからない生活や、人とのつながりを求める心理が育ちつつあると考えられます。

イ また、車を共有する「カーシェアリング」も都市部でよく見かけるようになりました。

ウ 一昔前の物の「共有」といえば、図書館での本の共有や公園など公共空間の共有を意味していましたが、今や共有されるものは増加し、また多様化しています。

エ 最近では、物を「所有」して自分自身のものとすることにこだわるのではなく、必要な時に必要な量を利用し、物を「共有」するということを重視する考え方が広がりつつあります。

オ 例えば、都市を中心に生活空間を共有する「シェアハウス」に居住する若者が増えています。冷蔵庫等の家電は一台を共有するため、一人で暮らすよりも環境面・金銭面で効率的です。

①ア〜オの文章を意味が通るように並べ替えたとき、**オの次にくる文章は**どれか。

○**A** ア　　○**B** イ　　○**C** ウ　　○**D** エ　　○**E** オが最後の文章

②ア〜オの文章を意味が通るように並べ替えたとき、**アの次にくる文章は**どれか。

○**A** イ　　○**B** ウ　　○**C** エ　　○**D** オ　　○**E** アが最後の文章

解法 文章の論理的なつながりをみつけよう

　文章の並べ替え問題です。設問は「**オ**の次にくる文章」といった形になっていますが、実際には、5つの文章の順番をすべて決めないと解答できません。

　そこで、まずは先頭にくる文章を推測します。出だしの文章に「しかし」や「また」といった接続詞や、「この」「その」といった指示語がくることはないでしょう。例題の場合、**ア**「こうした」、**イ**「また」、**オ**「例えば」といった接続詞は、先頭の文章としては不適切です。**ウ**と**エ**のうち、**ウ**は「共有」の増加と多様化について、**エ**は最近「共有」を重視する考えが広がってきたことを述べています。一連の文章の主題が「共有」にあることがこの2つからわかります。また**エ**では、

「最近では、物を「所有」して自分自身のものとすることにこだわるのではなく、必要な時に必要な量を利用し、物を「共有」するということ」

のように「共有」の考え方を紹介しているので、書き出しとしてはこちらが適切です。この文章に続いて、**ウ**で「今や共有されるものは増加し、また多様化しています」と論旨を展開します。

　次に、多様化した「共有」の例として、**イ**ではカーシェアリング、**オ**ではシェアハウスをとりあげています。**イ**は「また」、**オ**は「例えば」ではじまるので、**オ**→**イ**の順が適切です。最後の**ア**で「共有」の価値感の背景について述べ、ひとつの段落が終わります。

　以上から、文章の順番は**エ**→**ウ**→**オ**→**イ**→**ア**となります。(1) **オ**の次にくるのは B の「**イ**」、また**ア**は最後の文章なので、(2) は E の「**ア**が最後の文章」です。

【正解】(1) B　(2) E

問 01　リピート
　　　チェック ▶ ✓ ✓ ✓ -------------------------------- 別冊 ▶ 114

ア～オの文章を読んで、次の問に答えなさい。

ア　このように、温室効果ガスは生物が生存するために不可欠なものです。

イ　現在の地球の平均気温は約 14℃です。これは、二酸化炭素や水蒸気などの「温室効果ガス」のはたらきによるものです。

ウ　このため、温室効果が強くなり、地表面の温度が上昇しています。これが「地球温暖化」です。

エ　しかし、産業革命以降、人間は化石燃料を大量に燃やして使用することで、大気中への二酸化炭素の排出を急速に増加させてしまいました。

オ　もし、温室効果ガスが全く存在しなければ、地表面から放射された熱は地球の大気を素通りして、地球の平均気温は－ 19℃になるといわれています。

❶ ア～オの文章を意味が通るように並べ替えたとき、アの次にくる文章はどれか。

○**A**　イ　　○**B**　ウ　　○**C**　エ　　○**D**　オ　　○**E**　アが最後の文章

❷ ア～オの文章を意味が通るように並べ替えたとき、イの次にくる文章はどれか。

○**A**　ア　　○**B**　ウ　　○**C**　エ　　○**D**　オ　　○**E**　イが最後の文章

問 02　リピート
チェック ▶ ☑ ☑ ☑

ア～オの文章を読んで、次の問に答えなさい。

ア　こうした取組が検討される際には、女性が置かれている状況に関心が向けられがちである。

イ　また、仕事と生活の調和（ワーク・ライフ・バランス）を考える際には、夫婦と子供から成る世帯を念頭に、女性が就業を継続する上での課題が議論されることが多い。

ウ　むしろ、男性も含めたあらゆる個々人の、そしてあらゆる家族類型の世帯の問題である。

エ　女性の活躍が成長戦略の中核に位置付けられ、女性が輝く社会の実現に向けた取組が様々な分野で展開されつつある。

オ　しかし、女性の活躍の促進やワーク・ライフ・バランスは、女性だけの問題でもなく、夫婦と子供から成る世帯だけの問題でもない。

❶ ア～オの文章を意味が通るように並べ替えたとき、<u>イの次にくる文章</u>はどれか。

　○**A**　ア　　○**B**　ウ　　○**C**　エ　　○**D**　オ　　○**E**　イが最後の文章

❷ ア～オの文章を意味が通るように並べ替えたとき、<u>ウの次にくる文章</u>はどれか。

　○**A**　ア　　○**B**　イ　　○**C**　エ　　○**D**　オ　　○**E**　ウが最後の文章

ア～オの文章を読んで、次の問に答えなさい。

ア　我が国においては古くから養殖業が発達し、対象種も他国では類を見ないほど多様です。

イ　しかし、現在の我が国の養殖業は、餌や種苗の供給等で天然の海洋水産資源に依存している面があるなど、持続的発展が危ぶまれる状況にあります。

ウ　そのため、水産物を将来にわたって持続的に利用するためには、養殖業を発展させていくことが重要になると考えられます。

エ　世界の水産物に対する需要は増加を続けていますが、天然の海洋水産資源には限りがあります。

オ　また、我が国の優れた養殖技術は海外でも高く評価されています。

❶ ア～オの文章を意味が通るように並べ替えたとき、<u>オの次にくる文章</u>はどれか。

　　○**A**　ア　　　○**B**　イ　　　○**C**　ウ　　　○**D**　エ　　　○**E**　オが最後の文章

❷ ア～オの文章を意味が通るように並べ替えたとき、<u>エの次にくる文章</u>はどれか。

　　○**A**　ア　　　○**B**　イ　　　○**C**　ウ　　　○**D**　オ　　　○**E**　エが最後の文章

ア～オの文章を読んで、次の問に答えなさい。

ア ところが、ここ最近のサイバー空間においては、秘密情報の窃取やインフラシステムの破壊、軍事システムの妨害を意図したサイバー攻撃などによるリスクが深刻化しつつある。

イ 現代社会において、サイバー空間は、アクセスできる者が限定されている宇宙空間や深海底とは異なり、万人にアクセス可能で、人々の生活に密着し切り離せない存在となっている。

ウ 一方、その匿名性や非対称性、領域が存在しないことによる管理の困難さといった特徴から、こうしたリスクへの対応は容易ではない。

エ しかし、サイバー空間の重要性からすれば、こうしたリスクを放置しておくことはできず、総合的な取組が必要となる。

オ また、情報通信のシステム及びネットワークは、重要な社会及び経済の基幹インフラを提供している。

❶ ア～オの文章を意味が通るように並べ替えたとき、**イの次にくる文章**はどれか。

　○**A** ア　　○**B** ウ　　○**C** エ　　○**D** オ　　○**E** イが最後の文章

❷ ア～オの文章を意味が通るように並べ替えたとき、**オの次にくる文章**はどれか。

　○**A** ア　　○**B** イ　　○**C** ウ　　○**D** エ　　○**E** オが最後の文章

ア〜オの文章を読んで、次の問に答えなさい。

ア　今や小売店の店頭には毎月のように新商品が並び、消費者は、「簡単・便利」、「安全」、「健康」等様々な観点から開発された食品を利用しています。

イ　近年、生活水準の向上により、我々は質、量共に豊かな食生活を送ることができるようになりました。

ウ　我々が人間として生きていくのに、「食」は欠かすことができないものです。

エ　食品関連産業も消費者の要望に応えるべく、様々な商品の供給を行っています。

オ　さらに、社会環境や家族構成、ライフスタイル等の変化に伴い、消費者の「食」に対する関心は多様化していますし、安全・安心な「食」を求める消費者の意識も高まっています。

❶ ア〜オの文章を意味が通るように並べ替えたとき、**オの次にくる文章**はどれか。

　○**A** ア　　○**B** イ　　○**C** ウ　　○**D** エ　　○**E** オが最後の文章

❷ ア〜オの文章を意味が通るように並べ替えたとき、**アの次にくる文章**はどれか。

　○**A** イ　　○**B** ウ　　○**C** エ　　○**D** オ　　○**E** アが最後の文章

09 空欄補充

A 重要度ランク

テストセンター　ペーパーテスト　WEBテスティング

例　題

⏱ 目標タイム：1分

　文中の空欄に入る最も適切な表現は次のうちどれか。A ～ E の中から 1 つ選びなさい。

日本社会において、人々がしばしば集団のために自己の利益を犠牲にするような行動をとるのは、日本人の心の内部にもともとそのような性質が備わっているからというより、社会の中に□□□□□ような仕組み、とくに相互監視と相互規制の仕組みが存在しているからと考えるべきであろう。

○ **A**　自己の利益の追求を優先させる
○ **B**　集団の利益に反する行動を妨げる
○ **C**　同胞を守ろうとする心を育てる
○ **D**　自己犠牲を強制する
○ **E**　集団の利益を優先させると損をする

解 法 ▶ 空欄の前後に必ずヒントがある

　例文は、日本社会において「**人々がしばしば集団のために自己の利益を犠牲にするような行動をとる**」理由について考察しています。たとえば先の東日本大震災では、地震で停まった電車を待つ大勢の人々が、割り込んだり押し合ったりせずに、秩序正しく行列を作っている姿が報道されました。

　こうした日本人の特徴的な行動は、よく日本人の美徳として論じられます。しかしこの文章の作者はこうした行動の原因を「日本人の心の内部」ではなく、

社会の中に□□□□□ような仕組み

があるからだと主張します。

　以上から、空欄には「集団のために自己の利益を犠牲にするような行動をとる」仕組みが入ります。したがって、「**A　自己の利益の追求を優先させる**」や「**E**

集団の利益を優先させると損をする」は不適切です。

　また、この仕組みは「とくに相互監視と相互規制の仕組み」であると述べています。相互監視や相互規制は、通常、個人個人が積極的な行動をとらない方向に作用します。したがって「C　同胞を守ろうとする心を育てる」ことや、「D　自己犠牲を強制する」ことにはつながりません。「B　集団の利益に反する行動を妨げる」が、この文脈に最も適切です。

【正解】B

▶実践演習問題

解説・解答は別冊 115 - 116 ページ

問 01

リピート
チェック ▶ ☑ ☑ ☑ - 別冊 ▶ 115

　文中の空欄に入る最も適切な表現は次のうちどれか。A ～ E の中から 1 つ選びなさい。

情報を長期に渡って安定して保存する方法のひとつは、プラチナや金などの
 　　　　　　 を使用することだ。これに対し、個々の記録媒体は脆いものであっても、そのコピーを大量に作ることができれば、情報は全体として保持される。生命は後者の仕組みを利用して、遺伝情報を長期間保存する手段を手に入れた。

- ○ A　希少で高価な金属
- ○ B　耐久性の高い記録媒体
- ○ C　物理的・化学的に不安定な物質
- ○ D　複製が容易な記録媒体
- ○ E　安定性が実証されている素材

問 02

リピート
チェック ▶ ☑ ☑ ☑ - 別冊 ▶ 115

　文中の空欄に入る最も適切な表現は次のうちどれか。A ～ F の中から 1 つ選びなさい。

水は万物に利益を与えながらも他と争わず、みずからを多くの人々が嫌う低湿の地に置いて流れている。老子はこうした水の在り方をとして、「上善は水のごとし」と説いた。

- ○ A　幻想　　○ B　快楽　　○ C　理想　　○ D　上品　　○ E　幸福
- ○ F　不可思議

問 03　リピート
チェック ▶ ☑ ☑ ☑

　文中の空欄に入る最も適切な表現は次のうちどれか。A ～ D の中から 1 つ選びなさい。

私たちがふだん「説明」と考えているものは、本来「記述」と呼ばれるべきものと、厳密な意味での説明とに区別できる。記述は単に事実を述べたものであり、たとえば「原子は中心にある原子核とその周囲をまわる電子から構成される」といった文がこれにあたる。一方、厳密な意味での説明には、なぜそうなるのかという問いに対する答えが含まれている。たとえば「[＿＿＿＿＿＿＿＿＿＿＿]」といった文がこれにあたる。

- ○ A　富士山は日本で一番高い山である
- ○ B　三権分立とは立法、行政、司法が独立していることである
- ○ C　チンパンジーとボノボの DNA の違いはわずか 0.4％である
- ○ D　日食とは太陽と地球の間に月が入るために起こる現象である

問 04　リピート
チェック ▶ ☑ ☑ ☑

　文中のア、イの空欄に入る最も適切な語句を、次の A ～ E の中から 1 つずつ選びなさい。

敬語の役割とは、人が言葉を用いて自らの意思や感情を人に伝える際に、単にその内容を表現するのではなく、[＿＿＿＿＿ア＿＿＿＿＿]の在り方を表現するというものである。例えば、立場や役割の違い、年齢や経験の違いなどに基づく「敬い」や「へりくだり」などの気持ちである。同時に、敬語は、[＿＿＿＿＿イ＿＿＿＿＿]を表現する言語表現としても、重要な役割を担っている。例えば、公的な場での改まった気持ちと、私的な場でのくつろいだ気持ちとを人は区別する。敬語はそうした気持ちを表現する役割も担う。

- ○ A　相手や周囲の人に対する親密な気持ち
- ○ B　私的感情を排して自らの公的役割に忠実であろうとする気持ち
- ○ C　相手や周囲の人と、自らとの人間関係・社会関係についての気持ち
- ○ D　言葉を用いるその場の状況についての人の気持ち
- ○ E　言葉の内容だけでは伝え切れない自分の気持ち

問 05　リピート▶チェック ✓✓✓ -------------------------------- 別冊▶115

文中の空欄に入る最も適切な表現は次のうちどれか。A ～ E の中から 1 つ選びなさい。

端的に言って音楽体験は、何よりもまず　　　　　な反応である。「食べ物の好き嫌いだとか、いわゆる好みの異性のタイプにも似て」と付け加えてもいい。文学のような概念を通した情報伝達ではない。造形芸術のような客観的な認識対象でもない。それは空気振動を通して鼓膜を愛撫する技なのだ。

出典：岡田暁夫『音楽の聴き方』（中公新書）

○**A**　思想的　　○**B**　客観的　　○**C**　観念的　　○**D**　物理的
○**E**　生理的

問 06　リピート▶チェック ✓✓✓ -------------------------------- 別冊▶116

文中の空欄に入る最も適切な表現は次のうちどれか。A ～ E の中から 1 つ選びなさい。

昨今「読書離れ」が叫ばれて久しいが、これからの時代を考えるとき、読書の重要性が増すことはあっても減ることはない。情報化社会の進展は、自分でものを考えずに断片的な情報を受け取るだけの受け身の姿勢を人々にもたらしやすい。　　　　　　　　　　　からこそ、読書が一層必要になるのであり、「自ら本に手を伸ばす子供を育てる」ことが切実に求められているのである。

○**A**　自分でものを考える必要がある
○**B**　高度に情報化された社会である
○**C**　価値感の多様化が進展している
○**D**　受け身の姿勢を保つ必要がある
○**E**　読書の重要性が増している

※参考文献：山岸俊男『安心社会から信頼社会へ』（中公新書）、中屋敷均『生命のからくり』（講談社現代新書）、長尾真『「わかる」とは何か』（岩波新書）、林田慎之助『「タオ＝道」の思想』（講談社現代新書）、文化審議会『敬語の指針』、同『これからの時代に求められる国語力について』

10 長文読解

A 重要度ランク

テストセンター　ペーパーテスト　WEBテスティング

例題

🕐 目標タイム：5分

次の文を読んで各問に答えなさい。

　レンブラントとかフランス・ハルスとかヤン・ステーンとかを除けば、正直にいうと、私はオランダの絵画についてあまり多く知らなかった。ロンドンの博物館で初めて多くの実物に接し、後ではパリでもベルリンでもミュンヘンでも数多くオランダの画を見る機会を持ったが、しかし、最も系統的にかつしみじみとそれ等に親しむことのできたのはオランダの博物館であった。ことにハーグのマウリッツハイスとアムステルダムの国立博物館〔ライクスミュージアム〕であった。

　一般的に見て、オランダの画は目立って手堅い写実の基礎の上で発達している。一方では風景・静物などの地味な画題をいかにも細かく精密に写生してるかと思うと、また一方では風俗画ともいうべき種類のものを多少のユーモアを交えながら巧みに描き出している。そうして、概して小さい作品が多く、中には微細画〔ミニチュア〕といえるような作品も少なくない。そういった行き方が流行したというのも、主として国民性と国情によるものであって、オランダがヨーロッパの北に偏したチュートン民族の国であり、新教の国であることを考えると、また、近代に入って科学がいち早く発達し、同時に実際主義的思想が行きわたり、経済的には交通貿易の隆盛と共に富裕になった国であることを考えると、その美術がロマンティクな奔放に飛躍せず、神秘的な晦渋に偏せず、情緒的な滲泄を見せないのもむしろ当然であり、どこまでも堅実な写実主義の苗床であった理由が理解される。そうして、その　(i)　で成長した最大の樹木こそレンブラント・ハルメンス・ファン・レイン（1606－69）だったのである。

　レンブラントを十五歳の年長者なる同時代のルーベンスに比較すると、同じネーデルランドの画家でありながら、何と相違のあることだろう。前者はどこまでも地道な写実主義から出発して、執拗にその道から踏み出すまいとかじりついているに対し、後者は奔放自在に筆を駆使して天に登ったり地にもぐったりして端倪を知らざるものがある。どちらも抜群の色彩家ではあるが、前者は暗褐色の主調を最後まで守り通しており、後者は赤

赤とした鮮明な絵の具を惜しみなくぬたくりつけて、途方もなく大きなカンヴァスの上にはちきれそうな肉体を無数に並べ立てている。どちらも比類なき技術家ではあるが、前者はその技術が技術以上のものを描き出し、人間の魂の姿を見せる高さにまで達しているに対し、後者はややもすれば腕にまかせて技術をひけらかそうとする野心が　(ii)　。そんな意味で私はルーベンスの画はヨーロッパの至る所でまたかと思うほど数多く見せられたが、正直にいうと、最後まで馴染まなかった。もっとも、ルーベンスは前古未曾有の流行児で、各国の宮廷貴族からいつも注文が殺到し、生涯に二千以上の作品を製造するにも多くの弟子の手を使ったことは確実であるから、彼の真の技術を調べるには限られた少数の作品にのみついて見るべきであるが、それ等について見ても私の趣味は遂に彼に親しみを感じることができなかった。そこへ行くと、レンブラントは、写生や習作の端に到るまで、どの一枚の画にも足を留めて仔細に凝視させないではおかない魅力を持っている。

出典：野上豊一郎『レンブラントの国』

注：チュートン民族：ゲルマン民族の一派
　　ネーデルランド：ネーデルラント。現在のベルギー、オランダ、ルクセンブルクにあたる低地
　　　　　　　　　地方
　　晦渋（かいじゅう）：難解なこと
　　滲泄（しんせつ）：にじみ出ること。しみ
　　端倪（たんげい）を知らざる：予想がつかないこと

①下線の「それ」に当たるものは、次のうちのどれか。

○ **A**　レンブラント　　　○ **B**　ルーベンス　　○ **C**　オランダの画
○ **D**　ロンドンの博物館　　○ **E**　実物

②本文で述べられていることと合致するのは、次のうちのどれか。

ア　オランダの実際主義的な国民性が、絵画の写実主義にも反映されている。
イ　ルーベンスは奔放な色彩や構図の作品を二千以上、一人で描いた。
ウ　レンブラントの緻密な描写は、凝視してしまう魅力がある。

○ **A**　アだけ　　　○ **B**　イだけ　　　○ **C**　ウだけ
○ **D**　アとイ　　　○ **E**　アとウ　　　○ **F**　イとウ

③下線の「何と相違のあること」とは、どのようなことか。

○ A　ルーベンスはイタリアで活動したが、レンブラントはオランダで活動した。
○ B　ルーベンスは抜群の色彩家だったが、レンブラントはそうではなかった。
○ C　ルーベンスとレンブラントは、年齢が十五歳違う。
○ D　レンブラントは写実主義、ルーベンスは奔放自在な作風であった。
○ E　レンブラントは比類なき技術家だったが、ルーベンスはそうではなかった。

④空欄（i）に当てはまる適切な語句を、文中から5文字以内で抜き出しなさい。

⑤空欄（ii）に入る語句としてふさわしいのは、次のうちのどれか。

○ A　舌を巻く　　○ B　耳が痛い　　○ C　肝を冷やす
○ D　目を引く　　○ E　鼻につく

解法 答えは問題文の中にある

　長文読解問題は、文章を正しく読み取れるかどうかを問う問題です。問題文に書いてない事柄については答えようがないので、答えは問題文の中に入っています。

①「系統的にかつしみじみとそれ等に親しむことのできたのはオランダの博物館であった」という文です。「それ」が指し示すのは、その前にある「オランダの画」または「オランダの絵画」が相当します。

②ア～ウの記述と同じ内容、またはこれらと矛盾する内容を、問題文の中から探します。

○ア　第2段落の「オランダの画は…手堅い写実の基礎の上で発達している」「主として国民性と国情によるものであって…」からの文に合致する。

308

×イ　第3段落の後半に「多くの弟子の手を使ったことは確実」とあり、ルーベンスが一人で描いたわけではない。

○ウ　第3段落の最後に「レンブラントは、写生や習作の端に到るまで、どの一枚の画にも足を留めて仔細に凝視させないではおかない魅力を持っている」という記述がある。

以上から、**ア**と**ウ**が問題文と合致します。

③レンブラントとルーベンスの相違について述べている文章を探します。

× A　歴史的には事実ですが、本文中には記述がありません。

× B　「どちらも抜群の色彩家ではある」と記述されています。

× C　「十五歳の年長者」という記述がありますが、これは同時代の人間であることを示します。下線部の相違ではありません。

○ D　「前者（レンブラント）は地道な写実主義から出発して、執拗にその道から踏み出すまいとかじりついている」のに対して、「後者（ルーベンス）は奔放自在に筆を駆使して…」と、作風の違いを示しています。

× E　「どちらも比類なき技術家」と記述されています。

④前の文章はとても長いですが「オランダが…堅実な写実主義の苗床であった」と述べています。続く文章では、レンブラントをそこで成長した「最大の樹木」と樹木にたとえているので、空欄は樹木の苗木が育つ場所である「**苗床**」が適切です。

⑤筆者はルーベンスの「技術をひけらかそうとする野心」をうっとうしく感じています。選択肢の中で、「うっとうしく感じられる」という意味をもつのは「**鼻につく**」です。

【正解】①C　②E　③D　④苗床　⑤E

次の文を読んで各問に答えなさい。

　イノベーションを創出する方策の検討に当たり、まず、イノベーションにより、何の実現を果たすのかを検討する必要がある。わが国では、「innovation（イノベーション）」は長きに渡り、「技術革新」と訳されてきた。▢ (i) ▢、イノベーションの提唱者であるシュンペーターによれば、イノベーションとは、物事の「新結合」「新機軸」「新しい切り口」「新しい捉え方」「新しい活用法」を創造することにより、新たな価値を生み出し、社会的に大きな変化を起こすことである。

　また、イノベーションは、大別すると、従来製品・サービスの改良による「持続的イノベーション」と、従来製品・サービスの価値を破壊するかもしれないまったく新しい価値を生み出す「破壊的イノベーション」との2種類に大別される。同時に、イノベーションを起こす手法として、新製品の開発により差別化を実現する「プロダクトイノベーション」と、新たな方法の実施により差別化を実現する「プロセスイノベーション」とに大別できる。

　破壊的イノベーションの代表例は、「熱機関の発明」や「半導体の発明」であり、前者であれば蒸気機関による産業革命や、モータリゼーションの実現など、後者であれば電子機器、特に電子計算機の登場により、劇的に社会を変化させた。また、あらゆるものを低廉につなげることに成功した「インターネット」の登場も破壊的イノベーションと言い得、さらにインターネット上の「無料広告モデル」はプロセスイノベーション型の破壊的イノベーションと言い得る。

　一方、わが国の経済発展は、いわゆる「カイゼン」を中心とするプロセスイノベーション型や、トランジスタラジオやヘッドフォンステレオの小型軽量化によるプロダクトイノベーション型の、先進国をキャッチアップし、より強い競争力を得る持続的イノベーションを中心に遂げられてきたと考えられる。

　その一方で、経済のグローバル化が進展し、さらに多くの技術がコモディティ化した。このため、例えば EMS（Electronics Manufacturing Service：電子機器の受託生産サービス）を活用することで最先端技術を用いた製品の開発が容易になり、また、クラウドサービスの登場により、高性能なサーバーが必要なインターネット上のサービス開発であっても誰でもできるようになるなど、最先端技術を用いた製品・サービス開発を行う敷居が大幅に下がった。このため、持続的イノベーションによる競争力は、容易に<u>別の者にキャッチアップされる</u>可能性が高まってきている。

　このため、わが国が安定的に更なる経済成長を遂げるためには、わが国発の

　　(ii)　　イノベーションの創出が求められており、その実現のための方策を検討する必要がある。

出典：総務省・情報通信審議会『イノベーション創出実現に向けた情報通信技術政策の在り方』

❶ 空欄（i）に当てはまる最も適切な接続詞は、次のうちどれか。

○**A** そこで　　○**B** または　　○**C** そのため
○**D** すなわち　　○**E** しかしながら

❷ 本文中の「熱機関の発明」がもたらしたものは、次のうちのどれか。

ア トランジスタラジオ
イ インターネット
ウ モータリゼーション

○**A** アだけ　　○**B** イだけ　　○**C** ウだけ
○**D** アとイ　　○**E** アとウ　　○**F** イとウ

❸ 本文で述べられていることと合致するのは、次のうちのどれか。

カ イノベーションとは、先端技術によって新たな製品やサービスを作ることである。
キ 持続的イノベーションによって強い競争力を得る従来の日本の経済発展モデルは、技術のコモディティ化によって困難になりつつある。
ク プロセスイノベーションは、製品の画期的な改良によって差別化を行うことである。

○**A** カだけ　　○**B** キだけ　　○**C** クだけ
○**D** カとキ　　○**E** カとク　　○**F** キとク

❹ 下線部の「別の者にキャッチアップされる可能性」とは、どのようなことか。

○**A** インターネットを通じて、違法な海賊版が出回る。
○**B** ヘッドハンティングにより技術者が他社に引き抜かれる。
○**C** 無料広告モデルの破壊的イノベーションによって、商品価値がなくなる。
○**D** 競争相手が最先端技術を用いた製品・サービスを開発する。
○**E** 競争相手が開発した新製品によって、既存の製品の価値が破壊される。

❺ 空欄（ii）に当てはまる語句を、文中から5文字以内で抜き出しなさい。

❻ 本文で述べられていることと合致するのは、次のうちのどれか。

サ 破壊的イノベーションは、それまでに培われて来た既存の文化や伝統、技術を破壊する。

シ 製造工程や流通経路の見直しによって製品のコストを下げ、低価格化や利益率の増加を実現するのは、プロセスイノベーション型の持続的イノベーションである。

ス 破壊的イノベーションは、従来製品・サービスの価値を破壊するまったく新しい価値を生み出す。

○**A** サだけ ○**B** シだけ ○**C** スだけ
○**D** サとシ ○**E** サとス ○**F** シとス

問 02 リピート
チェック ▶ ☐ ☐ ☐ ------------------------------ 別冊 ▶ 117

次の文を読んで各問に答えなさい。

国語の果たす役割は極めて広範囲にわたり、文化の基盤である国語の重要性はいつの時代においても変わるものではない。その意味で、国語力の向上に不断の努力を重ねることは時代を超えて大切なことである。

しかし、人々の生活を取り巻く環境がこれまで以上に、急速に変化していくことが予想される「これからの時代」を考えるとき、国語力の重要性について改めて認識する必要がある。社会の変化は様々な方面で同時並行的に進行しているが、これらはいずれも国語力の問題と切り離せないものと考えられるからである。

例えば、都市化、国際化により増加した見知らぬ人や外国人との意思疎通、少子高齢化によって変化しつつある異なる世代との意思疎通、近年急速に増加した情報機器を介しての間接的な意思疎通などにおいて、多様で円滑なコミュニケーションを実現するためには、これまで以上の国語力が求められることは明らかである。また、少子高齢化や核家族化に伴って家庭や家族の在り方が変容し、従来、家庭や家族が有していた子供たちへの言語教育力が低下していると言われていることも大きな問題である。

| (i) |、近年の日本社会に見られる人心などの荒廃が、人間として持つべき感性・情緒を理解する力、すなわち、情緒力の欠如に起因する部分が大きいと考えられることも問題である。情緒力とは、ここでは、例えば、他人の痛みを自分の痛みとして感じる心、美的感性、もののあわれ、懐かしさ、家族愛、郷土愛、

日本の文化・伝統・自然を愛する祖国愛、名誉や恥といった社会的・文化的な価値にかかわる感性・情緒を自らのものとして受け止め、理解できる力である。①

　この力は自然に身に付くものではなく、主に国語教育を通して体得されるものである。国語教育の大きな目標は、このような情緒力を確実に育成し、それによって確かな教養や大局観を培うことにある。そして、そのためには情緒力の形成に欠くことのできない読書が特に大切であり、「自ら本に手を伸ばす子供を育てる」国語教育が必要である。

　現在、国際化の進展に伴って、自分の意見をきちんと述べるための論理的思考力の育成、日本人としての自己の確立の必要性、英語をはじめとした外国語を習得することの重要性が盛んに言われるが、論理的思考力を獲得し自己を確立するためにも、外国語の習得においても、母語である国語の能力が大きくかかわっている。②

　更に言えば、国際化された世界とは、種々の異なる楽器が調和して初めて美しい音楽を奏でることができるオーケストラのようなものであり、日本人は日本の文化や伝統を身に付けて世界に出ていくことが必要である。自国の文化や伝統の大切さを真に認識することが、他国の文化や伝統の大切さを理解することにつながっていく。このことは、日本に限らず、どの国にも当てはまることである。③

　また、情報化の進展に伴っては、膨大な情報を素早く正確に判断・処理する能力の大切さや、自らの考えや主張を的確にまとめて情報として発信していく能力の重要性がつとに指摘されている。この情報の受信・発信能力の根底にあるのが　　(ii)　　であることは異論のないところであろう。④

　上述のような社会状況の変化は、言葉の在り方や人間関係の在り方にも大きな影響を及ぼしている。すなわち、言葉の変化のうち語彙に関するものの多くは、新語、流行語や、外来語、外国語、専門用語等の増加であり、そのことが言葉遣いなどの変化とあいまって世代間で使用する言葉の差を広げる結果ともなっている。言葉が伝達手段として十分に機能するには、相手や場面にふさわしいものでなければならず、不適切である場合には伝達不能となるだけでなく、人間関係の阻害にさえつながりかねない。⑤

　また、若い世代においては、言葉を適切に用いて人間関係を築き維持していく、「人間関係形成能力」が衰えているとの指摘もある。近年、頻発する子供をめぐっての社会的な諸問題の根底には、異世代間や同世代間で円滑な人間関係を築いていくための国語の運用能力（特に、話す力、聞く力など）が十分に育成されていないことが、大きくかかわっているのではないかとも言われている。

出典：『これからの時代に求められる国語力について』（文部科学省　文化審議会答申）

❶ 空欄（i）に当てはまる最も適切な接続詞は、次のうちどれか。

- ○ **A** しかし
- ○ **B** さらに
- ○ **C** それゆえ
- ○ **D** すなわち
- ○ **E** したがって

❷ 下線の「この力」に当たるものは、次のうちのどれか。

- ○ **A** コミュニケーション力
- ○ **B** 国語力
- ○ **C** 情緒力
- ○ **D** 祖国愛
- ○ **E** 言語教育

❸ 本文で述べられていることと合致するのは、次のうちのどれか。

- **ア** 文化の基盤であり、コミュニケーションの道具である「国語」の教育は重要である。
- **イ** 国語力の低下が、人心の荒廃や世代間の断絶、人間関係の阻害を生み出している。
- **ウ** 新語、流行語、外来語、外国語、専門用語等の増加が、多彩なコミュニケーションを生み出している。

- ○ **A** アだけ
- ○ **B** イだけ
- ○ **C** ウだけ
- ○ **D** アとイ
- ○ **E** アとウ
- ○ **F** イとウ

❹ 空欄（ii）に当てはまる語句を、文中から5文字以内で抜き出しなさい。

❺ 次の文章を本文中にいれる場合、本文中の①～⑤のうち、最も適切な箇所はどれか。

各国の文化と伝統の中心は、それぞれの国語であり、その意味で国際化の時代に極めて重要なのが国語力である。

- ○ **A** ①
- ○ **B** ②
- ○ **C** ③
- ○ **D** ④
- ○ **E** ⑤

英語能力検査

英語能力検査（ENG）は、企業によって出題される場合とされない場合がある**オプション**検査です。高校・大学受験レベルの基本的な語彙力や読解力が問われます。リスニングはありません。

わざわざオプションの検査を追加して英語能力を測定するのですから、英語能力検査の結果は合否にかかわるといってよいでしょう。本書に掲載した問題が難しいと感じるようなら、それなりの対策が必要です。SPI独自のテスト対策というようなものはとくにありませんが、市販されている**ボキャブラリ本**や**TOEIC対策本**が役に立つでしょう。

同義語

S｜重要度ランク

例 題

⏰目標タイム：**30秒**

　最初にあげた単語と最も意味が近い語を、A〜Eの中から1つ選びなさい。

expensive

○ **A**　costly
○ **B**　lively
○ **C**　economical
○ **D**　preliminary
○ **E**　expendable

解法 ▶ 大学受験レベルの英単語は必須

	expensive	高価な
A	costly	高価な
B	lively	活発な
C	economical	節約的な
D	preliminary	予備の
E	expendable	消耗品の

【正解】A

➡実践演習問題

解説・解答は別冊118 - 121ページ

| 問01 | リピートチェック ▶ ☐ ☐ ☐ | 別冊▶118 |

　最初にあげた各単語と最も意味が近い語を、A〜Eの中から1つ選びなさい。

❶ achieve

- ○ A require
- ○ B deplete
- ○ C believe
- ○ D attain
- ○ E acquaint

❷ assemble

- ○ A resemble
- ○ B abandon
- ○ C adjourn
- ○ D agree
- ○ E gather

❸ vague

- ○ A obscure
- ○ B clear
- ○ C vast
- ○ D huge
- ○ E slight

❹ adequate

- ○ A adapted
- ○ B enough
- ○ C independent
- ○ D conceited
- ○ E deficient

❺ conflict

- ○ A collision
- ○ B accord
- ○ C collaboration
- ○ D alliance
- ○ E consideration

❻ implore

- ○ A endow
- ○ B implicate
- ○ C demand
- ○ D beg
- ○ E employ

❼ accurate

- ○ A crude
- ○ B exact
- ○ C accused
- ○ D extinct
- ○ E sharp

❽ face

- ○ A confront
- ○ B avoid
- ○ C combine
- ○ D escape
- ○ E deceive

❾ barren

- ○ A wary
- ○ B sad
- ○ C lonely
- ○ D fertile
- ○ E infertile

❿ spout

- ○ A begin
- ○ B shake
- ○ C jet
- ○ D defend
- ○ E support

⓫ establish

- ○ A deploy
- ○ B dismantle
- ○ C prosper
- ○ D abolish
- ○ E found

⓬ repair

- ○ A wear
- ○ B ruin
- ○ C despair
- ○ D join
- ○ E mend

⓭ live

- ○ A dwell
- ○ B roam
- ○ C confiscate
- ○ D deem
- ○ E ponder

⓮ disorder

- ○ A confusion
- ○ B discourse
- ○ C discus
- ○ D conclusion
- ○ E concussion

⓯ vacant

- ○ A occupied
- ○ B empty
- ○ C evacuation
- ○ D bright
- ○ E soft

テストセンター　ペーパーテスト　WEBテスティング

⑯ compassion

- ○ **A** percussion
- ○ **B** confession
- ○ **C** sympathy
- ○ **D** faith
- ○ **E** enmity

⑰ apparent

- ○ **A** obvious
- ○ **B** counterfeit
- ○ **C** suspicious
- ○ **D** difficult
- ○ **E** terrible

⑱ perilous

- ○ **A** perfect
- ○ **B** secure
- ○ **C** dangerous
- ○ **D** weak
- ○ **E** independent

⑲ postpone

- ○ **A** mail
- ○ **B** advance
- ○ **C** project
- ○ **D** defer
- ○ **E** vote

⑳ fault

- ○ **A** vice
- ○ **B** punishment
- ○ **C** fine
- ○ **D** responsibility
- ○ **E** virtue

㉑ understand

- ○ **A** compromise
- ○ **B** compress
- ○ **C** comprehend
- ○ **D** complete
- ○ **E** compliment

㉒ guarantee

- ○ **A** predict
- ○ **B** deprive
- ○ **C** correct
- ○ **D** bet
- ○ **E** assure

㉓ miserable

- ○ **A** cheerful
- ○ **B** admirable
- ○ **C** unhappy
- ○ **D** tiny
- ○ **E** timid

㉔ prominent

- ○ **A** profound
- ○ **B** unknown
- ○ **C** accountable
- ○ **D** famous
- ○ **E** quiet

㉕ anticipate

- ○ **A** expect
- ○ **B** educate
- ○ **C** invest
- ○ **D** oppose
- ○ **E** attack

㉖ abruptly

- ○ **A** vaguely
- ○ **B** suddenly
- ○ **C** gradually
- ○ **D** finally
- ○ **E** clearly

㉗ explore

- ○ **A** travel
- ○ **B** journal
- ○ **C** dig
- ○ **D** reveal
- ○ **E** investigate

㉘ relieve

- ○ **A** ease
- ○ **B** bend
- ○ **C** increase
- ○ **D** retrieve
- ○ **E** involve

㉙ affluent

- ○ **A** destitute
- ○ **B** thick
- ○ **C** warm
- ○ **D** rich
- ○ **E** long

㉚ thrift

- ○ **A** entrepreneur
- ○ **B** economy
- ○ **C** robber
- ○ **D** waste
- ○ **E** luxury

㉛ tolerate

- ○ A allow
- ○ B forbid
- ○ C persecute
- ○ D impeach
- ○ E arrest

㉜ deficiency

- ○ A nutrition
- ○ B shortage
- ○ C shortcoming
- ○ D protection
- ○ E statistics

㉝ reproach

- ○ A approach
- ○ B retreat
- ○ C commend
- ○ D shout
- ○ E blame

㉞ occupation

- ○ A inspiration
- ○ B vacation
- ○ C ghost
- ○ D calling
- ○ E emotion

㉟ courage

- ○ A courtesy
- ○ B university
- ○ C stream
- ○ D bravery
- ○ E fury

㊱ impartial

- ○ A distorted
- ○ B essential
- ○ C enormous
- ○ D honest
- ○ E fair

㊲ rigorous

- ○ A sullen
- ○ B kind
- ○ C strong
- ○ D strict
- ○ E modest

㊳ advocate

- ○ A announce
- ○ B oppose
- ○ C uphold
- ○ D register
- ○ E contradict

㊴ circumspect

- ○ A careful
- ○ B conditional
- ○ C restricted
- ○ D round
- ○ E neutral

㊵ gigantic

- ○ A imaginary
- ○ B rough
- ○ C huge
- ○ D tall
- ○ E tiny

㊶ brief

- ○ A long
- ○ B meeting
- ○ C faith
- ○ D short
- ○ E confidential

㊷ feeble

- ○ A strong
- ○ B edible
- ○ C sure
- ○ D pitiful
- ○ E faint

㊸ esteem

- ○ A respect
- ○ B evaluate
- ○ C deride
- ○ D count
- ○ E vapor

㊹ bother

- ○ A help
- ○ B annoy
- ○ C love
- ○ D depress
- ○ E cry

㊺ cozy

- ○ A cushion
- ○ B comfortable
- ○ C bedroom
- ○ D chair
- ○ E solid

02 対義語

S 重要度ランク

テストセンター｜ペーパーテスト｜WEBテスティング

例 題

⏱目標タイム：**30秒**

最初にあげた単語と反対の意味をもつ語を、A～Eの中から1つ選びなさい。

employ

- ○ **A** dismiss
- ○ **B** deploy
- ○ **C** deport
- ○ **D** delete
- ○ **E** describe

解法 大学受験レベルの英単語は必須

employ	雇用する

A	dismiss	解雇する
B	deploy	配備する
C	deport	国外追放する
D	delete	消去する
E	describe	述べる

【正解】A

▸実践演習問題

解説・解答は別冊 121 - 125 ページ

問 01 リピートチェック ▶

別冊 ▶ 121

最初にあげた各単語と反対の意味をもつ語を、A～Eの中から1つ選びなさい。

❶ theory

- A idea
- B practice
- C research
- D theme
- E prejudice

❷ ebb

- A tide
- B decline
- C flow
- D flaw
- E free

❸ voluntary

- A automatic
- B kind
- C compulsory
- D corporate
- E spontaneous

Part 3 英語能力検査 対義語

❹ quality

- A quantity
- B inequality
- C piece
- D qualification
- E inquiry

❺ innocent

- A guilty
- B pure
- C accused
- D ignorant
- E insect

❻ gain

- A profit
- B weight
- C pain
- D benefit
- E loss

❼ innate

- A genetic
- B inborn
- C indigenous
- D acquired
- E native

❽ wealth

- A fortune
- B poverty
- C abundance
- D affluence
- E investment

❾ idealism

- A realism
- B optimism
- C pessimism
- D capitalism
- E socialism

❿ religious

- A secular
- B devout
- C holy
- D sincere
- E stubborn

⓫ urban

- A rural
- B civic
- C municipal
- D cosmopolitan
- E national

⓬ accept

- A agree
- B suspect
- C consent
- D deny
- E admit

⓭ construction

- A instruction
- B obstruction
- C destruction
- D abduction
- E reduction

⓮ supply

- A demand
- B provide
- C produce
- D apply
- E command

⓯ barbarous

- A civilized
- B barber
- C brutal
- D savage
- E rude

テストセンター ペーパーテスト WEBテスティング

⑯ income

- ○ **A** interest
- ○ **B** outrage
- ○ **C** outcry
- ○ **D** instrument
- ○ **E** outgo

⑰ acclaim

- ○ **A** criticism
- ○ **B** praise
- ○ **C** applaud
- ○ **D** proclaim
- ○ **E** reclaim

⑱ vein

- ○ **A** brain
- ○ **B** liver
- ○ **C** nerve
- ○ **D** artery
- ○ **E** intestine

⑲ general

- ○ **A** admiral
- ○ **B** generous
- ○ **C** ingenious
- ○ **D** partial
- ○ **E** particular

⑳ resistance

- ○ **A** insistence
- ○ **B** difference
- ○ **C** adolescence
- ○ **D** obedience
- ○ **E** persistence

㉑ cause

- ○ **A** reason
- ○ **B** source
- ○ **C** effect
- ○ **D** origin
- ○ **E** defect

㉒ deficit

- ○ **A** surplus
- ○ **B** shortage
- ○ **C** shortcoming
- ○ **D** surreal
- ○ **E** surprise

㉓ objective

- ○ **A** inductive
- ○ **B** passive
- ○ **C** subjective
- ○ **D** active
- ○ **E** deductive

㉔ malignant

- ○ **A** benign
- ○ **B** important
- ○ **C** beautiful
- ○ **D** fatal
- ○ **E** significant

㉕ virtue

- ○ **A** vice
- ○ **B** justice
- ○ **C** advice
- ○ **D** choice
- ○ **E** nice

㉖ obscure

- ○ **A** invisible
- ○ **B** infamous
- ○ **C** famous
- ○ **D** transparent
- ○ **E** ignoble

㉗ genuine

- ○ **A** natural
- ○ **B** artificial
- ○ **C** commercial
- ○ **D** especial
- ○ **E** informal

㉘ vacant

- ○ **A** available
- ○ **B** empty
- ○ **C** free
- ○ **D** unengaged
- ○ **E** occupied

㉙ ban

- ○ **A** permit
- ○ **B** prohibit
- ○ **C** forbid
- ○ **D** restrict
- ○ **E** submit

㉚ debit

- ○ **A** payment
- ○ **B** cash
- ○ **C** credit
- ○ **D** prepaid
- ○ **E** refund

㉛ relative

- ○ **A** comparative
- ○ **B** absolute
- ○ **C** attractive
- ○ **D** negative
- ○ **E** kin

㉜ lend

- ○ **A** loan
- ○ **B** donate
- ○ **C** pay
- ○ **D** return
- ○ **E** borrow

㉝ shallow

- ○ **A** high
- ○ **B** narrow
- ○ **C** broad
- ○ **D** thin
- ○ **E** deep

㉞ despise

- ○ **A** tease
- ○ **B** blame
- ○ **C** deride
- ○ **D** bully
- ○ **E** respect

㉟ employee

- ○ **A** staff
- ○ **B** recruit
- ○ **C** employer
- ○ **D** worker
- ○ **E** laborer

㊱ arrogant

- ○ **A** proud
- ○ **B** lonely
- ○ **C** humble
- ○ **D** cheerful
- ○ **E** nervous

㊲ fertile

- ○ **A** rich
- ○ **B** competent
- ○ **C** sterile
- ○ **D** agile
- ○ **E** sufficient

㊳ affirmation

- ○ **A** negation
- ○ **B** declaration
- ○ **C** acceleration
- ○ **D** consolidation
- ○ **E** integration

㊴ abstract

- ○ **A** complicated
- ○ **B** convenient
- ○ **C** concrete
- ○ **D** contemporary
- ○ **E** consistent

㊵ combine

- ○ **A** cultivate
- ○ **B** complain
- ○ **C** reap
- ○ **D** collect
- ○ **E** divide

㊶ descendant

- ○ **A** daughter
- ○ **B** grandparent
- ○ **C** cousin
- ○ **D** ancestor
- ○ **E** relative

㊷ omit

- ○ **A** summit
- ○ **B** add
- ○ **C** forget
- ○ **D** expel
- ○ **E** commit

㊸ horizontal

- ○ **A** flat
- ○ **B** vertical
- ○ **C** smooth
- ○ **D** sharp
- ○ **E** round

㊹ flourish

- ○ **A** decline
- ○ **B** prosper
- ○ **C** increase
- ○ **D** dense
- ○ **E** low

㊺ feminine

- ○ **A** normal
- ○ **B** womanly
- ○ **C** masculine
- ○ **D** curious
- ○ **E** humane

03 単語の意味

A 重要度
ランク

テストセンター | ペーパーテスト | WEBテスティング

例 題

 目標タイム：1分

説明文と意味が最も近いものは次のうちどれか。A ～ E の中から 1 つ選びなさい。

the feeling of resentment against someone enjoying success or advantage

○ **A** pleasure
○ **B** jealousy
○ **C** satisfaction
○ **D** grief
○ **E** anxiety

解法 英文を訳して合致する英単語を選ぶ

英文の説明を読んで、意味に合致する単語を選ぶ問題です。

[訳] 成功や有利な立場を享受している人に対する腹立たしい感情

A	pleasure	喜び
B	jealousy	嫉妬
C	satisfaction	満足
D	grief	悲嘆
E	anxiety	心配

【正解】B

実践演習問題

問 01　リピートチェック ▶ ☑☑☑　別冊 ▶ 125

説明文と意味が最も近いものは次のうちどれか。A 〜 E の中から 1 つ選びなさい。

❶ a very small living thing that causes infectious disease in human, animals and plants

- ○ A　infection
- ○ B　cell
- ○ C　insect
- ○ D　virus
- ○ E　illness

❷ a short trip made for fun, especially one that has been arranged for a group of people

- ○ A　excursion
- ○ B　vacation
- ○ C　transportation
- ○ D　recreation
- ○ E　leisure

❸ a mountain with a large hole at the top through which lava (hot molten rock) and ashes are ejected at times

- ○ A　iceberg
- ○ B　cape
- ○ C　valley
- ○ D　peninsula
- ○ E　volcano

❹ a person who competes in sports competitions

- ○ A　judge
- ○ B　champion
- ○ C　athlete
- ○ D　sniper
- ○ E　candidate

❺ the extra money that you must pay back when you borrow money

- ○ A　profit
- ○ B　interest
- ○ C　deposit
- ○ D　account
- ○ E　loss

❻ a wide road for automobile traveling fast over long distances

- ○ A　street
- ○ B　alley
- ○ C　railway
- ○ D　freeway
- ○ E　traffic

解説・解答は別冊 125 - 127 ページ

Part 3　英語能力検査　単語の意味

テストセンター　ペーパーテスト　WEBテスティング

325

❼ a person who lives in a particular place permanently

○ **A** fugitive   ○ **B** inhabitant   ○ **C** foreigner
○ **D** citizen   ○ **E** visitor

❽ a person that you know, but not a close friend

○ **A** mate   ○ **B** spouse   ○ **C** partnership
○ **D** colleague   ○ **E** acquaintance

❾ the process of making air, water, or land dirty

○ **A** auction   ○ **B** environment   ○ **C** pollution
○ **D** solution   ○ **E** caution

❿ to share things among a number of people

○ **A** negotiate   ○ **B** transfer   ○ **C** commute
○ **D** distribute   ○ **E** substitute

⓫ something you must do because it is morally or legally needed

○ **A** obligation   ○ **B** migration   ○ **C** segregation
○ **D** celebration   ○ **E** dedication

⓬ to make something seem greater than it really is

○ **A** describe   ○ **B** express   ○ **C** exaggerate
○ **D** calculate   ○ **E** navigate

⓭ a special meal with a large amount of food and drink

○ **A** breakfast   ○ **B** lunch   ○ **C** festival
○ **D** feast   ○ **E** rally

⓮ a person who represents his/her government in a foreign country

○ **A** chairman   ○ **B** minister   ○ **C** diplomat
○ **D** politician   ○ **E** statesman

⑮ without enough money to pay their debts

- ○ **A** reliable
- ○ **B** bankrupt
- ○ **C** available
- ○ **D** abundant
- ○ **E** scanty

⑯ a well-known story which has been told and believed from ancient times

- ○ **A** fantasy
- ○ **B** novel
- ○ **C** poetry
- ○ **D** myth
- ○ **E** drama

⑰ a dream that is very frightening

- ○ **A** mystery
- ○ **B** nightmare
- ○ **C** illusion
- ○ **D** ambition
- ○ **E** imagination

⑱ a short story which teaches a moral lesson

- ○ **A** fable
- ○ **B** history
- ○ **C** proverb
- ○ **D** fairy tale
- ○ **E** mythology

⑲ to make goods in large amounts using machinery

- ○ **A** prosper
- ○ **B** reproduce
- ○ **C** labor
- ○ **D** engage
- ○ **E** manufacture

空欄補充

 重要度ランク **S**

テストセンター　ペーパーテスト　WEBテスティング

例 題

⏱ 目標タイム：**30秒**

　文中の空欄に入れる語句として最も適切なものを、A ～ E の中から1つ選びなさい。

　　彼女はよく学校へ行く前にピアノを弾いたものだ。

　　She (　　　　) the piano before going to school.

○ **A**　is used to play
○ **B**　is used to playing
○ **C**　used to play
○ **D**　used to playing
○ **E**　is accustomed to play

解法 基本的なボキャブラリや文法が問われる

　used to ＋原型で「～したものだ」、be used to ～ ing で「～するのに慣れている」という意味になります。

　　She **used to play** the piano before going to school.

× **A**	is used to play	is は不要
× **B**	is used to playing	「弾くのに慣れている」という意味
○ **C**	used to play	正解
× **D**	used to playing	不定詞の to に続く動詞は原形になる
× **E**	is accustomed to play	is used to playing と同じ意味

【正解】C

問 01　リピート ▶ ☑ ☑ ☑ ------------------------------　別冊 ▶ 127
チェック

　各文中の空欄に入れる語句として最も適切なものを、A ～ E の中から 1 つ選びなさい。

❶ 結果はあとでお知らせします。

I'll let you (　　　) the results later.

- ○ **A**　know
- ○ **B**　known
- ○ **C**　knowing
- ○ **D**　to know
- ○ **E**　be known

❷ 私はこの提案に大変興味があります。

I'm much interested (　　　) this proposal.

- ○ **A**　at
- ○ **B**　in
- ○ **C**　of
- ○ **D**　with
- ○ **E**　about

❸ 彼はきっと優勝するでしょう。

I have no (　　　) that he will win the title.

- ○ **A**　idea
- ○ **B**　expect
- ○ **C**　chance
- ○ **D**　doubt
- ○ **E**　consider

❹ この椅子は木製だ。

This chair is made (　　　) wood.

- ○ **A**　by
- ○ **B**　in
- ○ **C**　of
- ○ **D**　with
- ○ **E**　from

❺ 彼はフィンランド出身の女性と結婚した。

He was married (　　　) a girl from Finland.

- ○ **A**　to
- ○ **B**　in
- ○ **C**　of
- ○ **D**　by
- ○ **E**　with

❻ 18歳以上でなければ競技会には参加できません。

You must be over 18 to take (　　　) in the competition.

- ○ **A**　care
- ○ **B**　join
- ○ **C**　enter
- ○ **D**　together
- ○ **E**　part

❼ 結果にご満足いただいて大変嬉しく思います。

I am very pleased that you are satisfied (　　　) the result.

- ○ **A**　at
- ○ **B**　with
- ○ **C**　in
- ○ **D**　by
- ○ **E**　to

❽ 彼は演奏家というよりも作曲家だ。

He is not (　　　) a player as a composer.

- ○ **A**　as much
- ○ **B**　as far
- ○ **C**　so much
- ○ **D**　rather than
- ○ **E**　any longer

❾ 駅で前の夫にばったり会った。

I ran (　　　) my ex-husband at the station.

- ○ **A**　after
- ○ **B**　at
- ○ **C**　into
- ○ **D**　on
- ○ **E**　with

⑩ 給料については何の不満もない。

There is no complaint with (　　　) the salary.

○ **A**　regard to　　　○ **B**　respect of　　　○ **C**　terms of
○ **D**　concerns　　　　○ **E**　regarding

⑪ 日本はエネルギー資源のほとんどを輸入に頼っている。

Japan (　　　) on imports for most of its energy resources.

○ **A**　needs　　　　○ **B**　subjects　　　○ **C**　turns
○ **D**　depends　　　○ **E**　looks

⑫ 鉄道ができる前は、病院に行くのにまる一日かかったものだ。

Before the railway (　　　), it used to take a whole day to go to hospital.

○ **A**　build　　　　　○ **B**　built　　　　○ **C**　is building
○ **D**　was built　　　○ **E**　was building

⑬ 彼女は金曜日の夜に到着します。

She will arrive (　　　) Friday night.

○ **A**　at　　　　○ **B**　on　　　　○ **C**　in
○ **D**　for　　　○ **E**　until

⑭ もし君がここにいるのを知っていたら、すぐに来たのに。

If I had known you were here, I (　　　) at once.

○ **A**　have come　　　○ **B**　will come　　　○ **C**　will have come
○ **D**　would come　　　○ **E**　would have come

テストセンター｜ペーパーテスト｜WEBテスティング

05 誤文訂正

A 重要度
ランク

テストセンター　ペーパーテスト　WEBテスティング

例題

⏱ 目標タイム：**1分**

次の英文について、文法上または用法上誤っているものはどれか。A ～ E の中から 1 つ選びなさい。

Everyone $_A$<u>who</u> heard $_B$<u>her</u> $_C$<u>sing</u> $_D$<u>were</u> enchanted $_E$<u>by</u> her sweet voice.

- **A**　who
- **B**　her
- **C**　sing
- **D**　were
- **E**　by

解法 be動詞の人称、動詞の原型／過去分詞に注意

「彼女が歌うのを聴いた人は誰でもその甘い声に魅了された。」という意味です。主語となる everyone は単数扱いなので、これを受ける be 動詞は複数形の were ではなく、単数形の was でなければなりません。

Everyone who heard her sing was enchanted by her sweet voice.

なお、hear ＋〈人〉＋動詞の原形は、「〈人〉が～するのが聞こえる」という意味で、正しい用法です。

【正解】D

問 01　　リピート
　　　　　チェック ▶ ☑ ☑ ☑ --------------------------------- 別冊 ▶ 128

次の各英文について、文法上または用法上誤っているものはどれか。A ～ E の中から 1 つ選びなさい。

❶ He ₐneeds work in order ᵦto support his five ꜀children, but he doesn't know ᴅwhere to find ᴇthem.

- ○ **A**　needs
- ○ **B**　to support
- ○ **C**　children
- ○ **D**　where to
- ○ **E**　them

❷ I couldn't ₐbelieve ᵦthat she married ꜀with a man ᴅwho was old ᴇenough to be her father.

- ○ **A**　believe
- ○ **B**　that
- ○ **C**　with
- ○ **D**　who was
- ○ **E**　enough to

❸ I was ₐsurprised how ᵦeasily ꜀it was ᴅto get a driver's license ᴇin the United States.

- ○ **A**　surprised
- ○ **B**　easily
- ○ **C**　it
- ○ **D**　to get
- ○ **E**　in

❹ Because my car ₐbroke ᵦdown, I ꜀need to have it ᴅrepair as ᴇsoon as possible.

- ○ **A**　broke
- ○ **B**　down
- ○ **C**　need
- ○ **D**　repair
- ○ **E**　soon

❺ Neither my father ₐor my mother ᵦsuggested that I ꜀give up the idea ᴅof ᴇgoing to university.

- ○ **A**　or
- ○ **B**　suggested
- ○ **C**　give
- ○ **D**　of
- ○ **E**　going

❻ The waiting room $_A$<u>was</u> $_B$<u>so</u> noisy I $_C$<u>didn't</u> $_D$<u>hear</u> my name $_E$<u>calling</u>.

- ○ **A**　was
- ○ **B**　so
- ○ **C**　didn't
- ○ **D**　hear
- ○ **E**　calling

❼ I $_A$<u>saw</u> the girl $_B$<u>crossed</u> the street when I was $_C$<u>about to</u> get $_D$<u>on</u> a bus $_E$<u>for</u> the station.

- ○ **A**　saw
- ○ **B**　crossed
- ○ **C**　about to
- ○ **D**　on
- ○ **E**　for

❽ Before $_A$<u>going</u> to the Middle East, you $_B$<u>should</u> get as $_C$<u>much</u> $_D$<u>informations</u> as $_E$<u>possible</u> about there.

- ○ **A**　going
- ○ **B**　should
- ○ **C**　much
- ○ **D**　informations
- ○ **E**　possible

❾ $_A$<u>Although</u> the company $_B$<u>offered</u> him an $_C$<u>exception</u> high salary, he $_D$<u>refused</u> it at $_E$<u>once</u>.

- ○ **A**　Although
- ○ **B**　offered
- ○ **C**　exception
- ○ **D**　refused
- ○ **E**　once

❿ $_A$<u>According to</u> the latest $_B$<u>figures</u>, the $_C$<u>sale</u> of books on "healthy diet" have $_D$<u>doubled</u> in the $_E$<u>last</u> two years.

- ○ **A**　According to
- ○ **B**　figures
- ○ **C**　sale
- ○ **D**　doubled
- ○ **E**　last

06 和文英訳

B 重要度ランク

テストセンター ペーパーテスト WEBテスティング

例 題

⏱ 目標タイム：1分

次の日本語の文章の意味に最も適合する英文を、A ～ E の中から 1 つ選びなさい。

駅への行き方をたずねようとしたのですが、英語が通じませんでした。

○ **A** I couldn't speak English, but I managed to ask the way to the station.

○ **B** I asked them the way to the station in English, but they didn't speak English.

○ **C** Because of my poor English, I didn't try to ask the way to the station.

○ **D** I tried to ask the way to the station, but I couldn't make myself understood in English.

○ **E** My English was too poor to ask the way to the station.

解法 反対の意味やニュアンスの違いに注意

　日本語の文章と同じ意味になる英文を、選択肢の中から選ぶ問題です。文法的な誤りなどはとくにないので、あくまでも意味上の違いに注目します。

　「英語が通じない」＝「自分の言っていることを英語で相手に理解させることができない」ということです。通じなかったのが自分の英語が下手なせいなのか、それとも相手が英語を話せなかったからなのかはわかりません。

　このような場合には、make oneself understood「自分の言葉（考え）を人にわからせる」という言い回しがよく使われます。

× **A**　私は英語が話せませんでしたが、なんとか駅への行き方をたずねました。

× **B**　駅への行き方を英語でたずねたのですが、彼らは英語を話しませんでした。

→ 実践演習問題

解説・解答は別冊 128 - 130 ページ

問 01　リピート
チェック ▶ ☑ ☑ ☑ ----------------------------- 別冊 ▶ 128

次の各日本語の文章の意味に最も適合する英文を、A ～ E の中から 1 つずつ
選びなさい。

❶ 彼女は不世出の才能に恵まれた作家と言っても過言ではない。

- ○ **A**　It is needless to say that she is an extraordinary talented writer.
- ○ **B**　It is not too much to say that she is an extraordinary talented writer.
- ○ **C**　It is not going too far to say that she is a terrible writer.
- ○ **D**　It is an exaggeration to say that she is an extraordinary talented writer.
- ○ **E**　It goes without saying that she is an extraordinary talented writer.

❷ この映画は何度観ても、毎回同じシーンで泣いてしまう。

- ○ **A**　No matter how many times I see this movie, I cry every time at the same scene.
- ○ **B**　I don't see this movie so many times, but I cry every time at the same scene.
- ○ **C**　I have seen this movie so many times that I cannot cry every time at the same scene.
- ○ **D**　However many times I see this movie, I don't cry every time at the same scene.
- ○ **E**　This movie is so many scenes but I will cry every time at the same scene.

❸ 彼が約束を破るような人でないことは誰もが知っている。

- **A** As far as we know, he is too honest to break his word.
- **B** Everyone knows who is likely to break a promise.
- **C** Everyone knows that he is the last person to break a promise.
- **D** He is known to everyone as a person who breaks a promise.
- **E** Everyone is likely to break a promise as far as he knows.

❹ 音楽家になるには、地道な努力が生来の素質に劣らず重要である。

- **A** Steady efforts are more important than natural talent to become a musician.
- **B** Steady efforts are no longer important for a talented musician.
- **C** Natural talent is no less important than steady effort to be a musician.
- **D** Steady effort and natural talent are not important enough to become a musician.
- **E** Steady efforts are no less important than natural talent to become a musician.

❺ 電車に乗り遅れないように全速力で走らなければならなかった。

- **A** If he had not ran as fast as he could, he would have missed the train.
- **B** Although he ran as fast as he could, he missed the train.
- **C** He had to run as fast as he could so as not to miss the train.
- **D** He ran so fast that he didn't miss the train.
- **E** He had to run as fast as he could in order to miss the train.

07 長文読解

重要度
ランク **B**

テストセンター ペーパーテスト WEBテスティング

例 題

⏱ 目標タイム：**3分**

次の英文を呼んで、各問に答えなさい。

The Ogasawara Islands are located about 1,000 kilometers away from Tokyo to the south. They consist of islands that are surrounded by vertical cliffs and ocean whose beautiful color is referred to as "Bonin Blue".

        ① the islands have never bordered a continent in their history, the wildlife species found in Ogasawara are the descendants of animals and plants that arrived there by chance. Some were carried by birds or the wind, while others were washed up by ocean currents or clung to driftwood. Those species have survived by adapting themselves to the environment of the islands. They then became established on the islands and evolved in their own unique ways in a long period of time within an environment far separated from the mainland. As a result, this led to the occurrence of many endemic species which are not to be seen anywhere else, such as Melastoma tetramerum and Hemicordulia ogasawarensis. Roughly 40% of the vascular plants, about 25% of the insects, and more than 90% of the land snails (roughly 100 species) are endemic to Ogasawara.

(www.env.go.jp/nature/isan/worldheritage/ogasawara/index.html)

注：Melastoma tetramerum（ムニンノボタン）、Hemicordulia ogasawarensis（オガサワラトンボ）、vascular（維管束の）

① Fill in the blank ① with an appropriate word.

- ○ **A** Although
- ○ **B** Besides
- ○ **C** In spite of
- ○ **D** Since

○ **E** Therefore

② **Which of the following is true about Ogasawara Islands?**

○ **A** The islands are located about 1,000 kilometers north of Tokyo

○ **B** The color of the ocean by the islands is called "Bonin Blue".

○ **C** The islands were part of a continent in the past.

○ **D** All plant and animal species found in the islands are brought by human.

○ **E** About half of the insects of Ogasawara are endemic.

解法 短時間で要点をつかもう

①空欄に入る単語を A 〜 E の中から選びます。

　　① 　　 the islands have never bordered a continent in their history, the wildlife species found in Ogasawara are the descendants of animals and plants that arrived there by chance.

　前の節「島はこれまで大陸と陸続きになったことがない」は、その後の節「小笠原の野生生物種は偶然たどりついた動物や植物の子孫です」の理由を述べています。したがって、空欄①には「〜ので」という理由を示す接続詞が入ります。

× **A** Although 　　 けれども

× **B** Besides 　　 その上

× **C** In spite of 　　 にもかかわらず

○ **D** Since 　　 〜ので

× **E** Therefore 　　 したがって

②本文の記述と一致する内容の文章を A 〜 E の中から選びます。

× **A** The islands are located about 1,000 kilometers north of Tokyo
「島は東京から 1000km 北に位置する。」
1,000 kilometers away from Tokyo to the south とあるので、東京の北ではなく、南に位置します。

○ **B** The color of the ocean by the islands is called "Bonin Blue".

「島の周辺の海の色は"ボニンブルー"と呼ばれている。」

ocean whose beautiful color is referred to as "Bonin Blue" とあり、正しい記述です。

× **C** The islands were part of a continent in the past.

「島はかつて大陸の一部だった。」

have never bordered a continent は、「大陸と境を接したことはない」→「大陸と陸続きになったことはない」という意味。

× **D** All plant and animal species found in the islands are brought by human.

「島で見つかった動植物はすべて人間によってもたらされた。」

鳥や風、海流などによって偶然（by chance）やってきたとあります。

× **E** About half of the insects of Ogasawara are endemic.

「小笠原の昆虫の約半分は固有種である。」

about 25% of the insects … are endemic to Ogasawara とあるので、半分ではなく約4分の1（25%）です。

[訳] 小笠原諸島は東京から約1,000km 南に位置し、「ボニンブルー」とよばれる美しい紺碧の海と切り立った断崖に囲まれた島々です。

これまで一度も大陸と陸続きになったことがないため、小笠原諸島の生物は鳥に運ばれたり、風に乗って運ばれたり、海流や流木に付着して流されたりして、島に偶然たどり着き、島の環境に適応して生き残ったものの子孫です。島に定着できた種は、その後隔離された環境の下で長期間独自の進化の道を歩み、その結果、小笠原において、ムニンノボタン、オガサワラトンボなど他に見られない固有の動植物が多く誕生しました。小笠原に自生する維管束植物全体の約40%、昆虫の約25%、カタツムリの90%以上（約100種）が固有種です。

【正解】① D ② B

➡実践演習問題

解説・解答は別冊 130 - 131 ページ

問 01 リピート
チェック ▶ 別冊 ▶ 130

次の文を呼んで、各問に答えなさい。

Man is small and, therefore, small is beautiful.
"Small is Beautiful" by Ernst F. Schumacher

Schumacher published "Small is Beautiful" in 1973, based on awareness of the problem of how to secure and expand humanity in modern society. This book coincided with the environmental pollution that became a social problem mainly in developed countries. At the same time, the United Nations Conference on Human Environment was held in Stockholm and the Stockholm Declaration was adopted (1972), and the world was trying to move forward toward building a framework for a sustainable society on a global scale. However, there still were continuous mass production, mass consumption, and mass disposal, in a way that could not be called sustainable. The book says that these human activities and technologies cause a crisis of eating up limited natural resources.

The book says that people find little satisfaction and lose their humanity because such modern style of production splits the work that used to achieve humanity and life satisfaction into pieces of work. This is the first crisis that the world faces. The second crisis is the ones of the environment that supports human life but now is showing signs of collapse. The third crisis is the depletion of natural resources.

Schumacher writes that we should create "intermediate technology" that is appropriate for humans. This way of thinking is summarized by the words "Man is small and, therefore, small is beautiful," which became the title of the book.

In this book, Schumacher also makes some epigrams. Schumacher says that it is too optimistic to expect that we can deal with the destructive forces by solving environmental destruction, conserving wildlife, discovering new energy and achieving agreements on peaceful coexistence.

The moral choices, he says, are necessary and it is possible to obtain justice (justitia), courage (fortitudo), and temperance (temperantia) with knowledge (prudential).

These are virtues that are absolutely essential for the continued existence of civilization.

(Annual Report on the Environment, the Sound Material-Cycle Society and the Biodiversity in Japan 2011)

❶ **According to the article, What happened around 1972 and 1973?**

○ **A**   The environmental pollution became a social problem mainly in developing countries.

○ **B**   The world was trying to build a framework for an unsustainable society.

○ **C**   The Stockholm Declaration was adopted.

○ **D**   Schumacher published a book entitled "Man is Small and, therefore, Small is Beautiful".

○ **E**   A sustainable society is realized in the end.

❷ **Which of the following least matches the contents of the book?**

○ **A**   The book is based on awareness of the problem of how to secure and expand humanity in modern society.

○ **B**   The human activities and technologies cause a crisis of eating up limited natural resources.

○ **C**   The modern style of production deprives people of the satisfaction and humanity from their work.

○ **D**   We should create "intermediate technology" that is appropriate for humans.

○ **E**   We can deal with the destructive forces by solving environmental destruction.

❸ **Which of the following best describes the third crisis that the book says?**

○ **A**   people cannot find satisfaction and lose their humanity from work

○ **B**   the environment that supports human life is about to collapse

○ **C**   the environmental pollution that became a social problem

○ **D**   achieving agreements on peaceful coexistence

○ **E**   eating up limited natural resources

構造的把握力検査

構造的把握力検査はテストセンターのオプション検査で、4つから5つの文章や問題を、その構造に応じて分類する問題が出題されます。企業によって出題される場合と出題されない場合があります。

構造的把握力検査は、問題に直面したとき、その問題との共通項を過去の経験から見つけて解決の糸口をつかんだり、一見複雑な問題や交渉事項の中から、要点を抽出して整理する能力を測ります。本書の演習問題で対策を立てておきましょう。

01 非言語系

S 重要度ランク

テストセンター ペーパーテスト WEBテスティング

例題

⏱ 目標タイム：**2分**

　次のア〜エのうち、問題の構造が似ているものはどれとどれか。A〜F の中から1つ選びなさい。

　ア　定価550円の商品がある。定価の2割が利益となるとき、この商品の原価はいくらか。

　イ　液体Pと液体Qを混ぜた混合液が60lある。このうち液体Pが48lであるとき、液体Qの割合は全体の何%か。

　ウ　原価350円の商品がある。70円の利益を得るには、この商品をいくらで売ればよいか。

　エ　濃度5%の食塩水300gがある。この食塩水に含まれる水の重量は何gか。

○**A** アとイ　　○**B** アとウ　　○**C** アとエ　　○**D** イとウ

○**E** イとエ　　○**F** ウとエ

解法 ▶ 解き方が同じ問題を選ぶ

　4つの文章題の中から、解き方が同じものを選ぶ問題です。答えを求める式を立てて、それが同じになるかどうかを調べましょう。このとき、実際に答えを計算する必要はまったくありません。

　また、簡単な図で表すとわかりやすくなります。

ア　定価から利益を引いて原価を求めます。

$$\underset{\text{定価}}{550\text{円}} - \underset{\text{利益}}{(550\text{円} \times 0.2)} = 440\text{円}$$

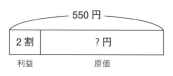

イ　全体の容量から液体Qの容量を引いて液体Pの容量を求め、全体の容量で割ります。

$$(60l - 48l) \div 60l = 0.2 = 20\%$$

液体Ｑの容量　　全体の容量

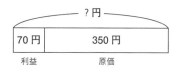

ウ　原価＋利益で売価を求めます。

$$\underset{原価}{350\,円} + \underset{利益}{70\,円} = 420\,円$$

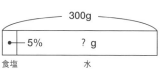

エ　食塩水の重量から食塩の重量を引き、水
　　の重量を求めます。

$$300g - (300g \times 0.05) = 285g$$

以上から、問題の構造が似ているものは**ア**と**エ**です。

【正解】C

●実践演習問題

解説・解答は別冊 132 - 135 ページ

| 問 01 | リピート
チェック ▶ ☐ ☐ ☐ | 別冊 ▶ 132 |

次のア〜エのうち、問題の構造が似ているものはどれとどれか。Ａ〜Ｆの中から１つ選びなさい。

ア　原価 250 円の商品を 100 個売ったときの利益を 8000 円にしたい。
　　定価はいくらにすればよいか。

イ　先週と今週の売上の合計は 36000 円で、今週の売上は先週より 5000
　　円多かった。今週の売上はいくらか。

ウ　祖父母の年齢を合計すると 162 歳で、祖父は祖母より 4 歳年上である。
　　祖母の年齢は何歳か。

エ　原価 180 円の商品を定価 250 円で販売した。この商品が 80 個売れた
　　ときの利益はいくらか。

○A　アとイ　　○B　アとウ　　○C　アとエ　　○D　イとウ
○E　イとエ　　○F　ウとエ

問 02 リピート
チェック ▶ ☑ ☑ ☑

次のア〜エのうち、問題の構造が似ているものはどれとどれか。A 〜 F の中から 1 つ選びなさい。

ア　1000 枚の書類整理を 3 人で行う。A さんは 1 時間で 90 枚、B さんは 1 時間で 60 枚、C さんは 1 時間で 50 枚の書類を整理できる。3 人が同時に整理すると、何分かかるか。

イ　フロアの清掃を 3 人で分担する。A さんが全面積の 1/3 を、B さんがA さんの面積の 1/4 を、C さんが残り面積をすべて清掃する。C さんの分担は、全面積のうちのどのくらいか。

ウ　池の清掃を行う。P さん 1 人だと 10 日、Q さん 1 人だと 5 日、R さん 1 人だと 5 日かかる。P さんと Q さんが 2 日作業を行い、残りは R さんが 1 人で作業した。作業が完了するのに何日かかるか。

エ　分割払いでカメラを買う。購入時に購入金額の 20%、翌月のボーナスで残金の 60%、翌々月に残額をすべて支払う。翌々月に支払う金額は購入金額の何%になるか。

○**A**　アとイ　　○**B**　アとウ　　○**C**　アとエ　　○**D**　イとウ
○**E**　イとエ　　○**F**　ウとエ

問 03 リピート
チェック ▶ ☑ ☑ ☑

次のア〜エのうち、問題の構造が似ているものはどれとどれか。A 〜 F の中から 1 つ選びなさい。

ア　当選枠が 3 人の選挙区に、12 人が立候補した。この選挙区から選ばれる議員の組合せは何通りあるか。

イ　6 個のリンゴを 3 人に分配する。リンゴは全員に 1 個以上分配すれば、数は同じでなくてよい。このときの組合せは何通りあるか。

ウ　学校のホームルームで学級委員長と副委員長を選ぶ。6 人の候補者から委員長と副委員長を 1 人ずつ選ぶとき、組合せは何種類あるか。

エ　会社の新年会で、宴会の幹事を 2 人選ぶ。昨年の新入社員 8 人の中から任意の 2 人を選ぶとき、組合せは何種類あるか。

○**A**　アとイ　　○**B**　アとウ　　○**C**　アとエ　　○**D**　イとウ
○**E**　イとエ　　○**F**　ウとエ

問 04 リピート▶ ☑ ☑ ☑ ------------------------- 別冊▶133

次のア～エのうち、問題の構造が似ているものはどれとどれか。A ～ F の中から 1 つ選びなさい。

ア　貯金箱に 10 円硬貨と 50 円硬貨が合わせて 76 枚入っていた。貯金箱の硬貨の合計金額が 1720 円のとき、貯金箱に 10 円硬貨は何枚あるか。

イ　友人たちと美術館に行った。正規料金は 1 人 2200 円だが、10 人以上は団体割引で 2 割引になる。総額が 28160 円だったとき、グループは何人いたか。

ウ　大人と子ども合わせて 17 人のグループで遊園地に行った。入園料は大人 1400 円、子ども 600 円で、グループ全体の入園料は合計 13400 円だった。このグループに子どもは何人いたか。

エ　乗合バスに大人 2 人、子ども 5 人で乗った。大人料金は 1 人あたり 360 円で、7 人の総額は 1720 円だった。子ども料金は 1 あたり人いくらか。

○ **A** アとイ　　○ **B** アとウ　　○ **C** アとエ　　○ **D** イとウ
○ **E** イとエ　　○ **F** ウとエ

問 05 リピート▶ ☑ ☑ ☑ ------------------------- 別冊▶133

次のア～エのうち、問題の構造が似ているものはどれとどれか。A ～ F の中から 1 つ選びなさい。

ア　5 人の友人でゲームのコインを 6 枚ずつ分け合ったら、3 枚足りなかった。コインは何枚あるか。

イ　キャラメルが 27 個ある。3 人の子どもに同じ数だけ分配すると、1 人あたり何個ずつになるか。

ウ　ミカンが 43 個ある。ミカンを 3 個ずつ袋に詰めていくと、ミカンの袋はいくつできるか。

エ　トランプのカードが 53 枚ある。カードを 7 人に同じ枚数ずつ配ると、1 人あたり何枚になるか。

○ **A** アとイ　　○ **B** アとウ　　○ **C** アとエ　　○ **D** イとウ
○ **E** イとエ　　○ **F** ウとエ

次のア〜エのうち、問題の構造が似ているものはどれとどれか。A 〜 F の中
から 1 つ選びなさい。

ア　X 地点と Y 地点は 4km 離れている。A さんは X 地点から Y 地点に向
かって時速 3km/ 時で歩き、B さんは Y 地点から X 地点に向かって時速
5km/ 時で歩く。2 人が同時に出発した場合、両者が出会うのは何分後か。

イ　空のタンクを満水にするのに、水道管 X では 20 時間、水道管 Y では
30 時間かかる。2 つの水道管で同時に注水を開始したとき、空のタン
クが満水になるのに何時間かかるか。

ウ　会社から徒歩で帰宅すると 50 分、自転車では 30 分かかる。会社から
図書館に自転車で向かうと 15 分で到着した。会社から図書館まで徒歩
で向かうと何分かかるか。

エ　P と Q は、一周 24km のサイクリングコースを反対方向に向かって同
時にスタートした。P は時速 20km/ 時、Q は時速 16km で走行する
とき、両者がすれ違うのは何分後か。

○**A**　アとイ　　○**B**　アとウ　　○**C**　アとエ　　○**D**　イとウ
○**E**　イとエ　　○**F**　ウとエ

次のア〜エのうち、問題の構造が似ているものはどれとどれか。A 〜 F の中
から 1 つ選びなさい。

ア　2 つのサイコロがある。サイコロを同時に振ったときに、2 回続けて 2
つのサイコロの目が同じ数になる確率はいくらか。

イ　教室に血液型が A 型の生徒が 4 人、B 型の生徒が 3 人、AB 型の生徒
が 2 人、O 型の生徒が 1 人いる。毎回無作為に 1 人を指名して、3 回
続けて AB 型の生徒である確率はいくらか。

ウ　箱に赤いボールと 5 個、青いボールが 7 個入っている。ボールを 3 個
取り出したとき、すべて赤いボールである確率はいくらか。ただし、取
り出したボールは箱に戻さない。

エ　2 つのサイコロがある。サイコロを同時に振ったときに、2 つのサイコ
ロの目の合計が 4 ではない確率はいくらか。

○**A**　アとイ　　○**B**　アとウ　　○**C**　アとエ　　○**D**　イとウ
○**E**　イとエ　　○**F**　ウとエ

問 08 リピート チェック ▶ ☑ ☑ ☑ ------------------------------ 別冊 ▶ 134

次のア〜エのうち、問題の構造が似ているものはどれとどれか。A 〜 F の中から 1 つ選びなさい。

ア 子どもにお菓子を配る。お菓子を 8 人で均等に分けると 2 個余り、7 人で均等に分けると 5 個余る。お菓子は全部でいくつあるか。

イ 遊戯サークルの子どもたちに 90 円の菓子と、70 円のアイスを合わせて 52 個買った。合計で 4120 円のとき、アイスはいくつ買ったか。

ウ 体育の種目ごとに学生を均等にグループ分けしたい。9 グループに分けると 3 人足りず、8 グループにすると 7 人余る。学生は全員で何人いるか。

エ 40 人の生徒のうち、部活動に参加している生徒は 7 割、塾に通う生徒は 9 割いる。部活動に参加せず、塾にも通っていない生徒が 0 人のとき、部活動に参加し、塾に通っている生徒は何人いるか。

○**A** アとイ   ○**B** アとウ   ○**C** アとエ   ○**D** イとウ
○**E** イとエ   ○**F** ウとエ

問 09 リピート チェック ▶ ☑ ☑ ☑ ------------------------------ 別冊 ▶ 135

次のア〜エのうち、問題の構造が似ているものはどれとどれか。A 〜 F の中から 1 つ選びなさい。

ア 酒屋でビールを 20 本、ジュースを 18 本買って、合計で 9360 円だった。ジュースの価格はビールの価格の 1/3 だったとき、ビール 1 本の価格はいくらか。

イ コンビニエンスストアで、1 個 110 円のスナック菓子と、1 本 100 円のジュースをいくつか買ったら、合計で 1250 円だった。ジュースは何本買ったか。

ウ 新幹線の空席は、3 人掛けと 2 人掛けの座席を合わせて、27 席が空席だった。2 人掛けの座席が 3 人掛けの座席の 3 倍の空席があったとすると、2 人掛けの座席はいくつ空席があるか。

エ 現在、父親は 62 歳で、子どもは 30 歳である。父親の年齢が子どもの年齢の 3 倍だったのは、現在から何年前のことか。

○**A** アとイ   ○**B** アとウ   ○**C** アとエ   ○**D** イとウ
○**E** イとエ   ○**F** ウとエ

S 重要度
ランク

テストセンター　ペーパーテスト　WEBテスティング

例題

⏱ 目標タイム：**2分**

　次のア～オを指示にしたがってP（2つ）とQ（3つ）に分けるとき、Pに分類されるものはどれか。A～Jの中から1つ選びなさい。

指示： 次のア～オは2つのことがらの関係についての記述である。その関係性の違いによって、PとQのグループに分けなさい。

ア　今日は酒を飲み過ぎた。寝る前に気分が悪くなった。
イ　急な呼び出しを受けた。客先でのトラブルのようだ。
ウ　台風の影響で風が強くなった。暴風警報が発令された。
エ　昨夜は薄着で寝てしまった。風邪をひいてしまった。
オ　路上で人に道を聞かれた。迷子になっているようだ。

○**A** アとイ　　○**B** アとウ　　○**C** アとエ　　○**D** アとオ
○**E** イとウ　　○**F** イとエ　　○**G** イとオ　　○**H** ウとエ
○**I** ウとオ　　○**J** エとオ

解法 ▶ 因果関係（原因と結果）の方向

　5つの文章を、2組のグループに分類する問題です。
　ア～オは、それぞれ2つのことがらからなる文で構成されています。この2つの文の前後の「関係性」に着目しましょう。たとえば、文と文の間に「その結果」などが隠れているものは、因果関係を示しています。因果関係には原因と結果があります。前後のどちらの文が原因で、どちらの分が結果なのかを書き入れると、次のようになります。

ア　（原因）酒を飲み過ぎた→（その結果）気分が悪くなった
イ　（その結果）呼び出しを受けた←（原因）客先とのトラブル
ウ　（原因）風が強くなった→（その結果）暴風警報が発令

エ　（原因）薄着で寝てしまった→（その結果）風邪をひいた

オ　（その結果）道を聞かれた←（原因）迷子になっている

　以上のように、**ア**と**ウ**と**エ**は原因→結果、**イ**と**オ**は結果→原因となっています。したがって、**ア**、**ウ**、**エ**がQ（3つ）グループ、**イ**と**オ**がP（2つ）グループになります。

【正解】G

➡実践演習問題

解説・解答は別冊 135 - 137 ページ

別冊▶135

| 問01 | リピート チェック ▶ | ☑ | ☑ | ☑ |

次のア～オを指示にしたがってP（2つ）とQ（3つ）に分けるとき、Pに分類されるものはどれか。A～Jの中から1つ選びなさい。

指示：次のア～オは会話で、Yの言ったことは論理的に間違っている。間違え方によって、PとQのグループに分けなさい。

　ア　X「Oさんの趣味はテレビのスポーツ観戦だ。」
　　　Y「では、Oさんはきっとスポーツマンに違いない。」
　イ　X「Pさんの家系はこの地域の地主だ。」
　　　Y「では、Pさんはきっと大金持ちに違いない。」
　ウ　X「Qさんの勤め先は外資系の会社だ。」
　　　Y「では、きっとQさんは英会話が得意に違いない。」
　エ　X「Sさんの特技はものまねだ。」
　　　Y「では、きっとSさんは人気者に違いない。」
　オ　X「Rさんの出身校は甲子園で何度も優勝した。」
　　　Y「では、きっとRさんは野球ファンに違いない。」

○**A** アとイ　○**B** アとウ　○**C** アとエ　○**D** アとオ　○**E** イとウ
○**F** イとエ　○**G** イとオ　○**H** ウとエ　○**I** ウとオ　○**J** エとオ

問 02　リピート チェック ▶ ☐ ☐ ☐ ─────────────────── 別冊 ▶ 136

　次のア～オを指示にしたがってＰ（２つ）とＱ（３つ）に分けるとき、Ｐに分類されるものはどれか。Ａ～Ｊの中から１つ選びなさい。

指示：次のア～オを文の構造によって、ＰとＱのグループに分けなさい。

　　ア　ヒーローの登場を待ち望んでいたが、姿を現さなかった。
　　イ　おすすめのランチを注文して食べてみたが、美味しかった。
　　ウ　大きな被害も予想されていたが、想定よりは少なかった。
　　エ　彼の腕前は素晴らしいと聞いていたが、その通りだった。
　　オ　豪華な設備を期待していたが、正直言ってがっかりだった。

〇Ａ　アとイ　　〇Ｂ　アとウ　　〇Ｃ　アとエ　　〇Ｄ　アとオ　　〇Ｅ　イとウ
〇Ｆ　イとエ　　〇Ｇ　イとオ　　〇Ｈ　ウとエ　　〇Ｉ　ウとオ　　〇Ｊ　エとオ

問 03　リピート チェック ▶ ☐ ☐ ☐ ─────────────────── 別冊 ▶ 136

　次のア～オを指示にしたがってＰ（２つ）とＱ（３つ）に分けるとき、Ｐに分類されるものはどれか。Ａ～Ｊの中から１つ選びなさい。

指示：次のア～オは２つのことがらの関係についての記述である。その関係性の違いによって、ＰとＱのグループに分けなさい。

　　ア　道路が渋滞していたので、予定より到着が遅れてしまった。
　　イ　急に出場辞退の連絡を受けて、実行委員会は騒然となった。
　　ウ　大学受験の勉強に専念するために、一人暮らしをはじめた。
　　エ　景気の低迷によって、販売戦略は大きな見直しが迫られた。
　　オ　母の日のプレゼントを買うため、駅前の花屋に立ち寄った。

〇Ａ　アとイ　　〇Ｂ　アとウ　　〇Ｃ　アとエ　　〇Ｄ　アとオ　　〇Ｅ　イとウ
〇Ｆ　イとエ　　〇Ｇ　イとオ　　〇Ｈ　ウとエ　　〇Ｉ　ウとオ　　〇Ｊ　エとオ

問 04　リピート チェック ▶ ☐ ☐ ☐ ─────────────────── 別冊 ▶ 136

　次のア～オを指示にしたがってＰ（２つ）とＱ（３つ）に分けるとき、Ｐに分類されるものはどれか。Ａ～Ｊの中から１つ選びなさい。

指示：次のア〜オはカエルに関する記述である。その記述内容の性質によって、
　　　ＰとＱのグループに分けなさい。

　ア　カエルは、農耕の守り神として、また多産のシンボルとして古くから人々
　　　に愛されてきた。
　イ　カエルは、さまざまなマスコットやキャラクター・グッズなどのモデル
　　　になっている。
　ウ　カエルは水辺に生息するが、多くは陸上や樹上で生活し、水中で生活す
　　　る種類は少ない。
　エ　カエルは、世界では食用としても用いられ、フランス料理では高級食材
　　　として知られる。
　オ　カエルは、幼生（オタマジャクシ）ではエラ呼吸だが、変態を経て肺呼
　　　吸に切り替わる。

○**A**　アとイ　　○**B**　アとウ　　○**C**　アとエ　　○**D**　アとオ　　○**E**　イとウ
○**F**　イとエ　　○**G**　イとオ　　○**H**　ウとエ　　○**I**　ウとオ　　○**J**　エとオ

問05　リピート▶　□□□　------------------------------------ 別冊▶136
　　　チェック

　次のア〜オを指示にしたがってＰ（２つ）とＱ（３つ）に分けるとき、Ｐに
分類されるものはどれか。Ａ〜Ｊの中から１つ選びなさい。

指示：次のア〜オは、対象に対する分析を示している。判断の質の違いによって、
　　　ＰとＱのグループに分けなさい。

　ア　世界の人口は2100年までには最大123億人となり、増加するのは主
　　　に途上国だ。
　イ　日本における戦後の殺人事件の件数は、昭和30年以降なだらかに減少
　　　している。
　ウ　世界の野生生物種の多くが急速な勢いで減少しており、絶滅の危機に瀕
　　　している。
　エ　中国のGDP（国内総生産）は2050年に25兆を超え、米国を抜いて
　　　世界首位になる。
　オ　日本のプライマリー・バランスは、1990年代のバブル崩壊以降は一環
　　　して赤字だ。

○**A**　アとイ　　○**B**　アとウ　　○**C**　アとエ　　○**D**　アとオ　　○**E**　イとウ
○**F**　イとエ　　○**G**　イとオ　　○**H**　ウとエ　　○**I**　ウとオ　　○**J**　エとオ

問 06 リピート チェック ▶

　次のア～オを指示にしたがってP（2つ）とQ（3つ）に分けるとき、Pに分類されるものはどれか。A～Jの中から1つ選びなさい。

指示：社員食堂に関するアンケート調査で、次のような要望が寄せられた。意見の種類によって、PとQのグループに分けなさい。

　ア　味付けが全般に濃いので、もっと薄味にして欲しい。
　イ　混雑するので、テーブルや椅子の数を増やすべき。
　ウ　残業が多いので、夜間の営業時間を伸ばして欲しい。
　エ　野菜を中心とした、ヘルシーな献立を増やして欲しい。
　オ　財布にやさしく、価格をもう少し安くできないか。

○A　アとイ　　○B　アとウ　　○C　アとエ　　○D　アとオ　　○E　イとウ
○F　イとエ　　○G　イとオ　　○H　ウとエ　　○I　ウとオ　　○J　エとオ

問 07 リピート チェック ▶

　次のア～オを指示にしたがってP（2つ）とQ（3つ）に分けるとき、Pに分類されるものはどれか。A～Jの中から1つ選びなさい。

指示：次のア～オは情報に基づく判断を示している。判断の種類によって、PとQのグループに分けなさい。

　ア　今夜は残業で帰りが遅くなりそうなので、妻には電話で伝えよう。
　イ　西のほうから雷雲が近付いているので、今夜から嵐になりそうだ。
　ウ　部下からの報告では、新商品の売上は予想したよりも好調そうだ。
　エ　友人が交通事故で入院したと聞き、病院へ見舞いに行くことにした。
　オ　昨年からダイエットが続いており、体重は確実に減っているだろう。

○A　アとイ　　○B　アとウ　　○C　アとエ　　○D　アとオ　　○E　イとウ
○F　イとエ　　○G　イとオ　　○H　ウとエ　　○I　ウとオ　　○J　エとオ

性格検査

SPIの性格検査は、受検者の性格の特徴や職務適応性、組織適応性を診断するテストです。診断結果は面接の参考にされたり、採用後にも配属の参考にされます。

企業は性格検査の結果を重視しますが、性格検査で本来の自分と異なる結果を出すのは、非常に難しいことです。だからといって、何の準備もしないで検査に臨むのはおすすめできません。事前に検査の内容を知っておくことは重要です。

また、自分の性格についてある程度把握しておくことは、就活全体で大変重要です。

SPIの性格検査①

概要と対策

学習日付

/

S 重要度ランク

テストセンター　ペーパーテスト　WEBテスティング

➡性格検査の概要

　SPIの性格検査は、受検者の性格の特徴から、どんな仕事、どんな企業風土に向いているのかを診断しようとする検査です。検査によって得られたデータは客観的な判断材料として、面接のときに**面接官が参考**にしたり、**採用後の配属**のとき参考にされたりします。

　SPIでは、大きく分けて次の3つの項目が診断されます。

①性格特徴

　受検者の性格の特徴を次の4つの側面から診断します。

行動的側面	行動にあらわれやすい性格の特徴
意欲的側面	意欲の高さや競争意識
情緒的側面	物事の感じ方や気分など、内面的な特徴
社会関係的側面	社会や組織との関わり方の特徴

②職務適応性

　受検者がどのような職務に適しているかを、14のカテゴリーに分けて診断します。

対人	対人接触	多くの人と接する仕事
	対人折衝	人との折衝が多い仕事
	集団統率	集団を統率する仕事
協調	協調協力	周囲と協調し協力しあって進める仕事
	サポート	人に気を配りサポートする仕事
実践	フットワーク	活動的にフットワークよく進める仕事
	スピーディー	てきぱきとスピーディーに進める仕事
	予定外対応	予定外の事柄への対応が多い仕事
課題遂行	自律遂行	自分で考えながら自律的に進める仕事
	プレッシャー	目標や課題のプレッシャーが大きい仕事
	着実持続	課題を粘り強く着実に進める仕事
企画	前例のない課題	前例のないことに取り組む仕事
	企画アイデア	新しい企画や発想を生み出す仕事
	問題分析	複雑な問題について考えて分析する仕事

③組織適応性

受検者がどんな組織風土に向いているかを4タイプに分けて診断します。

創造重視	チャレンジ精神を奨励する自由な風土
結果重視	個人の成果・責任が明確な競争的な風土
調和重視	人の和を大切にする温かい風土
秩序重視	規律を守る堅実で機能的な風土

●性格検査の構成

SPIの性格検査は、約300問の質問を、約30～40分の制限時間内に回答します。質問は次のような3部構成になっています。

第1部	AとBの2つの質問に対し「Aに近い」「どちらかといえばAに近い」「どちらかといえばBに近い」「Bに近い」の4段階で回答（359ページ参照）
第2部	1つの質問に対し、「あてはまる」「どちらかといえばあてはまる」「どちらかといえばあてはまらない」「あてはまらない」の4段階で回答（360ページ参照）
第3部	AとBの2つの質問に対し「Aに近い」「どちらかといえばAに近い」「どちらかといえばBに近い」「Bに近い」の4段階で回答（第1部と同じ）

第1部と第3部は同じ形式です。

なお、テストセンターでは、性格検査は自宅のパソコンやスマートフォンなどから受検します（12ページ参照）。

●性格検査の対策

①時間内に全部の質問に回答する

SPIの性格検査は、比較的短い制限時間の間に、大量の質問に回答しなければなりません。これは、受検者に考える余裕を与えず、正直な回答を引き出すためです。未回答の部分があると正確な診断ができず、マイナスの評価につながるので、<u>必ず全問に回答しましょう</u>。

②回答は正直かつ慎重に

SPIの性格検査には、同じ尺度を別の角度から何度も質問するといったやり方で、受検者が正直に回答しているかどうかをチェックしています。あまりに作為的な回答をすると「**自分をよく見せようとする傾向がある**」といった評価コメントがついてしまい、面接で厳しい質問を受ける場合もあります。質問には基本的に

は**正直に回答**すべきです。

とはいえ、性格検査で「自分を実際よりよく見せたい」という気持ちが働くのは当然ですし、あえて言えば「積極性のあらわれ」でもあります。自分の長所を控えめにあらわしても良いことはありませんし、短所をあえて強調する必要もありません。

また、社会人としてふさわしい回答かどうかも考慮しましょう。

③**望まれる人物像は企業によって異なる**

質問文には、「あてはまる」と回答しても、必ずしもプラスやマイナスの評価につながらないものも多く含まれます。たとえば「自分はあきらめが悪いほうだ」という質問に「あてはまる」と答えた場合、「努力家」とプラスに評価することも、「柔軟性がない」とマイナスに評価することもできるでしょう。

どのように評価されるかは、**その企業がどのような人物を望んでいるか**によって変わってきます。その企業が望む人物像や企業風土はあらかじめ知っておいたほうがいいでしょう。

④**自分の性格をあらかじめ把握しておく**

自分の性格をよく把握しないまま無難に回答しようとすると、回答に「どちらかといえば○○」ばかり並んだ、特徴のない人物像になってしまいがちです。

性格検査は、自分の性格の特徴を客観的に把握するよい機会でもあります。なるべくなら、本番前に一度類似の性格検査を受けてみるとよいでしょう。その結果を、次の2つの視点から評価します。

第1に、**自己イメージとのズレ。**
第2に、**そうありたいと望む結果とのズレ。**

2つのズレがなるべく少なくなるように、自分の認識や性格そのものを変えていく努力をしていきます。同時に、アピールできる自分らしさや、短所への対応法も見つけておきましょう。これらは単に性格検査の対策というばかりでなく、面接や社会に出てからの仕事にも役立つでしょう。

02 SPIの性格検査②

性格検査の例

S 重要度ランク

テストセンター ペーパーテスト WEBテスティング

例題1

以下の質問は、あなたの日常の行動や考え方にどの程度あてはまるか。最も近い選択肢を1つ選びなさい。

	Aに近い	Aにどちらかといえば	Bにどちらかといえば	Bに近い	
A					**B**
①考えるより先に行動するほうだ	○	○	○	○	じっくり考えてから行動するほうだ
②目標は大きいほうがよい	○	○	○	○	目標は手の届くところにあるほうがよい
③失敗するとくよくよ考えるほうだ	○	○	○	○	失敗してもすぐ立ち直るほうだ
④目上の人の意見には基本的に従う	○	○	○	○	目上の人の意見でも間違ったことには従わない

性格検査の第1部では、AとB、2つの質問のうち、どちらにより近いかを、4段階で回答します。第3部も同じ形式になります。

一方がプラスの評価で、もう一方はマイナスの評価になる、とは必ずしも限らないことに注意しましょう。たとえば「考えるより先に行動するほうだ」は、良く言えば積極的、悪く言えば軽率と考えられます。逆に「じっくり考えてから行動するほうだ」も、良く言えば慎重、悪く言えば消極的ととらえることができます。どちらをプラスと評価するかは、採用側がどういった人物を求めるかによって異なります。

どの採用担当者も望まないのは、一般に「ストレスに弱い」「意欲が低い」「根気がない」人物です。逆に言うと、それ以外は少々の欠点であっても、それほど気にする必要はありません。

例題2

　以下の質問は、あなたの日常の行動や考え方にどの程度あてはまるか。最も近い選択肢を1つ選びなさい。

	あてはまらない	どちらかといえばあてはまらない	どちらかといえばあてはまる	あてはまる
①人見知りをするほうだ	○	○	○	○
②自分は活動的なタイプだ	○	○	○	○
③プレッシャーに弱いほうだ	○	○	○	○
④たとえ自分の意見と違っても決定には従う	○	○	○	○

　性格検査の第2部は、質問文が自分にどれくらいあてはまるかを4段階で回答します。

　質問に対して、常にプラスに評価されるように回答すればよいとは限らないことに注意しましょう。

　たとえば「自分はおせっかいなほうである」という質問に対しては、「あてはまらない」と回答したほうがプラスの評価につながる気がします。一方で、「困っている人を放って置けない」という質問に対しては「あてはまる」と回答したほうがプラスの評価につながる気がします。しかし、2つの質問は実は同じ尺度を異なる角度から測定しているかもしれません。質問のニュアンスから、常にプラスに評価されるように回答していると「自分をよく見せようとする傾向がある」と評価されてしまうおそれがあります。

　長所と短所は多くの場合裏腹なので、自分の長所が違う角度からみると短所にみえる場合もあることを自覚しておきましょう。

　以下に、性格検査の質問例をいくつか挙げるので参考にしてください（実際の性格検査で同じ質問が出るわけではありません）。

| 問 01 | リピート
チェック ▶ | ☑ ☑ ☑ | 別冊 ▶ 138 |

　以下の質問は、あなたの日常の行動や考え方にどの程度あてはまるか。最も近い選択肢を 1 つ選びなさい。

		Aに近い	Aに近いどちらかといえば	Bに近いどちらかといえば	Bに近い
❶	A 友人の数は多いほうだ B 友人の数は少ないほうだ	1	2	3	4
❷	A 考えるより先にまず行動するほうだ B 行動する前にまず考えるほうだ	1	2	3	4
❸	A 休日は家で過ごすことが多い B 休日は外出することが多い	1	2	3	4
❹	A あきらめが大切だ B 辛抱が大切だ	1	2	3	4
❺	A とりあえず作業をしながら手順を考える B あらかじめ手順を確認してから作業する	1	2	3	4
❻	A 人に喜んでもらえる仕事がしたい B 自分が成長できる仕事がしたい	1	2	3	4
❼	A 攻めるより守るタイプだ B 守るより攻めるタイプだ	1	2	3	4
❽	A 他人にどう思われても別に気にならない B 他人にどう思われているかを常に気にする	1	2	3	4
❾	A 落ち込んでも立ち直りは早いほうだ B 落ち込むと立ち直るのに苦労する	1	2	3	4
❿	A 感情をあまり表に出さない B 感情がすぐ表に出る	1	2	3	4
⓫	A グループで行動することが多い B 一人で行動することが多い	1	2	3	4

⑫ A　謙遜するほうだ
　　B　自慢するほうだ
　　　　　　　　　　　　　　　　　　　　1　2　3　4

⑬ A　宴会ではおとなしくしているほうだ
　　B　宴会では盛り上げ役だ
　　　　　　　　　　　　　　　　　　　　1　2　3　4

⑭ A　一方的な命令には反発する
　　B　一方的な命令でもおとなしく従う
　　　　　　　　　　　　　　　　　　　　1　2　3　4

⑮ A　やりたくないことはなるべく早く済ませる
　　B　やりたくないことはなるべく先延ばしにする
　　　　　　　　　　　　　　　　　　　　1　2　3　4

⑯ A　他人の欠点には寛容なほうだ
　　B　他人の欠点に我慢できないほうだ
　　　　　　　　　　　　　　　　　　　　1　2　3　4

⑰ A　仕事は他人と協力しながら進めたい
　　B　仕事は自分の流儀で進めたい
　　　　　　　　　　　　　　　　　　　　1　2　3　4

⑱ A　結局は正直にやるのがいちばんだ
　　B　世の中は正直者が損をすることが多い
　　　　　　　　　　　　　　　　　　　　1　2　3　4

⑲ A　初対面の人とすぐ仲良くなれる
　　B　人見知りをするほうだ
　　　　　　　　　　　　　　　　　　　　1　2　3　4

⑳ A　臨機応変に対応するほうだ
　　B　事前に綿密な計画を立てるほうだ
　　　　　　　　　　　　　　　　　　　　1　2　3　4

㉑ A　あわただしいのが苦手だ
　　B　じっとしているのが苦手だ
　　　　　　　　　　　　　　　　　　　　1　2　3　4

㉒ A　さっぱりした人だと言われる
　　B　しぶとさが持ち味だ
　　　　　　　　　　　　　　　　　　　　1　2　3　4

㉓ A　決断はすばやくするほうだ
　　B　決断には時間がかかるほうだ
　　　　　　　　　　　　　　　　　　　　1　2　3　4

㉔ A　人と協力し合うのが好きだ
　　B　人と競争するのが好きだ
　　　　　　　　　　　　　　　　　　　　1　2　3　4

㉕ A　思いついたことは実行する前によく検討するほうだ
　　B　思いつくことはすぐ実行するほうだ
　　　　　　　　　　　　　　　　　　　　1　2　3　4

㉖ A　細かいことは気にならないほうだ
　　B　細かいことが気になるほうだ
　　　　　　　　　　　　　　　　　　　　1　2　3　4

㉗　A　何もしないで後悔するより、失敗して後悔するほうがいい　|1|　|2|　|3|　|4|
　　B　失敗するくらいなら何もしないほうがいい

㉘　A　気が長いほうだ　|1|　|2|　|3|　|4|
　　B　気が短いほうだ

㉙　A　和を大切にしたい　|1|　|2|　|3|　|4|
　　B　個性を大切にしたい

㉚　A　自分の能力に自信がない　|1|　|2|　|3|　|4|
　　B　自分の能力に自信がある

㉛　A　ノリが悪いと言われる　|1|　|2|　|3|　|4|
　　B　ノリがいいと言われる

㉜　A　何事も自分で判断するほうが楽だ　|1|　|2|　|3|　|4|
　　B　何事も人に判断を任せるほうが楽だ

㉝　A　妥協せずに人と対立することが多い　|1|　|2|　|3|　|4|
　　B　人と対立するより妥協することが多い

㉞　A　自分と意見が違っても反論はしないほうだ　|1|　|2|　|3|　|4|
　　B　自分と違う意見には反論するほうだ

㉟　A　主役より脇役が向いている　|1|　|2|　|3|　|4|
　　B　脇役より主役が向いている

㊱　A　誰にでも本音で接している　|1|　|2|　|3|　|4|
　　B　誰にでも本音は明かさない

㊲　A　おせっかいなほうだ　|1|　|2|　|3|　|4|
　　B　他人のことには立ち入らないほうだ

㊳　A　おっちょこちょいと言われる　|1|　|2|　|3|　|4|
　　B　理屈っぽいと言われる

㊴　A　仕事はじっくりとやるタイプだ　|1|　|2|　|3|　|4|
　　B　仕事はてきぱきやるタイプだ

㊵　A　要領よく仕事をするほうだ　|1|　|2|　|3|　|4|
　　B　こつこつ仕事をするほうだ

㊶　A　できるかできないかはやってみなければわからない　|1|　|2|　|3|　|4|
　　B　できそうにない仕事は引き受けない

Part 5　性格検査

SPIの性格検査②　性格検査の例

テストセンター　ペーパーテスト　WEBテスティング

		A に近い	どちらかといえば A に近い	どちらかといえば B に近い	B に近い
㊷	A 地道にやっていくほうだ B 上昇志向が強いほうだ	1	2	3	4
㊸	A 時には後ろを振り返ってみることも大切だ B 後ろを振り返るより前を向いて進むほうがいい	1	2	3	4
㊹	A その場の空気を読むのが苦手だ B その場の空気を読むのが得意だ	1	2	3	4
㊺	A 自分はこの世に生きる価値のある人間だ B 自分はこの世に生きる価値のない人間だ	1	2	3	4
㊻	A 思い通りにならなくてもこだわらない B 思い通りにならないといらいらする	1	2	3	4
㊼	A 周囲に流されやすいほうだ B 融通がきかないほうだ	1	2	3	4
㊽	A 人の意見に左右されやすい B 人の意見には左右されない	1	2	3	4
㊾	A めったに感動することはない B すぐに感動するほうだ	1	2	3	4
㊿	A 自分の意見を主張するほうだ B 人の意見を受け入れるほうだ	1	2	3	4
(51)	A 困難な事態に進んで立ち向かうほうだ B 困難な事態はなるべく避けるほうだ	1	2	3	4
(52)	A 自分を主張しないで失敗することがある B 自己主張が強すぎて失敗することがある	1	2	3	4
(53)	A 人に指示されるのは苦にならない B 人に指示されるのは好きではない	1	2	3	4
(54)	A 自分に対する人の善意を疑わない B 自分に対する人の善意には裏がある	1	2	3	4

問 02 リピート ▶ チェック ▶ ☑ ☑ ☑

以下の質問は、あなたの日常の行動や考え方にどの程度あてはまるか。最も近い選択肢を1つ選びなさい。

		あてはまらない	どちらかといえばあてはまらない	どちらかといえばあてはまる	あてはまる
❶	人見知りをするほうだ	1	2	3	4
❷	考えをまとめてから話すほうだ	1	2	3	4
❸	せっかちなほうだ	1	2	3	4
❹	自分はあきらめが悪いほうだ	1	2	3	4
❺	出掛けるとき戸締まりを何度も確認してしまう	1	2	3	4
❻	やるからには一番を目指す	1	2	3	4
❼	新しいことにチャレンジするのが好きだ	1	2	3	4
❽	他人にどう思われているかをよく気にする	1	2	3	4
❾	日々反省することが多い	1	2	3	4
❿	感情がすぐ顔にでるほうだ	1	2	3	4
⓫	集団行動が得意ではない	1	2	3	4
⓬	自分はプライドが高いほうだ	1	2	3	4
⓭	物事にすぐ感動するほうだ	1	2	3	4
⓮	人の話をよく聞くほうだ	1	2	3	4
⓯	責任を負う立場にはなりたくない	1	2	3	4
⓰	他人を誉めるよりけなすことが多い	1	2	3	4
⓱	自分なりの方法で進めたほうがうまくいく	1	2	3	4
⓲	他人と打ち解けるのに時間がかかるほうだ	1	2	3	4
⓳	誘うより誘われて人と会うときが多い	1	2	3	4
⓴	理屈っぽいといわれる	1	2	3	4
㉑	フットワークは軽いほうだ	1	2	3	4
㉒	自分は我慢強いほうだ	1	2	3	4
㉓	明日の準備は今日のうちにしておくほうだ	1	2	3	4
㉔	自分は負けず嫌いのほうだ	1	2	3	4
㉕	自分はおせっかいなほうだ	1	2	3	4
㉖	周りの音がうるさいと集中できない	1	2	3	4
㉗	悩みで眠れなくなることがよくある	1	2	3	4

		あてはまらない	どちらかといえばあてはまらない	どちらかといえばあてはまる	あてはまる
㉘	自分は飽きっぽいほうだ	1	2	3	4
㉙	自分は個性的な人間だ	1	2	3	4
㉚	自分の間違いを認めるのはとても悔しい	1	2	3	4
㉛	おしゃべりが楽しくて止まらないことがある	1	2	3	4
㉜	目上の人の意見には素直に従う	1	2	3	4
㉝	断定的な言い方は避けるようにしている	1	2	3	4
㉞	間違っていることに黙っていられない	1	2	3	4
㉟	人に指示されるのは好きではない	1	2	3	4
㊱	他人に対する警戒心が強いほうだ	1	2	3	4
㊲	人前で話をするのは得意ではない	1	2	3	4
㊳	すぐに反省するほうだ	1	2	3	4
㊴	頭を使うより体を動かすほうが好きだ	1	2	3	4
㊵	いったんはじめた事は最後までやりとげるほうだ	1	2	3	4
㊶	結果が予測できないことはやりたくない	1	2	3	4
㊷	人の上に立つ人間になりたい	1	2	3	4
㊸	思いついたらすぐ行動に移すほうだ	1	2	3	4
㊹	自分は神経質なほうだ	1	2	3	4
㊺	将来に不安を感じることがよくある	1	2	3	4
㊻	機嫌の良いときと悪いときの差が激しい	1	2	3	4
㊼	他人にどう思われようと気にしない	1	2	3	4
㊽	困難にぶつかっても何とかなると思う	1	2	3	4
㊾	大勢で騒ぐのはとても楽しい	1	2	3	4
㊿	指示するより指示されるほうが楽だ	1	2	3	4
51	不安なことは考えないようにしている	1	2	3	4
52	自分と違う意見は認められない	1	2	3	4
53	自分の考えを大切にするほうだ	1	2	3	4
54	他人に本心を打ち明けないほうだ	1	2	3	4

※以上はあくまでも性格検査の質問例を示したものです。正確な診断をするものではないことにご注意ください。実際の性格検査は、質問数も多く、内容もよりランダムに構成され、時間制限も設けられています。

03 SPIの性格検査③

性格特徴の尺度

S 重要度ランク

テストセンター　ペーパーテスト　WEBテスティング

性格検査では、受検者の性格の特徴を行動的、意欲的、情緒的、社会関係的の4つの側面から診断します。これらの側面は、さらにいくつかの尺度に分かれて測定されます。自分の性格は、どの尺度が高く、どの尺度が低いかを把握しておきましょう。

どの尺度にもプラス面とマイナス面があるので、プラス評価につながる尺度がどれかはいちがいには言えません。ただし、極端に高い尺度や、極端に低い尺度がある場合は、マイナスに評価されないように面接での受け答えを練っておく必要があります。

➡行動的側面

尺度	高い人のイメージ	低い人のイメージ
社会的内向性	内向的／人見知り	外向的／積極的
内省性	思慮深い／決断力がない	決断が早い／軽率
身体活動性	フットワークが軽い／落ち着きがない	落ち着いている／腰が重い
持続性	粘り強い／こだわりが強い	あきらめが早い／長続きしない
慎重性	計画性がある／細心	大胆／いきあたりばったり

➡意欲的側面

尺度	高い人のイメージ	低い人のイメージ
達成意欲	向上心がある／野心的	欲がない／意欲が低い
活動意欲	活動的／リーダーシップがある	のんびり屋／無気力

情緒的側面

尺度	高い人のイメージ	低い人のイメージ
敏感性	神経質／繊細	情緒が安定／鈍感
自責性	悲観的／責任感が強い	楽観的／自分に甘い
気分性	気分にむらがある／意志が弱い	意志が強い／冷淡
独自性	個性的／協調性がない	協調性がある／没個性的
自信性	強気／自信過剰	穏やか／弱気
高揚性	陽気／お調子者	真面目／ユーモアに欠ける

社会関係的側面

尺度	高い人のイメージ	低い人のイメージ
従順性	人の意見をよく聞く／判断力が低い	判断力が高い／反抗的
回避性	リスクや対立を回避／事なかれ主義	リスクや対立をいとわない／頑固者
批判性	異なる意見に批判的／不寛容	寛容／優柔不断
自己尊重性	自己主張が強い／自己中心的	他人を立てる／自己主張がない
懐疑思考性	他人と距離をおく／打ち解けない	親しみやすい／なれなれしい

模擬テスト

Part
6

主としてテストセンターを対象にした模擬テストを1回分用意しました。

・ 制限時間は29分です。制限時間を意識して解答してください（実際のテストセンターでは、1問ごとに制限時間が設定されています）。
・ 見直しはせず、1問に解答したら次の問題に進んでください。
・ 計算問題では電卓を使わず、筆算で解答してください。

模擬テスト

🕐制限時間：29分

学習日付

解説・解答は別冊 139 - 144 ページ

問 01 | リピート チェック ▶ ☑ ☑ ☑ --------------------------------- 別冊 ▶ 139

次に示す二語の関係を考え、これと同じ関係になるように（　　）に当てはまる言葉を A ～ E の中から 1 つ選びなさい。

淡泊：濃厚

浪費：（　　）

- ○ **A** 放蕩
- ○ **B** 貯蓄
- ○ **C** 賭博
- ○ **D** 吝嗇
- ○ **E** 倹約

問 02 | リピート チェック ▶ ☐ ☑ ☑ --------------------------------- 別冊 ▶ 139

次の文章の意味を考え、下線部の語句と最も近い意味で使われているものを、A ～ E の中から 1 つ選びなさい。

返答に<u>つまる</u>

- ○ **A** 鼻が<u>つまる</u>
- ○ **B** 生活に<u>つまる</u>
- ○ **C** 差が<u>つまる</u>
- ○ **D** 予定が<u>つまる</u>
- ○ **E** 排水が<u>つまる</u>

問 03 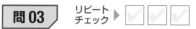 リピート
チェック

別冊▶139

下線部のことばの意味と合致する語句として最も適切なものを、A～Eの中から1つ選びなさい。

<u>人を呼び止めて調べる</u>

- ○ **A** 誰何
- ○ **B** 点呼
- ○ **C** 査問
- ○ **D** 質疑
- ○ **E** 尾行

問 04 リピート
チェック

別冊▶139

下線部のことばの意味と合致する語句として最も適切なものを、A～Eの中から1つ選びなさい。

<u>知識を見せびらかす</u>

- ○ **A** 弁才
- ○ **B** 衒学
- ○ **C** 蘊蓄
- ○ **D** 非才
- ○ **E** 蒙昧

問 05 リピート
チェック

別冊▶139

次の熟語の成り立ちとして、当てはまるものをA～Dの中から1つ選びなさい。

衰微

- ○ **A** 似た意味を持つ漢字を重ねる
- ○ **B** 前の漢字が後ろの漢字を修飾する
- ○ **C** 反対の意味を持つ漢字を重ねる
- ○ **D** AからCのどれにも当てはまらない

問 06 リピート
チェック ▶ ☑ ☑ ☑

次の熟語の成り立ちとして、当てはまるものを A 〜 D の中から 1 つ選びなさい。

比肩

○ **A** 似た意味を持つ漢字を重ねる
○ **B** 前の漢字が後ろの漢字を修飾する
○ **C** 動詞の後に目的語をおく
○ **D** A から C のどれにも当てはまらない

問 07 リピート
チェック ▶ ☑ ☑ ☑

箱の中に白玉が 4 個、青玉が 2 個、赤玉が 3 個入っている。箱の中は見えないため、どの色の玉を取り出すかはわからない。

❶箱の中から玉を 3 個を取り出した時、3 個の玉の色の組合せは何通りあるか。

○ **A** 8
○ **B** 9
○ **C** 10
○ **D** 12
○ **E** 16
○ **F** 22
○ **G** 48

❷箱の中から玉を 3 個を取り出した時、すべての玉が同じ色である確率はどれか。

○ **A** 1/21
○ **B** 3/47
○ **C** 5/84
○ **D** 7/92
○ **E** 9/115
○ **F** 2/9
○ **G** 5/9

ある青果店で桃 1 個を定価の 2 割引で売ったところ、桃の原価の 8％の利益が得られた。桃 1 個の定価は、原価の何％の利益を得られるようにつけられたものか。

- A 10％
- B 15％
- C 20％
- D 25％
- E 30％
- F 35％

色紙 50 枚を P、Q、R、S の 4 人の生徒で分けることにした。それぞれが受け取った枚数について、次の I ～Ⅲのことが分かっているとき、確実にいえるのはどれか。ただし、各人が少なくとも 1 枚は受け取っており、余った色紙はないものとする。

I）S は、Q よりも色紙を 10 枚少なく受け取った。
Ⅱ）P が受け取った色紙の枚数は、S が受け取った枚数の 3 倍だった。
Ⅲ）受け取った色紙の枚数が最も少なかったのは、R である。

- A Q は、19 枚受け取った。
- B P が受け取った枚数は、Q よりも少なかった。
- C R は、6 枚受け取った。
- D R と S の 2 人で合わせて 15 枚受け取った。
- E S は、7 枚受け取った。
- F R が受け取った枚数は、Q の 1/3 枚だった。

　ある空の貯水池を満水にするために、X、Y の 2 種類のポンプを用いて注水する。X のポンプ 3 台と Y のポンプ 2 台で注水すると満水にするために 60 分かかり、X のポンプ 3 台と Y のポンプ 5 台で注水すると満水にするために 40 分かかる。

　この空の貯水池を、X のポンプ 2 台と Y のポンプ何台かで注水して 50 分以内に満水にするとき、最低限必要な Y のポンプの台数はどれか。ただし、X、Y それぞれのポンプの能力は、常に一定であるものとする。

- ○ **A** 　3 台
- ○ **B** 　4 台
- ○ **C** 　5 台
- ○ **D** 　6 台
- ○ **E** 　7 台
- ○ **F** 　8 台

　1 ～ 7 の数字が書かれたカードがそれぞれ 1 枚ずつある。ただし、同じ数字のカードはないものとする。

❶ これら 7 枚のカードから 3 枚を取り出し、横に並べて 3 桁の数字を作った。数字が「奇数」となる並べ方は何通りあるか。

- ○ **A** 　108 通り
- ○ **B** 　120 通り
- ○ **C** 　150 通り
- ○ **D** 　180 通り
- ○ **E** 　210 通り
- ○ **F** 　240 通り

❷ これら 7 枚のカードから 5 枚を取り出した。5 枚の数字の合計が「3 の倍数」になる組合せは何通りあるか。

- ◯ A　3 通り
- ◯ B　4 通り
- ◯ C　5 通り
- ◯ D　6 通り
- ◯ E　7 通り
- ◯ F　8 通り

問 12　リピート▶ ☑ ☑ ☑ - 別冊▶ 142
　　　　　チェック▶

　ある出版社が読者 400 人に、恋愛小説・推理小説・歴史小説の 3 分野のうち、好きな小説の分野についてのアンケート調査を行った。

　恋愛小説が好きと答えた読者が 205 人、推理小説が好きと答えた読者が 170 人、歴史小説が好きと答えた読者が 135 人であった。また、3 分野とも興味がないと答えた読者が 30 人、恋愛小説だけが好きと答えた読者が 115 人、推理小説だけが好きと答えた読者が 85 人、歴史小説だけが好きと答えた読者が 65 人いた。

❶恋愛小説・推理小説・歴史小説の 3 分野の<u>いずれか</u>が好きと答えた読者は何人いたか。

- ◯ A　285 人
- ◯ B　330 人
- ◯ C　325 人
- ◯ D　350 人
- ◯ E　370 人
- ◯ F　400 人

❷ 恋愛小説・推理小説・歴史小説の 3 分野<u>すべて</u>が好きと答えた読者は何人いたか。

- ◯ A　30 人
- ◯ B　35 人
- ◯ C　40 人
- ◯ D　45 人
- ◯ E　50 人
- ◯ F　55 人

問 13　リピート チェック ▶ ☐ ☐ ☐

P、Q、R、S の 4 人の年齢を比較した。次のことがわかっている。

Ⅰ）同じ年齢の者はいない
Ⅱ）R は P より 2 歳年上である
Ⅲ）Q は最年少ではない

❶ 次の推論、ア、イ、ウのうち、確実に正しいものはどれか。A ～ H の中から 1 つ選びなさい。

ア　Q が最年長である
イ　Q は P よりも年上である
ウ　R は最年少ではない

○ A　アだけ
○ B　イだけ
○ C　ウだけ
○ D　アとイ
○ E　アとウ
○ F　イとウ
○ G　アとイとウ
○ H　なし

❷ 最も少ない情報で 4 人の年齢順を確定するには、Ⅰ～Ⅲのほかに、次のカ、キ、クのうちどれが加わればよいか。A から H の中から 1 つ選びなさい。

カ　Q は R より年齢が高い
キ　S は P より 1 歳年上である
ク　R は Q より 1 歳年下である

○ A　カだけ
○ B　キだけ
○ C　クだけ
○ D　カとキ
○ E　カとク

○ **F** キとク

○ **G** カとキとク

○ **H** なし

問14 リピート
チェック ▶ ☑ ☑ ☑ --------------------------------- 別冊 ▶ 143

コンビニエンスストアに、5 種類の商品 P、Q、R、S、T がある。商品 1 個当たりの値段はそれぞれ 100 円、120 円、200 円のいずれかで、どの値段の商品も 1 種類以上ある。

P を 5 個、Q を 1 個、R を 2 個、S を 4 個、T を 3 個購入したところ、購入金額は全部で 1,700 円であった。120 円の商品が 2 種類であるとき、100 円の商品はどれとどれか。可能性のあるものをすべて選べ。ただし、消費税は考慮しないものとする。

☐ P

☐ Q

☐ R

☐ S

☐ T

Part
6
模擬テスト

問 15 リピート チェック ▶ ✓ ✓ ✓

以下の表は、企業の業種別 IT 関連支出の予測（単位：10 億円）を示している。

業種	2023 年支出	前年比の成長率	2024 年支出	前年比の成長率
銀行 / 投資	4,670	3.6%	5,010	（ア）
通信 / メディア	（イ）	4.0%	5,365	4.6%
教育	415	1.1%	425	2.4%
政府 / 自治体	4,880	5.0%	5,095	4.4%
医療 / 保険	2,920	3.8%	3,050	4.5%
製造	6,170	3.6%	6,450	4.5%
小売	1,350	5.6%	（ウ）	7.0%
運輸	1,140	4.8%	1,195	4.8%
卸売	915	3.3%	950	3.8%
その他	890	2.6%	935	5.1%
支出全体	28,480	4.6%	ー	ー

❶ 2024 年の「銀行／投資」における IT 関連支出の前年比成長率（ア）として、最も適当なものはどれか。

- ○ A 6.5%
- ○ B 6.8%
- ○ C 7.0%
- ○ D 7.3%
- ○ E 7.8%
- ○ F 8.1%
- ○ G 8.5%
- ○ H 8.8%
- ○ I 9.3%
- ○ J A 〜 I のいずれでもない

❷ 各業種のうち、2024 年の IT 関連支出の伸びがもっとも小さいものはどれか。

- ○ A 銀行 / 投資
- ○ B 通信 / メディア

○ C　教育
○ D　政府 / 自治体
○ E　医療 / 保険
○ F　製造
○ G　小売
○ H　運輸
○ I　卸売
○ J　A ～ I のいずれでもない

❸ 2023 年の「通信 / メディア」における IT 関連支出（イ）に入る金額はいくらか。

　○ A　3,450
　○ B　3,920
　○ C　4,200
　○ D　4,450
　○ E　4,750
　○ F　5,050
　○ G　5,130
　○ H　5,550
　○ I　6,150
　○ J　A ～ I のいずれでもない

❹ 2024 年の「小売」における IT 関連支出（ウ）に入る金額はいくらか。小数点以下は四捨五入する。

　○ A　1,440
　○ B　1,445
　○ C　1,450
　○ D　1,455
　○ E　1,460
　○ F　1,465
　○ G　1,470
　○ H　1,475
　○ I　1,480
　○ J　A ～ I のいずれでもない

次の文章を読んで各問に答えなさい。

近年、インターネット上でフェイクニュースや真偽不明の誤った情報など（以下「偽・誤情報」という。）に接触する機会が世界的に増加している。2020 年の新型コロナウイルス感染症拡大以降は、当該感染症に関するデマや陰謀論などの偽・誤情報がネット上で氾濫し、世界保健機関（WHO）はこのような現象を「(ⅲ) <u>インフォデミック</u>」と呼び、世界へ警戒を呼びかけた。

また、OECD によると、2021 年に欧州に居住する人のうち「インターネット上のニュースサイトや SNS 上で偽又は信憑性が疑わしい情報に接した経験がある」と回答した人は半数以上に達した。なお、このうち、オンライン上の情報の真実性を確認すると答えた人は 26% であった。

我が国でもインターネット上の偽・誤情報拡散の問題が拡大している。総務省が 2022 年 3 月に実施した調査では、我が国で偽情報への接触頻度について「週1 回以上」接触すると回答した者は約 3 割であった。また、偽情報を見たメディア・サービスについては、「ソーシャルネットワーキングサービス（SNS）」、「テレビ」、「ポータルサイトやソーシャルメディアによるニュース配信」の順に高くなっており、特に SNS については 5 割を超えた。

SNS 等のプラットフォームサービスでは、一般の利用者でも容易に ［　(ⅰ)　］（書込み）が可能で、偽・誤情報も容易に拡散されやすいなどの特性があり、このことが SNS で偽・誤情報と接触する頻度が高い要因の一つであると考えられる。

アテンション・エコノミー※が広まる中で、広告収入を得ることを目的として作成された偽・誤情報が多く出回り、ボット（Bot）などにより拡散・増幅されている。［　(ⅱ)　］、2016 年の米国大統領選挙では北マケドニア共和国の学生が広告収入目的で大量の偽・誤情報を発信していた。

また日本でも、ニュースサイトを装って排外主義的な偽・誤情報を流していたウェブサイトがあり、作成者は収入目当てであると取材に答えていた事例がある。また、近年は、ディープフェイクを活用して作成した偽画像・偽動画が、意図せず又は意図的に拡散するという事例も生じている。既にいくつかのワードを入力するだけで簡単にフェイク画像を誰でも作れるようになっており、ディープフェイク技術の民主化が起こっているとの指摘がある。

出典：「令和 5 年版　情報通信白書」（総務省）より

※**アテンション・エコノミー**：情報過多の高度情報化社会において、情報の持つ「重要性」「正確性」よりも、人々の「関心」「注目」が高い経済的価値を持つという概念。

❶ 空欄（ⅰ）に当てはまる適切な語句は、次のうちどれか。

- ○ **A** 情報漏洩
- ○ **B** 情報収集
- ○ **C** 情報拡散
- ○ **D** 情報発信
- ○ **E** 情報通信

❷ 空欄（ⅱ）に当てはまる適切な語句は、次のうちどれか。

- ○ **A** そして
- ○ **B** しかし
- ○ **C** 例えば
- ○ **D** つまり
- ○ **E** ところが

❸ 下線部（ⅲ）の「インフォデミック」の具体的な例として、適切な組合せはどれか。

　　ア　コンピュータウイルスの感染が急速に拡大すること
　　イ　情報の氾濫によって、大量の広告が拡散されること
　　ウ　偽・誤情報が意図せず又は意図的に拡散されること

- ○ **A** アだけ
- ○ **B** イだけ
- ○ **C** ウだけ
- ○ **D** アとイ
- ○ **E** アとウ
- ○ **F** イとウ
- ○ **G** アとイとウ
- ○ **H** なし

❹ 本文の記述に関して、内容に合致するものは以下のうちのどれか。

ア　オンライン上の情報の真実性を確認する人が多数を占める。
イ　広告収入を目的に、偽・誤情報を流すウェブサイトがある。
ウ　技術の民主化によって、誰もが自由な意見を発表できる。

○ **A**　アだけ
○ **B**　イだけ
○ **C**　ウだけ
○ **D**　アとイ
○ **E**　アとウ
○ **F**　イとウ
○ **G**　アとイとウ
○ **H**　なし

著者紹介●株式会社ノマド・ワークス（執筆：平塚 陽介）

書籍、雑誌、マニュアルの企画・執筆・編集・DTP制作に従事する。著書に『図解まるわかり時事用語』『この1冊で決める‼乙種全類危険物取扱者 テキスト＆問題集』『ここが出る‼第2種電気工事士完全合格教本』（以上 新星出版社）、『消防設備士1類 超速マスター』『消防設備士4類 超速マスター』『消防設備士6類超速マスター』（TAC出版）、『らくらく突破 乙種第4類危険物取扱者合格テキスト』（技術評論社）、『電験三種に合格するための初歩からのしっかり数学』『第1・2種電気工事士 合格へのやりなおし数学』『中学レベルからはじめる！やさしくわかる統計学のための数学』『高校レベルからはじめる！やさしくわかる物理学のための数学』『徹底図解 基本からわかる電気数学』『この1冊で合格！ディープラーニングG検定 集中テキスト＆問題集』（ナツメ社）、『かんたん合格 基本情報技術者過去問題集』（インプレス）等多数。

編集・制作：庄司 智子　正木 和実

●お問い合わせ●

本書の内容に関するお問い合わせは、**書名・発行年月日を明記**の上、下記の**読者質問係**（ノマド・ワークス）まで**書面（郵便）**にてお願いいたします。電話・Eメールによるお問い合わせにはお答えできません。なお、本書の範囲を超えるご質問等には対応できません。あらかじめご了承ください。

〒171-0014
東京都豊島区池袋2-61-8 アゼリア青新ビル7F
（株）ノマド・ワークス　読者質問係

【2026年度版】本気で内定！SPI＆テストセンター1200題

2024年1月25日　初版発行
2024年3月5日　　第2刷発行

著　者　　　ノマド・ワークス
発行者　　　富　永　靖　弘
印刷所　　株式会社高山

発行所　東京都台東区　株式　新星出版社
　　　　台東2丁目24　会社
　　　　〒110-0016　☎03(3831)0743

© Nomad Works　　　　　　　　　Printed in Japan

ISBN978-4-405-02762-6

別冊 SPI&テストセンター**1200**題

【解答・解説集】

矢印の方向に引くと
別冊が切り離せます。

解答と解説

Part 1　非言語能力検査（問題P019）　002

Part 2　言語能力検査（問題P241）　100

Part 3　英語能力検査（問題P315）　118

Part 4　構造的把握力検査（問題P343）　132

Part 5　性格検査（問題P355）　138

Part 6　模擬テスト（問題P369）　139

01 推論① 正誤を判断する

022 - 027ページ

問01 ▶▶▶❶E ❷A

発言は詳しい順に、P（各色が何枚あるか）→ R（各色の最小枚数）→ Q（カードの枚数）となる。したがって、正しい推論は「P → R」「P → Q」「R → Q」の3つとなる。

❶ア、イ、ウの推論を矢印で表すと、ア「P → R」、イ「Q → P」、ウ「R → Q」となる。このうち正しいのはアとウである。

❷カ、キ、クの推論を矢印で表すと、カ「P → Q」、キ「Q → R」、ク「R → P」となる。このうち正しいのはカだけである。

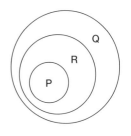

問02 ▶▶▶❶F ❷B

2つの数の和は、偶数であれば2の倍数、4で割ったとき余りが0であれば4の倍数である。8の倍数はすべて4の倍数であり、4の倍数はすべて2の倍数であるから、発言は詳しい順にQ（8の倍数）→ R（4の倍数）→ P（2の倍数）となる。したがって正しい推論は「Q → R」「Q → P」「R → P」の3つ。

❶ア、イ、ウの推論を矢印で表すと、ア「P → Q」、イ「Q → R」、ウ「R → P」となる。このうち正しいのはイとウである。

❷カ、キ、クの推論を矢印で表すと、カ「P → R」、キ「Q → P」、ク「R → Q」となる。このうち正しいのはキだけである。

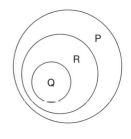

問03 ▶▶▶❶C ❷C

発言P（出た目の和が7）が正しい場合は、出た目が1と6、2と5、3と4の3通り。また、発言Q（出た目の差が1か2）が正しい場合は、出た目が1と2、1と3、2と3、2と4、3と4、3と5、4と5、4と6、5と6の9通り。3と4の出た目はどちらにも含まれるので、「R → P」「R → Q」は正しいが、「P → Q」や「Q → P」は正しいとは言えない。図で表すと右のようになる。

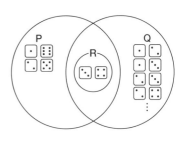

❶ア、イ、ウの推論を矢印で表すと、ア「P → Q」、イ「Q → R」、ウ「R → P」となる。このうち正しいのはウだけである。

❷カ、キ、クの推論を矢印で表すと、カ「P → R」、キ「Q → P」、ク「R → Q」となる。このうち正しいのはクだけである。

問04 ▶▶▶ **❶** F　**❷** C

3科目とも60点以上であれば、平均は必ず60点以上になる。したがって、発言は詳しい順にZ（各科目の点数）→ Y（各科目とも60点以上）→ X（平均が60点以上）となる。正しい推論は「Z → Y」「Z → X」「Y → X」の3つ。

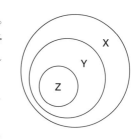

❶ ア、イ、ウの推論を矢印で表すと、**ア**「X → Z」、**イ**「Y → X」、**ウ**「Z → Y」となる。このうち正しいのは**イ**と**ウ**である。

❷ カ、キ、クの推論を矢印で表すと、**カ**「X → Y」、**キ**「Y → Z」、**ク**「Z → X」となる。このうち正しいのは**ク**だけである。

問05 ▶▶▶ **❶** B　**❷** B

明日の火曜日に会議があるとしても、「毎週火曜日に会議がある」「週1回以上会議がある」とは限らないことに注意。毎週火曜日に会議があるなら、週1回以上会議がある（Y → X）は正しい。また、毎週火曜日に会議があるなら、明日の火曜日に会議がある（Y → Z）も正しい（もし明日が休みだったら、といった余計なことは考えないこ

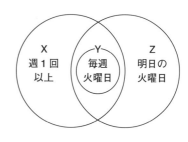

と）。図で表すと右のようになる。正しい推論は「Y → X」「Y → Z」の2つのみとなる。

❶ ア、イ、ウの推論を矢印で表すと、**ア**「X → Y」、**イ**「Y → Z」、**ウ**「Z → X」となる。このうち正しいのは**イ**だけである。

❷ カ、キ、クの推論を矢印で表すと、**カ**「X → Z」、**キ**「Y → X」、**ク**「Z → Y」となる。このうち正しいのは**キ**だけである。

問06 ▶▶▶ **❶** A　**❷** A

発言はPがもっとも詳しく、推論「P → Q」「P → R」が成り立つ。QとRの関係については、硬貨の枚数だけでは合計金額はわからず、合計金額だけでは硬貨の枚数もわからないので、推論「Q → R」「R → Q」は成り立たない。図で表すと右のようになる。すなわち、正しい推論は「P → Q」「P → R」の2つのみとなる。

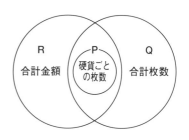

❶ ア、イ、ウの推論を矢印で表すと、**ア**「P → Q」、**イ**「Q → R」、**ウ**「R → P」となる。このうち正しいのは**ア**だけである。

❷ カ、キ、クの推論を矢印で表すと、**カ**「P → R」、**キ**「Q → P」、**ク**「R → Q」となる。このうち正しいのは**カ**だけである。

問01 ▸▸▸ **A**

　4人の得点はすべて違うものと仮定する。情報**ア**より、Rの順位はPとQの間なので、3人の順番は PRQ または QRP となる。情報**イ**より、SはPより順位が上だが1位ではないので、得点の高い順に並べたとき、SPRQ や SQRP の順番はあり得ない。残る順番は QSRP または QRSP の2通りに絞られるが、情報**ウ**よりSはQの次なので、QSRP が正解となる。なお、情報**イ**、**ウ**より Q > S > P なので、P、Q、R が同じ得点になることはない。

問02 ▸▸▸ **C**

ア：QとSの身長が等しければ、P、Q、Sは3人とも身長が等しい。また、S > Qの場合は、PとRの身長が等しい可能性もある。したがって確実に正しいとは言えない。

イ：情報Ⅰより、Q、P、Sの順番は Q > P > S、S > P > Q、Q = P = S の3通りが考えられるので、確実に正しいとは言えない。

ウ：情報Ⅰ、Ⅱより、考えられる順番は QPSR または SRPQ の2通りなので、正しい推論である。

問03 ▸▸▸ **F**

　YとWの差は35cm、WとZの差は20cmなので、YとZの差は 35 + 20 = 55cm または 35 − 20 = 15cm となる。ただし、1位と4位の差は50cmなので、55cmでは差が大きすぎる。以上からW、Zはいずれも4位ではなく、残ったXが4位となる。X、Y、W、Zの差を図で示すと次のとおり。

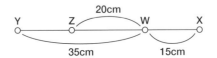

×**ア**：図より、YとZの差は 35 − 20 = 15cm なので誤り。

○**イ**：図より、XとZの差は35cmなので正しい。

○**ウ**：Wは3位なので正しい。

問04 ▸▸▸ **❶ E**　**❷ E**

❶Qが2位の場合、PとQの間には誰もいないので、5人の順位は下図のようになる。

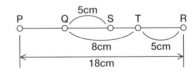

図より、PQ 間は **18 − 5 − 8 ＝ 5cm** となる。

❷Q が 3 位の場合、情報Ⅱより S または T が 2 位になると考えられる。しかし、T を 2 位とすると、情報Ⅲより T と Q の間に R が入ることになり、Q を 3 位とする前提と矛盾する。

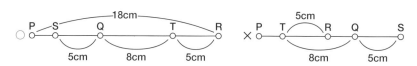

したがって順番は P → S → Q → T → R の順となる。PQ 間は図より **18 − 5 − 8 ＝ 5cm**（P と S の身長は等しい）。

問05 ▶▶▶❶B ❷C

❶情報Ⅱより、可能な順番の組合せは次のようになる（□には P または S のどちらかが入る）。

RQ□□　　R□Q□　　R□□Q　　□RQ□　　□R□Q　　□□RQ

また、情報Ⅲより、P が 4 位になることはない。可能な順番をすべて書き出すと、次のようになる。

RQPS　　RPQS　　RPSQ　　RSPQ　　PRQS　　PRSQ
SRPQ　　PSRQ　　SPRQ

×**ア**：RSPQ、SRPQ のように、S が P より前になる場合もあるので誤り。

○**イ**：R が 4 位になる組合せはないので、正しい。

×**ウ**：SRPQ、SPRQ のように、S が先頭になる場合もあるので誤り。

　以上から、必ず正しいのは**イ**だけとなる。

❷上記の順番の組合せの中で、1 つに特定できる情報を選べばよい。

×**カ**：PRQS、PRSQ など、PR を含む順番は複数考えられる。

×**キ**：RPSQ、PRSQ など、SQ を含む順番は複数考えられる。

○**ク**：QP を含む順番は RQPS のみ。

　以上から、情報**ク**を加えれば 4 人の順番を特定できる。

問06 ▶▶▶❶C ❷A

❶情報Ⅰ、Ⅱより、以下の式が成り立つ。

　W ＝ Y ＋ 5 … (1)

　(W ＋ X) /2 ＝ (Y ＋ Z) /2 ＋ 5 … (2)

　式 (1) を式 (2) に代入すると、

　(Y ＋ 5 ＋ X) /2 ＝ (Y ＋ Z) /2 ＋ 5

　→ X ＋ Y ＋ 5 ＝ Y ＋ Z ＋ 10

　→ X ＝ Z ＋ 5 … (3)

以上から、Xの得点はZより5点高いことがわかる。したがって推論**ア**は正しい。

また、式（1）～（3）より、WとY、XとZの得点は必ず異なるが、「同じ得点の人はいない」かどうかは、これらの式からは判断できない。したがって推論**イ**は正しいとも誤りともいえない。

❷情報Ⅲを「Yの得点はXより5点高い」と言い換えれば、Y＝X＋5が成り立つ。式（1）、（3）と合わせて、

W＝Y＋5、Y＝X＋5、X＝Z＋5

となるので、4人の得点はW＞Y＞X＞Zの順であることがわかる。したがって推論**ウ**、**エ**はどちらも正しい。

問07 ▶▶▶ ❶D ❷I ❸C

❶情報Ⅰより、先月のVの順位は1位または2位しかあり得ない。また、情報Ⅲより先月のZの順位は4位なので、先月の順位は

V□□Z□　または　□V□Z□

のいずれかとなる。一方、情報ⅡよりXとWは順位が隣り合わせなので、□V□Z□は当てはまらない。

以上より、先月の順位はVXWZ□と特定できる。残った□にはYが入るので、Yは5位である。

❷情報Ⅰ～Ⅳで特定できる今月の順位は、

XW□V□　または　□XWV□

のいずれかである。□にはYまたはZが入るが、情報ⅤよりYがXより前になることはないので、可能な順位は

XWYVZ　　XWZVY　　ZXWVY

の3通りとなる。したがって、Yの順位は3位または5位である。

❸先月の順位はVXWZYであることがわかっているので、今月の順位を上記の3つの中から1つに特定できる情報を選べばよい。

×**ア**：Yが5位になる今月の順位は、XWZVY、ZXWVYの2通り。

×**イ**：Xが1位になる今月の順位は、XWYVZ、XWZVYの2通り。

○**ウ**：Zが1位になる今月の順位は、ZXWVYのみ。

以上から、情報**ウ**を加えれば順位を特定できる。

問08 ▶▶▶ ❶Q、U ❷P

❶情報Ⅰ～Ⅳをもとに、配達の順番を次のようなツリー図で表すとよい。

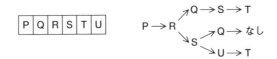

1人目がPだとすると、2人目はRに特定できる。3人目はRの隣なので、Qまたは Sの2通りがある。3人目がQだった場合、4人目はS、5人目はTに特定できる。また、3人目がSだった場合、4人目はQまたはUとなるが、Qとすると5人目に配達する人がいないので、4人目はU、5人目はTとなる。

以上から、配達の順番はP→R→Q→S→TまたはP→R→S→U→Tの2通り。したがって、配達されなかったのはUまたはQとなる。

❷情報Ⅰ〜Ⅳを逆にたどって、配達の順番をツリー図で表す。

$$U \rightarrow T \rightarrow R \nearrow^{S \rightarrow Q}_{\searrow Q \rightarrow S}$$

5人目がUだとすると、4人目はT、3人目はRに特定できる。2人目はQまたはSの2通りがある。2人目がQだった場合1人目はS、2人目がSだった場合1人目はQとなる（Uは配達済だから該当しない）。

以上から、配達の順番はQ→S→R→T→UまたはS→Q→R→T→Uの2通りで、配達されなかったのはいずれの場合もPとなる。

問09 ▸▸▸❶A、C、E ❷S

❶情報Ⅰから推定できるPとQの位置は、

P□Q□□□	Q□P□□□
□P□Q□□	□Q□P□□
□□P□Q□	□□Q□P□
□□□P□Q	□□□Q□P

の8通り。さらに情報Ⅱより、SとTの間には3人はさむので、SとTの位置を次のように特定できる。

S＜Tの場合		T＜Sの場合	
PSQ□□T	QSP□□T	PTQ□□S	QTP□□S
SP□QT□	SQ□PT□	TP□QS□	TQ□PS□
□SP□QT	□SQ□PT	□TP□QS	□TQ□PS
S□□PTQ	S□□QTP	T□□PSQ	T□□QSP

このうち、PがSより左側にあるものは情報Ⅲと矛盾するので候補から除く。

~~PSQ□□T~~	QSP□□T	~~PTQ□□S~~	~~QTP□□S~~
SP□QT□	SQ□PT□	~~TP□QS□~~	~~TQ□PS□~~
□SP□QT	□SQ□PT	~~□TP□QS~~	~~□TQ□PS~~
S□□PTQ	S□□QTP	~~T□□PSQ~~	T□□QSP

以上から、PとSの間は0人、2人または4人となる。

❷右端にQがいる場合、情報Ⅰより並び順は□□□P□Qとなる。次に、情報ⅡよりSとTの間に3人いるので、SとTの位置は

S□□PTQ　または　T□□PSQ

となる。このうち T□□PSQ は、情報Ⅲと矛盾するので候補から除く。

さらに、情報ⅣよりRはUより右側なので、並び順はSURPTQと特定できる。以上から、左端はSとなる。

03 推論③　内訳を推理する 037 - 043ページ

問01 ▶▶▶ E

ア：情報Ⅱより、赤のボールペンが奇数なら青のボールペンは偶数、赤のボールペンが偶数なら青のボールペンは奇数になる。奇数と偶数を加算すると奇数になるので、赤と青のボールペンの合計は奇数。15（奇数）から奇数を引くと偶数になるので、黒のボールペンは必ず偶数になる。以上から、正しい推論である。

イ：赤と青のボールペンの合計は 15 − 6 ＝ 9 本となる。赤と青の差は 3 本なので、赤 6 本＋青 3 本または赤 3 本＋青 6 本。赤は 6 本または 3 本の場合があり、確実に正しいとは言えない。

ウ：情報Ⅱより、赤のボールペンが 5 本ならば、青のボールペンは 2 本または 8 本となるが、青を 8 本とすると黒のボールペンは 15 − (5 + 8) ＝ 3 本となり、情報Ⅰと矛盾する。したがって青のボールペンは 2 本。その場合、黒のボールペンは 15 − (5 + 2) ＝ 8 本となるので、正しい推論である。

問02 ▶▶▶ C

ア：バニラ味が 3 個のとき、チョコ＋ストロベリーは 6 個。また、バニラ＞ストロベリーより、ストロベリーは 1 個または 2 個なので、チョコは 5 個または 4 個。以上から、確実に正しいとは言えない。

イ：チョコ 1 ＋ストロベリー 1 の場合、バニラ＝ 7 個。チョコ 2 ＋ストロベリー 2 の場合、バニラ＝ 5 個。バニラ味は 5 個または 7 個の場合があるので、確実に正しいとは言えない。

ウ：バニラ＝チョコの場合、バニラ味を 4 個とすると、ストロベリー味は 9 − (4 + 4) ＝ 1 個となり、バニラ＞ストロベリーが成り立つ。バニラ＝チョコとバニラ＞ストロベリーが同時に成り立つのはこの場合のみなので、正しい推論である。

問03 ▶▶▶ ❶ A　❷ F

❶推論ア～ウについて検証する。

ア：高校生が 6 人の場合、小学生＋中学生＝ 4 となる。このとき情報Ⅱの小学生＞中学生が成り立つのは小学生 3 人、中学生 1 人の組合せのみなので、正しい推論である。

イ：中学生＝高校生が成り立つ組合せは、小 8 ＋中 1 ＋高 1、小 6 ＋中 2 ＋高 2、小 4 ＋中 3 ＋高 3 の 3 通り。小学生は 4 人か 6 人か 8 人なので、確実に正しいとは言えない。

ウ：小学生＝高校生が成り立つのは、小4＋中2＋高4の組合せのみ。中学生は2人になるので、確実に正しいとは言えない。

❷推論カ～クについて検証する。

カ：小学生＞中学生、かつ、小学生＞高校生が成り立つ組合せとしては、たとえば小4＋中3＋高3が考えられる。よって、「小学生が5人以上」という推論は確実に正しいとは言えない。

キ：仮に小学生を4人として、小学生＞中学生、かつ、中学生＞高校生の条件を満たそうとすると、合計人数は最大でも小4＋中3＋高2＝9人にしかならない。小学生が4人以下では合計人数が10人に達しないので、小学生は必ず5人以上となる。よって、正しい推論である。

ク：仮に中学生を3人として、小学生＞中学生、かつ、高校生＞中学生の条件を満たそうとすると、小学生と高校生をどちらも4人以上にしなければならず、合計人数が10人を超えてしまう。したがって、中学生は3人以上ではありえない。一方、中学生が1人または2人であれば、小5＋中1＋高4、あるいは小4＋中2＋高4といった組合せが考えられる。以上から、正しい推論である。

問04 ▶▶▶❶F ❷C

❶推論ア～ウについて検証する。

ア：あんパンを5個とすると、他の2種類のパンの合計は12－5＝7個。これを3個＋4個に分ければ、情報Ⅰ～Ⅲが成り立つ。以上から、あんパンは少なくとも5個以上なので、正しい推論とは言えない。

イ：上記より、あんパンの個数が5個のとき、最も個数の少ないパンは3個となる。よって、正しい推論である。

ウ：あんパンを6個とすると、他の2種類のパンの合計は12－6＝6個。パンの個数は最低2個、また、同じ個数にはできないので、2種類のパンの分け方は2個＋4個となる。以上から、最も個数の少ないパンは2個であり、正しい推論である。

❷推論カ～クについて検証する。

カ：メロンパンが4個のとき、あんパンとクリームパンの個数の合計は12－4＝8個となる。あんパンを6個とすればクリームパンは2個となるので、クリームパンは3個とは限らない。したがって、正しい推論とは言えない。

キ：メロンパンが2個のとき、あんパンとクリームパンの個数の合計は12－2＝10個となる。あんパンを7個とすればクリームパンは3個となるので、クリームパンは4個とは限らない。したがって、正しい推論とは言えない。

ク：あんパンが6個のとき、メロンパンとクリームパンの合計は12－6＝6個となる。したがって、メロン＋クリームがあんパンより多くなるには、あんパンが6個より少なくなければならない。一方、あんパンの個数は少なくとも5個以上（ア参照）なので、メロン＋クリームがあんパンより多くなるのは、あんパンが5個の場合の

みである。以上から正しい推論である。

❶「必ずしも誤りとは言えない」ものを選ぶので、成り立つケースが1例でもあればよい。

	イチゴ	＞	ミカン	＞	バナナ	＞	リンゴ	合計
ア	？	＞	？	＞	40	＞	30	
イ	50	＞	？	＞	？	＞	20	150
ウ	？	＞	50	＞	30	＞	？	

×**ア**：イチゴ＋ミカンは150 −（40 ＋ 30）＝ 80 票。ミカンを最小の41票としても、イチゴは42票以上にしなければならず、成り立たない。

○**イ**：ミカン＋バナナは150 −（50 ＋ 20）＝ 80 票。たとえばミカンを45票、バナナを35票とすれば成り立つ。

×**ウ**：ミカン＋バナナは150 −（50 ＋ 30）＝ 70 票。イチゴを最小の51票としても、リンゴは19票となり、20票に満たないため（情報Ⅱ）、成り立たない。

❷「必ずしも誤りとは言えない」ものを選ぶので、成り立つケースが1例でもあればよい。

	イチゴ	＞	ミカン	＞	バナナ	＞	リンゴ	合計
カ	70	＞	40	＞	？	＞	？	
キ	60	＞	？	＞	30	＞	？	150
ク	？	＞	50	＞	？	＞	20	

×**カ**：バナナ＋リンゴは150 −（70 ＋ 40）＝ 40 票。リンゴを最小の20票としても、バナナを20票より多くできないので、成り立たない。

○**キ**：ミカン＋リンゴは150 −（60 ＋ 30）＝ 60 票。たとえばミカンを35票、リンゴを25票とすれば成り立つ。

○**ク**：イチゴ＋バナナは150 −（50 ＋ 20）＝ 80 票。たとえばイチゴを55票、バナナを25票とすれば成り立つ。

❶推論**ア**〜**ウ**について検証する。

ア：製品Rを6個出荷するとき、残り重量は40 − 6 × 5 ＝ 10kg。P ＋ Q ＝ 10kgとする組合せは、Pが2個、Qが2個のとき（2kg × 2 ＋ 3kg × 2 ＝ 10kg）のみである。したがって正しい推論とは言えない。

イ：製品Qを2個出荷するとき、残り重量は40 − 3 × 2 ＝ 34kg。P ＋ R ＝ 34kgとする組合せは、

・Pが2個、Rが6個のとき（2kg×2＋5kg×6＝34kg）

・Pが7個、Rが4個のとき（2kg×7＋5kg×4＝34kg）

・Pが12個、Rが2個のとき（2kg×12＋5kg×2＝34kg）

の3通りある。ただし、製品Rは製品Qより多く出荷するので（情報Ⅱ）、条件を満たすのは「Pが2個、Rが6個」と「Pが7個、Rが4個」の2通りである。Pが7個とは限らないので、正しい推論とは言えない。

ウ：製品Pが3個のとき、残り重量は $40 - 2 \times 3 = 34$kg。Q＋R＝34kg、かつ、R＞Qとなる組合せは、Qが3個、Rが5個のとき（3kg×3＋5kg×5＝34kg）のみである。以上から、正しい推論である。

❷推論カ～クについて検証する。

カ：製品Qを1個出荷するとき、残り重量は $40 - 3 \times 1 = 37$kg。P＋R＝37kg、かつ、R＞Qとなる組合せは、

・Pが1個、Rが7個のとき（2kg×1＋5kg×7＝37kg）

・Pが6個、Rが5個のとき（2kg×6＋5kg×5＝37kg）

・Pが11個、Rが3個のとき（2kg×11＋5kg×3＝37kg）

の3通りある。Rが3個とは限らないので、正しい推論とは言えない。

キ：製品Rが4個以外でも、R＞QかつP＞Qが成り立つ組合せがあるかどうかを調べる。たとえばR＝3個、Q＝1個のとき、P＝｜40－（5×3＋3×1）｜÷2＝11個。このように、P＞QでもRが4個以外になる場合があるので、正しい推論とは言えない。

ク：たとえばP＝1個、Q＝1個のとき、R＝｜40－（2×1＋3×1）｜÷5＝7個。また、P＝2個、Q＝2個のときは、R＝｜40－（2×2＋3×2）｜÷5＝6個。このように、P＝QでもRが5個以外になる場合があるので、正しい推論とは言えない。

問07 ▶▶▶**❶** A、D、G、H **❷** A、B

❶黄と白の差は3本なので、黄が偶数なら白は奇数、黄が奇数なら白は偶数となり、黄と白の合計は必ず奇数となる。また、赤＋黄＋白＝15（奇数）なので、赤は偶数でなければならない。赤を5本以上の偶数とすると、

赤＝6本のとき：黄3＋白6または黄6＋白3 → 赤と白の差：0本または3本

赤＝8本のとき：黄2＋白5または黄5＋白2 → 赤と白の差：3本または6本

赤＝10本のとき：黄1＋白4または黄4＋白1 → 赤と白の差：6本または9本

となる。

❷上の本数の組合せの中で、赤＞白＞黄となるものは、

赤＝8、白＝5、黄＝2

赤＝10、白＝4、黄＝1

の2通り。したがって黄は1本または2本となる。

問08 ▶▶▶ ❶ S、T ❷ A、C

❶情報Ⅱより、P、Q、Rの平均が12個なので、P＋Q＋R＝12×3＝36個。りん
ごは全部で50個なので、S＋T＝50－36＝14個となる。

$$\underbrace{P\quad Q\quad R}_{12×3＝36個}\quad \underbrace{S\quad T}_{14個}$$

情報Ⅲより、QとS、QとTの差は3個であり、SとTは同数ではないから、3人は
S＞Q＞TまたはT＞Q＞Sの関係にあり、SとTの差は6個であることがわか
る。S＋T＝14、S－T＝6（またはT－S＝6）より、この連立方程式を解くと、
S＝10個、T＝4個またはS＝4個、T＝10個。また、Q＝7個となる。
Q＝7より、P＋R＝36－7＝29。また、情報ⅣよりP－R＝11（またはR－P
＝11）より、P＝20個、R＝9個または、P＝9個、R＝20個となる。
以上から、10個もらった可能性のあるのは、SまたはTである。

❷P、Q、R、S、Tがもらった個数の組合せは次のとおり。

P	Q	R	S	T	Rの順位
9	7	20	4	10	1位
20	7	9	4	10	3位
9	7	20	10	4	1位
20	7	9	10	4	3位

以上から、Rの順位は1位または3位となる。

問09 ▶▶▶ ❶ C ❷ B

❶はじめに各コーヒー豆を100gずつ買うと、金額は800＋1200＋1000＝3000円に
なるので、残りは7000－3000＝4000円。この残り金額で、いちばん価格の安いX
を買えば、最も多くのコーヒー豆を買える。Xは100gあたり800円なので、4000÷
800＝5→500g。これに最初に買った100gを足すと、コーヒー豆Xは600gとなる。
正解はC。

❷Zを100gに対し、Yを300g購入すると、金額は1000＋1200×3＝4600円となる。
これにX100g分の値段を合わせると、4600＋800＝5400円となり、残りは10000
－5400＝4600円。この金額で、Z100g＋Y300gがもう1単位買える。以上から、
予算10000円でXを100g（800円）、Yを600g（7200円）、Zを200g（2000円）買
える。正解はB。

問10 ▶▶▶ ❶ G ❷ F

❶ア：Xが1と3を使うと、残りは2　4　5。この3枚からは、「24」のように偶数を
作ることも「45」のように奇数を作ることも可能なので、**ア**は「どちらとも言え

ない」。

イ：Xが2と4を使うと、残りは1　3　5。この3枚をどのように組み合わせても、作った数は奇数になる。したがってイは「正しい」。

❷カ：1と2を使ってできる数は「12」または「21」で、その倍数は12、24、36、48、60…または21、42、63…となる。いずれも3　4　5のカードから作ることはできないので、カは「誤り」。

キ：1と3を使ってできる数は「13」または「31」で、その倍数は13、26、39、52、65…または31、62…となる。このうち、2　4　5のカードを使って「52」を作ることはできる。ただし、Xが必ず「13」を作り、Yが必ず「52」を作るとは限らないので、キは「どちらとも言えない」。

04 推論④ 平均から推理する　　　　　　　　　　046 - 049ページ

問01 ▶▶▶❶F　❷B

❶情報Ⅰ～Ⅲより、以下の式が成り立つ。

$$P + Q + R = 184 × 3 = 552　…（1）$$
$$P + Q = 205 × 2 = 410　…（2）$$
$$P + R = 192 × 2 = 384　…（3）$$

式（1）－（2）より、$R = 552 - 410 = 142$…（4）。式（4）を式（3）に代入すれば、$P = 384 - 142 = 242$…（5）。式（5）を式（2）に代入すれば、$Q = 410 - 242 = 168$。

❷推論ア、イ、ウについて順に検討する。

ア：与えられた情報からは、SとTの個々の在庫数まではわからない。どちらかがRの在庫数142個より少ないことも考えられるので、推論アは確実に正しいとは言えない。

イ：S、Tの平均が276個なので、SかTのどちらか一方は276個より多いか、またはSとTは両方とも276個である。どちらの場合も、SかT、またはその両方が5つの商品の中で最も在庫数が多くなる。したがって推論イは正しい推論である。

ウ：Qの在庫数＝168個、S、Tの在庫数の平均＝276個より、Q、S、Tの平均は、次のように求めることができる。

$$（168 + 276 × 2）÷ 3 = 240$$

この値はPの在庫数242個より少ないので、推論ウは誤り。

以上から、確実に正しい推論はイだけである。

問02 ▶▶▶❶H　❷C

❶推論ア、イについて検討する。

ア：平均点が85点の場合、国、数、英3科目の点数の合計は$85 × 3 = 255$点になる。Pは国語が68点、数学が87点なので、英語で$255 - 68 - 87 = 100$点をとれば、

平均点が 85 点となる。しかし、英語は 100 点以外の可能性もあるので、推論**ア**は「どちらとも言えない」。

イ：Q は国語が 80 点、英語が 72 点なので、数学で 255 − 80 − 72 = 103 点をとれば、平均点が 85 点となる。しかしテストは 100 点満点なので、103 点をとることはありえない。したがって推論**イ**は「誤り」。

❷推論**カ**、**キ**について検討する。

カ：P の英語の点数が 98 点の場合、P の 3 科目の合計点は 68 + 87 + 98 = 253 点となる。一方、Q の 3 科目の合計点は、数学で 100 点満点をとったとしても最大 80 + 100 + 72 = 252 点なので、P が英語で 98 点をとれば、合計点は確実に Q より勝る。したがって推論**カ**は「正しい」。

キ：Q の数学の点数が 98 点の場合、Q の 3 科目の合計点は 80 + 98 + 72 = 250 点となる。一方、P の 3 科目の合計が 250 点未満になるのは、P の英語の点数が 250 − 68 − 87 = 95 点未満の場合である。P の英語の点数は 95 点未満の場合も、95 点以上の場合もあり得るので、推論**キ**は「どちらとも言えない」。

問03 ▶▶▶ ❶G ❷D

❶推論**ア**、**イ**について検討する。

ア：支社の男性社員と女性社員が同人数であれば、男女を合わせた平均は (900 + 600) ÷ 2 = 750 円となる。しかし、男性社員と女性社員が同人数かどうかは問題からはわからないので、平均は 750 円以外になる場合も考えられる。したがって推論**ア**は「どちらとも言えない」。

イ：仮に男性が 1 人で他は全員女性社員だったとしても、全社の平均が 700 円より低くなることはない（実際には、本社と支社を合わせて、男性女性ともに最低でも 2 人はいる）。同様に、全社の平均が 800 円より高くなることもない。以上から、推論**イ**は「正しい」。

❷推論**カ**、**キ**について検討する。

カ：男性社員の昼食代は、全社平均が 800 円、支社の平均が 900 円なので、本社の平均は全社平均より低く、「本社＜全社＜支社」の順になる。仮に、本社と支社の男性社員の人数が等しければ、本社平均は 700 円となる。しかし、実際には本社の人数のほうが多いので、本社の男性社員の平均を 700 円とすると、全社平均は 800 円より低くなってしまう。以上から、本社平均は 700 円よりは確実に高いことがわかる。したがって推論**カ**は「誤り」。

キ：男性社員の本社平均は 700 円より高く、800 円より低い。女性社員についても同様に考える。女性社員の昼食代は、全社平均が 700 円、支社の平均が 600 円なので、本社平均は全社平均より高く、「支社＜全社＜本社」の順になる。仮に、本社と支社の女性社員の人数が等しければ、本社平均は 800 円となる。しかし、実際には本社の人数のほうが多いので、本社の女性社員の平均を 800 円とすると、全社平均

は 700 円より高くなってしまう。以上から、女性社員の本社平均は 800 円より低く、700 円より高い。本社平均は男女とも 700 円より高く 800 円より低いので、男女合わせた平均も、700 円より高く 800 円より低くなる。したがって推論**キ**は「正しい」。

問04 ▶▶▶**❶**F　**❷**F

❶推論**ア**、**イ**について検討する。

ア：情報Ⅱより、

$(P + R) / 2 = (Q + S) / 2 + 10$　→　$P + R = Q + S + 20$

が成り立つ。また、情報Ⅰより $P = Q$。これを上の式に代入すれば、

$P + R = P + S + 20$　→　$R = S + 20$

となる。すなわち、R は S より身長が 20cm 高い。以上から推論**ア**は「誤り」。

イ：与えられた情報だけでは、P と S の関係を表す式は作れない。たとえば P、Q、S が 160cm で、R が 180cm の場合は推論**イ**は正しいが、P と Q が 170cm、R が 180cm、S が 160cm の場合は推論**イ**は誤りとなる。以上から、推論**イ**は「どちらとも言えない」。

❷カ、**キ**、**ク**をそれぞれ式で表すと、次のようになる。

カ：$P + Q < R + S$

キ：$R = (Q + S) / 2$

ク：$Q = 170$

キに $R = S + 20$ を代入すれば、$S = Q - 40$ を得る。また、**ク**の $Q = 170$ より、$P = Q = 170cm$。$S = 170 - 40 = 130cm$。$R = S + 20$ より、$R = 150cm$ となる。以上から、**キ**と**ク**を組み合わせれば 4 人の身長を確定できる。

---

05 | 推論⑤　密度・濃度　　　　　　　　　　051 - 055ページ

問01 ▶▶▶ D

ア：甲、乙を 200g、丙を 100g とすると、それぞれに含まれる食塩の重さは、

甲：200g × 0.12 = 24g

乙：200g × 0.08 = 16g

丙：100g × 0.24 = 24g

となる。甲と乙を混ぜると、食塩水の重さは 400g、食塩の重さは 40g となるので、濃度は 40 ÷ 400 = 0.1 = 10%。したがって推論**ア**は「誤り」。

イ：甲の食塩水を水だけ蒸発させて半分の重さにすると、食塩水 100g に対し食塩は 24g のままなので、濃度は 24.0% となる。したがって推論**イ**は「正しい」。

以上から、**ア**は誤りだが**イ**は正しい。

問02 ▶▶▶ **F**

ア：3ヶ月前の月平均売上高を100とすると、毎月の月平均売上高は次のように増加する。

　　3ヶ月前：100

　　2ヶ月前：100 × 1.1 = 110

　　1ヶ月前：110 × 1.1 = 121

　　現在　：121 × 1.1 = 133.1

　　このように、月平均売上高は3ヶ月前と比べて33.1%増加する。総売上高は平均売上高×店舗数なので、店舗数が変わらなければ増加率はやはり33.1%になる。したがって**ア**は「誤り」。

イ：月平均売上高は10店舗の平均なので、個々の店舗の売上高の増加率まではわからない。したがって**イ**は「どちらとも言えない」。

問03 ▶▶▶ **❶E　❷B**

　P市、Q市の面積を1km²と仮定すれば、P市、Q市、R市の人口はそれぞれ次のようになる。

　　P市：420人/km² × 1km² = 420人

　　Q市：340/km² × 1km² = 340人

　　R市：250/km² × 2km² = 500人

❶ア、イについて検討する。

ア：P市の人口420人に対し、R市の人口は500人。P市の人口はR市の人口より少ないので、推論**ア**は「誤り」。

イ：P市とR市を合わせると、人口は420 + 500 = 920人、面積は1 + 2 = 3km²となるので、人口密度は920 ÷ 3 ≒ 306.667人/km²となる。これはQ市の人口密度より低いので、推論**イ**は「誤り」。

❷カ、キについて検討する。

カ：Q市とR市の人口を合わせると、340 + 500 = 840人。P市の人口の2倍は420 × 2 = 840人。両者は等しいので、推論**カ**は「正しい」。

キ：Q市とR市を合わせた地域の人口密度は、840 ÷ 3 = 280人/km²となる。これはP市の人口密度の2倍ではないので、推論**キ**は「誤り」。

問04 ▶▶▶ **❶F　❷G**

❶ア、イについて検討する。

ア：3年前の年間平均売上高を100とすると、各年の年間平均売上高は次のように増加する。

　　3年前：100

　　2年前：100 × 1.2 = 120

　　1年前：120 × 1.2 = 144

現在：144 × 1.2 = 172.8

　年間平均売上高は 3 年前と比べて 72.8％増加しているので、推論**ア**は「誤り」。

イ：年間平均売上高は全店舗の平均なので、個々の店舗の売上高の増加率まではわからない。したがって推論**イ**は「どちらとも言えない」。

❷ カ、**キ**について検討する。

カ：チェーンの店舗数を仮に 3 店舗として、そのうち 2 店舗の年間売上高が 100 から 110 に増加し、残り 1 店舗が 100 から 140 に増加したとする。この場合、1 店あたりの平均売上高は 100 から 120 に増加するので、増加率は 20％になる。このように、20％未満しか増加しない店舗数のほうが多い場合も考えられるので、推論**カ**は「どちらとも言えない」。

キ：総売上高は平均売上高×店舗数なので、店舗数が変わらなければ、平均売上高の増加率は総売上高の増加率と等しくなる。したがって推論**キ**は「正しい」。

問 05 ▶▶▶**❶** A　**❷** E

　P、Q を 300g、R を 100g とすると、それぞれに含まれる食塩の重さは次のようになる。

P：300g × 0.1 = 30g

Q：300g × 0.05 = 15g

R：100g × 0.15 = 15g

❶ ア、**イ**について検討する。

ア：P と Q は重さが同じなので、2 つを混ぜたときの濃度は P と Q の平均で求められる。(10 + 5) ÷ 2 = 7.5％より、推論**ア**は「正しい」

イ：Q の食塩水を水だけ蒸発させて 3 分の 1 の重さにすると、食塩水 100g に対し食塩は 15g になるので、濃度は 15.0％となる。したがって推論**イ**は「正しい」。

❷ カ、**キ**について検討する。

カ：Q と R の濃度の平均は、(5 + 15) ÷ 2 = 10.0％。もし、Q と R の重さが同じなら、P と同じ濃度になる。しかし、Q と R は重さが違うので、2 つを混ぜたときの濃度が 10.0％になることはない（30 ÷ 400 = 0.075 = 7.5％になる）。したがって推論**カ**は「誤り」。

キ：P と R を混ぜると、食塩水の重さは 400g、食塩の重さは 45g となるので、濃度は 45 ÷ 400 = 0.1125 = 11.25％。したがって推論**キ**は「誤り」。

06　**推論⑥　勝ち負けを推理する**　057 - 059ページ

問 01 ▶▶▶ B

　1 回目のジャンケンで P はチョキ、R はグーを出すので、Q はパーを出すことがわかる。Q は 1 回し

	P	Q	R
1 回目	チョキ	パー	グー
2 回目	チョキ	チョキまたはグー	?

かパーを出さないので、2回目のジャンケンでQはチョキかグーを出す。

ア：Pはチョキ、Qはチョキまたはグーを出すので、P1人が勝つことはあり得ない。したがって推論**ア**は誤り。

イ：Qがグー、RがチョキならQの勝ちなので、推論**イ**は必ずしも誤りとは言えない。

ウ：Pがチョキ、Qがチョキの場合、Rがパーを出すとPとQの2人勝ちになる。また、Pがチョキ、Qがグーの場合、Rがパーを出すと勝負がつかない。2回目のジャンケンでは1人が勝つので、Rがパーを出すことはありえない。P、Qもパーを出さないので、推論**ウ**は誤り。

問02 ▶▶▶**❶**E　**❷**C

❶対戦表は右図のようになる。

ア：PはSに負ければ1勝2敗となるので、推論**ア**は必ずしも誤りとは言えない。

イ：Qはすでに2勝しているので、推論**イ**は確実に「誤り」。

ウ：SはPかQどちらかに1勝すれば1勝2敗となるので、推論**ウ**は必ずしも誤りとは言えない。

	対戦相手			
	P	Q	R	S
P		×	○	
Q	○			○
R	×	×		○
S			×	

（左側に「自分」と縦書き）

❷対戦表の空欄がすべて埋まる情報を考える。情報**カ**だけではQ対Sの勝敗が埋まらず、情報**キ**だけではP対Sの勝敗が埋まらない。情報**ク**の「Sは2勝1敗した」ですべての空欄が埋まる。

問03 ▶▶▶**❶**F　**❷**C

情報ⅠとⅡから、Pは少なくとも2試合を行ったことがわかる。PはQとの対戦で負けているので、試合はP対R→P対Qの順となる。図1、図2にあてはめると、次の4通りの組合せとなる。

❶上の図をもとに、推論**ア**〜**ウ**について検証する。

ア：QがRと対戦する組合せはないので、推論**ア**は誤り。

イ：SはQと対戦する場合も、対戦しない場合もある。したがって推論**イ**は必ずしも誤りとは言えない。

ウ：SはRと対戦する場合も、対戦しない場合もある。したがって推論**ウ**は必ずしも誤りとは言えない。

❷上の図をもとに、推論**カ**〜**ク**について検証する。

カ：4つの組合せのうち、3つの場合ではQが優勝するが、残り1つの場合ではQが優勝するとは限らない。したがって推論**カ**は確実に正しいとは言えない。

キ：Pは少なくとも2試合は対戦しているので、推論キは誤り。

ク：Sはどの組合せでも1試合しか対戦しない。したがって推論クは正しい。

07 推論⑦ 位置関係を推理する　　　　062 - 063ページ

問01 ▶▶▶❶ F　❷ C

❶情報Ⅰ～Ⅳから、P、Q、S、Tの部屋割りは次の4通りになる。空欄になっている部屋にRまたはUが入る。

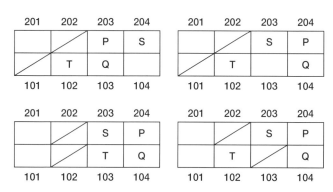

ア：上の部屋割りは、いずれも空欄が隣り合っていないので、RとUが隣同士になるとはない。したがって推論アは誤り。

イ：102号室と202号室が空き部屋になることは考えられる。よって、推論イは必ずしも誤りとは言えない。

ウ：Tはいずれの部屋割りでも1階になるので、推論ウは誤りとは言えない。

❷情報カ、キ、クを順番に検討する。

カ：Rの真下が空き部屋になる部屋割りは2通りある。

キ：Rはどの部屋割りでも端になる可能性がある。

ク：Uが103号室になる部屋割りは1通りしかないので、この情報を加えれば6人の部屋割りを確定できる。

	201	202	203	204
	R		S	P
		T	U	Q
	101	102	103	104

問02 ▶▶▶❶ F　❷ F

❶情報Ⅰからわかる各団体の位置は次のようになる。

ア：Pは少なくとも6両目と7両目を使うので、推論アは誤り。

イ：Qは3〜5両目までの3両を使う可能性があるので、推論**イ**は必ずしも誤りとは言えない。

ウ：次のように割り当てれば、Rが4両目と5両目を使う場合も考えられる。よって、推論**ウ**は必ずしも誤りとは言えない。

1	2	3	4	5	6	7	8
S	T	Q	R	R	P	P	P

❷情報**カ〜ク**は、それぞれ単独ではすべての位置を確定できない。**カ**と**キ**、**カ**と**ク**、**キ**と**ク**によってわかる位置は、それぞれ次のようになる。

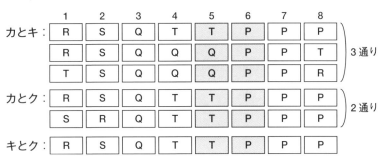

以上から、**キ**と**ク**を加えればよい。

---

08 **推論⑧　チェックボックス**　　　　　065 - 067ページ

問01 ▸▸▸ ❶D、E　❷C、D、E

❶2月を除く5ヶ月間で14回のコンサートを開く必要がある。1ヶ月の回数は3回までなので、5ヶ月間の内訳は3回の月が4、2回の月が1となる。各パターンは右表のとおり。

以上から、10回目は4月または5月に開かれる。

1月	3回	3回	3回	3回	2回
2月	1回	1回	1回	1回	1回
3月	3回	3回	3回	2回	3回
4月	**3回**	**3回**	2回	3回	3回
5月	3回	2回	**3回**	**3回**	**3回**
6月	2回	3回	3回	3回	3回

❷図のように、5回目のコンサートが最も早く行われるパターンは、1月に3回、2月に1回コンサート（情報Ⅱ）を行う場合。反対に5回目のコンサートが最も遅くなるパターンは、1月〜4月に1回ずつ、5月と6月に3回コンサートを行う場合となる。

	最速	最遅
1月	1、2、3	1
2月	4	2
3月	**5…**	3
4月		4
5月		**5、6、7**
6月		8、9、10

以上から、5回目のコンサートが行われるのは3月、4月（たとえば1月〜3月に1回ずつ、4月に2回など）、5月のいずれかとなる。

問02 ▶▶▶ ❶A、D、E、G ❷A、D、F、G

❶情報から、水曜日には必ずスイミングスクールが入る。その他の習い事はピアノの曜日によって変わってくるが、たとえばピアノを火曜日とすると英会話は水曜日となり、スイミングと重なってしまう（したがって、火曜日はピアノではない）。月曜から日曜まで、順にピアノが入るかどうかを確かめると、次のようになる。

	月	火	水	木	金	土	日
①	ピ	英	ス		習		
②	習		ス	ピ	英		
③		習	ス		ピ	英	
④	英		ス	習			ピ

以上から、ピアノがある可能性があるのは、月、木、金、日の4つ。

❷習字教室を基準に考えると、ピアノは習字教室の3日後になる。

	月	火	水	木	金	土	日
①		習	ス	英	ピ		
②			ス	習		英	ピ
③	ピ		ス			習	英
④	英	ピ	ス			習	

以上から、英会話教室がある可能性があるのは、月、木、土、日の4つ。

問03 ▶▶▶ ❶E、F ❷A、B、C、D

❶QとRは同じ果物をもらう。ただし2個とも同じ果物をもらうのは1人だけなので、QとRがもらったのはカキ2個ではない。すると、QとRがもらう果物の組合せは①リンゴ＋ミカン、②リンゴ＋カキ、③ミカン＋カキの3通りになる。それぞれの場合によって、Pがもらった果物が次のように決まる。

QとR	P	残った果物
①リンゴ1＋ミカン1	カキ2個	リンゴ1、ミカン1、カキ2
②リンゴ1＋カキ1	ミカン2個	リンゴ1、ミカン1、カキ2
	カキ2個	リンゴ1、ミカン3
③ミカン1＋カキ1	リンゴ2個	リンゴ1、ミカン1、カキ2
	カキ2個	リンゴ3、ミカン1

なお、②または③でPにカキ2個を配ると、残りは「リンゴ1個＋ミカン3個」または「リンゴ3個＋ミカン1個」になるが、これらをSとTで分けると、どちらか一方が2個とも同じ果物になってしまう。2個とも同じ果物をもらうのはPだけなので（情報Ⅰ）、Pにカキ2個を配ることはあり得ない。

すると、①～③のいずれの場合も、「リンゴ1個、ミカン1個、カキ2個」をSとTで分けることになる。どちらか一方にカキ2個を配ることはないので、Sがもらう可能性のある果物は「リンゴ1個＋カキ1個」または「ミカン1個＋カキ1個」の2通りとなる。

❷2個とも同じ果物をもらうのはPのほかにあと1人だけなので、QとRではあり得ない。ということは、SかTのどちらか一方が2個とも同じ果物をもらう。前ページの表から、SとTで分け合う果物は次のようになる。

・リンゴ1個、ミカン1個、カキ2個　→　「リンゴ1＋ミカン1」と「カキ2」に分ける。

・リンゴ1個、ミカン3個　→　「リンゴ1＋ミカン1」と「ミカン2」に分ける。

・リンゴ3個、ミカン1個　→　「リンゴ1＋ミカン1」と「リンゴ2」に分ける。

以上から、Sがもらう可能性のある果物は「リンゴ2個」「ミカン2個」「カキ2個」「リンゴ1個＋ミカン1個」の4通りとなる。

問04 ▶▶▶❶C、D、E　❷A、C

❶ア、イ、ウを真ん中の札の次に実行した場合を考える。

ア：真ん中の札の「1つ隣の札」はCまたはD。

イ：真ん中の札の「4つ隣の札」はないので、イは2番目に実行はできない。

ウ：真ん中の札の「2つ右の札」はE。

以上から、2番目に開いた札はC、D、Eのいずれかとなる。

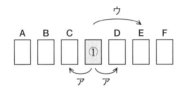

❷2番目以降に開く札の順番を考える。

・2番目にアを実行してCを開いた場合、3番目にイを実行するとウが実行できない。そこで、3番目にウを実行してDを開き、4番目にイを実行してAを開く。

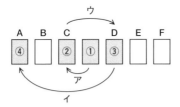

・2番目にアを実行してDを開いた場合、次にイ→ウの順に実行するとAとC、ウ→イの順に実行するとFとCが開く。いずれの場合も、4番目に開くのはC。

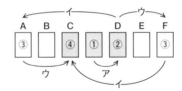

・2番目に**ウ**を実行してEを開いた場合、次に**イ→ア**の順に実行すると、4番目に開くのはAまたはCになる。なお、**ア→イ**の順に実行しても同じ結果になる。

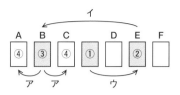

以上から、最後に開いた札は A、C のいずれか。

---

09 推論⑨ 数値を推理する 070 - 073ページ

問01 ▶▶▶ **1500**

問題文より、P＋Q＋R＝3000…（1）。また、情報**ア**より、Q＝P…（2）。情報**イ**より R＝2P…（3）。式（2）、（3）を式（1）に代入すると、

P＋P＋2P＝3000　→　P＝750 円

Rの所持金はPの2倍なので、R＝1500 円。

問02 ▶▶▶ **21**

X、Y、Zの平均は16なので、X＋Y＋Z＝16×3＝48…（1）となる。また情報**ア**より、X＋Y＝3Z。これを式（1）に代入すると、

3Z＋Z＝48　→　Z＝12歳

情報**イ**より、YはZより3歳年長なので、Y＝12＋3＝15歳。X＋15＋12＝48より、X＝21歳となる。

問03 ▶▶▶ **58**

情報**ア**より、P＋Q＋R＝60×3＝180…（1）。また情報**イ**より、（P＋Q）÷2＝R＋3　→　P＋Q＝2R＋6…（2）を得る。式（2）を式（1）に代入すると、

2R＋6＋R＝180　→　3R＝174　∴R＝58 点

問04 ▶▶▶ **7**

最も少なくもらった人の個数を x とする。また、一番多くもらった人を $x＋5$、2番目を $x＋a$、3番目を $x＋b$、4番目を $x＋c$ とすると、

$(x＋5)＋(x＋a)＋(x＋b)＋(x＋c)＋x＝37$

$5x＝32－(a＋b＋c)$

を得る。ここで、a、b、cはいずれも1以上4以下の整数であり、a＞b＞cであるから、考えられる組合せは（a,b,c）＝（3,2,1）、（4,2,1）、（4,3,1）、（4,3,2）の4通りとなる。このうち x が整数になるのは、（a,b,c）＝（4,2,1）のときの

$$5x = 32 - (4 + 2 + 1) = 25 \quad \rightarrow \quad x = 5$$

だけである。以上から、5人がもらったミカンの個数は、少ない順に①$x = 5$個、②$x + 1 = 6$個、③$x + 2 = 7$個、④$x + 4 = 9$個、⑤$x + 5 = 10$個となる。3番目に多くもらった人の個数は**7個**。

問05 ▶▶▶ **22**

X は偶数なので、X + Z が偶数なら、Z も偶数になる。Z は5の倍数かつ偶数なので、10、20、30 のいずれか。Y + Z = 38 より、Z = 10 のとき Y = 28、Z = 20 のとき Y = 18、Z = 30 のとき Y = 8 となる。このうち、Y が3の倍数なのは Y = 18 のみなので、Z = 20。したがって**ア**の式から、**X = 42 − 20 = 22** とわかる。

問06 ▶▶▶ **B**

ア：合計が 10 になる3つの数字の組合せは、2 + 3 + 5、1 + 4 + 5 の2通りがあり、**ア**だけではわからない。

イ：30 を素因数分解すると $2 \times 3 \times 5$。積が 30 になる3つの数字の組合せはこの1通りのみなので、**イ**だけでわかる。

問07 ▶▶▶ **E**

ア：（数＋国＋英）÷ 3 = 82。この式だけでは、国語の点数はわからない。

イ：数 =（国＋英）÷ 2 + 3。この式だけでは、国語の点数はわからない。

イの式を国＋英＝数× 2 − 6 と変形して**ア**の式に代入すると、（数× 3 − 6）÷ 3 = 82 より、数学の点数は 84 点、また国語と英語の2科目の平均点は 81 点とわかる。ただし、国語の点数は**ア**と**イ**が両方あってもわからない。

問08 ▶▶▶ **C**

問題文より、P + Q + R = 37000。情報**ア**より、Q = 0.5R、情報**イ**より P = R + 5000。**ア**と**イ**どちらか片方だけでは R の所持金はわからない。しかし、**ア**と**イ**の式を P + Q + R = 37000 に代入すれば、（R + 5000）+ 0.5R + R = 37000 より、R = 12800 円となる。以上から、**ア**と**イ**の両方あればわかる。

問09 ▶▶▶ **A**

ア：2人が x 時間後に出会うとすると、P が走った距離は $18x$km、Q が走った距離は $12x$km となる。2人の走った距離の合計は湖1周＝20kmになるので、$18x + 12x = 20$ より、$x = 2/3$ 時間→40分。2人が 40 分後に出会うことは情報**ア**だけでわかる。

イ：情報**イ**には、「距離」の情報のみがあり、「速度」がわからないため、「時間」を求めることはできない。したがって**イ**だけではわからない。

問10 ▶▶▶ A

ア：3日間の売上合計を仮に100万円とすると、日曜日の売上はその4割の40万円。また、日曜日の売上は金曜日の1.6倍なので、金曜日の売上は40 ÷ 1.6 = 25万円。土曜日は100 − 40 − 25 = 35万円。以上から、情報**ア**だけで最も売上が少ないのは金曜日とわかる。

イ：土曜日のほうが金曜日より売上が多いことはわかるが、情報**イ**だけでは最も売上の少ない曜日はわからない。

10 場合の数① 数字の組合せ 075 - 079ページ

問01 ▶▶▶❶E ❷G

❶3 × 3 × 3 ＝ 27通り

❷百の位が3の場合：十の位は6か9の2通り、一の位は1、3、6、9の4通りなので、2 × 4 ＝ 8通り。

百の位が6または9の場合：百の位は2通り、十の位は4通り、一の位は4通りなので、2 × 4 × 4 ＝ 32通り。

合計：8 ＋ 32 ＝ 40通り

問02 ▶▶▶❶C ❷A

❶百の位は1から5までの5通り、十の位は0から5までの6通り、一の位は1、3、5の3通りなので、

5 × 6 × 3 ＝ 90通り

❷百の位は1から5までの5通り、十の位は0から5までの6通り、一の位は0または5の2通りなので、

5 × 6 × 2 ＝ 60通り

問03 ▶▶▶❶E ❷E

❶百の位は1〜4の4通り、十の位は0〜4の5通り、一の位は0〜4の5通りとなる。

4 × 5 × 5 ＝ 100通り

❷けたごとに場合分けして考える。

1けたの数：1、2、3、4の4通り

2けたの数：4 × 5 ＝ 20通り

3けたの数：4 × 5 × 5 ＝ 100通り

千の位が2以下の4けたの数：2 × 5 × 5 × 5 ＝ 250通り

千の位が3の4けたの数：1通り

合計：4 ＋ 20 ＋ 100 ＋ 250 ＋ 1 ＝ 375通り

❶一の位は5つの数から1つを選ぶので5通り。十の位は残り4つの数から1つを選ぶので4通り。百の位は残り3つの数から1つを選ぶので3通り、千の位は残り2つの数から1つを選ぶので2通り。以上から、4けたの整数は全部で**5 × 4 × 3 × 2 = 120 通り**となる。なお、この問題は5つの中から4つ選ぶ**順列**なので、$_5P_4$ と書ける（問題編 80 ページ参照）。

❷偶数の場合、一の位は2か4のいずれかなので2通り。十の位は残り4つの数から1つを選ぶので4通り、百の位は残り3つの数から1つを選ぶので3通り、千の位は残り2つの数から1つを選ぶので2通り。以上から、4けたの偶数は全部で**2 × 4 × 3 × 2 = 48 通り**となる。

❶1から4までの数字を使った4けたの整数は、全部で$4 × 4 × 4 × 4 = 256$ 通りある。このうち、すべてのけたの数字が異なる整数は、$4 × 3 × 2 × 1 = 24$ 通り。これ以外の整数は、必ず2個以上の同じ数字を含むことになる。その組合せは**256 − 24 = 232 通り**となる。

❷同じ数字を4個含む整数は、1111、2222、3333、4444 の 4 通り。
同じ数字を3個含む整数は、「111?」「11?1」「1?11」「?111」のように、1箇所だけ数字が異なるけたがあり、その場所は4通りある。さらに、それぞれの？に入る数字が3通りあるので、この例のように3個の1を含む整数は $4 × 3 = 12$ 通りとなる。同じ数字が2の場合、3の場合、4の場合も同様に考えられるので、同じ数字を3個含む整数は全部で $12 × 4 = 48$ 通りとなる。以上から、同じ数字を3個以上含む整数は**4 + 48 = 52 通り**となる。

❶偶数になるのは一の位が $\boxed{0}$ $\boxed{2}$ $\boxed{4}$ の場合。それぞれの場合について考える。
一の位が $\boxed{0}$：百の位に使えるカードは残り5枚、十の位に使えるカードは残り4枚あるので、$5 × 4 = 20$ 通り。
一の位が $\boxed{2}$：百の位に使えるカードは残り5枚のうち $\boxed{0}$ を除く4枚、十の位に使えるカードは残り4枚なので、$4 × 4 = 16$ 通り。
一の位が $\boxed{4}$：百の位に使えるカードは残り5枚のうち $\boxed{0}$ を除く4枚、十の位に使えるカードは残り4枚なので、$4 × 4 = 16$ 通り。
以上から、**20 + 16 + 16 = 52 通り**となる。

❷**百の位が $\boxed{3}$**：十の位は $\boxed{4}$ または $\boxed{5}$ の2通り、一の位は残り4枚なので4通り。計 $2 × 4 = 8$ 通り。
百の位が $\boxed{4}$：十の位は残り5枚なので5通り、一の位は残り4枚なので4通り。計 $5 × 4 = 20$ 通り。

百の位が⑤：上記と同じく20通り。以上から、**8 ＋ 20 ＋ 20 ＝ 48 通り**となる。

問07 ▸▸▸**❶G ❷E**

❶一の位は1、3、5の3通り、十の位は残り4通り、百の位は残り3通り。以上から
$3 \times 4 \times 3 = 36$ **通り**となる。

❷3の倍数は、各けたの数を合計すると3の倍数になる。3つの数の合計が3の倍数に
なる組合せは、1 ＋ 2 ＋ 3、1 ＋ 3 ＋ 5、2 ＋ 3 ＋ 4、3 ＋ 4 ＋ 5の4組。各組ごとに、
$3 \times 2 \times 1 = 6$ 通りの並び順が考えられるので、全体では **4 × 6 ＝ 24 通り**となる。

問08 ▸▸▸**❶F ❷D**

❶1と2をまとめて1枚のカードとみなし、4枚のカードの並べ方が何通りあるかを求
めると、$4 \times 3 \times 2 \times 1 = 24$ 通り。1と2の順番は「12」の場合と「21」の場合の2
通りがあるので、正解は **24 × 2 ＝ 48 通り**となる。

❷**万の位が②の場合**：千の位は1、3の2通り、百の位は残り3通り、十の位は残り2通
り、一の位は1通りなので、全体で $2 \times 3 \times 2 \times 1 = 12$ 通り。

万の位が①の場合：千の位は4通り、百の位は3通り、十の位は2通り、一の位は1
通りなので、全体で $4 \times 3 \times 2 \times 1 = 24$ 通り。

したがって、合計で **12 ＋ 24 ＝ 36 通り**となる。

問09 ▸▸▸**❶H ❷D**

❶4種類の数字を使った3けたの整数は、全部で $4 \times 4 \times 4 = 64$ 通りある。このうち、
同じ数字が3回使われているのは111、222、333、444の4通り。したがって、同じ
数字を2回まで使った数は **64 － 4 ＝ 60 通り**となる。

❷3けたとも異なる数字の数は、$4 \times 3 \times 2 = 24$ 通りある（百の位に使える数字は1、
2、3、4の4通り、十の位は百の位以外の数字だから3通り、一の位は百の位と十の
位以外の数字だから2通り）。❶の答えから24を引いた数が、同じ数字を2回使った
整数となる。したがって **60 － 24 ＝ 36 通り**となる。

11 | 場合の数② 順列・組合せ
081 - 087ページ

問01 ▸▸▸**❶B ❷A**

❶8人の中から3人を選ぶ組合せは、

$$_8C_3 = \frac{8 \times 7 \times 6}{3 \times 2 \times 1} = 56 \text{ 通り}$$

❷「8人の中から7人選ぶ組合せ」は「8人の中から選ばない人を1人選ぶ組合せ」と同
じ。つまり、$_8C_7 = {}_8C_1 = 8$ 通りとなる。$_8C_1$ のほうがずっと計算が楽だ。

問02 ▶▶▶ **❶** B **❷** D

❶男性5人から3人を選ぶ組合せは、

$$_5C_3 = \frac{5 \times 4 \times 3}{3 \times 2 \times 1} = 10 \text{ 通り}$$

また、女性3人から2人を選ぶ組合せは、

$$_3C_2 = \frac{3 \times 2}{2 \times 1} = 3 \text{ 通り}$$

男性3人が10通り、女性2人が3通りなので、全体の組合せは **10 × 3 = 30 通り**となる。

❷「少なくとも1人は女性」のような問題では、その逆（**余事象**という）の「女性が1人も含まれない場合」を考え、すべての場合の数から引けばよい。まず男女合わせて8人から5人を選ぶ組合せは、

$$_8C_5 = \frac{8 \times 7 \times 6 \times 5 \times 4}{5 \times 4 \times 3 \times 2 \times 1} = 56 \text{ 通り}$$

一方、女性が1人も含まれない場合は、男性5人から5人を選ぶので1通り。したがって、女性が少なくとも1人は含まれる組合せは、**56 − 1 = 55 通り**となる。

問03 ▶▶▶ **❶** C **❷** C

❶7人から男性2人、女性2人を選ぶ。

男性2人の選び方：$_4C_2 = \dfrac{4 \times 3}{2 \times 1} = 6 \text{ 通り}$

女性2人の選び方：$_3C_2 = \dfrac{3 \times 2}{2 \times 1} = 3 \text{ 通り}$

選んだ4人の走る順番は、$_4P_4 = 4 \times 3 \times 2 \times 1 = 24$ 通り。これらをすべて掛けて、**6 × 3 × 24 = 432 通り**となる。

❷7人から4人選んで並べる順番は、$_7P_4 = 7 \times 6 \times 5 \times 4 = 840$ 通り。そのうち、4人とも男性の場合の並び順は、$_4P_4 = 4 \times 3 \times 2 \times 1 = 24$ 通り。したがって、少なくとも女性が1人いる場合の並び順は、**840 − 24 = 816 通り**となる。

問04 ▶▶▶ **❶** B **❷** D

❶邦画5作品の中から3つを選ぶ選び方は

$$_5C_3 = {_5C_2} = \frac{5 \times 4}{2 \times 1} = 10 \text{ 通り}$$

❷邦画 5 作品の中から 2 つを選ぶ選び方は ₅C₂ = 10 通り。洋画 4 作品の中から 1 つを選ぶ選び方は ₄C₁ = 4 通り。全体では **10 × 4 = 40 通り**となる。

問 05 ▸▸▸❶ B ❷ C

❶数学 4 問から 2 問を選ぶ選び方は、₄C₂ = 6 通り。英語 3 問から 2 問選ぶ選び方は、₃C₂ = ₃C₁ = 3 通り。全体では **6 × 3 = 18 通り**となる。

❷問題の内訳には、数 4 英 0、数 3 英 1、数 2 英 2、数 1 英 3 の 4 通りがある。このうち、「数 4 英 0」以外はすべて「少なくとも数学から 1 問、英語から 1 問」が当てはまる。したがって、すべての場合の数から「数 4 英 0」の場合の数を引けばよい。

$$\text{すべての場合}: {}_7C_4 = {}_7C_3 = \frac{7 \times 6 \times 5}{3 \times 2 \times 1} = 35 \text{ 通り} \quad \text{数 4 英 0}: {}_4C_4 = 1 \text{ 通り}$$

以上から、**35 − 1 = 34 通り**となる。

問 06 ▸▸▸❶ B ❷ D

❶5 人の内訳には、男 5 女 0、男 4 女 1、男 3 女 2、男 2 女 3、男 1 女 4、男 0 女 5 の 6 通りがある。そのうち、「少なくとも男 1 人女 2 人」が当てはまるのは「男 3 女 2」「男 2 女 3」「男 1 女 4」の 3 通り。ただし、本問ではそれ以外の場合（余事象）をすべての場合から引いたほうが早い。「すべての場合」は、10 人から 5 人を選ぶので、

$$_{10}C_5 = \frac{10 \times 9 \times 8 \times 7 \times 6}{5 \times 4 \times 3 \times 2 \times 1} = 252 \text{ 通り}$$

余事象は「男 0 女 5」が 1 通り、「男 4 女 1」が ₅C₄ × ₅C₁ = 5 × 5 = 25 通り、「男 5 女 0」が 1 通りで、計 1 + 25 + 1 = 27 通り。したがって **252 − 27 = 225 通り**。

❷はじめに、10 人から男性 3 人、女性 3 人を選ぶ。

$$\text{男性 3 人の選び方}: {}_5C_3 = {}_5C_2 = \frac{5 \times 4}{2 \times 1} = 10 \text{ 通り}$$

女性 3 人の選び方も同じく 10 通りなので、組合せは 10 × 10 = 100 通りになる。
選んだ男性 3 人、女性 3 人から 3 組のペアを作る組合せは、男性に 1、2、3 の番号を振れば、女性 3 人を順番に並べる並べ方とみなすことができる。したがって ₃P₃ = 3 × 2 × 1 = 6 通り。以上から、全部で **100 × 6 = 600 通り**となる。

問 07 ▸▸▸❶ A ❷ B

❶列の中に黒い碁石が 3 個混じっている。そこで、列の中に 7 つある場所から、黒い碁石を置く場所を 3 箇所選ぶと考える（白い碁石を置く場所を 4 箇所選んでも同じ）。

$$_7C_3 = \frac{7 \times 6 \times 5}{3 \times 2 \times 1} = 35 \text{ 通り}$$

❷取り出した碁石の組合せごとに考える。白1黒3の場合：$_4C_1 = 4$ 通り。白2黒2の場合：$_4C_2 = 6$ 通り。白3黒1の場合：$_4C_3 = {_4}C_1 = 4$ 通り。白4黒0の場合：1 通り。全体では $4 + 6 + 4 + 1 = 15$ 通りとなる。

問08 ▸▸▸❶ B ❷ D

❶ P と U を除く4人の並び方を考える。$_4P_4 = 4 \times 3 \times 2 \times 1 = 24$ 通り。

❷ Q と R をひと組みにして、$4 + 1$ 組の並び方を考えると、$_5P_5 = 5 \times 4 \times 3 \times 2 \times 1 = 120$ 通り。Q と R の順番は Q → R の場合と R → Q の場合の2通りあるから、$120 \times 2 = 240$ 通り。

問09 ▸▸▸❶ B ❷ C

❶ P は3番目、Q は4番目か5番目になる。P と Q を除く3人の並び方は、$_3P_3 = 3 \times 2 \times 1 = 6$ 通り。Q が4番目に並ぶ場合と5番目に並ぶ場合の2通りあるので、$6 \times 2 = 12$ 通り。

❷5つの場所の中から、P、Q、R が並ぶ3箇所を選ぶと、選び方は $_5C_3 = {_5}C_2 = 10$ 通り。選んだ3箇所には P、Q、R がこの順で並び、残り2箇所に S と T が並ぶ。S と T の順番はどちらが先でもよいので2通りある。したがって全部で $10 \times 2 = 20$ 通りとなる。

問10 ▸▸▸❶ C ❷ B

❶7試合目まで優勝が決まらないので、6試合目が終わった時点で P は3勝3敗である。6試合のうち勝った試合が3つなので、勝敗のパターンは

$$_6C_3 = \frac{6 \times 5 \times 4}{3 \times 2 \times 1} = 20 \text{ 通り}$$

❷ P が優勝するパターンを、4勝0敗、4勝1敗、4勝2敗の3つに場合分けして考える。4連0敗：4試合とも P が勝つのでパターンは1通り。4勝1敗：5試合のうち、P が1回だけ負ける。ただし5試合目は必ず P が勝つので、残り4試合のうち1回だけ負けるパターンは $_4C_1 = 4$ 通り。4勝2敗：6試合のうち P が2回だけ負ける。ただし、6試合目は必ず P が勝つので、残り5試合で2回負けるパターンは $_5C_2 = 10$ 通り。以上から、P が優勝する場合のパターンは $1 + 4 + 10 = 15$ 通りある。同様に Q が優勝するパターンも15通りあるので、全部で $15 \times 2 = 30$ 通り。

問11 ▶▶▶**❶** B **❷** D

❶ PとQにリンゴを配る場合、後の3人のうち1人にバナナを配れば、ほか2人は自動的にミカンに決まる。その組合せは $_3C_1 = 3$ 通り。PとQにミカンを配る場合も同様に3通りとなるので、合わせて **3 ＋ 3 ＝ 6 通り** となる。

❷ すべての場合の数から、**❶** で求めた場合の数を引けばよい。5人のうち2人にリンゴを配る配り方は $_5C_2 = 10$ 通り。残り3人のうち2人にミカンを配る配り方は $_3C_2 = 3$ 通り。残った1人にバナナを配る。以上から、5個の果物を5人に配る配り方は $10 \times 3 = 30$ 通り。PとQの果物が異なる配り方は、ここから**❶**で求めた数を引き、**30 － 6 ＝ 24 通り** となる。

問12 ▶▶▶**❶** A **❷** C

❶ 8回のうち、表が出る回を5個選ぶ（＝裏が出る回を3個選ぶ）組合せなので、

$$_8C_5 = {}_8C_3 = \frac{8 \times 7 \times 6}{3 \times 2 \times 1} = 56 \text{通り}$$

❷ 表が8回連続：○○○○○○○○→ **1 通り**
　 表が7回連続：○○○○○○○●、●○○○○○○○→ **2 通り**
　 表が6回連続：○○○○○○●○、○○○○○○●●、●○○○○○○●、
　　　　　　　 ●●○○○○○○、●○○○○○○●→ **5 通り**

合計 **8 通り**。

問13 ▶▶▶**❶** C **❷** C

❶ 2個のサイコロには色の区別があるので、たとえば「白が1で黒が5のとき」と「白が5で黒が1のとき」は別の場合として数える。答えは右表の **5 通り**。

❷ 積が5の倍数になるのは、どちらか一方が5のとき。白が5で黒が1～6の場合が6通り、黒が5で白が1～6の6通りあるので、合わせると12通りになる。ただし、両方とも5の場合が重複するので1を引き、**12 － 1 ＝ 11 通り** になる。

白	黒
1	5
2	4
3	3
4	2
5	1

問14 ▶▶▶**❶** B **❷** C

❶ P以外の6人から、他の3人のメンバーを選ぶ組合せとなる。

$$_6C_3 = \frac{6 \times 5 \times 4}{3 \times 2 \times 1} = 20 \text{通り}$$

❷ PとQが4人組に入る場合、他の2人のメンバーの選び方は、5人から2人を選ぶ組合せとなるので、

$$_5C_2 = \frac{5 \times 4}{2 \times 1} = 10 \text{ 通り}。$$

また、P と Q が 3 人組に入る場合、他の 1 人のメンバーの選び方は、5 人から 1 人を選ぶ組合せなので 5 通り。以上から、合わせて **10 + 5 = 15 通り**となる。

問15 ▶▶▶ **❶** C **❷** C

❶ 5 フロアの中から営業部が 2 フロアを選ぶ組合せは、$_5C_2 = 10$ 通り。残り 3 フロアの中から企画部が 2 フロアを選ぶ組合せは $_3C_2 = 3$ 通り。残った 1 フロアに総務部を配置する。以上から、組合せは全部で **10 × 3 = 30 通り**となる。

❷ 2 階から 5 階までの 4 フロアのうち、企画部が 2 フロアを占める。その組合せは $_4C_2 = 6$ 通り。残り 2 フロアの一方に総務部、もう一方に営業部を配置する。その組合せは 2 通りあるので、全体では **6 × 2 = 12 通り**となる。

問16 ▶▶▶ **❶** B **❷** A

❶ 9 人の中から 4 人を選ぶ組合せは $_9C_4$、残り 5 人の中から 3 人を選ぶ組合せは $_5C_3$、残り 2 人の中から 2 人を選ぶ組合せは $_2C_2$。したがって、全体では次のようになる。

$$_9C_4 \times {}_5C_3 \times {}_2C_2 = \frac{9 \times 8 \times 7 \times 6}{4 \times 3 \times 2 \times 1} \times \frac{5 \times 4 \times 3}{3 \times 2 \times 1} \times 1 = 126 \times 10 \times 1$$
$$= 1260 \text{ 通り}$$

❷ 9 人の中から 3 人を選ぶ組合せは $_9C_3$、残り 6 人の中から 3 人を選ぶ組合せは $_6C_3$、残り 3 人の中から 3 人を選ぶ組合せは $_3C_3$。ただし、たとえば ABC、DEF、GHI の 3 組に分けるときと、ABC、GHI、DEF の 3 組に分ける場合は区別されない。このような重複が分け方ごとに $_3P_3 = 3 \times 2 \times 1 = 6$ 通りあるので、全体の計算は次のようになる。

$$\frac{_9C_3 \times {}_6C_3 \times {}_3C_3}{_3P_3} = \frac{84 \times 20 \times 1}{3 \times 2 \times 1} = \frac{1680}{6} = 280 \text{ 通り}$$

12 場合の数③ 重複組合せ

089 - 091 ページ

問01 ▶▶▶ **❶** C **❷** B

❶ 3 種類から 7 個をとる重複組合せ。ケーキ 7 個 + 仕切り 2 個の 9 個から、仕切りの置き場所 2 個を選ぶ組合せは、

$$_{3+7-1}C_7 = {}_9C_7 = {}_9C_2 = \frac{9 \times 8}{2 \times 1} = 36 \text{ 通り}$$

❷ まず、ショートケーキ、チョコレートケーキ、チーズケーキを 1 個ずつとる。残りの

4個は自由に選んでよいので、3種類から4個を選ぶ重複組合せになる。

$$_{3+4-1}C_4 = {}_6C_4 = {}_6C_2 = \frac{6 \times 5}{2 \times 1} = 15 \text{通り}$$

問02 ▶▶▶ ❶ A ❷ D

❶ 3種類の中から4個を選ぶ重複組合せは、

$$_{3+4-1}C_4 = {}_6C_4 = {}_6C_2 = \frac{6 \times 5}{2 \times 1} = 15 \text{通り}$$

ただし個数に限りがあるため、4個全部が同じ色になる場合（赤4、青4、白4の3通り）と、4個のうち3個が白玉になる場合（赤1白3または青1白3の2通り）はない。15通りからこれらを引くと、**15 − 3 − 2 = 10通り**となる。

❷ 赤玉、青玉、白玉を各1個ずつ取り出すと、残りは2個。3種類から2個を選ぶ重複組合せは、

$$_{3+2-1}C_2 = {}_4C_2 = \frac{4 \times 3}{2 \times 1} = 6 \text{通り}$$

このうち、残り2個とも白になる場合を引くと、**6 − 1 = 5通り**になる。

問03 ▶▶▶ ❶ D ❷ C

❶ X、Y、Zの3種類の中から、合わせて10個を選ぶ重複組合せと考える。負の数ではないので、0個の場合もある。重複組合せの公式を使うと、

$$_{3+10-1}C_{10} = {}_{12}C_{10} = {}_{12}C_2 = \frac{12 \times 11}{2 \times 1} = 66 \text{通り}$$

❷ X、Y、Zは正の整数なので、最小が1になる。これは、3種類の中から少なくともそれぞれ1個を選ぶ重複組合せと同じ。X、Y、Zを各1取ると残りは7個になるので、3種類の中から7個を選ぶ。

$$_{3+7-1}C_7 = {}_9C_7 = {}_9C_2 = \frac{9 \times 8}{2 \times 1} = 36 \text{通り}$$

問04 ▶▶▶ ❶ B ❷ C

❶ クッキー3種類、キャンデー2種類の計5種類の中から、8個を選ぶ重複組合せとなる。

$$_{5+8-1}C_8 = {}_{12}C_8 = {}_{12}C_4 = \frac{12 \times 11 \times 10 \times 9}{4 \times 3 \times 2 \times 1} = 495 \text{通り}$$

❷ 3種類のクッキーから4個選ぶ場合の重複組合せは、$_{3+4-1}C_4 = _6C_4 = 15$ 通り。2種類のキャンデーから4個選ぶ場合の重複組合せは、$_{2+4-1}C_4 = _5C_4 = 5$ 通り。全体では $15 \times 5 = 75$ 通りとなる。

問05 ▶▶▶ ❶ C ❷ B

❶ 票数のパターンは、3種類から7個を選ぶ重複組合せとなる。

$$_{3+7-1}C_7 = _9C_7 = _9C_2 = \frac{9 \times 8}{2 \times 1} = 36 \text{ 通り}$$

❷ P山には、少なくとも過半数の4票が入っている。残り3票のパターンは、3種類から3個を選ぶ重複組合せとなる。

$$_{3+3-1}C_3 = _5C_3 = _5C_2 = \frac{5 \times 4}{2 \times 1} = 10 \text{ 通り}$$

問06 ▶▶▶ ❶ D ❷ C

❶ 210を素因数分解すると、$2 \times 3 \times 5 \times 7$。この4つの数を、それぞれ X、Y、Z のどれかに割り当てればよい。どの数も割り当てられない変数は1になる。2の割当て先は X、Y、Z の3通り。3の割当て先、5の割当て先、7の割当て先もそれぞれ3通りあるので、全体では $3 \times 3 \times 3 \times 3 = 81$ 通りとなる。

❷ 432を素因数分解すると、$2 \times 2 \times 2 \times 2 \times 3 \times 3 \times 3$。4個の2を X、Y、Z のいずれかに割り当てる割り当て方は、3種類の中から4個を選ぶ重複組合せと同じなので、$_{3+4-1}C_4 = _6C_4 = _6C_2 = 15$ 通り。同様に、3個の3を X、Y、Z のいずれかに割り当てる割り当て方は、3種類の中から3個を選ぶ重複組合せなので、$_{3+3-1}C_3 = _5C_3 = _5C_2 = 10$ 通り。よって、全体では $15 \times 10 = 150$ 通りとなる。

13 場合の数④ 席順

094 - 095ページ

問01 ▶▶▶ ❶ E ❷ G

❶ K の座り方は①〜⑥の6通り。K の席が決まれば、L の席は自動的に決まる。残った4席に M、N、O の3人が座る座り方は、$_4P_3 = 4 \times 3 \times 2 = 24$ 通り。したがって全体では $6 \times 24 = 144$ 通りとなる。

❷ 余事象で考える。K と L が隣同士になる座り方は、K の席が6通り、そのそれぞれについて L の席が左右2通りあるので、$6 \times 2 = 12$ 通り。残り4席に3人が座る座り方は $_4P_3 = 4 \times 3 \times 2 = 24$ 通り。以上から、K と L が隣同士になる座り方は全部で $12 \times 24 = 288$ 通りとなる。一方、6席に5人で座る座り方は全部で $_6P_5 = 6 \times 5 \times 4 \times 3 \times 2 = 720$ 通りあるから、K と L が隣同士にならない座り方は、**720 −**

288 = 432 通りとなる。

問02 ▶▶▶ ❶D ❷F

❶ A が①に座るので、B、C はその真向かいの④には座れない。したがって、B の座り方は②③⑤⑥の 4 通りとなる。その真向かいが C の席になり、残った 3 席に D、E、F が座る。3 人の座り方は ${}_3P_3 = 3 \times 2 \times 1 = 6$ 通りあるので、全体の座り方は **4 × 6 = 24 通り**。

❷ A の席は①〜⑥の 6 通り。B の席は A の真向かい以外のいずれかなので 4 通り。以上から、A と B の席の組合せは 6 × 4 = 24 通りある。そのそれぞれについて、残り 4 席を 4 人が座る座り方が ${}_4P_4 = 24$ 通りあるので、全体は **24 × 24 = 576 通り**となる。
[別解] 6 人の座り方は全部で ${}_6P_6 = 6 \times 5 \times 4 \times 3 \times 2 \times 1 = 720$ 通り。そのうち A と B が真向かいになる座り方は、6 × 24 = 144 通りある（A の席が 6 通り、A の真向かい以外の 4 席に 4 人が座る座り方が 24 通り）。したがって、A と B が真向かいに座らない座り方は、**720 − 144 = 576 通り**。

問03 ▶▶▶ ❶D ❷H

❶ Q の席は、P が座る①とその正面④を除く 4 通り。R の席は Q の席が決まると自動的に決まる。残りの 3 席に 3 人が座る座り方は ${}_3P_3 = 3 \times 2 \times 1 = 6$ 通り。以上から、**4 × 6 = 24 通り**になる。

❷ P、Q の 2 人の席は、①②、②③、④⑤、⑤⑥の 4 通りに、左右の違いがそれぞれ 2 通りあるので、4 × 2 = 8 通り。残る 4 席に 4 人が座る座り方は ${}_4P_4 = 4 \times 3 \times 2 \times 1 = 24$ 通り。以上から、**8 × 24 = 192 通り**になる。

問04 ▶▶▶ ❶F ❷C

❶ 丸テーブルの席順の問題と似ているが、席に番号が付いていないので、全員が 1 つずつ右に席がずれても順番は変わらない。1 つの席順につき、このような重複が 6 つあるので、${}_6P_6$ を 6 で割る。したがって、${}_6P_6 \div 6 = 5 \times 4 \times 3 \times 2 \times 1 = $ **120 通り**となる。このような順列を**円順列**という。一般に、n 人が輪になって並ぶ円順列は (n − 1) ! 通り。

❷ 男女のペアを 3 組作る。その組合せは ${}_3P_3 = 3 \times 2 \times 1 = 6$ 通り。この 3 組のペアが輪になって並ぶ円順列は ${}_3P_3 \div 3 = 2 \times 1 = 2$ 通り。以上から、男女交互に輪になる並び方は **6 × 2 = 12 通り**。

14 場合の数⑤ 塗り分け　　　097 - 099ページ

問01 ▶▶▶ ❶B ❷I

❶ 領域 A は B、C、D とそれぞれ隣り合っているため、領域 A とそれ以外の 2 色で色

分けする。領域 A の色の塗り方は 2 通り。領域 B、C、D には A 以外の色を塗るので 1 通り。したがって塗り方は全部で **2 通り**。

❷領域 A の色の塗り方は 4 通り。B、C、D は、A 以外の 3 色から選ぶので $3 \times 3 \times 3$ = 27 通り。全体では **$4 \times 27 = 108$ 通り**になる。

問02 ▶▶▶❶H ❷D

❶**5 色で塗り分ける場合**：5 つの領域をすべて違う色で塗り分ける。6 色から 5 色を選ぶ並べ方なので、$_6P_5 = 6 \times 5 \times 4 \times 3 \times 2 = 720$ 通り。

4 色で塗り分ける場合：A と C が同じ色になる場合、A と E が同じ色になる場合、C と D が同じ色になる場合の 3 パターンがある。6 色から 4 色を選ぶ並べ方は、$_6P_4$ $= 6 \times 5 \times 4 \times 3 = 360$ 通り。3 パターンあるので $360 \times 3 = 1080$ 通り。

3 色で塗り分ける場合：A と E、C と D の 2 組を同じ色で塗る。6 色から 3 色を選ぶ並べ方は、$_6P_3 = 6 \times 5 \times 4 = 120$ 通り。

以上から、全部で **$720 + 1080 + 120 = 1920$ 通り**になる。

❷**5 色で塗り分ける場合**：A 以外の 4 領域を、赤以外の 5 色から 4 色選んで塗り分ける。$_5P_4 = 5 \times 4 \times 3 \times 2 = 120$ 通り。

4 色で塗り分ける場合：赤以外の 5 色から 3 色選ぶ塗り方は、$_5P_3 = 5 \times 4 \times 3 = 60$ 通り。A と C を赤で塗る場合、A と E を赤で塗る場合、C と D を赤以外の同じ色で塗る場合の 3 パターンあるので、$60 \times 3 = 180$ 通り。

3 色で塗り分ける場合：A と E を赤で塗り、B と C を 5 色の中から 2 色選んで塗り分ける（D は C と同色）。5 色から 2 色を選ぶ並べ方は、$_5P_2 = 5 \times 4 = 20$ 通り。

以上から、全部で **$120 + 180 + 20 = 320$ 通り**になる。

問03 ▶▶▶❶D ❷G ❸D

❶2 色で塗り分ける場合は、下図のように対角同士を同じ色にする。2 色の配置は回転すれば同じになるので、塗り方は色の組合せのみ。4 色から 2 色を選ぶ組合せは、$_4C_2 = 6$ **通り**。

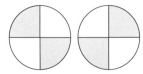

❷3 色で塗り分ける場合は、次ページ図のように 1 つの対角を同じ色で塗り、もう 1 つの対角を 2 色で塗り分ける。3 色の配置は 4 通りあるが、回転すればすべて同じになる。4 色から 3 色を選ぶ組合せは $_4C_3 = 4$ 通り。3 色のうちどれを対角に塗るかでそれぞれ 3 通りあるので、**$4 \times 3 = 12$ 通り**。

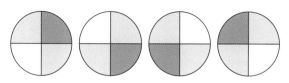

❸4色を並べて輪を作る円順列となる。4色の並べ方は $_4P_4 = 4 \times 3 \times 2 \times 1 = 24$ 通り。それぞれについて、回転すると重複するパターンが4通りあるので、**$24 \div 4 = 6$ 通り**になる。

問04 ▶▶▶❶**E** ❷**I**

❶底面の色を赤とすると、上面の色は5通り。残った側面を4色で塗り分ける。これは、4色を並べて輪を作る円順列なので、$_4P_4 \div 4 = 3 \times 2 \times 1 = 6$ 通りとなる。以上から、塗り方は全部で**$5 \times 6 = 30$ 通り**。

❷6面を5色で塗るので、同じ色の面が2つできる。隣り合う面は同じ色で塗れないので、同じ色の面は必ず対面になる。そこでまず、上下の面を同じ色で塗る。この塗り方が6通り。次に、側面は残り5色の中から4色を選んで輪を作る円順列なので、$_5P_4 \div 4 = 30$ 通り。ただし、このままでは上下をひっくりかえすと同じものができるので、さらに2で割る。以上から、**$6 \times 30 \div 2 = 90$ 通り**。

15 確率　　　　　　　　　　　　　　　101 - 109ページ

問01 ▶▶▶❶**G** ❷**D**

❶1粒の種から芽が出る確率が1/5のとき、芽が出ない確率は $1 - 1/5 = 4/5$。2粒とも芽が出ない確率は、

$$\frac{4}{5} \times \frac{4}{5} = \frac{16}{25}$$

❷❶より、2粒とも芽が出ない確率は16/25。1からこの確率を引けば、少なくとも1粒は芽が出る確率となる。

$$1 - \frac{16}{25} = \frac{9}{25}$$

問02 ▶▶▶❶**B** ❷**H**

❶2つのサイコロの出た目の組合せは、全部で $6 \times 6 = 36$ 通りある。このうち出た目の和が4以下になるのは、$1 + 1 = 2$、$1 + 2 = 3$、$1 + 3 = 4$、$2 + 1 = 3$、$2 + 2 = 4$、$3 + 1 = 4$ の6通り。したがって確率は**6/36 = 1/6**。

❷積が偶数になるのは、2つの出た目が偶数×偶数、偶数×奇数、奇数×偶数の場合。逆にいうと、出た目が2つとも奇数のとき以外、積は偶数になる。1つのサイコロの出た目が奇数になる確率は $3/6 = 1/2$ なので、2つとも奇数になる確率は

$(1/2) \times (1/2) = 1/4$。したがって積が偶数になる確率は、

$$1 - \frac{1}{4} = \frac{3}{4}$$

問03 ▶▶▶ ❶E ❷H

❶ 2つのサイコロの出た目の組合せは、全部で $6 \times 6 = 36$ 通りある。このうち和が3の倍数になるのは次の12通り。

$1 + 2 = 3$、$2 + 1 = 3$、$1 + 5 = 6$、$2 + 4 = 6$、$3 + 3 = 6$、$4 + 2 = 6$、
$5 + 1 = 6$、$3 + 6 = 9$、$4 + 5 = 9$、$5 + 4 = 9$、$6 + 3 = 9$、$6 + 6 = 12$
以上から、2つの出た目が3の倍数になる確率は、**12/36 = 1/3**。

❷ 出た目の積が3の倍数になるのは、2つのサイコロのどちらか一方の出た目が3または6のとき。逆に言うと、2つのサイコロの出た目が両方とも3と6以外の場合は、3の倍数にはならない。その確率は $4/6 \times 4/6 = 4/9$。出た目の積が3の倍数になる確率を求めるには、1からこの確率を引けばよい。

$$1 - \frac{4}{9} = \frac{5}{9}$$

問04 ▶▶▶ ❶B ❷G

❶ 7個の玉のうち、1個目が赤い玉になる確率は3/7。袋の中には6個の玉が残り、そのうち2個が赤い玉になるので、この中から2個目も赤い玉になる確率は2/6。以上から、2個とも赤い玉になる確率は、

$$\frac{3}{7} \times \frac{2}{6} = \frac{6}{42} = \frac{1}{7}$$

❷「1回目が赤かつ2回目が白」または「1回目が白かつ2回目が赤」となる確率を求める。

$$\underset{\substack{\text{1回目が赤}\\ \text{かつ}\\ \text{2回目が白}}}{\frac{3}{7} \times \frac{4}{6}} + \underset{\substack{\text{1回目が白}\\ \text{かつ}\\ \text{2回目が赤}}}{\frac{4}{7} \times \frac{3}{6}} = \frac{12}{42} + \frac{12}{42} = \frac{4}{7}$$

問05 ▶▶▶ ❶D ❷G

❶ 計7個の中から3個を取り出す組合せは、$_7C_3 = 35$ 通り。また、白い碁石4個から3個を取り出す組合せは $_4C_3 = 4$ 通り。以上から、$_4C_3/_7C_3 = $ **4/35**。

[別解] $\dfrac{4}{7} \times \dfrac{3}{6} \times \dfrac{2}{5} = \dfrac{24}{210} = \dfrac{4}{35}$

❷ 白い碁石が0個または1個しか含まれていない場合の確率を考える。白い碁石が0個（3個とも黒）である確率は、$_3C_3/_7C_3 = 1/35$。また、白い碁石が1個である確率は、白い碁石4個から1個（$_4C_1$）と黒い碁石3個から2個（$_3C_2$）を取り出す確率なので、

$$\frac{_4C_1 \times _3C_2}{_7C_3} = \frac{4 \times 3}{35} = \frac{12}{35}$$

以上から、白い碁石が2個以上である確率は、

$$1 - \left(\frac{1}{35} + \frac{12}{35}\right) = \frac{22}{35}$$

問06 ▶▶▶ ❶ D   ❷ G

❶ 12個の玉から3個を取り出す組合せは、全部で $_{12}C_3 = 220$ 通り。また、7個の赤玉から2個、5個の白玉から1個を取り出す組合せは、それぞれ $_7C_2 = 21$ 通りと $_5C_1 = 5$ 通り。以上から、赤玉2個、白玉1個を取り出す確率は、

$$\frac{21 \times 5}{220} = \frac{21}{44}$$

❷ 「3個とも赤い玉」または「3個とも白い玉」となる確率を求め、1から引けばよい。

3個とも赤い玉：$\dfrac{_7C_3}{_{12}C_3} = \dfrac{35}{220}$ 3個とも白い玉：$\dfrac{_5C_3}{_{12}C_3} = \dfrac{10}{220}$

$$1 - \frac{35 + 10}{220} = \frac{175}{220} = \frac{35}{44}$$

問07 ▶▶▶ ❶ G   ❷ D

❶ 1回目も2回目も赤になる確率：$\dfrac{3}{8} \times \dfrac{2}{7} = \dfrac{3}{28}$

1回目も2回目も青になる確率：$\dfrac{3}{8} \times \dfrac{2}{7} = \dfrac{3}{28}$

1回目も2回目も白になる確率：$\dfrac{2}{8} \times \dfrac{1}{7} = \dfrac{1}{28}$

以上から、1回目と2回目が同じ色になる確率は $\dfrac{3}{28} + \dfrac{3}{28} + \dfrac{1}{28} = \dfrac{1}{4}$。

それ以外は1回目と2回目で異なる色となるので、異なる色になる確率は $1 - \dfrac{1}{4} = \dfrac{3}{4}$ になる。

❷ 1回目も2回目も赤になる確率：$\dfrac{3}{8} \times \dfrac{3}{8} = \dfrac{9}{64}$

1回目も2回目も青になる確率：$\dfrac{3}{8} \times \dfrac{3}{8} = \dfrac{9}{64}$

1回目も2回目も白になる確率：$\dfrac{2}{8} \times \dfrac{2}{8} = \dfrac{4}{64}$

以上から、1回目と2回目が同じ色になる確率は $\dfrac{9}{64} + \dfrac{9}{64} + \dfrac{4}{64} = \dfrac{11}{32}$。

問08 ▶▶▶❶ C ❷ B

❶袋の中の玉の数を、仮に赤玉30個、白玉20個とすると、そのうちの赤玉3個、白玉4個が当たりとなる。取り出した1個が赤い玉の当たりである確率は 3/50。

❷1回目に当たりが出る確率は7/50。2回目に当たりが出る確率も同じ。したがって2回連続で当たりが出る確率は

$$\frac{7}{50} \times \frac{7}{50} = \frac{49}{2500}$$

問09 ▶▶▶❶ E ❷ G

❶5けたの数の並べ方は、$_5P_5 = 5 \times 4 \times 3 \times 2 \times 1 = 120$ 通り。そのうち、百の位が2、一の位が4に決まっているので、残り3つの数の並べ方は $3 \times 2 \times 1 = 6$ 通りになる。したがってその確率は、

$$\frac{6}{120} = \frac{1}{20}$$

❷5つの数字から一の位、十の位、百の位の3つの数字を選ぶ組合せは $_5C_3 = 10$ 通りある。これらをそれぞれ一の位<十の位<百の位の順に並べる。残る2つの数字の並べ方はそれぞれにつき2通りあるので、一の位<十の位<百の位になる5けたの数字は全部で $10 \times 2 = 20$ 通りになる。したがって確率は、

$$\frac{20}{120} = \frac{1}{6}$$

問10 ▶▶▶❶ D ❷ H

❶8枚のカードのうち、偶数のカードは4枚あるので、1枚目が偶数になる確率は4/8。残り7枚のカードのうち、偶数のカードは3枚になるので、2枚目も偶数になる確率は3/7。残り6枚のカードのうち、偶数のカードは2枚になるので、3枚目も偶数になる確率は2/6。以上から、3枚とも偶数になる確率は、

$$\frac{4}{8} \times \frac{3}{7} \times \frac{2}{6} = \frac{1}{14}$$

❷1枚目が奇数になる確率は4/8。奇数のときは袋に戻すので、2枚目は残り8枚になる。このうち偶数のカードは4枚あるので、2枚目が偶数になる確率は4/8。偶数のときは袋に戻さないので、3枚目は残り7枚になる。このうち、奇数のカードは4枚あるので、3枚目が奇数になる確率は4/7。以上から、奇数、偶数、奇数の順になる確率は、

$$\frac{4}{8} \times \frac{4}{8} \times \frac{4}{7} = \frac{1}{7}$$

問11 ▶▶▶ **❶** C **❷** I

❶ 当たりは 5 本中 2 本あるので、1 番目の P が当たりを引く確率は 2/5。残り 4 本中 1 本のうち、2 番目の Q がはずれを引く確率は 3/4。残り 3 本中 1 本のうち、R が当たりを引く確率は 1/3。以上から、P と R が当たりを引く確率は、

$$\frac{2}{5} \times \frac{3}{4} \times \frac{1}{3} = \frac{1}{10}$$

❷ P と R が両方当たりを引く確率は❶で求めているので、P と R が両方はずれを引く確率を求める。P がはずれ、Q が当たり、R がはずれになる確率は、

$$\frac{3}{5} \times \frac{2}{4} \times \frac{2}{3} = \frac{1}{5}$$

また、P がはずれ、Q がはずれ、R がはずれになる確率は、

$$\frac{3}{5} \times \frac{2}{4} \times \frac{1}{3} = \frac{1}{10}$$

以上から、P と R が両方ともはずれになる確率は 1/5 + 1/10 = 3/10 になる。P と R が両方とも当たりか、両方ともはずれになる確率は 1/10 + 3/10 = 2/5 なので、どちらか一方だけが当たりになる確率は、

$$1 - \frac{2}{5} = \frac{3}{5}$$

問12 ▶▶▶ **❶** E **❷** F

❶ 最初の 2 人が引くくじの組合せは $_{12}C_2$ 通り。5 人部屋のくじは 5 本あるので、その中から 2 本を引く組合せは $_5C_2$ 通り。以上から、2 人が 5 人部屋を引く確率は、

$$\frac{_5C_2}{_{12}C_2} = \frac{10}{66} = \frac{5}{33}$$

❷ 最初の 3 人が引くくじの組合せは $_{12}C_3$ 通り。そのうち、4 人部屋のくじが 1 本、5 人部屋のくじが 2 本になる組合せは、$_4C_1 \times _5C_2$ で求めることができる。以上から、1 人が 4 人部屋、2 人が 5 人部屋になる確率は、

$$\frac{_4C_1 \times _5C_2}{_{12}C_3} = \frac{4 \times 10}{220} = \frac{2}{11}$$

問13 ▶▶▶ **❶** I **❷** H

❶ 7 回投げたときの勝敗のパターンは $2^7 = 128$ 通り。7 回のうち 4 回は甲が勝つので、甲が勝つ回の組合せは $_7C_4 = 35$ 通りある。以上から、4 勝 3 敗で甲が勝つ確率は、**35/128**。

❷ 甲が 7 勝 0 敗するパターンは $_7C_7 = _7C_0 = 1$ 通り。6 勝 1 敗するパターンは $_7C_6 = _7C_1 = 7$ 通り。5 勝 2 敗するパターンは $_7C_5 = _7C_2 = 21$ 通り。以上から、甲が 5 勝以上するパターンは計 1 + 7 + 21 = 29 通り。したがって甲が 5 勝以上する確率は、**29/128**。

問14 ▶▶▶ **❶** C **❷** D **❸** G

❶ 4人の出す手の組合せは、$3 \times 3 \times 3 \times 3 = 81$ 通り。4人のうち1人が勝つ場合、誰が勝つかによって ${}_4C_1 = 4$ 通りの組合せがあり、それぞれグーで勝つ場合、チョキで勝つ場合、パーで勝つ場合の3通りの手がある。以上から、4人のうち1人が勝つ確率は、

$$\frac{4 \times 3}{81} = \frac{4}{27}$$

❷ 4人のうち2人が勝つ場合、誰が勝つかによって ${}_4C_2 = 6$ 通りの組合せがあり、それぞれグーで勝つ場合、チョキで勝つ場合、パーで勝つ場合の3通りの手がある。以上から、4人のうち2人が勝つ確率は、

$$\frac{6 \times 3}{81} = \frac{2}{9}$$

❸ 4人のうち1人が勝つ確率、4人のうち2人が勝つ確率は、それぞれ**❶**、**❷**でわかっている。4人のうち3人が勝つ確率も同様に求めると、誰が勝つかで ${}_4C_3 = 4$ 通り、何の手で勝つかで3通りあるので、$4 \times 3/81 = 4/27$ となる。1回で勝負がつく確率は、1人が勝つ、または2人が勝つ、または3人が勝つ確率なので、

1回で勝負がつく確率：$\dfrac{4}{27} + \dfrac{2}{9} + \dfrac{4}{27} = \dfrac{14}{27}$

1回で勝負がつかない（あいこになる）確率は、上の確率の余事象なので、

$$1 - \frac{14}{27} = \frac{13}{27}$$

問15 ▶▶▶ **❶** D **❷** D

❶ 合計金額が150円になるのは、50円玉1枚 + 100円玉1枚を取り出した場合である。8枚から2枚を取り出す組合せは、${}_8C_2 = 28$ 通り。50円玉1枚、100円玉1枚を取り出す組合せは、それぞれ2枚の中から1枚を取り出すので、${}_2C_1 \times {}_2C_1 = 4$ 通り。したがって合計金額が150円になる確率は、**$4/28 = 1/7$**。

❷ 8枚から3枚を取り出す組合せは、${}_8C_3 = 56$ 通り。このうち、合計金額が700円以上になる組合せは、(1) 500円玉が2枚ある場合：残り1枚は何でもよいので、6枚の中から1枚を選ぶ→${}_6C_1 = 6$ 通り。(2) 500円玉1枚 + 100円玉2枚の場合：500円玉2枚の中から1枚を取り出す組合せが2通り。(1)と(2)の合計が $6 + 2 = 8$ 通り。したがって合計金額が700円以上になる確率は、**$8/56 = 1/7$**。

問16 ▶▶▶ **❶** C **❷** D

❶ 1から100までの整数の中に、4の倍数は $100 \div 4 = 25$ 個、9の倍数は $100 \div 9 = 11$ 余り $1 \to 11$ 個ある。このうち重複している数が36、72の2個あるので、4の倍数または9の倍数である確率は、

$$\frac{25 + 11 - 2}{100} = \frac{17}{50}$$

❷ 100枚のカードから2枚を引く組合せは、${}_{100}C_2 = 4950$ 通り。積が倍数になるのは、引いたカードのうち少なくとも1枚が5の倍数である場合なので、引いたカードが2枚とも5の倍数でない場合（余事象）を考える。5の倍数のカードは $100 \div 5 = 20$ 枚あるので、その他の80枚から2枚を引く組合せは ${}_{80}C_2 = 3160$ 通り。以上から、2枚のカードの積が5の倍数になる確率は、

$$1 - \frac{3160}{4950} = \frac{179}{495}$$

16 集合

問01 ➡➡ ❶B ❷E

❶右表より、①犬が好きで飼ったことがない人は $345 - 180 = 165$ 人。②犬が好きではなく、飼ったことのない人は $277 - 165 = $ **112人**。

	犬を飼ったことがある		
		はい	いいえ	計
犬が好き	はい	180	①	345
	いいえ		②	155
	計	223	277	500

❷右表より、①犬だけを飼ったことがある人は $407 - 240 = 167$ 人。また、②猫だけを飼ったことがある人は $277 - 240 = 37$ 人。したがって、いずれか一方だけを飼ったことがある人（①＋②）は $167 + 37 = $ **204人**。

	猫を飼ったことがある		
		はい	いいえ	計
犬を飼ったことがある	はい		①	223
	いいえ	②	240	277
	計	93	407	500

問02 ➡➡ ❶E ❷A

❶右表より、①Pは面白かった（○）が、Qは面白くなかった（×）と回答した男性は、$95 - 48 = 47$ 人。②PもQも面白くなかった男性は、$130 - 47 = $ **83人**。

▼男性の集計

	新番組Q		
		○	×	計
新番組P	○	48	①	95
	×		②	205
	計	170	130	300

❷右表より、①PとQの両方を面白かった（○）と回答した女性は $180 - 115 = 65$ 人。②Qだけが面白かった女性は $105 - 65 = $ **40人**。

▼女性の集計

	新番組Q		
		○	×	計
新番組P	○	①	115	180
	×	②		120
	計	105	195	300

問03 ▶▶▶ **D**

ベン図を使った解法：男性と女性ごとにベン図を書く。右図のように、製品PとQの両方を買った男性は68 − 23 = 45人。また、製品PとQの両方を買った女性は34 − 11 = 23人。以上から、

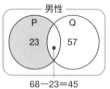

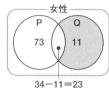

製品PとQを両方とも買った人は男女合わせて **45 + 23 = 68人**。

問04 ▶▶▶ **❶ D　❷ G**

❶ベン図で表すと次のようになる。朝食を食べ、かつ飲酒をする人は、172 × 0.25 = 43人。したがって飲酒はするが朝食は食べない人は120 − 43 = **77人**。

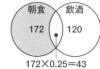

❷飲酒も喫煙もする人を x とすると、飲酒はするが喫煙はしない人は120 − x 人、喫煙はするが飲酒はしない人は85 − x 人。この比率が2：1なので、次の式が成り立つ。

$$120 − x = (85 − x) × 2 → x = 50人$$

以上から、飲酒も喫煙もしな人は、300 − (120 + 85 − 50) = **145人**となる。

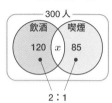

問05 ▶▶▶ **D**

ベン図を書くと右図のようになる。読書または音楽が好きな人は200 − 50 = 150人。読書好きと音楽好きを合わせると140 + 115 = 255人なので、重複しているのは255 − 150 = **105人**。

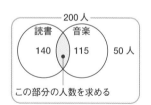

問06 ▶▶▶ **F**

Q新聞を購読している人は130人、どちらも購読していない人は70人。300人からこれらの人数を除いたものが、P新聞だけを購読している人数になる。300 − (130 + 70) = **100人**。

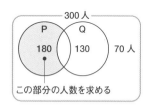

問07 ▶▶▶ **C**

与えられた情報から、右のような表を作って考える。買い物とアルバイトが両方とも×（しない）の人数を x とすると、買い物とアルバイトが両方とも○（する）の人数は3x。以上から、買い物が×でアルバイトが○の人数について、次の式が成り立つ。

		アルバイト		
		○	×	計
買い物	○	3x		46
	×		x	54
	計	60	40	100

$$54 - x = 60 - 3x \quad \rightarrow \quad x = 3 人$$

問08 ▶▶▶ ❶ D　❷ G

❶電車、バス、自転車のいずれかを 1 つ以上利用している人は 200 − 40 = 160 人。このうち、電車またはバスを利用している人は、右図のように 85 + 42 − 30 = 97 人いる。したがって自転車だけを利用している人は、160 − 97 = **63 人**。

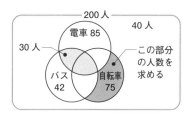

❷電車、バス、自転車をすべて利用する人は 40 × 1/10 = 4 人。「電車と自転車を両方利用する人」から、すべて利用する人を引くと、10 − 4 = **6 人**となる。

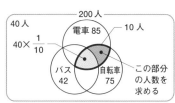

問09 ▶▶▶ ❶ C　❷ H　❸ G

❶韓国語を話す人 95 人から、英語と韓国語を話す人 43 人を引く。95 − 43 = **52 人**。

❷英語または韓国語を話す人は、150 + 95 − 43 = 202 人。これに中国語だけを話す人 83 人を加えると、202 + 83 = 285 人となる。英語、韓国語、中国語のいずれも話さない人は、300 人から 285 人を引いた **15 人**。

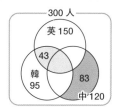

❸「英語と中国語を話すが韓国語は話さない人」は、右図の①の部分、「韓国語と中国語を話すが英語は話さない人」は②の部分。① + ② は 120 − 83 − 10 = 27 人と計算できる。また、① × 2 = ②より、②は 9 人、①は 18 人であることがわかる。以上から、「英語だけを話す人」は、150 − 43 − 18 = **89 人**。

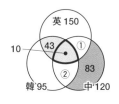

問10 ▶▶▶ **13**

水泳教室または英会話教室に通っている人は、100 − 26 = 74 人。一方、水泳教室と英会話教室に通っている人を合わせると 55 + 32 = 87 人なので、87 − 74 = **13** 人が両方に通っていることになる。

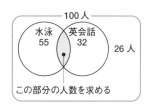

問11 ▶▶▶ **28**

P または Q を読んだことがある人は右図より P ＋ Q － 18 人で、その人数は 200 －
34 ＝ 166 人に等しい。以上から、

$$P ＋ Q － 18 ＝ 166 \quad → \quad P ＋ Q ＝ 184$$

上の式に、問題文より P ＝ 3Q を代入すると、

$$4Q ＝ 184 \quad → \quad Q ＝ 46 人$$

となる。Q だけ読んだ人は、46 － 18 ＝ **28 人**。

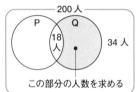

問12 ▶▶▶ **14**

最初に両方飼っている人の割合を求めるほうが計算が楽になる。犬または猫を飼って
いる人は 100 － 52 ＝ 48％なので、両方飼っている人は 36 ＋ 20 － 48 ＝ 8％。175 × 0.08
＝ **14 人**。

問13 ▶▶▶ **32**

全体の人数を 100 人とすると、「機能」が良いが 48 人、
「デザイン」が良いが 32 人、両方とも良いが 48 × 0.25 ＝ 12
人。「機能」または「デザイン」が良いと回答した人は、
48 ＋ 32 － 12 ＝ 68 人いる。したがって、どちらも良いと回
答しなかった人は、100 － 68 ＝ 32 人→**32％**。

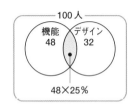

問14 ▶▶▶ **150**

国語または数学のどちらか 1 つだけ合格した受験者は、全体の 100 － 60 － 12 ＝
28％にあたる。これが 42 人なので、受験者全体は 42 ÷ 0.28 ＝ **150 人**になる。

問15 ▶▶▶ **6**

英語も日本語も話せない人の割合を x％とすると、次の式
が成り立つ。

$$100 － x ＝ 68 ＋ 45 － 1.5x \quad → \quad x ＝ 26％$$

以上から、英語と日本語が両方話せる人は 26 × 1.5 ＝
39％。日本語は話せるが英語は話せない人の割合は、45 －
39 ＝ **6％**となる。

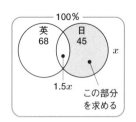

問16 ▶▶▶ **40**

情報をベン図にまとめると、右図のようになる。図から、P、
Q、R のどれか 1 本でも観た人は、36 ＋ 24 ＋ 21 － 10 － 8
－ 3 ＝ 60 人。したがって 3 本とも観ていない人は 100 － 60
＝ **40 人**。

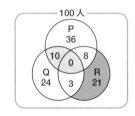

17 損益算

問 01 ▶▶▶ H

定価＝原価×（1 ＋利益率）より、**定価＝ 1800 ×（1 ＋ 0.3）＝ 1800 × 1.3 ＝ 2340 円**。

問 02 ▶▶▶ E

定価＝原価×（1 ＋利益率）より、原価＝定価÷（1 ＋利益率）。したがって、
仕入れ値（原価）：5100 ÷ 1.2 ＝ 4250 円

問 03 ▶▶▶ F

仕入れ値の合計は 230 円× 200 個＝ 46000 円。これに利益 10000 円を上乗せすると、必要な売上は 46000 ＋ 10000 ＝ 56000 円となる。売上 56000 円を得るには、定価 320 円の弁当を **56000 ÷ 320 ＝ 175 個**販売しなければならない。

問 04 ▶▶▶ G

売価の合計は、仕入れ値と利益の合計に一致する。定価を x 円とすると、

$$\underline{0.9x\,円× 150 個}+\underline{0.8x\,円×50 個}=\underline{500 円× 200 個}+\underline{40000 円}$$

1 割引の売価   2 割引の売価   仕入れ値   利益

$$135x + 40x = 140000 \quad → \quad x = 800\,円$$

問 05 ▶▶▶ C

問題文より、次の 2 つの式が成り立つ。

定価＝ 300 ＋原価 …（1）
定価× 0.8 ＝ 150 ＋原価 …（2）

式（2）に式（1）を代入すると、**（300 ＋原価）× 0.8 ＝ 150 ＋原価** →
→ 240 － 150 ＝原価－原価× 0.8 → 90 ＝原価×（1 － 0.8） →
→ 原価＝ 90 ÷ 0.2 ＝ 450 円

問 06 ▶▶▶ H

原価を x とすると、次の式が成り立つ。

定価＝ 1.3x …（1）
定価－ 5000 ＝ 1.1x …（2）

式（1）－（2）より、**0.2x ＝ 5000 → x ＝ 5000 ÷ 0.2 ＝ 25000 円**

問 07 ▶▶▶ D

問題文より、次の 3 つの式が成り立つ。

定価＝原価× 1.3 …（1）

売価＝定価× 0.8 …（2）

売価＝原価＋ 500 …（3）

式（2）に式（1）、（3）を代入すると、

原価＋ 500 ＝原価× 1.3 × 0.8 → 原価＝ 500 ÷ 0.04 ＝ 12500 円

したがって、売値＝ 12500 ＋ 500 ＝ 13000 円。

問08 ▶▶▶ **F**

原価×（1 ＋ 0.2）＝ 480 円より、原価＝ 480 ÷ 1.2 ＝ 400 円

1 個当たりの利益＝ 480 － 400 ＝ 80 円

全体の利益＝ 80 × 180 － <u>400 × 20</u> ＝ 6400 円
 売れ残り

問09 ▶▶▶ **E**

（1）定価で販売した商品による損益：（280 － 250）× 22 ＝ 660 円

（2）定価の半額で販売した商品による損益：（140 － 250）× 8 ＝－ 880 円

（1）と（2）の合計：660 － 880 ＝－ 220 円（＝ 220 円の損失）

問10 ▶▶▶ **❶G ❷E**

❶定価＝仕入れ値×（1 ＋利益率）より、仕入れ値＝定価÷（1 ＋利益率）。したがって

定価 1170 円の商品の仕入れ値は、1170 ÷（1 ＋ 0.3）＝ 900 円。

❷売価から仕入れ値を引いて利益を求める。

仕入れ値：2210 ÷（1 ＋ 0.3）＝ 1700 円

売価：2210 ×（1 － 0.1）＝ 1989 円

利益：1989 － 1700 ＝ 289 円

問11 ▶▶▶ **❶E ❷B**

❶2 割引の売価を求める。

売価：1020 ×（1 － 0.2）＝ 1020 × 0.8 ＝ 816 円

仕入れ値の 2 割の利益なので、仕入れ値を x とすると、

816 ＝ x ＋（x × 0.2） → 816 ＝ 1.2x → x ＝ 816 ÷ 1.2 ＝ 680 円

❷仕入れ値＝ 680 円より、

売価：680 ×（1 ＋ 0.3）＝ 884 円

問12 ▶▶▶ **❶F ❷C**

❶仕入れ値を 3 割増ししたものが定価なので、

仕入れ値＝定価÷ 1.3 ＝ 390 ÷ 1.3 ＝ 300 円

1個当たりの利益は、$390 - 300 = 90$円。

❷仕入れ値を x とすれば、問題文より、

売価＝定価× 0.8

売価＝ $x + 50$ 円

定価＝ $1.3x$

以上から、次の式が成り立つ。

$x + 50 = 1.3x \times 0.8$

$(1.04 - 1)x = 50$ ∴ $x = 50 \div 0.04 = 1250$ 円

問13 ▶▶▶❶E ❷C

❶商品1個当たりの利益を計算し、販売数をかける。

1個当たりの利益：$800 \times 0.2 = 160$ 円

全体の利益：$160 \times 30 = 4800$ 円

❷800円で仕入れた商品を仕入れ値の2割引で売ると、1個あたり $800 \times 0.2 = 160$ 円の損失となる。定価で売った分の利益から損失を引いて、全体の損益を計算する。

（1）定価で売った分の利益：$160 \times 20 = 3200$ 円

（2）仕入れ値の2割引で売った分の損失：$160 \times 10 = 1600$ 円

（1）－（2）：$3200 - 1600 = 1600$ 円の利益

問14 ▶▶▶❶D ❷F

❶定価700円の10%引きは $700 \times (1 - 0.1) = 630$ 円。このときの利益は $630 - 500 = 130$ 円になる。このときの利益率は $130 \div 500 = 0.26 \rightarrow$ **26%**。

❷目標とする売上：$500 \times (1 + 0.26) \times 100 = 63000$ 円

定価販売による売上：$700 \times 60 = 42000$ 円

残り40個を $63000 - 42000 = 21000$ 円で完売すれば、全体の利益率が26%になる。このとき、1個あたりの売価は $21000 \div 40 = 525$ 円。定価700円の商品を525円で売る場合、割引率は $(700 - 525) \div 700 = 0.25$。以上から、残り40個を定価の**25%引き**で売ればよい。

問15 ▶▶▶❶B ❷D

❶定価640円の2割引なので、$640 \times (1 - 0.2) =$ **512円**。

❷定価で販売したときの利益は1個あたり $640 - 500 = 140$ 円。2割引で販売したときの利益は1個あたり $512 - 500 = 12$ 円。売れ残った商品の個数を x とすると、次の式が成り立つ。

$$\underbrace{12x}_{\text{割引販売}} + \underbrace{140 \times (80 - x)}_{\text{定価販売}} = \underbrace{10688}_{\text{利益}}$$

この方程式を解くと、$x = 4$ 個となる。

問16 ▶▶▶❶ D　❷ C

❶商品Pの売値は $800 + 250 = 1050$ 円。売値は定価の3割引なので、定価を x とすれば、

$x \times (1 - 0.3) = 1050$ → $x = 1050 \div 0.7 = 1500$ 円

1個あたりの利益は、$1500 - 800 = 700$ 円。

❷商品Qの定価を x とすれば、次の式が成り立つ。

$0.8x - $ 原価 $= 350$　…（1）　←定価の2割引で売ると350円の利益

$0.7x - $ 原価 $= 250$　…（2）　←定価の3割引で売ると250円の利益

式（1） − 式（2）より、$0.1x = 100$ → $x = 1000$ 円

問17 ▶▶▶❶ G　❷ F

❶利益は仕入れ値の2割なので、1個あたりの利益は仕入れ値 $\times 0.2$。200個売ると19200円の利益が得られるので

仕入れ値 $\times 0.2 \times 200 = 19200$

仕入れ値 $= 19200 \div 40 = 480$ 円

❷200個売れたときの利益を20000円とすると、商品1個あたりの利益は、$20000 \div 200 = 100$ 円。仕入れ値は❶より480円なので、商品1個あたりの売価は、$480 + 100 = 580$ 円となる。

問18 ▶▶▶ 90

仮に仕入れ値を100円とすると、定価は120円。仕入れ値の8%の利益が出るのは、$100 \times (1 + 0.08) = 108$ 円。$108 \div 120 = 0.9 = 90\%$。

問19 ▶▶▶ 19.6

仮に仕入れ値を100円とすると、定価は130円。売上総額は $130 \times 30 + 130 \times 0.8 \times 20 = 5980$ 円。一方、総仕入れ値は 100×50 個 $= 5000$ 円なので、総利益は $5980 - 5000 = 980$ 円となる。1個当たり $980 \div 50 = 19.6$ 円の利益なので、仕入れ値に対する利益の割合は $19.6 \div 100 = 0.196 = 19.6\%$。

問20 ▶▶▶ 20

仮に仕入れ値を100円とすると、1個あたり110円の利益だから、売上総額は $110 \times 150 = 16500$ 円。また、定価を x 円とすると、売上総額は $100x + 50x \times 0.75$ と表せるので、

$100x + 37.5x = 16500$ → $x = 120$ 円

$120 \div 100 = 1.2$ より、定価は仕入れ値の **20%** 増しである。

問21 ▶▶▶ 360

仕入れ値の総額を x 円とすると、次の式が成り立つ。

$500 \times 50 + 500 \times (1 - 0.2) \times 50 = x + 9000$

$\therefore x = 36000$ 円

1個あたりの仕入れ値は、36000円÷100個＝360円。

問22 ▸▸▸ **5**

商品1個あたりの利益は 21750 ÷ 150 = 145 円。仕入れ値に利益を上乗せすると、売値は 1280 + 145 = 1425 円となる。この値段は、定価の 1425 ÷ 1500 = 0.95 → 95%。すなわち、定価の **5%**引き。

問23 ▸▸▸ **315**

1個あたりの仕入れ値を x 円とすると、次の式が成り立つ。

500円× 150個＋ 250円× 50個＝ x 円× 200個＋ 24500円

75000 + 12500 = 200x + 24500 $\therefore x = $ 315円

問24 ▸▸▸ **50**

利益も損失もゼロなので、売上額と仕入れ額が等しい。処分価格を x とすると、次の式が成り立つ。

500円× 60個＋ x 円× 40個＝ 400円× 100個

30000 + 40x = 40000 → $x = $ 250円

定価の 500 円に対し、処分価格が 250 円なので、割引率は **50%**である。

問25 ▸▸▸ **33.3**

商品の定価を仮に 100 円とすると、売値は 100 × 0.9 = 90 円。この価格は仕入れ値の 20%増しなので、仕入れ値は 90 ÷ 1.2 = 75 円となる。仕入れ値 75 円に対し定価が 100 円なので、100 ÷ 75 = 1.3333…→ **33.3%**増しとなる。

問26 ▸▸▸ **108**

定価は 750 円× 1.3 = 975 円。売上総額は 975 × 20 + 975 × 0.8 × 30 = 42900 円。1 個あたり 42900 ÷ 50 = 858 円の売上なので、1 個あたりの利益は **858 − 750 = 108 円**となる。

問27 ▸▸▸ **900**

定価を x 円とすると、次の式が成り立つ。

30x + 20 × 0.8x − 700 × 50 = 6400

46x = 41400 $\therefore x = $ 900円

18 割引料金

129 - 137ページ

問01 ▸▸▸ H

通常料金：500 円 × 20 人 = 10000 円

割引料金：350 円 × 10 人 = 3500 円

総額：10000 円 + 3500 円 = 13500 円

問02 ▸▸▸ C

大人通常：800 円 × 20 人 = 16000 円

大人割引：600 円 × 5 人 = 3000 円

子ども通常：500 円 × 10 人 = 5000 円

子ども割引：300 円 × 15 人 = 4500 円

合計：16000 円 + 3000 円 + 5000 円 + 4500 円 = 28500 円

問03 ▸▸▸ C

合計で 30 人以上なので、割引料金で計算する。

大人：1100 円 × 10 人 = 11000 円

子ども：600 円 × 25 人 = 15000 円

総額：11000 円 + 15000 円 = 26000 円

問04 ▸▸▸ D

20 人を超える場合の「割引額」の差額を求める（総額でも同じ差額になる）。

1 人あたりの割引：400 円 × 0.2 = 80 円

40 人の団体割引額：80 円 × （40 人 − 20 人） = 1600 円

25 人と 15 人に分けて入場する場合、団体割引は 25 人のグループにしか適用されない。

25 人の団体割引額：80 円 × （25 人 − 20 人） = 400 円

以上から、差額は 1600 円 − 400 円 = 1200 円となる。

問05 ▸▸▸ H

18 人ずつ 2 回に分けて利用する場合は、18 人 − 10 人、すなわち各回に 8 人ずつ、計 16 人に 20%割引が適用される。

割引額：1800 円 × 0.2 × 16 人 = 5760 円

24 人と 12 人に分けて利用する場合は、24 人のグループのうち 10 人（10 人を超え 20 人以下、すなわち 11 人から 20 人までの 10 人）と、12 人のグループのうち 2 人（計 12 人）に 20%割引が適用され、24 人のグループのうち 4 人に半額割引が適用される。

割引額：1800 円 × 0.2 × 12 人 + 1800 円 × 0.5 × 4 人 = 7920 円

以上から、差額は 7920 円 − 5760 円 = 2160 円となる。

問06 ▶▶▶ **C**

1人当たりの割引額は、大人 1200 × 0.1 = 120円、子ども 800 × 0.1 = 80円。大人1人、子ども3人が割引対象からはずれるので、その額を求めればよい。

大人：120円× 1人＝ 120円

子ども：80円× 3人＝ 240円

差額：120円＋ 240円＝ 360円

問07 ▶▶▶ **F**

30人を超えるので割引料金が適用される。

通常料金：1600円× 30人＝ 48000円

割引料金：1200円× 10人＝ 12000円

入場料金の総額は、48000 ＋ 12000 ＝ 60000円。これを40人が均等に負担するので、1人当たりの支払い額は、

60000円÷ 40人＝ 1500円

問08 ▶▶▶ **H**

団体の人数を x とすると、次の式が成り立つ。

$2000 × 40 + 2000 × 0.8 × (x - 40) = 1760x$

$160x = 16000$ ∴ $x = 100$ 人

問09 ▶▶▶ **F**

まとめ買いの個数を x とすると、次の式が成り立つ。

$30 × 50 + 25 × (x - 50) = 28x$

$3x = 250$ ∴ $x = 83.333…$

83個では1個あたり28円以下にならないので、**84個**とする。

問10 ▶▶▶ **B**

割引率を x とすると、次の式が成り立つ。

1000円×（1 － x）× 15人＋ 700円×（1 － x）× 20人＝ 24650円

29000 ×（1 － x）＝ 24650 → 1 － x ＝ 0.85

したがって、割引率 x ＝ 0.15 ＝ **15%**となる。

問11 ▶▶▶ **❶ G ❷ B**

❶ 10人に満たないので割引にはならない。大人は正規料金、子どもはその半額で総額を計算する。

大人：1000円× 5人＝ 5000円

子ども：500円× 4人＝ 2000円

総額：5000 円＋ 2000 円＝ 7000 円

❷合計人数が 10 人以上なので、それぞれ割引になる。

　大人：1500 円× 0.85 × 10 人＝ 12750 円

　子ども：750 円× 0.9 × 7 人＝ 4725 円

　総額：12750 円＋ 4725 円＝ 17475 円

問12 ▶▶▶❶ B　❷ I

❶最初の 1 時間と延長料金、夜 22 時以降の延長料金を分けて計算する。

　19 〜 20 時（1 時間）：400 円

　20 〜 22 時（2 時間）：150 円×（2 時間÷ 30 分）＝ 150 × 4 ＝ 600 円

　22 〜 23 時（1 時間）：120 円×（1 時間÷ 30 分）＝ 120 × 2 ＝ 240 円

　総額：400 ＋ 600 ＋ 240 ＝ 1240 円

❷9 時〜 10 時（1 時間）：400 円

　10 時〜 22 時（12 時間）：150 円×（12 時間÷ 30 分）＝ 150 × 24 ＝ 3600 円

　22 時〜 9 時（11 時間）：120 円×（11 時間÷ 30 分）＝ 120 × 22 ＝ 2640 円

　総額：400 円＋ 3600 円＋ 2640 円＝ 6640 円

問13 ▶▶▶❶ H　❷ D

❶3 人なので 3 泊までは通常料金。残り 1 泊については 1 人あたり 500 円引となる。

　大人 1 人 4 泊：5000 円× 3 泊＋（5000 円－ 500 円）× 1 泊＝ 19500 円

　子ども 1 人 4 泊（大人の半額）：2500 円× 3 泊＋ 2000 円＝ 9500 円

　総額：19500 円× 2 人＋ 9500 円＝ 48500 円

❷5 人以上なので 2 割引が適用される。また、3 泊を超える分については 1 人あたり 500 円が引かれるので、宿泊数を x とすると、次の式が成り立つ。

　5000 円× 0.8 × x 泊－ 500 円×（x － 3）泊＝ 22500 円

　3500x ＋ 1500 ＝ 22500　∴ x ＝ 6 泊

問14 ▶▶▶❶ H　❷ A

❶1 〜 20 人は通常料金、21 〜 30 人が 1 割引、31 〜 36 人目が 2 割引になる。

　利用料：2500 円× 20 人＋ 2500 円× 0.9 × 10 人＋ 2500 円× 0.8 × 6 人

　　　　　＝ 50000 ＋ 22500 ＋ 12000 ＝ 84500 円

❷58 人分の割引額と、36 人＋ 22 人の場合の割引額の差額を求める。

　20 人を超えた分の人の割引額：2500 円× 0.1 ＝ 250 円

　30 人を超えた分の人の割引額：2500 円× 0.2 ＝ 500 円

　40 人を超えた分の人の割引額：2500 円× 0.3 ＝ 750 円

　割引額は、

　58 人で予約：250 円× 10 人＋ 500 円× 10 人＋ 750 円× 18 人＝ 21000 円

36 人＋ 22 人で予約：250 円× 10 人＋ 500 円× 6 人＋ 250 円× 2 人＝
5500 円＋ 500 円＝ 6000 円

差額：21000 円－ 6000 円＝ 15000 円

問15 ▶▶▶❶F ❷F

❶ 26 人目以降が割引になるので、割引額の差額を求める。

1 人あたりの割引：5000 円× 0.1 ＝ 500 円

60 人の割引額：500 円×（60 － 25）人＝ 17500 円

30 人の割引額：500 円×（30 － 25）人＝ 2500 円

差額：17500 円－（2500 円× 2 回）＝ 12500 円

❷割引額の差額を求める。

100 人の割引額：500 円× 75 人＝ 37500 円

55 人の割引額：500 円× 30 人＝ 15000 円

45 人の割引額：500 円× 20 人＝ 10000 円

差額：37500 円－（15000 円＋ 10000 円）＝ 12500 円

問16 ▶▶▶❶E ❷B

❶大人、子ども合わせて 30 人以上になるので、団体割引が適用される。

大人料金：1000 円× 0.75 × 25 人＝ 18750 円

子ども料金：500 円× 0.8 × 8 人＝ 3200 円

総額：18750 円＋ 3200 円＝ 21950 円

❷ 1 人当たりの割引額を求める。

大人の割引額：1000 円× 0.25 ＝ 250 円

子どもの割引額：500 円× 0.2 ＝ 100 円

大人 4 人、子ども 2 人が正規料金で入場しているので、その分の割引額の合計が差額となる。

250 × 4 ＋ 100 × 2 ＝ 1200 円

問17 ▶▶▶❶I ❷F

❶ 1 ～ 10 人目の 10 人が通常料金。11 ～ 25 人目の 15 人が 2 割引。

2100 円× 10 人＋ 2100 × 0.8 × 15 人＝ 21000 円＋ 25200 円＝ 46200 円

❷人数を x とすると、次の式が成り立つ。

2100 円× 10 人＋ 2100 円× 0.8 ×（x － 10）人＝ 1800x

21000 ＋ 1680x － 16800 ＝ 1800x

120x ＝ 4200 　∴ x ＝ 35 人

問18 ▸▸▸ **❶ D** **❷ D**

❶ 100 冊のうち、50 冊は定価、50 冊が割引後の価格で購入できる。

割引後の価格：1200 円× 0.8 ＝ 960 円

定価で購入：1200 円× 50 冊＝ 60000 円

割引後の価格で購入：960 円× 50 冊＝ 48000 円

総額：60000 円＋ 48000 円＝ 108000 円

❷ 注文数を x とすると、

1200 円× 50 冊＋ 960 円×（x － 50）＝ $1000x$

$40x$ ＝ 12000 ∴ x ＝ 12000 ÷ 40 ＝ 300 冊

問19 ▸▸▸ **25**

値引き後の商品単価は 11250 円÷ 50 個＝ 225 円。この値段が定価の何割かを求めると、225 円÷ 300 円＝ 0.75 となる。定価を 1 とすると値引き率は、1 － 0.75 ＝ 0.25。したがって、定価の **25%引き**になっている。

問20 ▸▸▸ **48**

通常料金を仮に 1000 円とすると、学生割引で 1000 ×（1 － 0.2）＝ 800 円。さらに優待会員割引で 800 ×（1 － 0.35）＝ 520 円となる。「通常料金の何%引きか」という設問なので、通常料金との差額 1000 － 520 ＝ 480 円が、1000 円の何%かを求める。480 ÷ 1000 ＝ 0.48 ＝ 48%。すなわち通常料金の **48%引き**。

問21 ▸▸▸ **33**

大人 15 人、子ども 22 人の通常料金は、1000 円× 15 人＋ 500 円× 22 人＝ 26000 円。入園料合計 17420 円が通常料金の何割かを求めると、

17420 円÷ 26000 円＝ 0.67

となる。したがって、団体料金は通常料金の **33%引き**になる。

問22 ▸▸▸ **72**

基本料金とオプション料金の合計は 3000 円＋ 300 円＝ 3300 円。一般通話料は 30 円× 20 分＝ 600 円。以上から、基本料金と一般通話料の合計は 3300 円＋ 600 円＝ 3900 円。したがって、

割引通話の料金：4320 円－ 3900 円＝ 420 円

割引通話の 1 分間の通話料：420 円÷ 50 分＝ 8.4 円

割引通話の割引率：8.4 円÷ 30 円＝ 0.28

以上から、割引通話は一般通話料の **72%引き**である。

問23 ▸▸▸ **12**

　10冊購入したときの価格は20%引きなので、1冊あたりの単価は250円×0.8＝200円。5冊では1冊あたり20円高いので、200円＋20円＝220円。定価からの値引き率を求める。

220円÷250円＝0.88

　以上から、定価の**12%引き**になっている。

19 代金精算　　　　　　　　　　　　　　139 - 147ページ

問01 ▸▸▸ **E**

　レストランと居酒屋で支払った金額の合計は、11000円＋7900円＝18900円。3人で割り勘にすると、1人あたりの負担額は18900円÷3人＝6300円になる。Xは、YとZに対し、1人あたりの負担額との差額を支払う。

Yに支払う金額：11000円－6300円＝4700円

Zに支払う金額：7900円－6300円＝1600円

問02 ▸▸▸ **B**

　映画館で使った費用は、1人あたり（3600＋1600）÷2＝2600円。Aは3600円を立て替えているので、BがAに3600－2600＝1000円を支払えば同額の負担になる。ただし、借金を清算するためAはBに3000円を支払う必要がある。差し引きすると、

1000円－3000円＝－2000円 ←BがAに支払う金額

　したがって、AがBに2000円支払えば、借金を含めて精算できる。

問03 ▸▸▸ **G**

　Xの支出はプレゼント代10000円とYに支払った1000円で、計11000円。これが1人あたりの負担額になる（Yの収支も食事代15000円と精算時に受け取る1000円＋3000円で、15000円－4000円＝11000円となる）。Zは精算時に3000円を追加で支払っているので、Zが負担した二次会費用は、

11000円－3000円＝8000円

であることがわかる。

問04 ▸▸▸ **F**

　母親から受け取った5000円があるので、食事代は18000－5000＝13000円。したがって1人あたりの負担額は6500円になる。また、Aの出した10000円のうち、5000円は母親から預かった分なので、Aの支出額は5000円になる。Aが5000円、Bが8000円を出しているので、AがBに差額（6500円－5000円）の**1500円**を支払う。

問05 ▶▶▶ **D**

プレゼント代は 6000 円なので、2 人で折半すると 1 人あたりの負担額は 3000 円。Q は P に 5000 円渡しているので 2000 円多く渡したことになるが、3000 円の借金があるので、差し引き 1000 円を Q が P に支払わなければならない。ところが、設問では逆に P が Q に 500 円を支払っているので、P は **1500 円**の損になる。

問06 ▶▶▶ **❶H ❷H**

❶ 1 人あたりの負担額は、(4200 + 3900 + 1200) ÷ 3 = 9300 ÷ 3 = 3100 円。それぞれが支払った金額との差額は、

X：4200 円－ 3100 円＝ 1100 円（1100 円多い）
Y：3900 円－ 3100 円＝ 800 円（800 円多い）
Z：1200 円－ 3100 円＝－ 1900 円（1900 円少ない）

となる。以上から、Z が X に **1100 円**、Y に **800 円**を支払えばよい。

❷ X は料理とワイン、Y は料理とワインとケーキ、Z は料理とケーキの代金を負担するので、それぞれの負担額は次のようになる。

X の負担額：4200 円÷ 3 人＋ 3900 円÷ 2 人＝ 3350 円
Y の負担額：4200 円÷ 3 人＋ 3900 円÷ 2 人＋ 1200 円÷ 2 人＝ 3950 円
Z の負担額：4200 円÷ 3 人＋ 1200 円÷ 2 人＝ 2000 円

支払った金額との負担額の差額は、

X：4200 円－ 3350 円＝ 850 円（850 円多い）
Y：3900 円－ 3950 円＝－ 50 円（50 円少ない）
Z：1200 円－ 2000 円＝－ 800 円（800 円少ない）

となる。以上から、Y が X に **50 円**、Z が X に **800 円**を支払えばよい。

問07 ▶▶▶ **❶D ❷C**

❶ X は入園料 3600 円を支払い、Y から 500 円を受け取ったので、負担額は差し引き 3600 － 500 ＝ **3100 円**。これが 1 人あたりの負担額になる。確認のため、Y の負担額も計算すると、チケット代が 2400 円、X に 500 円、Z に 200 円を支払っているので、やはり 2400 ＋ 200 ＋ 500 ＝ **3100 円**になる。

❷ 1 人あたりの負担額は 3100 円。Z は Y から精算時に 200 円を受け取っているので、Z が支払った食事代の総額は 3100 ＋ 200 ＝ 3300 円だったことがわかる。これが 3 人分の食事代なので、1 人あたりの金額は 3300 円÷ 3 人＝ **1100 円**。

問08 ▶▶▶ **❶E ❷D**

❶ 旅行費用の総額は「宿泊費＋交通費＋お土産代」。これに対し、1 人あたりの負担額は Z が支払った「お土産代＋ 8000 円」。お土産代を x とすれば、次の式が成り立つ。

$$\underset{\text{旅行費用総額}}{\underline{24000 \text{円} + 18000 \text{円} + x}} = \underset{\text{1 人あたり負担額}}{\underline{(x + 8000 \text{円}) \times 3}} \quad \therefore x = 9000 \text{円}$$

❷ Xの負担額は宿泊費と交通費のみになるので、（24000 ＋ 18000）÷ 3 ＝ 14000 円になる。

問09 ▶▶▶❶A　❷C

❶ 1 人あたりの負担額は、18000 円 ÷ 3 人 ＝ 6000 円。支払った金額と負担額との差額は、それぞれ次のようになる。

X：10000 円－ 6000 円＝ 4000 円（4000 円多い）

Y：5000 円－ 6000 円＝－ 1000 円（1000 円少ない）

Z：3000 円－ 6000 ＝－ 3000 円（3000 円少ない）

以上から、Y が X に 1000 円、Z が X に 3000 円支払う。

❷ 女性は半額で、総額が 18000 円だったので、男性料金を x とすれば次の式が成り立つ。

$2x + 0.5x = 18000$ → $x = 18000 ÷ 2.5 = 7200$ 円

以上から、男性料金は 7200 円で、女性は半額の 3600 円。3 人はすでに 6000 円ずつ支払っているので、それぞれの差額は次のようになる。

X と Y：6000 円－ 7200 円＝－ 1200 円（1200 円少ない）

Z：6000 円－ 3600 円＝ 2400 円（2400 円多い）

したがって、X と Y が 1200 円ずつを Z に支払う。

問10 ▶▶▶❶B　❷C

❶ 1 人あたりの負担額は、

（4700 円＋ 5500 円＋ 6000 円）÷ 3 人 ＝ 16200 円÷ 3 人 ＝ 5400 円

X の支払額の差額：4700 円－ 5400 円＝－ 700 円（700 円少ない）

Y の支払額の差額：5500 円－ 5400 円＝ 100 円（100 円多い）

Z の支払額の差額：6000 円－ 5400 円＝ 600 円（600 円多い）

以上から、X が Z に 600 円、X が Y に 100 円支払えばよい。

❷ Y と Z の負担額は、栄転祝いの費用とタクシー代を含めて、

Y の負担額：5500 円＋ 1300 円＝ 6800 円

Z の負担額：6000 円＋ 800 円＝ 6800 円

となる。したがって、タクシー代は、

栄転祝いの費用との差額：（6800 円－ 5400 円）× 3 人 ＝ 4200 円

問11 ▶▶▶❶I　❷D

❶ 1 人あたりの負担額は、Y についてみると 3600 ＋ 700 ＝ 4300 円。したがって、模擬店の総額は、4300 × 3 ＝ 12900 円。総額から X と Y の調達額を差し引くと、Z の調達額になる。

12900 円－（5400 円＋ 3600 円）＝ 3900 円

❷ X の調達額は、1 人あたりの負担額と比較して 5400 － 4300 ＝ 1100 円多い。Y が X

に支払った金額は700円なので、**400円**足りない。この分がZがXに支払う額になる。また、1人あたりの負担額とZの調達額の差も400円で一致する。

問12 ▶▶▶ **❶**E **❷**E

❶兄弟1人あたりの負担額は、（2500 ＋ 8000）÷ 3 ＝ 3500円。支払額との差額はそれぞれ次のようになる。

P：2500 － 3500 ＝－ 1000円（1000円少ない）

Q：8000 － 3500 ＝ 4500円（4500円多い）

R：0 － 3500 ＝－ 3500円（3500円少ない）

以上から、PからQに1000円、RからQに3500円を支払う。ただし、QはPとRに3000円ずつ借金があるので、この精算を含めると、PからQには1000 － 3000 ＝－ 2000円、RからQには3500 － 3000 ＝ 500円となる。したがって、QがPに2000円、RがQに500円支払えばよい。

❷P、Q2人で費用を負担する場合、兄弟1人あたりの負担額は10500 ÷ 2 ＝ 5250円になる。支払額との差額は、

P：2500 － 5250 ＝－ 2750円

Q：8000 － 5250 ＝ 2750円

R：0円

以上から、PからQに2750円支払う。これに、Qの借金3000円の精算を含めると、2750 － 3000 ＝－ 250円。したがって、QがPに**250円**を支払う。

問13 ▶▶▶ **F**

X、Y、Zの貸し借りの関係は次のようになる。

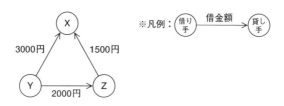

レストランの食事代を、YがXとZの分も払ったので、貸し借りの状況は次のように変わる。

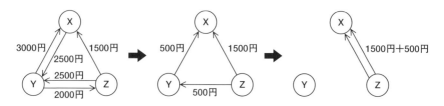

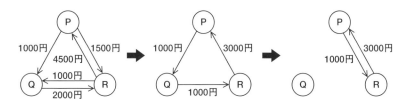

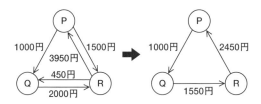

ZからYへ、YからXへ支払われる500円を、Yを経由せず直接ZからXへ支払うようにすると、ZがXに**2000円**支払うことですべての貸し借りがなくなる。

問14 ▶▶▶**❶**B **❷**B

❶1人あたりの忘年会の会費は、16500円÷3＝5500円。各人の支払額との差額を求めると、次のようになる。

P：10000 － 5500 ＝ 4500円（4500円多い）

Q：6500 － 5500 ＝ 1000円（1000円多い）

R：0 － 5500 ＝－ 5500円（5500円少ない）

以上から、RがPに4500円、Qに1000円を支払えば同額の負担額となる。これに3人の貸し借りの状況を含めると、次の図のようになる。

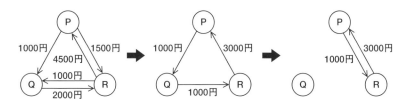

1000円を、Qを経由せず直接PからRに支払うようにすればQの貸し借りはなくなる。RはPに3000円分の支払いがあるので、差額の2000円を支払えばよい。したがって、RがPに**2000円**支払う。

❷10%のサービス料を含めた忘年会の会費は、16500 ×（1 ＋ 0.1）＝ 18150円。1人あたりの負担額は18150 ÷ 3 ＝ 6050円になる。各人の支払額との差額を求めると、

P：10000 － 6050 ＝ 3950円（3950円多い）

Q：6500 － 6050 ＝ 450円（450円多い）

R：1650 － 6050 ＝－ 4400円（4400円少ない）

以上から、RがPに3950円、Qに450円を支払えば同額の負担額となる。これに3人の貸し借りの状況を含めると、次の図のようになる。

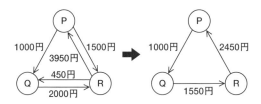

精算方法（1）は、PからQに支払う1000円を、直接Qに支払わず、R経由で支払うと考えればわかりやすい（次ページの図）。差し引きすると、QがRに550円、RがPに1450円を支払うことになる。以上から、（a）は**550**、（b）は**1450**。

同様に、精算方法（2）は、QからRに支払う1550円を、直接Rに支払わず、P経

由にすると考える。差し引きすると、Q が P に 550 円、R が P に 900 円支払うことになる。以上から、(c) は **550**、(d) は **900**。

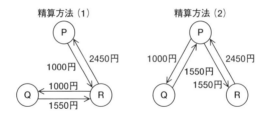

精算方法（1）　　　　　精算方法（2）

20　分割払い 149 - 153ページ

問 01 ▶▶▶ **E**

購入時と翌月の支払額を求める。

$$\frac{3}{10} + \frac{1}{2} = \frac{3+5}{10} = \frac{8}{10} = \frac{4}{5}$$

支払い総額を 1 として、支払い残額を求める。

$$1 - \frac{4}{5} = \frac{1}{5}$$

問 02 ▶▶▶ **G**

支払い総額を 1 として、支払い残額を求める。

$$1 - \frac{1}{11} = \frac{10}{11}$$

支払い残額を 6 等分して、1 回に支払う金額を求める。

$$\frac{10}{11} \div 6 = \frac{10}{11 \times 6} = \frac{10}{66} = \frac{5}{33}$$

問 03 ▶▶▶ **D**

購入時とボーナスの月（2 回）に支払う金額を求める。

$$\frac{2}{15} + \frac{1}{6} \times 2 = \frac{2}{15} + \frac{1}{3} = \frac{2+5}{15} = \frac{7}{15}$$

支払い総額を 1 とすると、支払い残額は、

$$1 - \frac{7}{15} = \frac{8}{15}$$

ボーナス月を除く各月（10 回）の支払い額は、

$$\frac{8}{15} \div 10 = \frac{8}{15 \times 10} = \frac{4}{75}$$

問 04 ▶▶▶ **A**

購入金額を 1 として、分割払いの合計を引き、頭金を求める。

$$1 - \frac{2}{\cancel{15}_5} \times \cancel{6}^2 = 1 - \frac{4}{5} = \frac{1}{5}$$

問 05 ▶▶▶ **F**

購入金額を 1 として頭金を引き、支払い残額を求める。

$$1 - \frac{1}{5} = \frac{4}{5}$$

支払い残額に分割手数料を加え、これを 10 等分する。

$$\left(\frac{4}{5} + \underbrace{\frac{4}{5} \times \frac{1}{14}}_{\text{分割手数料}}\right) \div 10 = \frac{30}{35} \times \frac{1}{10} = \frac{3}{35}$$

問 06 ▶▶▶ **❶ D ❷ A**

❶初回と 2 回目の支払金額を求める。

$$\frac{3}{8} + \frac{\cancel{3}}{8} \times \frac{1}{\cancel{3}} = \frac{4}{8} = \frac{1}{2}$$

支払い総額を 1 として、支払い残額を求める。

$$1 - \frac{1}{2} = \frac{1}{2}$$

❷❶で求めた支払い残額を 8 等分して、1 回分の支払い金額を求める。

$$\frac{1}{2} \div 8 = \frac{1}{2 \times 8} = \frac{1}{16}$$

問 07 ▶▶▶ **❶ F ❷ C**

❶支払い総額を 1 として、頭金を支払った後の支払い残額を求める。

$$1 - \frac{1}{5} = \frac{4}{5}$$

これを 12 等分して、分割 1 回に支払う金額を求める。

$$\frac{\cancel{4}^1}{5} \div \cancel{12}_3 = \frac{1}{5 \times 3} = \frac{1}{15}$$

❷支払い残額から 7 回分の分割払い分を引いて、支払い残額を求める。

$$\frac{4}{5} - \frac{1}{15} \times 7 = \frac{12 - 7}{15} = \frac{5}{15} = \frac{1}{3}$$

問08 ▶▶▶ **①** E **②** F

① 支払い総額を 1 として、支払い残額を求める。1 回目は総額の 2/9、2 回目は初回の支払額の 1/2 なので、2/9 × 1/2 = 1/9。これらを 1 から引く。

$$1 - \left(\frac{2}{9} + \frac{1}{9} \right) = 1 - \frac{\overset{1}{\cancel{3}}}{\underset{3}{\cancel{9}}} = \frac{2}{3}$$

② 3 回目は初回の支払額の 1/3 なので、初回の 2/9 に 1/3 をかける。

$$\frac{2}{9} \times \frac{1}{3} = \frac{2}{27}$$

支払い残額の 2/3 から、この支払額を引いて支払い残額を求める。

$$\frac{2}{3} - \frac{2}{27} = \frac{18 - 2}{27} = \frac{16}{27}$$

問09 ▶▶▶ **①** C **②** C

① 支払い総額から頭金を引いて、支払い残額を求める。

$$1 - \frac{1}{7} = \frac{6}{7}$$

この残額に分割手数料（残額の 1/12）を加え、12 等分して 1 回の支払額を求める。

$$\left(\frac{6}{7} + \frac{6}{7} \times \frac{1}{12} \right) \div 12 = \frac{13}{14} \times \frac{1}{12} = \frac{13}{168}$$

② 頭金を除いた分割払いの総額は、

$$\frac{1}{20} \times 12 = \frac{12}{20} = \frac{3}{5}$$

この中には、分割手数料も含まれる。購入価格から頭金を引いた残高を x とすると、

$$x + x \times \frac{1}{12} = \frac{3}{5} \quad \rightarrow \quad x = \frac{3}{5} \times \frac{12}{13} = \frac{36}{65}$$

購入価格を 1 とすれば、頭金は、

$$1 - \frac{36}{65} = \frac{29}{65}$$

問10 ▶▶▶ **①** H **②** D

① 支払い総額を 1 として、頭金とボーナス払いを支払い総額から引き、支払い残額を求める。

$$1 - \left(\frac{1}{7} + \frac{1}{3} \right) = 1 - \frac{3 + 7}{21} = 1 - \frac{10}{21} = \frac{11}{21}$$

これを 6 等分して、1 回分の分割払いで支払う金額を求める。

$$\frac{11}{21} \div 6 = \frac{11}{126}$$

❷1回分の分割払いに支払う金額に、分割手数料を加える。分割手数料も 6 で割ること。

$$\frac{11}{126} + \frac{1}{21} \div 6 = \frac{11 + 1}{126} = \frac{12}{126} = \frac{2}{21}$$

21 仕事算　　　　　　　　　　　　　　155 - 159ページ

問01 ▸▸▸ H

初日と 2 日目に行う作業は、全体の作業のうち

$$\frac{1}{12} + \frac{1}{12} \times \frac{1}{3} = \frac{3}{36} + \frac{1}{36} = \frac{4}{36} = \frac{1}{9}$$

全体の作業を 1 とすると、残っている作業は、

$$1 - \frac{1}{9} = \frac{8}{9}$$

これを 10 日で均等に分ける。

$$\frac{8}{9} \div 10 = \frac{8}{90} = \frac{4}{45}$$

問02 ▸▸▸ D

1 時間あたりの仕事量は、A さんが 1/4、B さんが 1/6。2 人の仕事量を足すと、1 時間にできる仕事量は、

$$\frac{1}{4} + \frac{1}{6} = \frac{3 + 2}{12} = \frac{5}{12}$$

になる。全体の仕事量を 1 とすると、

$$1 \div \frac{5}{12} = \frac{12}{5} = 2.4 \text{ 時間}$$

ですべての仕事が終わる。

2.4 時間 × 60 分 = 144 分 = 2 時間 24 分

問03 ▸▸▸ A

1 日の仕事量は、ベテラン 1 人が 1/8。新人 1 人が 1/12。ベテラン 2 人 + 新人 3 人では次のようになる。

$$\frac{1}{8} \times 2 + \frac{1}{12} \times 3 = \frac{1}{4} + \frac{1}{4} = \frac{1}{2}$$

1 日に 1/2 すすむので、仕事全体は **2 日**で終わる。

問04 ▸▸▸ ❶E ❷F

❶金曜日と土曜日に読んだ分の合計は、

$$\frac{4}{9} + \frac{4}{9} \times \frac{2}{5} = \frac{20 + 8}{45} = \frac{28}{45}$$

したがって残りは、

$$1 - \frac{28}{45} = \frac{17}{45}$$

❷日曜日に 82 ページを読み、あと 54 ページ残っているので、82 + 54 = 136 ページが全体の 17/45 にあたる。したがって全体のページ数は、

$$136 \div \frac{17}{45} = 360 \text{ページ}$$

となる。360 ページのうち、54 ページは、

$$54 \div 360 = \frac{54}{360} = \frac{3}{20}$$

問05 ▶▶▶ ❶ D ❷ F

❶月曜日と火曜日の 2 日間で整理し終えた書類の量は、

$$\frac{4}{21} + \frac{1}{6} = \frac{8 + 7}{42} = \frac{15}{42} = \frac{5}{14}$$

したがって、残っている書類は 1 − 5/14 = 9/14 となる。これを 3 日間で均等に分けるので、1 日あたりに整理する書類は、

$$\frac{9}{14} \div 3 = \frac{3}{14}$$

❷水曜日の時点で残っている書類は 9/14。これに追加分を加えると、

$$\frac{9}{14} + \frac{9}{14} \times \frac{2}{9} = \frac{11}{14}$$

したがって、1 日あたりの書類は 11/14 ÷ 3 = 11/42 となる。月曜日の 4/21 と比べると、

$$\frac{11}{42} \div \frac{4}{21} = \frac{11 \times 21}{42 \times 4} = \frac{11}{8} \text{倍}$$

問06 ▶▶▶ ❶ F ❷ A

❶各人の仕事の分担を求める。A さん、B さんは問題文より求められる。C さんの仕事量は、全体の仕事量を 1 として、A さんと B さんの仕事量を引く。

A さん：$\dfrac{2}{5}$

B さん：$\dfrac{2}{5} \times \dfrac{1}{3} = \dfrac{2}{15}$

C さん：$1 - \left(\dfrac{2}{5} + \dfrac{2}{15} \right) = 1 - \dfrac{6 + 2}{15} = 1 - \dfrac{8}{15} = \dfrac{7}{15}$

❷各人の仕事の分担を求める。C さんの仕事量は、B さんの何倍かを求める。

A さん：$\dfrac{2}{5}$

B さん：$\dfrac{2}{5} \times \dfrac{3}{5} = \dfrac{6}{25}$

C さん：$1 - \left(\dfrac{2}{5} + \dfrac{6}{25} \right) = 1 - \dfrac{10+6}{25} = 1 - \dfrac{16}{25} = \dfrac{9}{25}$

$$\dfrac{9}{25} \div \dfrac{6}{25} = \dfrac{9}{6} = 1.5 \text{ 倍}$$

問07 ▶▶▶ ❶ E ❷ D

❶ 3 人の 1 時間あたりの仕事量の合計は、

$$\dfrac{1}{20} + \dfrac{1}{18} + \dfrac{1}{30} = \dfrac{9+10+6}{180} = \dfrac{25}{180} = \dfrac{5}{36}$$

1 時間に 5/36 すすむので、$1 \div 5/36 = 36/5 = 7.2$ 時間で全体の仕事が終わる。

7.2 時間＝ 7 時間＋ 0.2 時間＝ 7 時間 12 分

❷ 3 人の 6 時間の仕事量の合計は、

$$\dfrac{5}{36} \times 6 = \dfrac{5}{6}$$

全体の仕事量を 1 として、3 人の 6 時間分の仕事量を引くと、残りは、

$$1 - \dfrac{5}{6} = \dfrac{1}{6}$$

残りの仕事量を C さんの 1 時間あたりの仕事量で割る。

$$\dfrac{1}{6} \div \dfrac{1}{30} = 5 \text{ 時間}$$

問08 ▶▶▶ ❶ B ❷ I

❶ 水槽の容量を 1 とすると、水道管 X は 1 分間に 1/16、水道管 Y は 1 分間に 1/24 の仕事量で水槽に水を注入できる。したがって、水道管 X、Y の両方で注水すると、1 分間の注水の量は、

$$\dfrac{1}{16} + \dfrac{1}{24} = \dfrac{3+2}{48} = \dfrac{5}{48}$$

となる。満水の水槽を 1 として、満水になるまでの時間を求めると、

$$1 \div \dfrac{5}{48} = \dfrac{48}{5} = 9.6 \text{ 分＝ 9 分＋ 0.6 分＝ 9 分 36 秒}$$

❷ 水槽の容量を 1 とすると、水道管 X は 1 分間に 1/16 で注水し、排水管 Z は 1 分間に 1/12 の仕事量で排水する（排水のほうが多い）。排水管 Z から水道管 X の仕事量を

引くと、

$$\frac{1}{12} - \frac{1}{16} = \frac{4-3}{48} = \frac{1}{48}$$

1分間に1/48が排水されるので、**48分**で水槽は空になる。

問09 ▶▶▶ **3（時間）36（分）**

PとQの1時間あたりの仕事量を合計し、全体の仕事量1を合計値で割る。

$$\frac{1}{6} + \frac{1}{9} = \frac{3+2}{18} = \frac{5}{18}$$

$$1 \div \frac{5}{18} = \frac{18}{5} = 3.6\,時間 = 3\,時間 + 0.6\,時間 = 3\,時間\,36\,分$$

問10 ▶▶▶ **12**

PとQの2人で行ったときの1日の仕事量から、Qの1日の仕事量を引く。

$$\frac{1}{4} - \frac{1}{6} = \frac{3-2}{12} = \frac{1}{12}$$

全体の仕事量を1すると、$1 \div \dfrac{1}{12} = 1 \times \dfrac{12}{1} = 12\,日$となる。

問11 ▶▶▶ **18**

1、2週目で終了する予定の宿題は、

$$\frac{5}{8} + \frac{5}{8} \times \frac{1}{3} = \frac{15+5}{24} = \frac{20}{24} = \frac{5}{6}$$

以上から、宿題の残りは 1 − 5/6 = 1/6 になる。これを3週目の3日間で完了するので、1日あたりの量は次のようになる。

$$\frac{1}{6} \div 3 = \frac{1}{18}$$

問12 ▶▶▶ **4**

3人の作業量を計算する。

$$P : \frac{2}{5}$$

$$Q : \frac{2}{5} \times 1.2 = \frac{2.4}{5} = \frac{12}{25}$$

$$R : 1 - \left(\frac{2}{5} + \frac{12}{25}\right) = 1 - \frac{10+12}{25} = 1 - \frac{22}{25} = \frac{3}{25}$$

以上から、Qの作業量は、Rの作業量の **12 ÷ 3 = 4倍**となる。

問13 ▶▶▶ **14 時 0 分**

　水道管 A の仕事量は、1 時間あたりタンクの 1/8。8 時から 11 時まで 3 時間注水するので、1/8 × 3 = 3/8 までタンクに水が貯まる。満水になるまで残り 1 − 3/8 = 5/8。この状態から、水道管 A、B で注水をはじめて満水になるまでの時間を x とすると、次の式が成り立つ。

$$\left(\frac{1}{8} + \frac{1}{12}\right) \times x = \frac{5}{8} \quad \rightarrow \quad \therefore x = 3$$

　したがって 11 時の 3 時間後＝ **14 時 0 分**となる。

---

22 **速度・距離・時間①** 　　　　　　　　　　161 - 167ページ

問01 ▶▶▶ **D**

　所要時間は、休憩時間を引くと 3 時間 36 分＝ 3.6 時間（36 分は 36/60 = 0.6 時間）。片道の距離を x とすると、次の式が成り立つ。

　　$(x ÷ 5) + (x ÷ 7) = 3.6 \quad \rightarrow \quad x = 10.5\text{km}$

問02 ▶▶▶ **B**

　自宅から学校までの距離を x とすると、所要時間は

$$(x÷12) + (x÷6) = \left(\frac{1}{12} + \frac{1}{6}\right)x = \frac{3}{12}\,x = \frac{x}{4}$$

　速度＝距離÷時間より、往復の平均速度は次のように求められる。

$$2x ÷ \frac{x}{4} = \frac{2x \times 4}{x} = 8\text{km/ 時}$$

問03 ▶▶▶ **C**

　距離＝速度×時間より、AB 間の距離は 20 × 45/60 = 15km。帰りの平均速度は、速度＝距離÷時間より、次のように計算できる。

$$15 ÷ \frac{50}{60} = 18\text{km/ 時}$$

問04 ▶▶▶ **A**

　所要時間が 5 分短くなるので、8km の距離を 25 分ですすむ。このときの速度は

$$8 ÷ \frac{25}{60} = 8 \times \frac{60}{25} = 19.2\text{km/ 時}$$

　普段の平均速度は、8 ÷ 0.5 = 16km/ 時なので、**19.2 − 16 = 3.2km/ 時**速くする。

問05 ▶▶▶ **❶** H **❷** D

❶ 休憩時間を除いた所要時間は、ST 間が 50 分、TU 間が 40 分で、計 90 分＝1.5 時間。
速度＝距離÷時間より、**12km ÷ 1.5 時間＝8km/ 時**。

❷ 距離＝速度×時間より、**6km/ 時×$\dfrac{40}{60}$ 時間＝4km**。

問06 ▶▶▶ **❶** D **❷** E

❶ PQ 間の距離は 150km、所要時間は 1 時間 30 分＝1.5 時間なので、速度＝距離÷時間より、

150km ÷ 1.5 時間＝100km/ 時

❷ ST 間の平均時速を x とすると、RS 間の平均時速は $x + 10$。距離＝速度×時間より、次の式が成り立つ。

$(x + 10) \times 0.75 + x \times 0.5 = 180$

$1.25x + 7.5 = 180$

→　$x = 138\text{km/ 時}$

問07 ▶▶▶ **❶** I **❷** A

❶ 自宅から P 地点までの距離を x とすると、P 地点から学校までの距離は $16 - x$ で表せる。所要時間は全部で 1 時間なので、時間＝距離÷速度より、次の式が成り立つ。

$\underbrace{x \div 18}_{\text{自宅からP地点まで}} + \underbrace{(16 - x) \div 6}_{\text{P地点から学校まで}} = 1$

両辺に 18 を掛ける：

$x + 3(16 - x) = 18$　→　$x + 48 - 3x = 18$　→　$2x = 30$　∴ $x = 15\text{km}$

❷ P 地点から学校までの距離は $16 - 15 = 1\text{km}$。この距離を時速 6km で歩いたので、所要時間は $1 \div 6 = 1/6$ 時間になる。分に換算すると、**60 × 1/6 = 10 分**。

問08 ▶▶▶ **❶** B **❷** H

❶ 往路全体の距離は、$8 + 8 + 8 + 8 + 10 = 42\text{km}$。スタート時刻が 10:00、第 5 走者の到着時刻が 12:24 なので、かかった時間は 2 時間 24 分＝2.4 時間となる。速度＝距離÷時間より、往路全体の平均時速は、**42 ÷ 2.4 ＝17.5km/ 時**。

❷ 第 1 区の区間は 8km、第 1 走者のタイムは 24 分＝0.4 時間なので、平均時速は $8 \div 0.4 = 20\text{km/ 時}$。第 10 走者の平均時速はこれより 4km/ 時だけ速いので、$20 + 4 = 24\text{km/ 時}$となる。したがって第 10 走者のタイムは、$8 \div 24 = 1/3$ 時間＝20 分となる。これにより、ゴール時刻は 14:30 とわかる。復路全体の所要時間が 2 時間 6 分＝

2.1 時間、復路全体の距離が 42km なので、平均時速は、**42 ÷ 2.1 = 20km/ 時**となる。

問 09 ▶▶▶ **❶ E　❷ G**

❶ SR 間の所要時間は 20 分 = 1/3 時間なので、SR 間の距離は 4.8 × 1/3 = 1.6km。したがって、P 地点からの距離は **12.0 + 1.6 = 13.6km** となる。

❷ QR 間の距離は 12.0 − 6.4 = 5.6km。したがって、甲と乙が出会う真ん中の地点は、Q または R から 2.8km すすんだ地点になる。甲はこの距離を時速 5.6km/ 時で歩いているので、2.8km すすむのに 2.8 ÷ 5.6 = 0.5 時間 = 30 分かかる。甲は Q 地点を 9:35 に出発するので、甲と乙が出会うのは 30 分後の 10:05。一方、乙は R 地点を 9:50 に出発しているので、甲と出会うのは 15 分後。2.8km を 15 分（= 0.25 時間）ですすむので、乙の平均時速は **2.8 ÷ 0.25 = 11.2km/ 時**。

問 10 ▶▶▶ **❶ F　❷ I**

❶ 自宅から学校までの所要時間は 45 分 = 0.75 時間。自宅から駅までの所要時間を x とすると、駅から学校までの所要時間は 0.75 − x で表せる。自宅から学校までの距離は 30km なので、距離＝速度×時間より、次の式が成り立つ。

$$\underset{\text{自宅から駅まで}}{\underline{x \times 20}} + \underset{\text{駅から学校まで}}{\underline{(0.75 - x) \times 50}} = 30$$

$20x + 37.5 − 50x = 30$　→　$30x = 7.5$　∴ $x = 0.25$ 時間 = 15 分

❷ 駅から学校までの所要時間は、45 − 15 = 30 分 = 0.5 時間。電車は時速 50km/ 時なので、距離＝速度×時間より、駅から学校までの距離は **50 × 0.5 = 25km**。

問 11 ▶▶▶ **25**

走った時間を x とすると、歩いた時間は 1 − x。距離＝速度×時間より、

$$(1 - x) \times 4.8 + x \times 7.2 = 5.8 \quad \rightarrow \quad x = \frac{1}{2.4} \text{ 時間} = \frac{60}{2.4} \text{ 分} = 25 \text{ 分}$$

問 12 ▶▶▶ **20**

P の普段の通学時間を x とすると、距離＝速度×時間より、自宅から学校までの距離は 4.5x。速度を 80% にすると普段より 5 分時間がかかるので、次の式が成り立つ。

$$4.5x = 4.5 \times 0.8 \times (x + 5/60)$$

$4.5x = 3.6x + 0.3$　→　$0.9x = 0.3$　∴ $x = 1/3$ 時間 = 20 分

問 13 ▶▶▶ **36**

P の普段の通学時間を x 時間とすると、距離＝速度×時間より、自宅から学校までの距離は 15.0x。一方バス通学の場合は、バスに乗っていた時間が 12 分 = 0.2 時間、バス

0

停までの歩きが $x - 0.2$ 時間となるので、次の式が成り立つ。

$$15.0x = 3.5(x - 0.2) + 38.0 \times 0.2$$

$$15.0x - 3.5x = -0.7 + 7.6 \quad \rightarrow \quad 11.5x = 6.9 \quad \therefore x = 0.6 \text{時間} = 36 \text{分}$$

問14 ▶▶▶ **50**

電車の先頭がトンネル入口に入ってから、電車の末尾がトンネル出口を出るまで、電車のすすむ距離は $800 + 200 = 1000$m。時速72km/時の電車がこの距離をすすむのにかかる時間を求めればよい。

時速72km/時を秒速に換算すると、

$$\underset{\text{時速}}{\underline{72\text{km/時}}} = 72\text{km} \div 1\text{時間} = 72000\text{m} \div 3600\text{秒} = \underset{\text{秒速}}{\underline{20\text{m/秒}}}$$

時間＝距離÷速度より、電車がトンネルを通過するのにかかる時間は、**1000m÷20m/秒＝50秒**。

問15 ▶▶▶ **10**

特急列車の移動距離は、鉄橋の長さ＋列車の長さ＝$180 + 220 = 400$m。時速144km/時を秒速に換算すると、

144km/時＝144000m÷3600秒＝40m/秒

以上より、特急列車がトンネルを通過するのにかかる時間は、**400m÷40m/秒＝10秒**。

問16 ▶▶▶ **44**

普通電車と特急電車の速度差は、$108 - 72 = 36$km/時。停まっている普通電車の横を、特急電車が時速36km/時で通過すると考えればよい。

特急電車の移動距離は、普通電車の長さ＋特急電車の長さ＝$200 + 240 = 440$m。時速36km/時を秒速に換算すると、36km/時＝36000m÷3600秒＝10m/秒。以上より、特急電車が普通電車を追い越すのにかかる時間は、**440m÷10m/秒＝44秒**。

問17 ▶▶▶ **8**

普通列車と急行列車の速度を足すと、$102 + 60 = 162$km/時。停まっている普通列車の横を、特急列車が時速162km/時で通過すると考えればよい。

急行列車の移動距離は、普通列車の長さ＋急行列車の長さ＝$160 + 200 = 360$m。時速162km/時を秒速に換算すると、162km/時＝162000m÷3600秒＝45m/秒。以上より、

急行列車と普通列車がすれちがうのにかかる時間は、**360m ÷ 45m/秒＝8秒**。

23 速度・距離・時間② 旅人算 169 - 173ページ

問01 ▶▶▶ D

2人が出会うまでの時間を x とすると、甲の移動距離は $5x$、乙の移動距離は $7x$。両者の合計は 28km なので、

$$5x + 7x = 28 \rightarrow 12x = 28 \quad \therefore x = \frac{28}{12} = \frac{7}{3} = 2 + 1/3 \text{時間} = 2 \text{時間} 20 \text{分}$$

問02 ▶▶▶ F

2人が出会ったとき、甲と乙の走った時間を x とすると、距離＝速度×時間より、次の式が成り立つ。

$$\underbrace{15\text{km/時} \times x \text{時間}}_{\text{甲の走った距離}} + \underbrace{20\text{km/時} \times x \text{時間}}_{\text{乙の走った距離}} = \underbrace{21\text{km}}_{\text{1周の距離}}$$

$$15x + 20x = 21 \rightarrow 35x = 21 \quad \therefore x = 0.6 \text{時間} = 36 \text{分}$$

甲
15km/時
1周21km
乙
20km/時

問03 ▶▶▶ H

Q は P より 20 分＝1/3 時間早く出発するので、P のスタート時点で P より $15 \times 1/3$ ＝ 5km 先にいる。P と Q の速度差は 21 − 15 ＝ 6km/時なので、P が Q に追いつくのは、$5 \div 6 = 5/6$ 時間後。距離＝速度×時間より、P が Q に追いつくのは、スタート地点から $21 \times 5/6 = 17.5$km 先の地点。

問04 ▶▶▶ E

先発する S のほうが速度が早いことに注意。S が R に追いつくとき、S が走る距離は、R が走る距離＋1周分となる。S の走行時間を x とすると、R の走行時間は S より 15 分（＝ 0.25 時間）短いので、$x - 0.25$。距離＝速度×時間より、次の式が成り立つ。

$$\underbrace{18x}_{\text{Sの走行距離}} = \underbrace{13 \times (x - 0.25)}_{\text{Rの走行距離}} + \underbrace{7}_{\text{1周の長さ}} \rightarrow \quad \therefore x = 0.75 = 45 \text{分}$$

[別解] R がスタートするまでに S が走った距離は $18 \times 0.25 = 4.5$km。1周 7km なので、R に追いつくまでの距離は 7 − 4.5 ＝ 2.5km となる。この差を S と R の速度差 5km/時で埋めるので、R に追いつくのにかかる時間は $2.5 \div 5 = 0.5$ 時間＝ 30 分→S のスター

トから 45 分後。

問05 ▶▶▶ **F**

2 人がすれ違うのは、甲の出発から 20 分 = 1/3 時間後、乙の出発から 10 分 = 1/6 時間後。甲の平均時速を x とすると、

甲の歩いた距離：$x \times \dfrac{1}{3} = \dfrac{x}{3}$ km　　乙の歩いた距離：$1.5x \times \dfrac{1}{6} = \dfrac{x}{4}$ km

となる。2 人の歩いた距離の合計は PQ 間の距離 2.8km に等しいので、

$$\dfrac{x}{3} + \dfrac{x}{4} = 2.8 \quad \rightarrow \quad \dfrac{4x + 3x}{12} = 2.8 \quad \rightarrow \quad 7x = 33.6 \quad \therefore x = 4.8\text{km/ 時}$$

問06 ▶▶▶ **G**

乙が甲を追い越すのは甲の出発から 1 時間後なので、甲のすすんだ距離は $7.2 \times 1 = 7.2$km。乙はこの距離を 10:30 − 9:45 = 45 分 = 0.75 時間ですすむ。したがって乙の平均時速は、

7.2 ÷ 0.75 = 9.6km/ 時

問07 ▶▶▶ **❶ G　❷ C**

❶ YZ 間の距離は 1.2km、所要時間は 20 分 = 1/3 時間なので、平均時速は **1.2 ÷ 1/3 = 3.6km/ 時**。

❷ T が出発するまでに S がすすむ距離は、4.8km/ 時 × 20/60 時間 = 1.6km。T と S の速度差は 16.8 − 4.8 = 12.0km/ 時なので、T が S に追いつくのにかかる時間は 1.6km ÷ 12.0km/ 時 = 8/60 時間 = 8 分となる。T は S の出発の 20 分後 = 10 時ちょうどに出発するので、T が S に追いつくのは **10 時 0 分＋ 8 分＝ 10 時 8 分**。

[別解] S が X 地点を出発してから T に追いつかれるまでの時間を x とする。T が出発してから S に追いつくまでの時間は $x − 1/3$ 時間。S と T の移動距離は等しいので、次の式が成り立つ。

$$4.8x = 16.8\left(x - \dfrac{1}{3}\right) \quad \rightarrow \quad 16.8x - 4.8x = \dfrac{16.8}{3} \quad \rightarrow \quad 12.0x = 5.6$$

$$\therefore x = \dfrac{5.6}{12} = \dfrac{28}{60} \text{ 時間} = 28 \text{ 分}$$

S の出発から 28 分後なので、T が追いつくのは **9 時 40 分＋ 28 分＝ 10 時 8 分**。

問08 ▶▶▶ **❶ G　❷ G**

❶列車 L の時速は 40km/ 時、ST 間の距離は 160km。時間＝距離÷速度より、列車 L の走行時間は 160 ÷ 40 = 4 時間。10 時 20 分に S 駅を出発するので、T 駅に到着するのは **14 時 20 分**となる。

❷列車 L が S 駅を出発してから、列車 M とすれ違うまでの時間を x とする。列車 M は列車 L より 10 分 = 1/6 時間遅く T 駅を出発するので、T 駅を出発してから列車 L とすれ違うまでの時間は $x - 1/6$ と表せる。両者の走行距離の和は ST 間の距離 160km に等しいので、次の式が成り立つ。

$$40x + 60\left(x - \frac{1}{6}\right) = 160$$

$40x + 60x - 10 = 160 \quad \rightarrow \quad 100x = 170 \quad \therefore x = 1.7$ 時間 = **1 時間 42 分**

列車 L が S 駅を出発するのは 10 時 20 分なので、その 1 時間 42 分後の **12 時 2 分**に列車 M とすれ違う。

問 09 ▶▶▶ ❶ G ❷ F

❶ SV 間の距離は 64km。また、普通電車は S 駅発が 7:10、V 駅着が 8:00 なので、所要時間は 50 分。以上から、SV 間の平均時速は、**64 ÷ 50/60 = 76.8km/ 時**。

❷快速電車が T 駅を通過するのは、24km ÷ 120km/ 時 = 0.2 時間 = 12 分後の 7:32。また、U 駅を通過するのは 48km ÷ 120km/ 時 = 0.4 時間 = 24 分後の 7:44。普通電車の U 駅着は 7:48 なので、TU 間で普通電車を追い越すことがわかる。

TU 間の距離は 24km、普通電車の所要時間は 20 分なので、普通電車の TU 間の時速は 24km ÷ 20/60 時間 = 72km/ 時。普通電車が T 駅を出発するのは快速電車が通過する 4 分前（= 7:32 − 7:28）なので、快速電車が T 駅を通過する時点で、72km/ 時 × 4/60 = 4.8km だけ先に進んでいる。この距離を、快速と普通の速度差 120 − 72 = 48km/ 時で埋めるのにかかる時間は、4.8km ÷ 48km/ 時 = 0.1 時間 = 6 分となる。以上から、7:32 の 6 分後→**7 時 38 分**に、快速電車は普通電車に追いつく。

問 10 ▶▶▶ ❶ D ❷ G

❶ 2 人がすれ違うとき、甲の走行距離と乙の走行距離の和は、1 周 = 18km に等しい。すれ違うまでの時間を x とすると、

$$\underset{甲}{\underline{21x}} + \underset{乙}{\underline{24x}} = \underset{1周}{\underline{18}} \quad \rightarrow \quad 45x = 18 \quad \therefore x = 0.4 \text{ 時間} = 24 \text{ 分}$$

❷乙の走行距離は、甲の走行距離 + 1 周分となる。甲のスタートから追い越すまでの時間を x とすると、

$$\underset{甲}{\underline{21x}} + \underset{1周}{\underline{18}} = \underset{乙}{\underline{24(x + 2/3)}} \quad \rightarrow \quad 3x = 2 \quad \therefore x = 2/3 \text{ 時間} = 40 \text{ 分}$$

（40/60 時間）

問01 ▶▶▶ **D**

全生徒の40%が160人なので、全生徒の人数は160人÷0.4＝400人。文化部に所属する生徒は全生徒の30%なので、**400人×0.3＝120人**。

問02 ▶▶▶ **B**

「新入生以外」の「女性」の割合なので、サークルの全人数を1とすると

新入生以外の割合：1－0.3＝0.7

女性の割合：1－0.6＝0.4

これをサークルの全人数に掛けると、**50人×0.7×0.4＝14人**。

問03 ▶▶▶ **B**

グループPの男女比2：3＝1：3/2より、男性の人数を1とすると、女性の人数はその3/2倍となる。男性は24人なので、女性は24×3/2＝36人。グループPの総数は、24＋36＝60人となる。したがって、グループQの総数は96－60＝36人。グループQの男女比5：7より、12人のうち7人が女性なので、グループQの女性の人数は**36×7/12＝21人**となる。

問04 ▶▶▶ **C**

昨年の入学者をxとすると、

$(1－0.15)x＝374$人 → $x＝374÷0.85＝440$人

したがって、昨年より440－374＝66人減っている。減少数の比率は文学部と経済学部で2:1なので、合計を1とすれば文学部2/3、経済学部1/3に配分される。したがって、

文学部：66×2/3＝44人　経済学部：66×1/3＝22人

が、入学者の減少数となる。

問05 ▶▶▶ **A**

全校生徒のうち、普通科の生徒は60%、そのうち女子生徒は40%なので、

0.6×0.4＝0.24

より、普通科の女子生徒は全校生徒の24%を占める。全校生徒の64%が男子生徒なので、女子生徒は100－64＝36%。したがって工業科の女子生徒は**36－24＝12%**。

問06 ▶▶▶ **C**

進学を希望する生徒のうち、2/5が女子生徒、男子生徒は3/5（＝1－2/5）なので、進学を希望する男子生徒は、

$$\frac{2}{3} \times \frac{3}{5} = \frac{6}{15} = \frac{2}{5}$$

進学を希望しない男子生徒は、男子全体から進学希望の男子を引いて求める。

$$\frac{4}{7} - \frac{2}{5} = \frac{20 - 14}{35} = \frac{6}{35}$$

問07 ▶▶▶ D

香水 X と香水 Y における香水 P の割合は、

X における P の割合（3：2）　→　3/5

Y における P の割合（1：4）　→　1/5

X と Y を 2：3 で混合するので、

$$\left(\frac{3}{5} \times 2 + \frac{1}{5} \times 3\right) \div 5 = 0.36 \quad \rightarrow \quad 36\%$$

問08 ▶▶▶ C

P、Q、R 各 1 単位の中に含まれる薬剤 B の割合を求める。

P　A：B ＝ 7：3　→　薬剤 B の割合＝ 3/10

Q　B：C ＝ 1：4　→　薬剤 B の割合＝ 1/5

R　B：D ＝ 1：3　→　薬剤 B の割合＝ 1/4

これらを 1：1：2 の割合で調合するので、

$$\left(\frac{3}{10} \times 1 + \frac{1}{5} \times 1 + \frac{1}{4} \times 2\right) \div 4 = \frac{3+2+5}{10} \div 4 = \frac{1}{4}$$

問09 ▶▶▶ A

350g の水に 50g の食塩を加えると、総重量は 400g。このうちの食塩の割合（%）なので、

$$50 \div 400 = 0.125 = 12.5\%$$

問10 ▶▶▶ C

15%の食塩水 220g には、220g × 0.15 ＝ 33g の食塩が含まれる。ここに 80g の水を加えるので、

$$33 \div (220 + 80) = 0.11 \rightarrow 11\%$$

問11 ▶▶▶ A

10%の食塩水 320g に含まれる食塩の量は、320 × 10% ＝ 32g。16%の食塩水に食塩が 32g 含まれるので、食塩水の量は 32 ÷ 0.16 ＝ 200g になる。320g あった食塩水を蒸発させて 200g にするので、蒸発させる水の量は 320 － 200 ＝ 120g。

問12 ▶▶▶ **C**

12%の食塩水の量を x とすると、次の式が成り立つ。

$$\underbrace{300 \times 0.03}_{\text{3\%食塩水の食塩}} + \underbrace{x \times 0.12}_{\text{12\%食塩水の食塩}} = \underbrace{(300 + x) \times 0.08}_{\text{8\%食塩水の食塩}}$$

$$\therefore x = 375\text{g}$$

問13 ▶▶▶ **❶G ❷H**

❶ X：Y ＝ 2：5 なので、X：420 ＝ 2：5 → 5X ＝ 2 × 420 → **X ＝ 168 本**。

❷ 190 本が樹木全体の 2/7 にあたるので、樹木全体は **190 ÷ 2/7 ＝ 665 本**。

[別解] 190：Y ＝ 2：5 → Y ＝ 475。X が 190 本なので **190 ＋ 475 ＝ 665 本**。

問14 ▶▶▶ **❶D ❷B**

❶ 男性会員 175 人が全体の 70％ にあたるので、全会員数は 175 ÷ 0.7 ＝ 250 人。したがって女性会員の数は、**250 － 175 ＝ 75 人** となる。

❷ 男性会員は全体の 70％、男性の一般会員は全体の 42％ なので、男性の特別会員は 70 － 42 ＝ 28％ となる。女性の特別会員は、特別会員（40％）から男性の特別会員を引くと、**40 － 28 ＝ 12％**。

問15 ▶▶▶ **❶C ❷H**

❶ P 社と Q 社の社員数は 1:4 なので、合併後の割合は、P 社が 1/5、Q 社が 4/5 となる。Q 社の男性の割合を x とすると、次の式が成り立つ。

$$\underbrace{\frac{1}{5} \times 0.36}_{\text{P 社男性割合}} + \underbrace{\frac{4}{5} \times x}_{\text{Q 社男性割合}} = \underbrace{0.4}_{\text{合併後の男性割合}} \rightarrow \quad 0.36 + 4x = 2 \quad \therefore x = 0.41 \rightarrow 41\%$$

❷ 合併後、男性が退職する前の R 社の社員数を x 人とすると、退職後の社員数は x － 25 人。また、男性社員は退職前が x × 40％、退職後が $(x - 25)$ × 37.5％ になるので、次の式が成り立つ。

$$\underbrace{0.4x}_{\text{退職前の男性人数}} = \underbrace{(x - 25) \times 0.375}_{\text{退職後の男性人数}} + 25 \rightarrow \therefore x = 625\text{人}$$

男性社員 25 人が退職したので、現在の R 社の社員数は **625 － 25 ＝ 600 人** になる。

問16 ▶▶▶ **❶E ❷C**

❶ 男性と女性の割合は、200 人：300 人 ＝ 2：3 なので、男女の合計を 1 とすると、男性が 2/5、女性が 3/5 の割合になる。「赤が好き」と答えたのは、男性が 36％、女性が 76％ なので、

$$\frac{2}{5} \times 0.36 + \frac{3}{5} \times 0.76 = \frac{0.72 + 2.28}{5} = 0.6 \rightarrow 60\%$$

❷「青が好き」と答えた人は、全部で 500 × 0.22 = 110 人いる。そのうち女性が 42 人なので、男性は 110 − 42 = 68 人。男性 200 人中の 68 人なので、割合は、

68 ÷ 200 = 0.34　→　34%

問17 ▶▶▶**❶ B　❷ I**

❶ A さんが全面積 1 の 1/3 の面積を担当するので、残りは 1 − 1/3 = 2/3。B さんの担当は A さんの残りの 7/9 なので、1 − 7/9 = 2/9 が分担の決まっていない面積になる。全面積に対する割合は、

$$\frac{2}{3} \times \frac{2}{9} = \frac{4}{27}$$

❷ 残っている面積は 4/27。これを A さんが 5/13、B さんが 8/13 の割合で分担するので、B さんの追加分は、

$$\frac{4}{27} \times \frac{8}{13} = \frac{32}{351}$$

B さんの当初の担当分と合わせると、

$$\frac{2}{3} \times \frac{7}{9} + \frac{32}{351} = \frac{182 + 32}{351} = \frac{214}{351}$$

問18 ▶▶▶**56**

「液体 X：液体 Y」が 5：4 のとき、液体 Y の割合は 4/9、「液体 X：液体 Y」が 1：2 のとき、液体 Y の割合は 2/3。両者を 1：1 の同量で混ぜる場合、それぞれの割合は 1/2 ずつになるので、

$$\frac{4}{9} \times \frac{1}{2} + \frac{2}{3} \times \frac{1}{2} = \frac{5}{9} = 0.5555\cdots \quad → \quad 56\%$$

問19 ▶▶▶**375**

運動場 B の面積の 2/3 は、150 × 2/3 = 100m²。これが運動場 A の面積の 4/9 に当たるので、運動場 A の面積を x とすると、$x × 4/9 = 100$m²、

$$x = 100 \div \frac{4}{9} = 225\text{m}^2$$

となる。したがって、運動場 A と運動場 B の面積の合計は、225 + 150 = 375m² となる。

問20 ▶▶▶**250**

子どもがいない社員は既婚者の 1 − 0.6 = 40%。社員全体では 42% × 40% = 0.42 × 0.4 = 0.168 → 16.8% にあたる。その数が 42 人なので、全社員の人数を x とすると、

$$x × 0.168 = 42 \quad → \quad x = 42 \div 0.168 = 250 \text{人}$$

問21 ▸▸▸ **2**

食塩水 P300g に含まれる食塩の重量は、300 × 0.07 = 21g。食塩水 Q を混ぜると、5%
の食塩水が 500g できるので、食塩の重量は 500 × 0.05 = 25g になる。以上から、食塩
水 Q200g には食塩が 25 − 21 = 4g 含まれていることがわかる。したがって、食塩水 Q
の濃度は、4 ÷ 200 = 0.02 → **2%**。

問22 ▸▸▸ **64**

合併後の男性の割合は、100% − 44% = 56%。30 人の男性が参加すると、これが
100% − 40% = 60%になる。男性が 30 人増える前のグループ R の人数を x とすると、
次の式が成り立つ。

$$\underset{\text{30 人が参加後の男性数}}{(x + 30) \times 0.6} - \underset{\text{30 人が参加前の男性数}}{0.56x} = \underset{}{30} \rightarrow \quad \therefore x = 300 \text{人}$$

グループ P とグループ Q のメンバー数の比は 1：2 なので、グループ P の人数は、グ
ループ R の 1/3 の 100 人。このうち女性の割合は 36%なので、男性の数は、

$$100 \times (1 - 0.36) = 64 \text{人}$$

となる。

25 表の計算 184 - 193ページ

問01 ▸▸▸ **❶ E ❷ F ❸ H**

❶ A 区の投票数は 800 票。このうち、Q 党は 35%を獲得しているので、

$$800 \times 0.35 = 280 \text{票}$$

❷無効票を除いた割合で計算し直す。

$$27 \div (100 - 10) = 27 \div 90 = 0.3 \rightarrow 30\%$$

❸ A 区、B 区、C 区の投票数に、P 党の各得票率を掛けたものを合計する。これを全
得票数 800 + 600 + 400 = 1800 票で割る。

$$(800 \times 0.45 + 600 \times 0.48 + 400 \times 0.27) \div 1800 = 0.42 \rightarrow 42\%$$

問02 ▸▸▸ **❶ C ❷ E ❸ G**

❶各栄養素の合計が 100g になるので、炭水化物以外の栄養素の合計を 100 から引く。

$$100 - (74.1 + 5.5 + 5.0 + 0.7) = 14.7 \text{g}$$

❷食パン 100g 中には、たんぱく質 9.3g、脂質 4.4g、炭水化物 46.7g が含まれている。
エネルギーは次のように求められる。

$$9.3 \times 4 + 4.4 \times 9 + 46.7 \times 4 = 263.6 \rightarrow 264 \text{g}$$

❸脂質の重量を x とすると、次の式が成り立つ。

$$21.7 \times 4 + 9x + 0.9 \times 4 = 195.7 \rightarrow x = 11.7 \text{g}$$

問03 ▶▶▶ **❶E** **❷G** **❸D** **❹B**

❶ 運送費 3600 万円の内訳は、運送会社 P が 50 万円 × 10 台、運送会社 Q が 80 万円 × 8 台、運送会社 R が 100 万円 × 15 台、残りが運送会社 S の運送費となる。

50 × 10 ＋ 80 × 8 ＋ 100 × 15 ＋運送会社 S ＝ 3600 万円

運送会社 S ＝ 3600 － 500 － 640 － 1500 ＝ 960 万円

運送会社 S のトラック 1 台あたりの運送費は 120 万円なので、出荷台数は **960 ÷ 120 ＝ 8 台**となる。

❷ 運送会社 Q の運送費 1840 万円の内訳は、製品 L が 80 万円 × 8 台、製品 M が 80 万円 × 5 台で、残りが製品 N の運送費になる。

80 × 8 ＋ 80 × 5 ＋製品 N ＝ 1840 万円

製品 N ＝ 1840 － 640 － 400 ＝ 800 万円

運送会社 Q のトラック 1 台あたりの運送費は 80 万円なので、出荷台数は **800 ÷ 80 ＝ 10 台**となる。

❸ R の出荷台数と S の出荷台数が空欄になっている。R と S の出荷台数の合計は、40 － 15 ＋ 5 ＝ 20 台。また、R と S の運送費の合計は、3410 － $\underset{\text{Pの合計}}{(50 \times 15}$ ＋ $\underset{\text{Qの合計}}{80 \times 5)}$ ＝ 2260 万円。以上から、次の 2 つの式が成り立つ。

r ＋ s ＝ 20 …（1）

100r ＋ 120s ＝ 2260 …（2）

式（1）（2）を連立方程式として r、s を求めると、r ＝ 7、s ＝ 13 となる。以上から、運送会社 R の出荷台数は **7 台**となる。

❹ 運送会社 P の運送費の従来の合計は、50 万円 × 10 台 ＋ 50 万円 × 15 台 × 50 万円 × 20 台 ＝ 2250 万円。これが 2000 万円になるので、差額は 250 万円になる。トラックの台数に直すと、**250 ÷ 50 ＝ 5 台分**。

問04 ▶▶▶ **❶C** **❷G**

❶ 各元素の割合に重量比を掛け、水素を 1 としたときの有機化合物の各元素の重量を求める。

水素：65.4% × 1 ＝ 65.4
炭素：21.6% × 12 ＝ 259.2
酸素： 7.3% × 16 ＝ 116.8
窒素： 3.8% × 14 ＝ 53.2

水素より重量が大きいのは、炭素と酸素の **2 つ**。

❷ Q 1 分子を構成する原子の個数を 100 個とすると、Q の酸素原子の個数は 10.4 個。R の酸素原子はその半分なので 5.2 個となる。これが全体の 13.0% にあたるので、R 1 分子の原子個数は 5.2 ÷ 0.13 ＝ 40 個。以上から、Q の原子個数は、R の原子個数の 100 ÷ 40 ＝ 2.5 倍ある。したがって炭素個数は、

$\underset{\text{Qの炭素}}{(\underline{24.8\% \times 2.5\text{倍}})} ÷ \underset{\text{Rの炭素}}{\underline{22.5\%}}$ ＝ **2.75555… →約 2.76 倍**

問05 ▶▶▶ **①** C **②** E **③** D **④** B

① 映画館Pの回答者は回答者全体の40％（表2）で、「徒歩」と回答した人はそのうちのさらに30％なので、

40％×30％＝0.4×0.3＝0.12 → **12％**

② 映画館Rで「自動車」と回答した人と、映画館Pで「自動車」と回答した人の回答者全体の割合をそれぞれ求める。

映画館R：15％×60％＝0.15×0.6＝0.09 → **全体の9％**

映画館P：40％×15％＝0.4×0.15＝0.06 → **全体の6％**

以上から、9％÷6％＝**1.5倍**。

③ 映画館Sで「その他」と回答した人の回答者全体に対する割合は、

20％×15％＝0.2×0.15＝0.03 → **3％**

全体の3％にあたる人数が45人なので、回答者全体（合計）をxとすると、$x \times 3\%$＝45。

x＝45人÷0.03＝**1500人**

④ 表1より、回答者全体のうち、「電車」と回答した人の割合は34％。その内訳は次のようになる。

$$\underset{\text{映画館P}}{\underline{0.4 \times 0.5}} + \underset{\text{映画館Q}}{\underline{0.25 \times Q}} + \underset{\text{映画館R}}{\underline{0.15 \times 0.2}} + \underset{\text{映画館S}}{\underline{0.2 \times 0.3}} = 0.34$$

この式を解くと、Q＝0.2 → **20％**

問06 ▶▶▶ **①** F **②** G

① 英語が40点未満の生徒の数学の点数は、次のように分布している。

20〜39点：1＋2＝3人　40〜59点：3人　60〜79点：2人

この8人全員が最低点だった場合の平均点と、最高点だった場合の平均点を求める。

最低点：（20点×3人＋40点×3人＋60点×2人）÷8人＝37.5点

最高点：（39点×3人＋59点×3人＋79点×2人）÷8人＝56.5点

以上から、平均点は37.5〜56.5点の間のどこかになる。該当するのは**イ**と**ウ**。

② 2科目の平均が60点以上（合計120点以上）になる得点の組合せは、最小で表Aの網を掛けた範囲内、最大で表Bの網を掛けた範囲内になる。

▼表A

英語＼数学	0〜19点	20〜39点	40〜59点	60〜79点	80〜100点
0〜19点		1			
20〜39点		2	3	2	
40〜59点	1	1	6	3	1
60〜79点		2	3	6	5
80〜100点				6	3

▼表B

英語＼数学	0～19点	20～39点	40～59点	60～79点	80～100点
0～19点		1			
20～39点		2	3	2	
40～59点	1	1	6	3	1
60～79点		2	3	6	5
80～100点				6	3

以上から、最も少ない場合で21人、最も多い場合で27人になる。

問07 ▸▸▸ ❶F ❷G

❶各科目の平均点×人数を合計し、30人（Rクラスの受験者数合計）で割る。

$$(\underbrace{66.0 \times 8}_{\text{世界史}} + \underbrace{70.5 \times 10}_{\text{日本史}} + \underbrace{68.5 \times 12}_{\text{地理}}) \div 30 = 68.5$$

❷世界史の受験者は、4クラス合わせて8＋4＋10＋6＝28人。各クラスの世界史の平均点×人数を合計し、28人で割る。

$$(\underbrace{66.0 \times 8}_{\text{Rクラス}} + \underbrace{67.5 \times 4}_{\text{Sクラス}} + \underbrace{70.0 \times 10}_{\text{Tクラス}} + \underbrace{63.0 \times 6}_{\text{Uクラス}}) \div 28 = 67.0$$

問08 ▸▸▸ ❶E ❷B ❸G

❶2日間ともW、2日間ともX、2日間ともYに行った人を除いた、2日間とも美術館に行った人の人数は、図の網掛けの部分。23＋24＋16＋18＋13＋11＝105人。

3日目＼4日目	W	X	Y	美術館以外	合計
W	15	23	24		69
X	16	20	18		
Y	13	11	（ア）	6	
美術館以外	7	5	10	2	24
合計	51	59			200

❷3日目に美術館Wに行った人は69人、4日目に美術館Wに行った人は51人。このうち15人は2日間とも美術館Wに行ったので、美術館Wに行った人の人数は、69＋51－15＝105人。したがって、2日間とも美術館Wに行った人の割合は、

15÷105＝0.1428…　→　14％

❸3日目に美術館Yに行った人数と、4日目に美術館Yに行った人数は、それぞれ次のように表せる。

3日目：13＋11＋ア＋6＝30＋ア

4日目：24＋18＋ア＋10＝52＋ア

「3日目×1.5＝4日目」なので、次の式が成り立つ。

（30＋ア）×1.5＝52＋ア　→　∴ア＝14人

問09 ▶▶▶ ❶E ❷I ❸D

❶表2より、P市の1月の交通事故件数は年間の8.0%なので、P市の年間事故件数
3550の8%を求める。

3550 × 8% = 284 件

❷R市の5月と9月の交通事故件数は、それぞれ3000件 × 11.5%、3000件 × 4.6%で
求められる。ただし、実際の事故件数を求めなくても、

11.5% ÷ 4.6% = 2.5 倍

のように割合だけで計算できることに注意。

❸Q市の9月の交通事故件数270件が、年間の7.2%にあたるので、年間事故件数は次
のように計算できる。

270 ÷ 7.2% = 3750 件

問10 ▶▶▶ ❶G ❷E ❸C

❶各市の4市全体に対する割合に、各市の繊維工業の割合を掛け、それらを合計する。

```
        各市/4市   繊維工業
P市：   40%   ×   30%   =   0.4 × 0.3   =   0.12
Q市：   30%   ×   20%   =   0.3 × 0.2   =   0.06
R市：   20%   ×   40%   =   0.2 × 0.4   =   0.08
S市：   10%   ×   10%   =   0.1 × 0.1   =   0.01
                                合計：0.27   →   27%
```

❷現在のS市の工業生産高を100とすると、10年前のS市の工業生産高は次の通り。

```
            現在        10年前
金属工業：20   →   10（現在の半分）
化学工業：30   →   30
機械工業：40   →   20（現在の半分）
繊維工業：10   →   20（現在の2倍）
```

以上から、10年前のS市工業生産高に対する機械工業生産高の割合は、

20 ÷（10 + 30 + 20 + 20）= 0.25   →   25%

❸指数の100を1とする小数に直し、現在のQ市の工業生産高に掛ける。現在のQ市の
工業生産高を100億円とすると、1990年のS市の工業生産高は次のようになる。

```
            現在        指数
金属工業：20   ×   0.5   =   10 億円
化学工業：30   ×   0.9   =   27 億円
機械工業：30   ×   1.1   =   33 億円
繊維工業：20   ×   1.2   =   24 億円
```

以上から、1990年のQ市工業生産高は、生産高の高い順に機械工業、化学工業、繊
維工業、金属工業となる。

26 情報の読み取り① 料金表

196 - 201ページ

問01 ▶▶▶ ❶ F ❷ C

❶ コインパーキングの料金ルールにはいろいろな種類があるので、問題文から読み取る必要がある。

× **ア** 昼間（7:00 ～ 19:00）の駐車料金は1時間600円。12:00から15:00までの通常料金は 600円 × 3時間 = 1800円だが、最大料金を超えるので1600円となる。

○ **イ** 17:00から19:00までは1時間600円、19:00から21:00までは1時間100円となるので、駐車料金は 600円 × 2時間 + 100円 × 2時間 = 1400円となる。

○ **ウ** 5:00から7:00までは1時間100円、7:00から8:30までは1時間600円（30分300円）となるので、駐車料金は 100円 × 2時間 + 600円 × 1.5時間 = 1100円となる。

❷ 最大料金が適用されるかどうかに注意。

× **カ** 15:00から19:00までは通常料金が 600円 × 4時間 = 2400円。最大料金を超えるので、料金は上限の1600円となる。19:00から24:00までは通常料金が 100円 × 5時間 = 500円。最大料金を超えるので、料金は上限の400円となる。駐車料金は総額で 1600 + 400 = 2000円。

× **キ** 16:30から19:00までの料金は 600円 × 2.5時間 = 1500円。19:00から21:40までは、料金表の注釈から、端数の40分を切り上げて3時間とみなし、料金は 100円 × 3時間 = 300円。合計で 1500 + 300 = 1800円。

○ **ク** 23:00から翌日7:00までは駐車時間8時間で最大料金を超えるので、料金は上限の400円。7:00から9:00までは通常料金で 600円 × 2時間 = 1200円。合計で 400 + 1200 = 1600円。

問02 ▶▶▶ ❶ C ❷ E

❶ 無料通話分とデータ通信量の超過分を考慮する。

× **ア** 月額金は、1200円 + 300円 +（50円 × 20分 − 500円）+ 100円 × 2 = 2200円。

× **イ** 音声通話料 30円 × 20分 = 600円は、無料通話分に含まれるので0円となる。したがって月額金は、2000円 + 300円 + 0円 = 2300円。

○ **ウ** 無料通話分が前月繰越分と合わせて1400円あるので、音声通話料は 30円 × 60分 − 1400円 = 400円。したがって月額金は 2000円 + 300円 + 400円 = 2700円。

❷ エントリー会員とプレミアム会員の基本料金の差は800円。したがって、エントリー会員の通話料金 + データ通信超過料金が、プレミアム会員の通話料金より800円高ければ、プレミアム会員のほうが得になる。

○ **カ** エントリー会員の通話料金は、50円 × 30分 − 500円 = 1000円。プレミアム会員の通話料金は、30円 × 30分 = 900円で無料通話分以内。差額が800円を超えるのでプレミアム会員のほうが得になる。

× **キ** エントリー会員の通話料金とデータ通信超過料金は、50円 × 20分 − 500円 +

100 円 × 2G バイト = 700 円。差額は 800 円以下なので、エントリー会員のほう
が得になる。

○ク　エントリー会員のデータ通信超過料金は、100 円 × 10G バイト = 1000 円。差額
が 800 円を超えるので、プレミアム会員のほうが得になる。

問03 ▶▶▶ ❶ D　❷ A

❶家族割引が適用されるかどうかを考える。

○ア　家族割引が適用され、父親のチケット料金が 2 割引きになる。料金は合計 5000
円 × 0.8 ＋ 4000 円 ＋ 3000 円 = 11000 円。

○イ　家族割引が適用され、母親のチケット料金が 2 割引きになる。料金は合計 5000
円 × 0.8 ＋ 3000 円 × 2 人 = 10000 円。

×ウ　親子 2 人だけの場合は家族割引は適用されない。料金は 5000 円＋3000 円＝8000 円。

❷団体割引と回数券の使い方がポイント。

○カ　大人 8 人と中学生 1 人の通常料金は、5000 円 × 8 人 ＋ 4000 円 = 44000 円。ただし、
10 枚つづりの回数券を切り離して使えば、40000 円で 9 人が入場できる。

×キ　通常料金は 4000 円 × 6 人 ＋ 3000 円 × 4 人 = 36000 円。団体割引を適用できるの
で、1 割引き（36000 円 × 0.9）の 32400 円で入場できる。

×ク　通常料金は 5000 円 × 10 人 = 50000 円。10 人なので団体割引を使えば 1 割引に
なるが、10 枚つづりの回数券を買えば 40000 円で 10 人が入場できる。

問04 ▶▶▶ ❶ B　❷ A

❶資料から、何時間分無料になるかを読み取る。

×ア　平日に 1000 円の買い物をすると、駐車料金は 1 時間無料。駐車時間は 1 時間な
ので、料金は 0 円。

○イ　平日に 1500 円の買い物をすると、駐車料金は 1 時間無料。駐車時間は 2 時間な
ので、料金は 1 時間分について 200 円。

×ウ　土曜日に 3000 円の買い物をすると、駐車料金は 1 時間無料。駐車時間は 5 時間な
ので、4 時間分の駐車料金がかかる。最初の 3 時間は 30 分 100 円なので 100 円×
6 = 600 円。残り 1 時間は 30 分 200 円なので 200 円 × 2 = 400 円。合計 1000 円。

❷会員サービスとして 1 時間分の駐車料金が無料になる。

○カ　会員サービス 1 時間 ＋ 平日 3000 円購入の 2 時間で、駐車料金は 3 時間無料になる。
駐車時間は 3 時間なので、料金は 0 円。

×キ　日曜に 1000 円購入では無料サービスはつかないので、無料サービスは会員サービ
スの 1 時間のみ。駐車時間は 6 時間なので 5 時間分の駐車料金がかかる。最初
の 3 時間は 100 円 × 6 = 600 円。残り 2 時間は 200 円 × 4 = 800 円。合計 1400 円。

×ク　会員サービス 1 時間 ＋ 祝日 7000 円購入の 2 時間で、駐車料金は 3 時間無料になる。
駐車時間は 5 時間なので、駐車料金は 2 時間分の 100 円 × 4 = 400 円。

問05 ▶▶▶ ❶ F ❷ C

❶各種割引が適用されるかどうかを確認する。

×ア　夫婦2人にはカップル割引が適用され、1人あたり1000円になる。料金は合計で夫婦1000円×2人＋子ども1000円×1人＝3000円。

○イ　サービスデイなので、大人1500円、学生1300円になる。料金は合計1500円＋1300円＝2800円。

○ウ　60代の女性はシニア料金になる。料金は合計でシニア1000円×1人＋子ども1000円×2人＝3000円。

❷会員料金と、各種割引の組合せを考える。

×カ　会員の男性と非会員の男性1人は同伴者とみなして会員料金にできる。残る非会員の男性1人は通常料金になる。日曜日なので会員料金は1人1500円。料金の合計は1500円×2人＋1800円×1人＝4800円。

×キ　土曜日の会員料金は1人1500円だが、会員の男性とその妻にはカップル割引が適用できる。料金の合計はカップル1000円×2人＋会員女性1500円＝3500円。

○ク　会員男性と非会員の50代男性（同伴者）は会員料金、非会員の60代男性はシニア料金で入場できる。料金は3人とも1000円なので、合計3000円。

27　情報の読み取り②　長文　　204 - 207ページ

問01 ▶▶▶ ❶ D ❷ A ❸ C

❶2010年のエネルギー自給率は「19.9％」、2012年のエネルギー自給率は「6.0％」なので、$6.0 \div 19.9 \fallingdotseq 0.3$ 倍になる。

❷自給エネルギーは、水力、天然ガス、原子力、原油、再生可能エネルギーを合計して、$1.5 + 0.7 + 0.6 + 0.1 + 3.1 = 6\%$ となる。

○ア　自給エネルギー6％のうち、原子力は0.6％なので、自給エネルギーを100％とすると、原子力の割合は $0.6 \div 6 = 0.1 \rightarrow$ **10％**。

×イ　自給エネルギーのうち、水力の割合は $1.5 \div 6 = 0.25 \rightarrow 25\%$。

×ウ　自給エネルギーのうち、原油の割合は $0.1 \div 6 \fallingdotseq 0.017 \rightarrow 1.7\%$。

❸文中の水力エネルギーの割合「1.5％」は、自給エネルギーに対する割合ではなく、エネルギー供給量に対する割合である。

問02 ▶▶▶ ❶ C ❷ D ❸ A

❶世界人口1人あたりのGDPは、世界GDP／世界人口で求められる。2050年には、世界人口が1.5倍、GDPが3.8倍に増加するので、1人あたりのGDPは、

$$\frac{3.8}{1.5} = 2.5333\cdots \quad \rightarrow \quad 2.5 倍$$

になる。

❷2050 年の GDP は、110 兆 9200 億ドル。このうち、開発途上国が 12 兆 1300 億ドル、中間国が 52 兆 5100 億ドルなので、割合は次のようになる。

$$\frac{121300 + 525100}{1109200} = 0.582\cdots \quad \rightarrow \quad 58\%$$

❸先進国の GDP は、GDP 全体から開発途上国と中間国を引いて求める。

110 兆 9200 億－（12 兆 1300 億＋ 52 兆 5100 億）＝ 46 兆 2800 億ドル

問 03 ▸▸▸❶ B ❷ C

❶2030 年の「食用向けの需要」1 億 5,177 万トンに対し、「養殖による生産」は 9,361 万トン。割合は、9361 ÷ 15177 ＝ 0.6167… → 62%。

❷適切な資源管理等が行われた場合の 2030 年の漁業・養殖業生産量は 1 億 9,630 万トンと予測され、このうち養殖業生産量は 9,070 万トンと予測されている。養殖業生産量に占める割合は、9070 ÷ 19630 ＝ 0.462… → 46%。

問 04 ▸▸▸❶ C ❷ E

❶ A ～ D の記述を検討する。
× A 　相談総数－未成年者の相談数＝ 5827 件－ 2439 件＝ 3388 件
× B 　2013 年度の小中学生の相談件数は、2012 年度と比べて小学生低学年が 2.4 倍、小学生高学年が 2.1 倍、中学生が 1.8 倍に増えている。これらを平均すると 2.1 倍になるが、2012 年度の小学生低学年、小学生高学年、中学生の相談件数が同数とは限らない。そのため、小中学生の合計の相談件数が 2.1 倍になるかどうか、資料からは不明である。
○ C 　198 ÷ 3.6 ＝ 55 件
× D 　2013 年度の高校生の相談は、前年度から横ばい。

❷ア、イ、ウの記述を検討する。
○ア　2010 年度以降、毎年度 2 倍のペースで増加している。2010 年度は、2439 ÷ 2 ÷ 2 ÷ 2 ≒約 305 件。
×イ　相談件数の増加率は、学年や年齢が低くなるほど大きくなっているが、相談件数自体が学年が低いほど多いとは限らない。
○ウ　933 ÷ 1.8 ≒約 518 件

28 整数の推測 　　　　　　　　　　　　　　　**208 - 211 ページ**

問 01 ▸▸▸ 22

　問題文より、次の 2 つの式が成り立つ。

(1) Y ＝ X ＋ 18
(2) Y ＝ 2X － 4　　　　→　(1) (2) より、X ＋ 18 ＝ 2X － 4　∴ X ＝ 22

問 02 ▸▸▸ **33**

問題文より、次の 2 つの式が成り立つ。

(1) X = Y + 21

(2) X = 3Y − 3　→　(1)(2) より、Y + 21 = 3Y − 3　∴ Y = 12

Y = 12 を (1) に代入し、X = 33。

問 03 ▸▸▸ **19**

問題文より、次の 2 つの式が成り立つ。

(1) X = Y + 22

(2) X = 2Y + 3　→　(1)(2) より、Y + 22 = 2Y + 3　∴ Y = 19

問 04 ▸▸▸ **5**

WEB テスティングでは電卓が使用できるので、活用すること。

$x < 63/11 = 5.727\cdots$　→　$x = 5$

問 05 ▸▸▸ **4**

$x < 72/17 = 4.235\cdots$　→　$x = 4$

問 06 ▸▸▸ **5**

$x < 67/12 = 5.583\cdots$　→　$x = 5$

問 07 ▸▸▸ **9**

両辺に x を掛ける　→　$8x < 47 + 3x$　→　$5x < 47$　→　$x < 9.4$　→　$x = 9$

問 08 ▸▸▸ **17**

問題文より、次の 2 つの式が成り立つ。

(1) X + Y = 21　(ただし、X > Y)

(2) X × Y = 68

(1)(2) より、X(21 − X) = 68　→　$X^2 − 21X + 68 = 0$　→　(X − 4)(X − 17) = 0

∴ X = 4 または 17　→　大きいほうの 17 が X となる。

問 09 ▸▸▸ **12**

問題文より、次の 2 つの式が成り立つ。

(1) X + Y = 19　(ただし、X > Y)

(2) X × Y = 84

(1)(2) より、X(19 − X) = 84　→　$X^2 − 19X + 84 = 0$　→　(X − 7)(X − 12) = 0

∴ X = 7 または 12　→　大きいほうの 12 が X となる。

問10 ▸▸▸ **9**

　問題文より、次の2つの式が成り立つ。

(1) X＋Y＝28　（ただし、X＜Y）

(2) X×Y＝171

　　(1) (2) より、X (28 − X) ＝ 171　→　$X^2 − 28X + 171 = 0$　→　(X − 9) (X − 19) ＝ 0

∴X＝9または19　→　小さいほうの9がXとなる。

問11 ▸▸▸ **25**

　7で割ると4余る正の数：4、11、18、25、…

　8で割ると1余る正の数：1、9、17、25、…

　共通する最も小さい数は25。

問12 ▸▸▸ **37**

　5で割ると2余る正の数：2、7、12、17、22、27、32、37、…

　9で割ると1余る正の数：1、10、19、28、37、…

　共通する最も小さい数は37。

問13 ▸▸▸ **27**

　6で割ると3余る正の数：3、9、15、21、27、…

　5で割ると2余る正の数：2、7、12、17、22、27、…

　共通する最も小さい数は27。

問14 ▸▸▸ **13**

　3つの式を三元連立一次方程式として解くのが一般的な解法だが、次のようにすればすばやく解ける。

　3つの式の左辺と右辺をそれぞれ合計すると、

　(X ＋ Y) ＋ (X ＋ Z) ＋ (Y ＋ Z) ＝ 2 ＋ 19 ＋ 5

　2 (X ＋ Y ＋ Z) ＝ 26

　∴X ＋ Y ＋ Z ＝ 13

問15 ▸▸▸ **11**

　3つの式の左辺と右辺をそれぞれ合計すると、

　(X ＋ Y) ＋ (X ＋ Z) ＋ (Y ＋ Z) ＝ 12 ＋ 4 ＋ 6

　2 (X ＋ Y ＋ Z) ＝ 22

　∴X ＋ Y ＋ Z ＝ 11

問16 ▸▸▸ **32**

問題文より、次の式が成り立つ。なお、(1) より X < Y である。

1/7X = 1/8Y → 8X = 7Y … (1)

Y － X = 4 → Y = X + 4   … (2)

(1) (2) より、8X = 7 (X + 4) → X = 28

∴ Y = 32

問17 ▸▸▸ **13**

3つの式の左辺と右辺をそれぞれ合計すると、

(2X + Y) + (X + 2Z) + (2Y + Z) = 16 + 14 + 9

3X + 3Y + 3Z = 39

∴ X + Y + Z = 13

問18 ▸▸▸ **11**

3つの式を連立一次方程式として解く。

(1) 2X + 3Y = 24

(2) 4X + 3Z = 27

(3) 3Y + 2Z = 14

(1) － (3) より：(2X + 3Y) － (3Y + 2Z) = 24 － 14 → X = Z + 5 … (4)

(2) に (4) を代入：4 (Z + 5) + 3Z = 27 ∴ 7Z = 7 ∴ Z = 1

(4) に Z = 1 を代入：X = 1 + 5 = 6

(3) に Z = 1 を代入：3Y + 2 × 1 = 14 ∴ Y = 4

X + Y + Z = 6 + 4 + 1 = 11

29 グラフの領域① 条件と領域　　214 - 217ページ

問01 ▸▸▸ ❶D ❷E ❸C ❹D ❺E ❻A

各条件を不等式で表すと次のようになる。

条件 a X ≧ 20

条件 b X ≦ 60

条件 c Y ≧ 20

条件 d Y ≦ 60

条件 e X ＋ Y ≦ 100

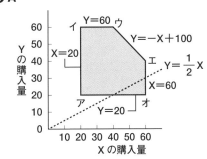

❶点イと点ウを通る直線は Y = 60 なので、条件 d の境界を表す。

❷条件 c の境界を表す直線は Y = 20 なので、点アと点オを通る直線。

091

❸条件 e の境界を表す直線は X ＋ Y ＝ 100 　→　 Y ＝ － X ＋ 100 なので、点**ウ**と点**エ**を通る直線。

❹点**イ**は直線 X ＝ 20 と直線 Y ＝ 60 の交点なので、購入個数は X が 20 個、Y が 60 個。したがって購入価格は 1000 円× 20 個 ＋ 2000 円× 60 個 ＝ **140000 円**。

❺X と Y の購入数量の合計は最大 100 個なので、購入価格が最大になる点は点**ウ**と点**エ**の境界線上にある。価格は Y のほうが X より高いので、Y の数量をなるべく多くとる。したがって、点**ウ**のとき購入価格は最大になる。

点**ウ**は、直線 Y ＝ 60 と直線 Y ＝ － X ＋ 100 の交点なので、購入個数は X ＝ 40 個、Y ＝ 60 個。したがって購入価格は 1000 円× 40 個 ＋ 2000 円× 60 個 ＝ **160000 円**。

❻条件 f の境界を表す直線は、Y ＝ $\frac{1}{2}$X。**ア**～**オ**で囲まれた領域を、この直線で切り取る。

問02 ▶▶▶❶D　❷E　❸C　❹A　❺C　❻C

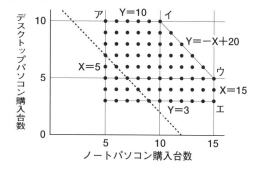

ノートパソコンを X、デスクトップパソコンを Y として、各条件を不等式で表すと、次のようになる。

条件 a　X ≧ 5
条件 b　Y ≧ 3
条件 c　X ≦ 15
条件 d　Y ≦ 10
条件 e　X ＋ Y ≦ 20

❶点**ア**と点**イ**を結ぶ直線は Y ＝ 10 なので、**条件 d** の境界を表す。

❷点**イ**と点**ウ**を結ぶ直線は Y ＝ － X ＋ 20 なので、**条件 e** の境界を表す。

❸点**ウ**と点**エ**を結ぶ直線は X ＝ 15 なので、**条件 c** の境界を表す。

❹点**オ**の座標は、X ＝ 10、Y ＝ 5。したがって、ノートパソコンとデスクトップパソコンの合計は 10 ＋ 5 ＝ 15 台になる。**ア**から**エ**の各点の座標は、

ア：X ＝ 5、Y ＝ 10　　→　**合計 15**
イ：X ＝ 10、Y ＝ 10　→　**合計 20**
ウ：X ＝ 15、Y ＝ 5　　→　**合計 20**
エ：X ＝ 15、Y ＝ 3　　→　**合計 18**

以上から、点**オ**と同じ購入台数になるのは**点ア**だけ。

❺点**ア**と**イ**では明らかに**イ**のほうが高い。同じく**エ**、**オ**よりは明らかに**ウ**のほうが高い。**イ**と**ウ**は購入台数が同じなので、ノートパソコンの台数が多い**ウ**のほうが価格が高い。以上から、最も購入費用が高いのは**点ウ**になる。

❻条件 f の境界線は直線 X ＋ Y ＝ 12 で表される（上図の点線）。

30 グラフの領域② 方程式と領域　220 - 225ページ

問01 ▶▶ ❶ B　❷ F　❸ F　❹ B

❶領域⑤は、放物線 $y = x^2 - 1$ の上側で、直線 $y = -x + 2$ の下側、直線 $y = 0$ の上側。連立不等式で表すと次のようになる。

ア　$y > x^2 - 1$
イ　$y < -x + 2$
ウ　$y > 0$

以上から、右開きの不等号（<）がつくのは**イ**のみ。

❷ $y < x^2 - 1$ で表される領域は①③④⑥⑦⑨、$y > -x + 2$ で表される領域は①②③⑨、$y > 0$ で表される領域は①②③④⑤⑥。3つとも重なる領域は①と③。

❸ $y < x^2 - 1$ で表される領域は①③④⑥⑦⑨、$y < -x + 2$ で表される領域は④⑤⑥⑦⑧、$y > 0$ で表される領域は①②③④⑤⑥。3つとも重なる領域は④と⑥。

❹ $y < x^2 - 1$ で表される領域は①③④⑥⑦⑨、$y < -x + 2$ で表される領域は④⑤⑥⑦⑧、$y < 0$ で表される領域は⑦⑧⑨。3つとも重なる領域は⑦のみ。

問02 ▶▶ ❶ E　❷ C　❸ A　❹ A

❶領域③は、放物線 $y = -x^2 + 4$ の下側、直線 $y = x + 2$ の上側、直線 $x = 0$ の左側にある。連立不等式で表すと次のようになる。

ア　$y < -x^2 + 4$
イ　$y > x + 2$
ウ　$x < 0$

以上から、右開きの不等号（<）がつくのは**ア**と**ウ**となる。

❷ $y < -x^2 + 4$ の領域は③④⑤⑥、$y < x + 2$ の領域は⑤⑥⑦⑧、$x > 0$ の領域は②④⑥⑦。3つとも重なる領域は⑥のみ。

❸ $y > -x^2 + 4$ の領域は①②⑦⑧、$y > x + 2$ の領域は①②③④、$x > 0$ の領域は②④⑥⑦。3つとも重なる領域は②のみ。

❹ $y > -x^2 + 4$ の領域は①②⑦⑧、$y > x + 2$ の領域は①②③④、$x < 0$ の領域は①③⑤⑧。3つとも重なる領域は①のみ。

問03 ▶▶ ❶ C　❷ D　❸ B　❹ H

❶領域③は、円を表す式 $x^2 + y^2 = 16$ の内側、直線 $y = x + 1$ の下側、直線 $y = 0$ の上側。連立不等式で表すと次のようになる。

ア　$x^2 + y^2 < 16$
イ　$y < x + 1$
ウ　$y > 0$

以上から、左開きの不等号（>）がつくのは**ウ**のみ。

❷ $x^2 + y^2 > 16$ は円の外側の領域①④⑤⑧、$y < x + 1$の領域は③④⑦⑧、$y > 0$の領域は①②③④。3つとも重なる領域は④のみ。

❸ $x^2 + y^2 < 16$ は円の内側の領域②③⑥⑦、$y > x + 1$の領域は①②⑤⑥、$y > 0$の領域は①②③④。3つとも重なる領域は②のみ。

❹ $x^2 + y^2 > 16$ は円の外側の領域①④⑤⑧、$y < x + 1$の領域は③④⑦⑧、$y < 0$の領域は⑤⑥⑦⑧。3つとも重なる領域は⑧のみ。

---

31 入出力装置　227 - 233ページ

問 01 ▶▶▶**❶** B　**❷** F

❶装置 P、Q、R の数値の変換規則は、

P：$x + y$　　Q：$x \times y$　　R：$y \div x$

したがって、入出力は次のようになる。

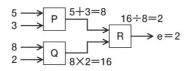

❷ c の値がわからないので、X のまま計算する。

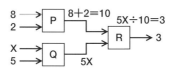

$5X \div 10 = 3$　→　$X = 6$

問 02 ▶▶▶**❶** E　**❷** B

❶装置 P、Q、R の数値の変換規則は、

P：$x \times y$　　Q：$x \times y - 1$　　R：$x \div y + 1$

したがって、入出力は次のようになる。

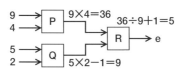

❷ c の値がわからないので、X のまま計算する。

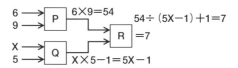

$$54 \div (5X - 1) + 1 = 7 \quad \rightarrow \quad X = 2$$

問 03 ▸▸▸ **❶ F** **❷ A**

❶数値を入力して、どのように変化するかを確認する。

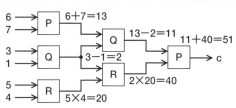

❷ X と Y を除いて、わかるところまで計算していく。

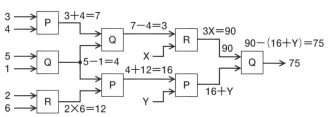

$3X = 90$ より、$X = 30$。また、$90 - (16 + Y) = 75$ より、$Y = -1$ となる。

問 04 ▸▸▸ **❶ C** **❷ F**

❶ア、イ、ウの選択肢の信号を入力して、どのように変化するかを確認する。

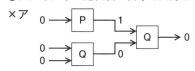
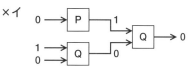

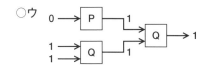

❷ア、イ、ウの選択肢の信号を入力して、どのように変化するかを確認する。

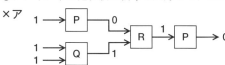

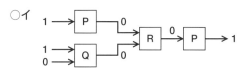

○ウ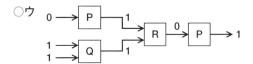

問05 ▸▸▸❶ D ❷ D

❶ア、イ、ウの選択肢の信号を入力して、どのように変化するかを確認する。

○ア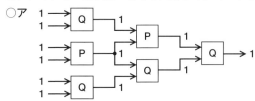

○イ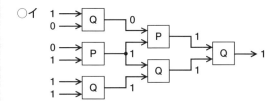

×ウ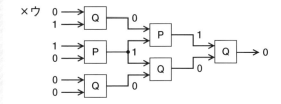

❷信号を入力して、どのように変化するかを確認する。ただし、Rは「どちらかが1なら2/5の確率で1」とあるので、1の代わりに1になる確率を記入していく。

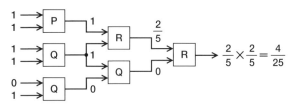

問06 ▸▸▸❶ D ❷ F

❶信号を入力して、どのように変化するかを確認する。ただし、Qは「どちらかが1なら2/3の確率で1」、Rは「両方とも1なら4/5の確率で1」とあるので、1の代わりに1になる確率を記入していく。

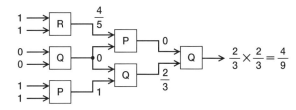

❷信号を入力して、どのように変化するかを確認する。ただし、Qは「どちらかが1なら2/3の確率で1」、Rは「両方とも1なら4/5の確率で1」とあるので、1の代わりに1になる確率を記入していく。

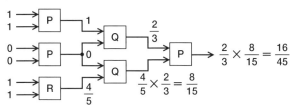

問07 ▸▸▸ ❶ G ❷ E

❶ （例）にあった3つのパターンを確認して、順を追って装置で数値を変換する。

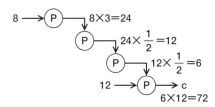

❷ （例）にあった3つのパターンを確認して、順を追って装置で数値を変換する。

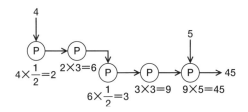

32 流れと比率 　　　　237 - 240ページ

問01 ▸▸▸ ❶ C ❷ G ❸ B

❶ O駅には3本の矢印が来ており、それぞれ tM、uK、wN と表せる。O駅で降車する乗客はこれらの合計なので、$O = tM + uK + wN$ と表せる。

×ア　$O = tM + uK + wN$ となる。「$O = tM + wN$」は誤り。

×**イ**　$O = tM + uK + wN = t(sK) + uK + wN = stK + uK + wN = (st + u)K + wN$

○**ウ**　$O = stK + uK + wN = stK + uK + w(vL) = stK + uK + vwL$

❷K駅からM駅を経由してO駅で降車する人の割合は、$s \times t$、K駅から直通でO駅で降車する人の割合はu。合わせて$s \times t + u = 0.3 \times 0.6 + 0.5 = 0.68$→**68%**。

❸M駅からO駅に到着する人は、$tM = t(sK) = stK$なので、$200 \times 0.3 \times 0.6 = 36$人。N駅からO駅に到着する人は、それより6人多いので$36 + 6 = 42$人。この人数は、L駅からN駅に到着する人の0.4なので、N駅に到着する人は$42 \div 0.4 = 105$人。この人数は、L駅から乗車する人の0.7なので、L駅から乗車する人は$105 \div 0.7 = 150$人。

問02 ▶▶▶❶**G**　❷**H**

❶**ア、イ、ウ**の各式は、次のように導出できる。

ア：$G = xE + yF = xE + y(tB + uC + wD)$

イ：$G = xE + yF = x(vD) + y(tB + uC + wD) = vxD + tyB + uyC + wyD$
　　　$= y(tB + uC) + (vx + wy)D$

ウ：$G = xE + yF = x(vD) + y(tB + uC + wD) = vx(sA) + tyB + uyC + wy(sA)$
　　　$= svxA + tyB + uyC + swyA = s(vx + wy)A + tyB + uyC$

❷❶の式**ウ** $G = s(vx + wy)A + tyB + uyC$に、各値を代入する。
　$G = 0.8 \times (0.4 \times 0.25 + 0.5 \times 0.6) \times 200 + 0.7 \times 0.6 \times 300 + 0.9 \times 0.6 \times 250$
　　$= 325$

問03 ▶▶▶❶**C**　❷**F**　❸**G**　❹**F**

❶**ア、イ、ウ**の式を順に検討する。

×**ア**：$Y = oV + pW + rX$と書ける。「$Y = oV + pW + qX$」は誤り。

×**イ**：$Y = oV + pW + rX = oV + pW + r(qW) = oV + (p + qr)W$。「$Y = oV + (p + qr)T$」は誤り。

○**ウ**：$Y = oV + (p + qr)W = o(lU + mS) + (p + qr)(nT) = o(l(kS) + mS) + n(p + qr)T$
　　　$= o(kl + m)S + n(p + qr)T$

❷S駅からの乗客のうち、V駅に到達する乗客の比率は、
　$k \times l + m = 0.3 \times 0.8 + 0.4 = 0.64$
　V駅からの乗客のうち、比率oの人がY駅で降車するので、S駅からの乗客でY駅で降車する人は、$0.64 \times 0.5 = 0.32$→**32%**となる。

❸T駅からの乗客のうち、比率nの人がW駅に到達する。そのうちY駅で降車する人の比率は、$p + q \times r$。したがって、
　$n \times (p + q \times r) = 0.6 \times (0.7 + 0.25 \times 0.2) = 0.45$　→　**45%**

❹S駅からU駅に到達した乗客は、$500 \times 0.3 = 150$人。したがって、W駅から直通で

Y駅に到達した乗客はそれより18人多い168人となる。これは、T駅からW駅に到達した乗客の人数の比率 $p = 0.7$ にあたる。したがって、W駅に到達した乗客は168 ÷ 0.7 = 240人。W駅に到達するのはT駅からの乗客の比率 $n = 0.6$ なので、T駅から乗車した乗客の人数は240 ÷ 0.6 = **400人**。

問01

「故意」は意図的に行うこと。「過失」はその反対に不注意などの非意図的な行為。したがって、2語の関係は対義語（反意語）となる。

❶ **D** 曖昧（あいまい）。あやふやで明確ではないこと。⟷明瞭（めいりょう）

❷ **C** 優雅（ゆうが）。上品でしとやかなさま。⟷粗野（そや）

❸ **C** 利得（りとく）。得られる利益。⟷損失（そんしつ）

❹ **D** 傲慢（ごうまん）。おごりたかぶること。⟷謙虚（けんきょ）

❺ **A** 豪胆（ごうたん）。度胸があること。⟷臆病（おくびょう）

❻ **C** 愚直（ぐちょく）。馬鹿正直で、臨機に対応できない。⟷狡猾（こうかつ）

❼ **E** 包含（ほうがん）。要素を含んでいること。⟷除外（じょがい）

❽ **A** 冗長（じょうちょう）。無駄が多いこと。⟷簡潔（かんけつ）

❾ **D** 肥沃（ひよく）。土地に栄養が満ち、作物の栽培に適している。⟷不毛（ふもう）

❿ **A** 脆弱（ぜいじゃく）。もろくて壊れやすい。⟷強靭（きょうじん）

⓫ **D** 帰納（きのう）。具体的な事例から一般的な真理を推論する。⟷演繹（えんえき）

⓬ **B** 引力（いんりょく）。物体同士が引きあう力。⟷斥力（せきりょく）

問02

「精通（せいつう）」「知悉（ちしつ）」は、いずれも物事を詳しく知っていること。したがって、2語の関係は同義語（同意語）となる。

❶ **D** 真偽（しんぎ）。真実と嘘。＝虚実（きょじつ）

❷ **A** 反目（はんもく）。にらみあって対立しているさま。＝対立（たいりつ）

❸ **C** 阻害（そがい）。妨げていること。＝邪魔（じゃま）

❹ **B** 翻意（ほんい）。（決心などが）心変わりすること。＝変心（へんしん）

❺ **C** 迎合（げいごう）。無批判に相手を受け入れること。＝追従（ついじゅう）

❻ **A** 早計（そうけい）。はやまった考え。＝軽率（けいそつ）

❼ **E** 猜疑（さいぎ）。何かたくらんでのではないかと疑うこと。＝不信（ふしん）

❽ **A** 撞着（どうちゃく）。つじつまが合わないこと。＝矛盾（むじゅん）

❾ **A** 慟哭（どうこく）。大声で泣くこと。＝号泣（ごうきゅう）

❿ **E** 剽窃（ひょうせつ）。他人の論文や作品を自分のものとして発表すること。
　　＝盗用（とうよう）

⓫ **C** 逓減（ていげん）。徐々に減っていくこと。＝漸減（ぜんげん）

⑫　A　逍遥（しょうよう）。気ままに歩きまわること。＝散策（さんさく）

問03

「水素」は「元素」（酸素、炭素など）の一種。したがって、2語の関係は包含となる。

❶　A　小麦は、「穀物」の一種。

❷　E　ニューヨークは、「アメリカ」の一都市。

❸　A　手術は、「医療（行為）」の一種。

❹　D　津波は、「（自然）災害」の一種。

❺　B　新書は、「書籍」の一種。

❻　C　シェイクスピアは、「劇作家」の一人。

❼　B　クジラは、「生物（哺乳類）」の一種。

❽　D　ラジオは、「放送」の一種。

❾　A　公園は、「施設」の一種。

❿　B　刑法は、「法律」の一種。

⓫　C　石油は、「化石燃料」の一種。

⑫　B　硬貨は、「貨幣」の一種。

問04

「惑星」は「地球」（火星、木星など）を包含する概念（地球は、惑星の一種）。したがって、2語の関係は包含となる。1語目が2語目を包含していることに注意。

❶　C　嗜好品の一種に、「煙草」がある。

❷　D　通信の一種に、「手紙」がある。

❸　D　文学の一種に、「小説」がある。

❹　A　スポーツの一種に、「マラソン」がある。

❺　B　教育の一種に、「宿題」がある。

❻　B　職業の一種に、「ライター（文筆業）」がある。

❼　A　音楽演奏の一種に、「歌唱」がある。

❽　D　料理の一種に、「寿司」がある。

❾　D　食器の一種に、「茶碗」がある。

❿　B　中国の都市の1つに、「北京」がある。

⓫　D　両生類の一種に、「カエル」がある。

⑫　E　植物の一種に、「大豆」がある。「造花」は、紙や布などの材料で花の形を模したもの。

問05

「セールスマン」と「販売」の関係は、仕事上の役割（セールスマンは販売する）。したがって、2語の関係は役割となる。

❶ **E** イラストレーターは「作画」する。イラストレーターの役割は、作画。

❷ **B** 調理師は「料理」する。調理師の役割は、料理。

❸ **A** 探偵は「調査」する。探偵の役割は、調査。

❹ **E** 医師は「治療」する。医師の役割は、治療。

❺ **D** 著者は「執筆」する。著者の役割は、執筆。

❻ **A** 写真家は「撮影」する。写真家の役割は、撮影。

❼ **B** 騎手は「乗馬」する。騎手の役割は、乗馬。

❽ **C** ディレクターは「監督」する。ディレクターの役割は、監督。

❾ **A** 学芸員は「キュレーション」する。キュレーションとは、資料収集・調査研究を行うこと。

❿ **B** 俳優は「演技」する。俳優の役割は、演技。

⓫ **A** ジャーナリストは「取材」する。ジャーナリストの役割は、取材。

⓬ **B** コンポーザー（作曲家）は「作曲」する。コンポーザーの役割は、作曲。

問06

「ポンプ」と「揚水」の2語の関係は用途となる（ポンプで揚水する）。

❶ **C** 国会で「立法」する。国会は国の立法機関。

❷ **C** ビデオカメラで「撮影」する。ビデオカメラの用途は、撮影。

❸ **D** 定規で「線引き」する。定規の用途は、線引きや長さの計測。

❹ **C** ボールペンで「筆記」する。ボールペンの用途は、筆記。

❺ **D** 蛍光灯で「照明」する。蛍光灯の用途は、照明。

❻ **E** トラックで「運送」する。トラックの用途は、運送。

❼ **C** 電話で「通話」する。電話の用途は、通話。

❽ **A** ラジエーターで「熱交換」する。ラジエーターの用途は、熱交換。

❾ **D** ミキサーで「撹拌（かくはん）」する。ミキサーの用途は、撹拌。

❿ **B** やすりで「研磨（けんま）」する。やすりの用途は、研磨。

⓫ **E** 顕微鏡で「観察」する。顕微鏡用途は、観察。

⓬ **E** 名簿で「照会」する。名簿の用途は、（情報の）照会。

問07

「うどん」は「小麦粉」から作る。したがって、2語の関係は原料となる。

❶ E 日本酒は、米から作る。

❷ D 絹は、蚕（かいこ）の繭（まゆ）から作る。

❸ B ダイヤモンドの原料（素材）は、炭素。

❹ C 半導体は、シリコン（珪素）から作る。

❺ B 豆腐は、大豆から作る。

❻ E セメントは、主に石灰石（せっかいせき）から作る。

❼ B マーガリンは、植物性油脂から作る。

❽ A 肥料の原料は、窒素（および、りん、カリウム）。

❾ E アルミニウムは、ボーキサイトを精製したもの。

❿ B ぜんざいは、小豆（あずき）から作る。

⓫ B たくあんは、大根から作る。

⓬ D 一円硬貨の原料は、アルミニウム。

問 08

「針」と「糸」は、組み合わせて使う。したがって、2語の関係はペアとなる。

❶ B 徳利（とっくり）とペアになるのは、猪口（ちょこ）。

❷ D 衆議院とペアになるのは、参議院。

❸ E ボルトとペアになるのは、ナット。

❹ C 鉛筆とペアになるのは、消しゴム。

❺ B 包丁とペアになるのは、まな板。

❻ C シャンプーとペアになるのは、リンス。

❼ B ドライバーとペアになるのは、ネジ。

❽ D ナイフとペアになるのは、フォーク。

❾ A マイクとペアになるのは、スピーカー。

❿ A スキー板とペアになるのは、ストック。

⓫ C 杵（きね）とペアになるのは、臼（うす）。

⓬ E プラグ（差込プラグ）とペアになるのは、コンセント（差込口）。

問 09

「イルカ」と「シャチ」は同じ海に生息する哺乳類。したがって、2語の関係は同列となる。

❶ D フルート（楽器）の同列は、クラリネット。

❷ C 英語（外国語）の同列は、フランス語。

❸ C 関東（地方）の同列は、北陸。

❹ E 野球（球技）の同列は、サッカー。

⑤ **B** 火星（惑星）の同列は、金星。マーズ（Mars）は火星のこと。

⑥ **C** ウイスキー（蒸留酒）の同列は、ブランデー。

⑦ **B** カナヅチ（工具）の同列は、ノコギリ。

⑧ **D** 酸素（元素）の同列は、窒素。

⑨ **D** 阿蘇山（火山）の同列は、浅間山。

⑩ **D** オペラ（音楽の形式）の同列は、交響曲。

⑪ **B** ヨーグルト（乳製品）の同列は、チーズ。マーガリンは主に植物油から作られる。

⑫ **A** ユーラシア（大陸）の同列は、オーストラリア。北極は大陸ではない。南極は大陸。

---

02 2語の関係② 実践編   253 - 257ページ

問01

❶ **D** そろばんで計算する（用途）。自転車で「移動」する。

❷ **C** 醤油は調味料の一種（包含）。マカロニは「パスタ」の一種。

❸ **D** 弓と矢はペア。布団と「枕」はペア。

❹ **C** プラスチックは原油から作る（原料）。ポップコーンは「トウモロコシ」から作る。

❺ **A** 嘲弄（ちょうろう）と揶揄（やゆ）は同義語。越権の同義語は「僭越（せんえつ）」。

❻ **B** 入力と出力は対義語。希釈（きしゃく）の対義語は「濃縮」。

❼ **B** ルビーもサファイアも宝石（同列）。クラシックも「ジャズ」も音楽のジャンル。

❽ **E** 鳩は鳥の一種（包含）。ジュースは「飲料」の一種。

❾ **B** 様相と状態は同義語。食傷（飽きること）の同義語は「倦怠（けんたい）」。

❿ **B** 教師は教育する（役割）。公認会計士は「会計」する。

⓫ **E** 拒絶と承認は対義語。親切の対義語は「冷淡」。

⓬ **D** 動転と狼狽は同義語。驚愕（きょうがく）の同義語は「仰天（ぎょうてん）」。

⓭ **B** 魔法瓶は保温する（用途）。コンロは「加熱」する。

⓮ **C** 明治も大正も元号（同列）。横綱も小結も大相撲の番付。

⓯ **D** 心配と懸念は同義語。理解の同義語は「把握」。

⓰ **C** ビールは麦から作る（原料）。かまぼこは「魚類」から作る。

⓱ **B** 自転車も自動車も移動手段（同列）。うちわも「扇風機」も涼をとる具。

⓲ **A** 享楽と禁欲は対義語。巧妙（こうみょう）の対義語は「拙劣（せつれつ）」。

⓳ **B** 人体は細胞から作られる（原料）。ドライアイスは「二酸化炭素」から作られる。

⓴ **C** 銅は金属の一種（包含）。「女優」は役者の一種。

㉑ **C** 蹉跌（さてつ）と頓挫（とんざ）は同義語。濫觴（らんしょう）の同義語は「起源」。

問02

❶ **C** 数学：物理（同列）、コンビニ：小売店（包含）、テレビ：家電（包含）、福岡：

名古屋（同列）

❷ **A** チョコレート：菓子（包含）、カソリック（カトリック）：宗教（包含）、飴：鞭（対義語）、長男：次女（同列）

❸ **E** テレビ：視聴（用途）、ドリル：穴あけ（用途）、ラジオ：チューナー（包含）、プリンター：印刷（用途）

❹ **A** 鍬（くわ）：農具（包含）、軍手：手袋（包含）、パソコン：ソフトウェア（ペア）、ワイン：ブドウ（原料）

❺ **C** 砂糖：サトウキビ（原料）、封筒：便箋（びんせん）（ペア）、医師：職業（包含）、オムレツ：鶏卵（けいらん）（原料）

❻ **E** 暫定（ざんてい）：臨時（同義語）、割愛（かつあい）：省略（同義語）、過日（かじつ）：後日（対義語）、奏功（そうこう）：成功（同義語）

❼ **B** チョコレート：カカオ（原料）、そば：うどん（同列）、ポテトチップス：じゃがいも（原料）、コーヒー：紅茶（同列）

❽ **D** 分析：総合（対義語）、崇拝（すうはい）：冒瀆（ぼうとく）（対義語）、凝視（ぎょうし）：一瞥（いちべつ）（対義語）、厨房（ちゅうぼう）：台所（同義語）

❾ **D** 果実：林檎（りんご）（包含）、機械：ロボット（包含）、工具：スパナ（包含）、キャップ：ペン（ペア）

❿ **E** 糾弾（きゅうだん）：弾劾（だんがい）（同義語）、安泰（あんたい）：平穏（へいおん）（同義語）、肯定：否定（対義語）、邂逅（かいこう）：遭遇（そうぐう）（同義語）

⓫ **A** ほうき：ちり取り（ペア）、弓：矢（ペア）、酸素：水素（同列）、洪水：雪崩（なだれ）（同列）

⓬ **E** 面舵（おもかじ）：取舵（とりかじ）（対義語）、朗報：悲報（対義語）、衰退：凋落（ちょうらく）（同義語）、弛緩（しかん）：緊張（対義語）

⓭ **C** キリスト教：仏教（同列）、北海道：札幌（包含）、地震：災害（包含）、セシウム：カリウム（同列）

⓮ **B** 力士：相撲（役割）、タイヤ：ゴム（原料）、庭師：造園（役割）、ほうき：掃除機（同列）

⓯ **D** 薬：治療（用途）、ストーブ：暖房（用途）、電卓：計算（用途）、ゼリー：ゼラチン（原料）

⓰ **B** 委細：概略（対義語）、国語：数学（同列）、幕開け：幕切れ（対義語）、批評：寸評（包含）

⓱ **C** 大工：建築（役割）、検察：弁護（ペア）、洋服：和服（同列）、台車：運搬（役割）

⓲ **B** 末端：中枢（ちゅうすう）（対義語）、失望：落胆（同義語）、類似：相違（対義語）、了解：承諾（しょうだく）（同義語）

⓳ **A** 慢心（まんしん）：自惚（うぬぼれ）（同義語）、走狗（そうく）：手先（同義語）、利那（せつな）：永劫（えいごう）（対義語）、蓋然（がいぜん）：必然（対義語）

⓴ **E** イノベーション：革新（同義語）、プレゼンス：存在感（同義語）、コンセンサス：常識（コンセンサス＝合意、常識＝コモンセンス）、テンプレート：ひな形（同

義語）

㉑ **E** 傍観：座視（同義語）、大家：泰斗（同義語）、寡聞：博識（対義語）、傾注：没頭（同義語）

㉒ **F** 漸進：急進（対義語）、廉価：安価（同義語）、嚥下：吐瀉（対義語）、勇敢：卑怯（対義語）

---

03 熟語の意味　　259 - 263ページ

問01

❶ **D** 招聘（しょうへい）　　（例）教授として大学に招聘する

❷ **E** 会釈（えしゃく）　　（例）軽く会釈する

❸ **B** 乖離（かいり）　　（例）実体と乖離している

❹ **D** 頑迷（がんめい）　　（例）頑迷な人

❺ **B** 齟齬（そご）　　（例）齟齬をきたす

❻ **C** 逡巡（しゅんじゅん）　　（例）逡巡してチャンスをのがした

❼ **B** 見識（けんしき）　　（例）高い見識をもつ

❽ **E** 卓越（たくえつ）　　（例）卓越した才能

❾ **A** 脱兎（だっと）　　（例）脱兎のごとく逃げ出す

❿ **D** 閑談（かんだん）　　（例）友人と閑談する

⓫ **C** 滑稽（こっけい）　　（例）夫婦げんかほど滑稽なものはない

⓬ **E** 酩酊（めいてい）　　（例）酩酊して眠る

⓭ **C** 卑下（ひげ）　　（例）自分を卑下する

⓮ **A** 無謬（むびゅう）　　（例）理論の無謬性を疑う

⓯ **E** 酸鼻（さんび）　　（例）酸鼻を極める

⓰ **E** 稀代（きたい・きだい）　　（例）稀代（希代）の悪人

⓱ **D** 誹謗（ひぼう）　　（例）誹謗中傷する

⓲ **C** 邪険（じゃけん）　　（例）邪険に扱う

⓳ **B** 輻輳（ふくそう）　　（例）電話回線が輻輳する

⓴ **D** 逼迫（ひっぱく）　　（例）事態は逼迫している

㉑ **C** 蛇蝎（だかつ）　　（例）蛇蝎のごとく嫌う

㉒ **D** 諧謔（かいぎゃく）　　（例）諧謔に満ちている

㉓ **D** 恩赦（おんしゃ）　　（例）罪人に恩赦を与える

㉔ **A** 瑕疵（かし）　　（例）瑕疵担保責任がある

㉕ **A** 磐石（ばんじゃく）　　（例）守りは磐石だ

㉖ **B** 忌避（きひ）　　（例）徴兵を忌避する

㉗ **C** 吹聴（ふいちょう）　　（例）噂を吹聴して回る

㉘ **D** 眺望（ちょうぼう）　　（例）ビルの上から街を眺望する

㉙	D	掌握	（しょうあく）	（例）実権を掌握する
㉚	D	斟酌	（しんしゃく）	（例）諸般の事情を斟酌する
㉛	D	愁眉	（しゅうび）	（例）愁眉を開く
㉜	E	研鑽	（けんさん）	（例）日夜研鑽を積む
㉝	B	敬虔	（けいけん）	（例）敬虔な信者
㉞	C	薫陶	（くんとう）	（例）師の薫陶を受ける
㉟	C	憔悴	（しょうすい）	（例）憔悴した顔
㊱	E	豹変	（ひょうへん）	（例）態度を豹変させる
㊲	B	食傷	（しょくしょう）	（例）同じ話ばかりで食傷した
㊳	B	眩惑	（げんわく）	（例）彼女の美しさに眩惑される
㊴	E	杞憂	（きゆう）	（例）杞憂に終わる
㊵	B	慇懃	（いんぎん）	（例）慇懃な態度
㊶	E	憐憫	（れんびん）	（例）憐憫の情をもよおす
㊷	A	咀嚼	（そしゃく）	（例）内容を咀嚼する
㊸	E	進捗	（しんちょく）	（例）予定通りに工事が進捗する
㊹	B	踏襲	（とうしゅう）	（例）前内閣の方針を踏襲する
㊺	B	準拠	（じゅんきょ）	（例）国際規格に準拠する
㊻	C	急逝	（きゅうせい）	（例）事故で急逝した
㊼	A	恫喝	（どうかつ）	（例）恫喝して金品を奪う
㊽	C	堪能	（たんのう）	（例）料理を堪能した

04 語句の用法① 文法 266 - 271ページ

問01

❶ **C** 例文は「手を使って水をすくった」と言い換えられる。同じものはC「やすりを使って仕上げる」。A「〜という場所で」、B「〜の期間で」、Dは助動詞「だ」の連用形、E「〜という場所で」。

❷ **A** 例文は「台風が原因で欠航となった」と言い換えられる。同じものはA「寝不足が原因で仕事にならない」。B「〜の時点で」、C「〜の状態で」、D「〜を使って」、E「〜という場所で」。

❸ **D** 例文は「道端という場所でつい話し込む」と言い換えられる。同じものはD「デパートという場所で買い物をした」。A「〜によって」、B「〜に対して」、CとE「〜によって」。

❹ **B** 例文は「全会一致の状態で賛成した」と言い換えられる。同じものはB「寝不足の状態で会社に行く」。A「〜の時点で」、C「〜のせいで」、DとE「〜が主体となって」。

❺ **D** 例文は「チョークを使って黒板に図を描く」と言い換えられる。同じものはD

「やかんを使ってお湯をわかす」。AとC「〜の時点で」、B「〜という場所」、E「〜主体となって」。

❻ D 例文は「ノートに対して日程をメモした」と言い換えられる。同じものはD「コンセントに対して差し込んだ」。A「〜という場所に」、B「〜として」、C「〜の方向に」、E「〜のために」。

❼ B 例文は「真夜中の時点にラーメンを食べた」と言い換えられる。同じものは「仕事の合間の時点に電話をする」。A「〜に対して」、C「〜を基準に」、D「〜という結果に」、E「〜に対して」。

❽ C 例文は「スタッフが現地の方向に到着した」と言い換えられる。同じものはC「目的地の方向に近づいた」。A「〜という場所に」、B「〜のために」、D「〜に対して」、E「〜によって」。

❾ B 例文は「私が知らない人だった」と言い換えられる。同じものはB「母が描いた絵」。A「〜に所属の」（連体修飾語）、C「〜のもの」、Dは「〜だの〜だの」（並立）、Eは質問の意を表す終助詞。

❿ D 例文の「大学が行う授業で習った」と言い換えられる（連体修飾語）。同じものはDの「先生が行う話を聞いた」。A、B、C「〜が」、E「〜もの」。

⓫ C 例文は「のちに家康という結果になる」と言い換えられる。同じものはC「やがて議員という結果になった」。A「〜と一緒に」、B「〜と思って」、D「〜と比べて」、Eは並立助詞。

⓬ B 例文は「あなたと比べて方向が違う」と言い換えられる。同じものはBの「以前と比べて大きく変わっていた」。A「〜という様子で」、C「〜一緒に」、Dは「〜という結果」、Eは逆接の条件を表す接続助詞。

⓭ E 例文は「価格は高いがしかし性能は良い」（逆接）と言い換えられる。同じものはE「気温が高いがしかし湿度は低い」。A「〜は」（主体）、B「〜を」（対象・目標）、C「〜が所属する」、D「〜と望む」（希望）。

⓮ B 例文は「別の選択肢も同じようにある」と言い換えられる（同種）。同じものはB「あの件は僕も同じように悪かった」。A「〜も〜も」（並列）、C「〜もまったく」（全面的）、D「〜ぐらい」（程度）、E「〜も！」（驚き）。

⓯ C 例文は「危険と知っているにもかかわらず探りを入れた」と言い換えられる。同じものはC「無駄と思うにもかかわらず忠告した」。AとE「〜はじめている」、BとD「〜ながら、同時に」。

⓰ D 例文は「目的地に近づきはじめている」と言い換えられる。同じものはD「売上は上昇しはじめている」。A、B、E「〜ながら、同時に」。C「〜にもかかわらず」（相反）。

⓱ C 例文は「仕事は今夜中に終わりそうな予感」と言い換えられる。同じものはC「雨は雪にかわりそうな予感」。残り選択肢は「〜と聞いた」。

⓲ E 例文は「警察は犯人を見失ったと聞いた」と言い換えられる。同じものはE「近

所の店は評判と<u>聞いた</u>」。残り選択肢は「〜そうな予感」。

⑲　**A**　例文は「まんまと敵にしてやら<u>れてしまう</u>」と言い換えられる（受身）。同じものは A「受験で落と<u>されてしまう</u>」。B と E は尊敬、C は自発、D は可能。

⑳　**A**　例文は「この書類は完璧に仕上げ<u>ることが可能</u>」と言い換えられる（可能）。同じものは A「この山なら今日中に登<u>ることが可能</u>」。B は尊敬、C と E は受身、D は自発。

㉑　**C**　例文は「窓<u>という場所から</u>光が差し込む」と言い換えられる。同じものは C「すき間<u>という場所から</u>水が漏れる」。A「〜の時点から」、B「〜が原因で」、D「〜を原料に」、E「〜をもとに」。

㉒　**B**　例文は「混雑<u>が原因で</u>ダイヤの乱れが生じた」と言い換えられる。同じものは B「<u>不注意が原因で</u>けがをした」。A「〜を使って」、C と E「〜を出発点として」、D「〜の時点から」。

㉓　**A**　例文は「お金<u>と比べて</u>家族が大事」と言い換えられる。同じものは A「見た目<u>と比べて</u>若く見える」。B「〜以外に」、C「〜から」、D「〜が原因で」、E「〜の場所より」。

㉔　**A**　例文は「相手が納得する<u>ときまで</u>話す」と言い換えられる。同じものは A「閉店する<u>ときまで</u>あと 10 分しかない」。B「〜までして」（動作・事柄のおよぶ程度）、C「〜に過ぎない／〜以外に選択の余地がない」、D「〜さえ」（極端な例）、E「〜という場所まで」。

㉕　**E**　例文は「できる<u>限り</u>の成果をあげた」と言い換えられる。同じものは E「いまのうち寝られる<u>限り</u>寝ておこう」。A、B、D「〜のみ」（程度・分量）、C「〜ことにふさわしい程度」。

㉖　**B**　例文は「声をあげる<u>くらいとても</u>喜んだ」と言い換えられる。同じものは B「驚く<u>くらいとても</u>自分に似ていた」。A と C「〜くらい長く」（程度）、D「〜につれてますます」は比例する関係、E「〜のようには」（比較）。

㉗　**D**　例文は「本は出<u>てから間もない</u>ので売っていない」と言い換えられる。同じものは D「いま出掛け<u>てから間もない</u>です」。A「〜に限って」、B「それだけの原因で」、C の「だけでなく、そのうえ」、E「〜ほど」（程度・分量）。

05 語句の用法② 多義語　273 - 281ページ

問 01

❶　**B**　（サイズや意見が）合う ＝「一致する」。A（会う）、D（遭う：災難にあう意で使う）。

❷　**B**　口から言葉を吐き出す（語る、本音・弱音を言う）＝「言う」。A（履く）、C（掃く）、D（吐く）、E（刷く）。

❸　**C**　聞かなかったことにする ＝「無視する」。

❹　**C**　探りを入れる、調べる ＝「当たってみる」。A「ぶつかる。命中する」、B「怒

りをぶつける」、D「相当する」、E「的中する」。

❺ E 高い場所から、下の場所に移動する＝「降りる」。A（乗物から出る）、B、C、D（下りる）。「下」は「上」の対、「降」は「乗」「登」の対で使うことが多い。

❻ B （寒気や虫唾（虫酸）、気味悪いなどの）感覚や感情が一瞬よぎる＝「（感覚が）する」。

❼ E 尖ったものを突き入れる＝「突き刺す」。A（射す）、B（注す）、C（点す）、D（差す）「差し込み→急激な痛み」。

❽ C 執る（教える、指導する、指揮する）＝「行う」。A、D（取る）、B（盗る）、E（撮る）。

❾ B 取る＝「引き受ける」。C（捕る）、D（採る）、E（主張する）。

❿ C 薄い布などで巻く＝「巻きつける」。A（撒く）。

⓫ C （工程が）つつがなく進行する。A「進歩する」、B「増進する」、D「移行する」、E「気乗りする」。

⓬ C （1本の電車ではなく、ダイヤ全体が）止まる。A（停まる）、B（泊まる）、D（留まる「強く印象に残る、固定する」）。

⓭ C 断絶してしまう＝「絶つ」。A（経つ）、B（立つ）、D（建つ）、E（発つ）。

⓮ D 書物などから引用する。A（引く）、B（惹く）、C（礫く）、E（弾く）。

⓯ E ある状態になる。結果がでる＝「決着する」。A（着く）、B（付く）、C（灯く）。

⓰ C 総数が足りなくなる。一部分が壊れる＝「欠ける」。A（賭ける）、B（駆ける）、D（掛ける）、E（架ける）。

⓱ A 液体などを上からかける＝「注ぐ」。

⓲ B 心に感動を与える、受ける＝「打つ」。D（討つ）、E（撃つ）。

⓳ C 厳しさに欠けている。B「不十分である」、D「甘美で気持ちよい」。

⓴ D 光の量が多く、よく見える＝「眩しい」。A「期待がもてる」、B「詳しい」、C「陽気だ」、E「公明正大である」。

㉑ E 大きな音を出す、騒ぐ＝「鳴らす」。

㉒ C 計画や予定、対策を立てて、状況に備える＝「練る」。

㉓ B 世間一般で言われている。

㉔ C 自分の言動によって、相手に怒りや失笑を起こさせる。B（飼う）。D「評価する」。

㉕ B 程度や精度が高まる＝「良くなる」。

㉖ D 回路や回線を切断する＝「オフにする」。

㉗ D 湧いた。地中から吹き出してくる。C（沸いた）。

㉘ C 近くに迫る＝「向かってくる」。

㉙ D 数を見積もる＝「数える」。

問02

❶ E 盛り上がった場面（山場）。A（鉱山を掘り当てる）、B（山勘）、C（登山）、D（た

110

くさんたまること）。

❷ **B** 空の様子（天気）。A（放心）、C（外見上だけの）。D（空中）。E（諳んじる）。

❸ **E** 善し悪しを見分ける力（鑑識眼）。A（驚き・感動の表現）、B（体験）、C（目付き）、D（ひどい目にあわせる）。

❹ **B** 草木などの植物（自然）。A、C〜E（目に映る緑色）。

❺ **E** （自分で）行くこと。A（動物の脚・下肢）、B（損失）、C（物の下部にあって支えるもの）、D（客の出入り）。

❻ **C** 手段、方法。A（身体の手）、B（行く先）、D（炎）、E（所有、支配下）。

❼ **B** 手間、手数。A（能力）、C（手の内）、D（人手）、E（種類や属性）。

❽ **B** 言葉や発言。A（味覚）、C（種類）、D（入り口、最初）、E（勤め先）。

❾ **B** 思考力や物の考え方。A（身体の頭部）、C（相手の言い分を聞かないさま）、D（初め）、E（人数）。

❿ **E** 火事。A（明白）、BとD（道具としての火）、C（熱をおびて熱い様子）。

⓫ **C** （歴史、社会などの）抗えない変化。A（ひとつの方向に向かう流れ）、B（感情の起伏）、D（売上の上下）、E（景気が循環的に上下すること）。

⓬ **C** 心のなかで考えていること。本心。A（感情）、B（胃腸）、D（身体の腹部）、E（度胸が据った、肝が据った）。

⓭ **B** 気分、気持ち。A（関心・興味）、C（気遣い）、D（正気）、E（特有の香りや味）。

⓮ **C** （人を行かせる）。A（出版・発行する）、B（中から外へ移す）、D（命令を下す）、E（提供する）。

06 熟語の成り立ち 　　　　　　　　　284 - 289ページ

問01

❶（1）**C**：難を避ける、（2）**A**：利益と損害、（3）**D**：日が没する（主語と述語）、（4）**B**：極めて寒い、（5）**A**：是と非

❷（1）**B**：貧しく弱い、（2）**C**：弱い者、（3）**D**：公と私（反対の意味）、（4）**A**：国が営む、（5）**B**：賠うと償う

❸（1）**C**：山に登る、（2）**D**：危ういと険しい（似た意味）、（3）**A**：美しい女性、（4）**B**：雌と雄、（5）**C**：食を絶つ

❹（1）**C**：私が有する、（2）**A**：救うと護る、（3）**B**：吉と凶、（4）**D**：軍を進める（動詞の後に目的語）、（5）**A**：清らかと純粋

❺（1）**B**：金を送る、（2）**C**：大きな（成果の）漁、（3）**A**：明と暗、（4）**D**：起きると立つ（似た意味）、（5）**C**：寒い村

❻（1）**B**：逃げると避ける、（2）**C**：奇数と偶数、（3）**A**：円が安い、（4）**D**：強い力（前の漢字が後ろの漢字を修飾）、（5）**B**：反すると対する

❼（1）**B**：小さい額、（2）**A**：毒を消す、（3）**C**：損と得、（4）**D**：戦いと争い（似た意味）、

(5) **A**：日本を訪れる

❽(1) **B**：日が照る、(2) **A**：請うと求む、(3) **C**：京に上る、(4) **D**：天と地（反対の意味）、
(5) **A**：洗うと浄める

❾(1) **B**：虚構と事実、(2) **A**：聖なる杯、(3) **D**：気が軽い（主語と述語）、(4) **C**：学
校に通う、(5) **A**：急ぎの用事

❿(1) **C**：樹を植える、(2) **A**：地が震える、(3) **B**：喧しいと騒がしい（喧しいは「や
かましい」とも読む）、(4) **D**：矛と盾（反対の意味）、(5) **C**：信号を受ける

⓫(1) **B**：人が為す、(2) **A**：添えると付ける、(3) **C**：高い温度、(4) **D**：清いと濁っ
ている（反対の意味）、(5) **C**：強い欲（強欲は「ごうよく」と読む）

⓬(1) **B**：汚れると濁る、(2) **C**：火事を防ぐ、(3) **D**：人間の権利（前の漢字が後ろの
漢字を修飾）、(4) **A**：濃いと淡い、(5) **C**：金を借りる

⓭(1) **D**：屈むと伸ばす（反対の意味）、(2) **A**：暗いと黒い、(3) **B**：民が営む、(4) **C**：
苦しい闘い、(5) **A**：言うと論ずる

⓮(1) **B**：光と陰、(2) **A**：花を開く、(3) **C**：人が造る、(4) **D**：計ると測る（似た意味）、
(5) **A**：人を殺す

⓯(1) **B**：跡を追う、(2) **A**：巧みな知恵、(3) **C**：強いと大きい、(4) **D**：前と後ろ（反
対の意味）、(5) **C**：温かいと暖かい

⓰(1) **B**：巧みと妙、(2) **A**：否と応、(3) **D**：水の力、(4) **C**：病院に通う、(5) **D**：黒
い板（前の漢字が後ろの漢字を修飾）

⓱(1) **B**：怪しい獣、(2) **B**：住む所、(3) **A**：縦と横、(4) **D**：動くと揺れる（似た意
味）、(5) **C**：速度を失う

07 文の並べ換え① 文節　　 291 - 294ページ

問 01 ▶▶▶ D

　全文は「近年の　**B** 人間活動の拡大に伴って　**A** 温室効果ガスが　**E** 大量に大気中
に　**D** 排出されることで　**C** 地球が温暖化する　おそれが生じている。」となる。空欄
　4　には**D**が入る。

問 02 ▶▶▶ D

　全文は「国際宇宙ステーション（ISS）計画は　**B** 米国・ロシア・日本・カナダ・欧
州による　**A** 15か国共同の　**D** 国際協力プロジェクトで　**C** 日本は実験棟「きぼう」
により　**E** ISS計画に参加　している。」となる。空欄　3　には**D**が入る。

問 03 ▶▶▶ C

　全文は「高度成長期以降の　**D** 急速施工の時代に　**C** 建造された建築物の　**A** コン
クリートの寿命は　**E** 内部の鉄筋の劣化により　**B** 100年から50年程度　といわれて

112

いる。」となる。空欄 2 にはCが入る。

問 04 ▶▶▶ **A**

空欄 1 と 5 を先に埋め、 2 ～ 4 のつながりを考えよう。全文は「20代の男性は　C 運動習慣のある者の割合が　E やや上昇しているが　A 女性の運動習慣は　B 低下傾向にあり　D 2割を下回っている　といわれる。」となる。空欄 3 にはAが入る。

問 05 ▶▶▶ **E**

全文は「アカショウビン（カワセミ科）は　A 東南アジアなどに　E 広く分布しており　B 毎年春になると　D 繁殖のために　C 日本に飛来する　夏鳥です。」となる（ただし、空欄 3 と 4 は順不同）。空欄 2 にはEが入る。

問 06 ▶▶▶ **D**

全文は「我が国の地域社会は、　E 警察捜査への協力の基盤として　C 事件解決に欠かせなかったが、　A 人間関係の希薄化が進み、　D 聞き込み捜査による　B 目撃情報の入手などが　困難になっている。」となる。空欄 4 にはDが入る。

問 07 ▶▶▶ **B**

全文は「2012年に　D 大型で強い勢力の　B ハリケーン・サンディが　C 米国東海岸に上陸して　A 直撃を受けたニューヨークは　E 浸水や停電などによる　大規模な被害を受けた。」となる。空欄 2 にはBが入る。

問 08 ▶▶▶ **C**

全文は「近年、西日本を中心に　E 中国やモンゴルからの　C 黄砂の飛来が　B 大規模化しており　D 環境問題としても　A 社会的な注目が　集まりつつある。」となる。空欄 2 にはCが入る。

問 09 ▶▶▶ **C**

全文は「物理学の学徒としての自分は、日常普通に　D 身辺に起こる自然現象に　B 不思議を感ずる事は多いが、　C 古来のいわゆる　E「怪異」なるものの　A 存在を信ずること　はできない。」となる（寺田寅彦「怪異考」）。空欄 3 にはCが入る。

問 10 ▶▶▶ **E**

全文は「国際自然保護連合（IUCN）は、　D 野生生物の絶滅の　B 危険性を評価・選定し　E 絶滅危惧種として認定して　C それらの生物種のリストを　A レッドリストとして　公表している。」となる。空欄 3 にはEが入る。

問01 ▶▶▶ ❶ C　❷ D

　接続詞や指示語がない**イ**が出だしの文章。残りの選択肢の文章の論理的なつながりは、温室効果ガスの重要性を説明する「**オ→ア**」、温室効果ガスの増加とその影響による「地球温暖化」問題を説明する「**エ→ウ**」がある。このうち結論としてふさわしいのは「**エ→ウ**」。したがって、「**イ→オ→ア→エ→ウ**」の順になる。❶**ア**の次にくるのは C の**エ**、❷**イ**の次にくるのは D の**オ**。

問02 ▶▶▶ ❶ D　❷ E

　接続詞や指示語がない**エ**が出だしの文章。**エ**の「取組」を引き継いでいるのが**ア**。次に**イ**の「また」、**オ**の「しかし」のどちらかがつながるが、ここでは「ワーク・ライフ・バランス」についての説明がある**イ**が先に来る。残る**ウ**と**オ**では、「…問題である。」と結論づける**ウ**が最後の文章になる。したがって、「**エ→ア→イ→オ→ウ**」の順になる。❶**イ**の次にくるのは D の**オ**、❷**ウ**は最後の文章なので E。

問03 ▶▶▶ ❶ B　❷ C

　接続詞や指示語がないものに**ア**、**エ**がある。それぞれ文章が論理的につながるものは「**ア→イ**」「**ア→オ**」「**エ→ウ**」があるが、**オ**の文章が入る場所は**ア**の後ろしかないので「**ア→オ→イ**」と「**エ→ウ**」となる。「**ア→オ→イ**」と「**エ→ウ**」の順序は、全体の文脈を追ってみると「世界の海洋水産資源には限りがある→養殖業を発展させていくことが重要→我が国の養殖技術は世界的にも優れている→しかし、我が国の養殖業は天然資源に依存し、持続的発展が危ぶまれる」という流れになる。したがって、「**エ→ウ→ア→オ→イ**」の順になる。❶**オ**の次にくるのは B の**イ**、❷**エ**の次にくるのは C の**ウ**。

問04 ▶▶▶ ❶ D　❷ A

　接続詞や指示語がない**イ**が出だしの文章。続く文章は**ア**と**オ**が考えられるが（**ウ**、**エ**は「こうしたリスク」という言葉があり、**ア**よりも後ろになる）、「インフラ」の説明がある**オ**が先になるので「**イ→オ→ア**」。**ア**の文は「リスク」（危険性）の説明となっており、残りの選択肢は「リスクへの対応は容易ではない→しかし…リスクを放置しておくことはできず、総合的な取組が必要…」という文脈になるので、「**ウ→エ**」の順になる。したがって、「**イ→オ→ア→ウ→エ**」の順になる。❶**イ**の次にくるのは D の**オ**、❷**オ**の次にくるのは A の**ア**。

問05 ▶▶▶ ❶ D　❷ E

　接続詞や指示語がないものに**ウ**、**エ**がある。出だしの文章としては主語が「我々」で、テーマの「食」を前面に出した**ウ**がふさわしい。続く文章は**イ**「近年、…<u>我々</u>は…豊

かな食生活を送ることができるようになりました」という大局的な説明が続く。残り
は時系列に文脈を読む。オ「さらに、…（我々）<u>消費者の意識も高まっている</u>」こと、
エ「食品関連産業も…<u>消費者の要望に応えるべく</u>、様々な商品の供給を行って」、その
結果として、ア「<u>店頭には毎月のように新商品が並び</u>…」の順となる。したがって、
「ウ→イ→オ→エ→ア」の順になる。❶オの次にくるのはDのエ、❷アは最後の文章な
のでE。

09 空欄補充 　　　　　　　　　　　　　　　303 - 305ページ

問 01 ▶▶▶ B

空欄は、「プラチナや金など」のこと。また空欄との対比表現として「個々の記録媒
体は脆（もろ）いものであっても」とあるので、「脆い」の反対の記録媒体→「耐久性の高い記
録媒体」であることがわかる。

問 02 ▶▶▶ C

「上善は水のごとし」は『老子』にある有名な言葉（上善如水）。「上善」とは最高の
善のことで、A〜Fの中から近い言葉を探すと「理想」が適切。

問 03 ▶▶▶ D

空欄には「厳密な意味での説明」の例が入る。設問文によると、厳密な意味での説明
とは「なぜそうなるかという問いに対する答えが含まれている」説明なので、日食の仕
組みを説明したDが適切。

問 04 ▶▶▶ ア：C　イ：D

アの例として、「立場や役割の違い、年齢や経験の違いなどに基づく「敬（うやま）い」や「へ
りくだり」などの気持ち」が挙げられている。この例の説明としては「C　相手や周囲
の人と、自らとの人間関係・社会関係についての気持ち」が適切である。

また、イの例として、「公的な場での改まった気持ちと、私的な場でのくつろいだ気
持ち」の違いが挙げられている。この例の説明としては「D　言葉を用いるその場の状
況についての人の気持ち」が適切である。

問 05 ▶▶▶ E

音楽体験が、食べ物や異性のタイプの好き嫌いにたとえられている。また、「鼓膜を
愛撫する技」といった表現から、「E　生理的」がもっとも適当である。概念を通した情
報伝達ではないので「A　思想的」「C　観念的」は×。客観的な認識対象ではないので
「B　客観的」「D　物理的」は×。

問 06 ▶▶▶ **A**

　空欄には読書が必要となる理由が入る。「情報化社会の進展は、自分でものを考えずに断片的な情報を受け取るだけの受け身の姿勢を人々にもたらしやすい」とあることから、「自分でものを考える」あるいは「受け身の姿勢にならない」ために、読書が必要であると述べていることがわかる。以上から「**A**　自分でものを考える必要がある」が適当である。

10 長文読解 310 - 314ページ

問 01 ▶▶▶ **❶E　❷C　❸B　❹D　❺破壊的　❻F**

❶わが国ではイノベーションは「技術革新」と訳されてきたが、提唱者のシュンペーターのいうイノベーションの本当の定義は○○である…、という文である。前の文脈とは相反する文脈につなげるので、「しかし」や「しかしながら」のような逆接の接続詞が入る。

❷熱機関とは、蒸気機関や自動車のエンジンのこと。これらがもたらしたものは産業革命やモータリゼーション（車社会化）である。トランジスタラジオやインターネットは、「半導体の発明」がもたらした。

❸カ〜クの内容が問題文と合致するかどうかを検討する。

×カ　イノベーションは「技術革新」と訳されてきたが、単なる技術の改革ではなく、新しい価値観を生み出すことである。

○キ　「コモディティ化」とは、機能や品質が均質化されて差別化できなくなること。技術のコモディティ化は、カイゼン（製造業の現場で行われる業務改善の活動）や小型軽量化といった、日本の製造業が得意とした分野での競争力を無効化する可能性がある。

×ク　プロセスイノベーションは、新たな方法の実施（業務過程の刷新によるコストダウンなど）により差別化を実現すること。製品の改良は、プロダクトイノベーション。

❹「キャッチアップ」にはいくつかの意味があるが、ここでは「追いつく」などの文意。EMSやクラウドサービスなどの登場によって、高度な技術力がなくても、容易に最先端技術を用いた製品・サービスを開発できるようになった。

❺イノベーションが続く言葉には、本文中には「持続的…」「プロダクト…」「プロセス…」「破壊的…」の４つがあるが、わが国が経済成長を遂げるために必要なのは、新たな価値を生み出し、社会的に大きな変化を起こすような「破壊的」イノベーションである、というのがこの文の結論である。

❻サ〜スの内容が問題文と合致するかどうかを検討する。

×サ　破壊的イノベーションの「破壊的」は否定的な意味ではなく、既存のものに代わる新しい価値を顧客に提供する。

○シ　プロセスイノベーションは、新たな方法の実施により差別化を実現する。持続的イノベーションは、従来製品・サービスの改良によって顧客が求める価値を持続的に提供する。

○ス　破壊的イノベーションは、従来製品・サービスの価値を破壊するかもしれない、まったく新しい価値を生み出し、顧客にその新しい価値に目覚めさせる。

問02 ▸▸▸ ❶B　❷C　❸D　❹国語力　❺C

❶現代の「国語力の問題」についてのたとえに続けて、重ねて同じ文脈の説明につなげるので「さらに」などの累加の接続詞になる。

❷前段落で「情緒力」について説明しているのを受け、この力（＝情緒力）は国語教育を通して体得されるものである、という主張につなげている。

❸アとイは、いずれも文中に記述がある。ウは、「新語、流行語、外来語、外国語、専門用語等の増加」は、多彩なコミュニケーションを生み出すのではなく、逆に「世代間で使用する言葉の差を広げる結果ともなっている」と述べられているので誤り。

❹この文章全体が「国語力」の必要性について述べている。空欄の段落は、受信した情報をすばやく判断・処理したり、情報を的確にまとめて発信する力の基礎として、「国語力」の重要性を説いたもの。第3段落には「急速に増加した情報機器を介しての間接的な意思疎通に…これまで以上の国語力が求められる」という記述がある。

❺「国際化の時代」という文脈では、外国語の習得について書かれた②が当てはまりそうだが、「文化と伝統」には触れられていない。③では「他国の文化や伝統の大切さを理解する」と明確に記述がある。

01 同義語 316 - 319ページ

問01

❶ D achieve（成し遂げる）

A：require（必要とする）　B：deplete（使い果たす）　C：believe（信じる）

D：attain（達成する）　E：acquaint（知らせる）

❷ E assemble（集める）

A：resemble（似せる）　B：abandon（捨てる）　C：adjourn（休会する）　D：agree（同意する）　E：gather（集める）

❸ A vague（あいまいな）

A：obscure（ぼんやりした）　B：clear（はっきりした）　C：vast（ばくだいな）

D：huge（巨大な）　E：slight（わずかな）

❹ B adequate（十分な）

A：adapted（適切な）　B：enough（十分な）　C：independent（独立した）

D：conceited（うぬぼれの強い）　E：deficient（不足している）

❺ A conflict（衝突）

A：collision（衝突）　B：accord（一致）　C：collaboration（協力）　D：alliance（協定）　E：consideration（考慮）

❻ D implore（嘆願する）

A：endow（寄付する）　B：implicate（関係づける）　C：demand（要求する）

D：beg（懇願する）　E：employ（雇う）

❼ B accurate（正確な）

A：crude（粗雑な）　B：exact（正確な）　C：accused（告訴された）　D：extinct（絶滅した）　E：sharp（鋭い）

❽ A face（直面する）

A：confront（直面する）　B：avoid（避ける）　C：combine（結びつける）

D：escape（逃走する）　E：deceive（あざむく）

❾ E barren（不毛な）

A：wary（用心深い）　B：sad（悲しい）　C：lonely（さびしい）　D：fertile（肥沃な）　E：infertile（不毛な）

❿ C spout（噴出する）

A：begin（開始する）　B：shake（揺する）　C：jet（噴き出す）　D：defend（防御する）　E：support（支える）

⓫ E establish（設立する）

A：deploy（配置する）　B：dismantle（分解する）　C：prosper（繁栄する）

D：abolish（廃止する）　E：found（設立する）

⑫　**E**　repair（修復する）

A：wear（着る）　B：ruin（破壊する）　C：despair（絶望する）　D：join（結合する）　E：mend（修理する）

⑬　**A**　live（住む）

A：dwell（住む）　B：roam（歩き回る）　C：confiscate（没収する）　D：deem（みなす）　E：ponder（熟考する）

⑭　**A**　disorder（混乱）

A：confusion（混乱）　B：discourse（講演）　C：discus（円盤投げ）　D：conclusion（結論）　E：concussion（衝撃）

⑮　**B**　vacant（空の）

A：occupied（使用中の）　B：empty（空の）　C：evacuation（避難）　D：bright（明るい）　E：soft（柔らかい）

⑯　**C**　compassion（同情）

A：percussion（打楽器）　B：confession（告白）　C：sympathy（同情）　D：faith（信仰）　E：enmity（敵意）

⑰　**A**　apparent（明白な）

A：obvious（明白な）　B：counterfeit（偽造の）　C：suspicious（疑わしい）　D：difficult（難しい）　E：terrible（恐ろしい）

⑱　**C**　perilous（危険な）

A：perfect（完全な）　B：secure（安全な）　C：dangerous（危険な）　D：weak（弱い）　E：independent（独立の）

⑲　**D**　postpone（延期する）

A：mail（郵送する）　B：advance（進める）　C：project（投影する）　D：defer（延期する）　E：vote（投票する）

⑳　**D**　fault（責任・罪）

A：vice（悪徳）　B：punishment（罰）　C：fine（罰金）　D：responsibility（責任）　E：virtue（美徳）

㉑　**C**　understand（理解する）

A：compromise（妥協する）　B：compress（圧縮する）　C：comprehend（理解する）　D：complete（完了する）　E：compliment（ほめる）

㉒　**E**　guarantee（保証する）

A：predict（予言する）　B：deprive（奪う）　C：correct（正す）　D：bet（賭ける）　E：assure（保証する）

㉓　**C**　miserable（みじめな）

A：cheerful（楽しい）　B：admirable（賞賛すべき）　C：unhappy（みじめな）　D：tiny（ごく小さい）　E：timid（臆病な）

㉔　**D**　prominent（著名な）

A：profound（深い）　B：unknown（無名の）　C：accountable（責任のある）

D：famous（有名な）　E：quiet（静かな）

㉕　**A**　anticipate（期待する）

A：expect（期待する）　B：educate（教育する）　C：invest（投資する）

D：oppose（反対する）　E：attack（攻撃する）

㉖　**B**　abruptly（不意に）

A：vaguely（ばくぜんと）　B：suddenly（突然）　C：gradually（徐々に）

D：finally（ついに）　E：clearly（明白に）

㉗　**E**　explore（調査する）

A：travel（旅をする）　B：journal（日記に書く）　C：dig（掘る）　D：reveal（暴露する）　E：investigate（調査する）

㉘　**A**　relieve（やわらげる）

A：ease（やわらげる）　B：bend（曲げる）　C：increase（増大する）　D：retrieve（取り戻す）　E：involve（巻き込む）

㉙　**D**　affluent（富裕な）

A：destitute（貧困な）　B：thick（厚い）　C：warm（暖かい）　D：rich（裕福な）　E：long（長い）

㉚　**B**　thrift（倹約）

A：entrepreneur（起業家）　B：economy（節約）　C：robber（泥棒）　D：waste（浪費）　E：luxury（贅沢）

㉛　**A**　tolerate（大目にみる）

A：allow（許す）　B：forbid（禁ずる）　C：persecute（迫害する）　D：impeach（弾劾する）　E：arrest（逮捕する）

㉜　**B**　deficiency（不足）

A：nutrition（栄養）　B：shortage（不足）　C：shortcoming（欠点）　D：protection（防御）　E：statistics（統計）

㉝　**E**　reproach（非難する）

A：approach（接近する）　B：retreat（後退する）　C：commend（賞賛する）

D：shout（怒鳴る）　E：blame（非難する）

㉞　**D**　occupation（職業）

A：inspiration（霊感）　B：vacation（休暇）　C：ghost（幽霊）　D：calling（職業）

E：emotion（感情）

㉟　**D**　courage（勇気）

A：courtesy（礼儀正しさ）　B：university（大学）　C：stream（流れ）

D：bravery（勇気）　E：fury（怒り）

㊱　**E**　impartial（公平な）

A：distorted（歪んだ）　B：essential（本質的な）　C：enormous（巨大な）
D：honest（正直な）　E：fair（公正な）

㊲　**D**　rigorous（厳格な）
A：sullen（不機嫌な）　B：kind（親切な）　C：strong（強い）　D：strict（厳格な）
E：modest（謙遜な）

㊳　**C**　advocate（支持する）
A：announce（告知する）　B：oppose（反対する）　C：uphold（支持する）
D：register（登録する）　E：contradict（矛盾する）

㊴　**A**　circumspect（慎重な）
A：careful（用心深い）　B：conditional（条件つきの）　C：restricted（限られた）
D：round（丸い）　E：neutral（中立の）

㊵　**C**　gigantic（巨大な）
A：imaginary（架空の）　B：rough（粗野な）　C：huge（巨大な）　D：tall（背の
高い）　E：tiny（ごく小さい）

㊶　**D**　brief（短時間の）
A：long（長い）　B：meeting（会議）　C：faith（信仰）　D：short（短い）
E：confidential（機密の）

㊷　**E**　feeble（弱々しい）
A：strong（強い）　B：edible（食べられる）　C：sure（確かな）　D：pitiful（ふ
びんな）　E：faint（かすかな）

㊸　**A**　esteem（尊敬する）
A：respect（尊敬する）　B：evaluate（評価する）　C：deride（あざける）
D：count（数える）　E：vapor（蒸気）

㊹　**B**　bother（悩ます）
A：help（助ける）　B：annoy（悩ます）　C：love（愛する）　D：depress（がっ
かりさせる）　E：cry（泣く）

㊺　**B**　cozy（居心地のよい）
A：cushion（クッション）　B：comfortable（快適な）　C：bedroom（寝室）
D：chair（椅子）　E：solid（堅い）

02　対義語　320 - 323ページ

問01

❶　**B**　theory（理論）
A：idea（観念）　B：practice（実践）　C：research（研究）　D：theme（主題）
E：prejudice（偏見）

❷　**C**　ebb（引き潮）

A：tide（潮流）　B：decline（減退）　C：flow（上げ潮）　D：flaw（欠陥）　E：free（自由）

❸　**C**　voluntary（自発的な）

A：automatic（自動の）　B：kind（親切な）　C：compulsory（強制的な）

D：corporate（法人の）　E：spontaneous（自発的な）

❹　**A**　quality（質）

A：quantity（量）　B：inequality（不平等）　C：piece（断片）　D：qualification（資格）　E：inquiry（問合せ）

❺　**A**　innocent（無実の）

A：guilty（有罪の）　B：pure（純粋な）　C：accused（告発された）　D：ignorant（無知の）　E：insect（昆虫）

❻　**E**　gain（利益）

A：profit（利益）　B：weight（体重）　C：pain（苦痛）　D：benefit（利益）　E：loss（損失）

❼　**D**　innate（先天的な）

A：genetic（遺伝的な）　B：inborn（生まれつきの）　C：indigenous（現地の）

D：acquired（後天的な）　E：native（出生地の）

❽　**B**　wealth（富）

A：fortune（財産）　B：poverty（貧困）　C：abundance（豊かさ）　D：affluence（富）　E：investment（投資）

❾　**A**　idealism（理想主義）

A：realism（現実主義）　B：optimism（楽天主義）　C：pessimism（悲観主義）

D：capitalism（資本主義）　E：socialism（社会主義）

❿　**A**　religious（宗教の）

A：secular（世俗の）　B：devout（敬虔な）　C：holy（神聖な）　D：sincere（誠実な）　E：stubborn（頑固な）

⓫　**A**　urban（都会の）

A：rural（田舎の）　B：civic（都市の）　C：municipal（市の）　D：cosmopolitan（全世界的な）　E：national（国の）

⓬　**D**　accept（承認する）

A：agree（同意する）　B：suspect（疑う）　C：consent（同意する）　D：deny（拒否する）　E：admit（認める）

⓭　**C**　construction（建設）

A：instruction（指示）　B：obstruction（妨害）　C：destruction（破壊）

D：abduction（誘拐）　E：reduction（削減）

⓮　**A**　supply（供給）

A：demand（需要）　B：provide（供給する）　C：produce（生み出す）　D：apply

（適用する）　E：command（命ずる）

⑮　**A**　barbarous（野蛮な）
A：civilized（文明化した）　B：barber（床屋）　C：brutal（残酷な）　D：savage
（どうもうな）　E：rude（粗野な）

⑯　**E**　income（収入）
A：interest（利子）　B：outrage（暴力）　C：outcry（抗議）　D：instrument（道
具）　E：outgo（支出）

⑰　**A**　acclaim（賞賛）
A：criticism（批判）　B：praise（賞賛）　C：applaud（喝采する）　D：proclaim（宣
言する）　E：reclaim（返還を要求する）

⑱　**D**　vein（静脈）
A：brain（脳）　B：liver（肝臓）　C：nerve（神経）　D：artery（動脈）
E：intestine（腸）

⑲　**E**　general（一般的な）
A：admiral（提督）　B：generous（気前のよい）　C：ingenious（巧妙な）
D：partial（部分的な）　E：particular（特定の）

⑳　**D**　resistance（抵抗）
A：insistence（断言）　B：difference（相違）　C：adolescence（思春期）
D：obedience（服従）　E：persistence（固執）

㉑　**C**　cause（原因）
A：reason（理由）　B：source（出所）　C：effect（結果）　D：origin（起源）
E：defect（欠点）

㉒　**A**　deficit（赤字）
A：surplus（黒字）　B：shortage（不足）　C：shortcoming（欠点）　D：surreal（超
現実的な）　E：surprise（驚かす）

㉓　**C**　objective（客観的な）
A：inductive（帰納的な）　B：passive（受動的な）　C：subjective（主観的な）
D：active（能動的な）　E：deductive（演繹的な）

㉔　**A**　malignant（悪性の）
A：benign（良性の）　B：important（重要な）　C：beautiful（美しい）　D：fatal
（致命的な）　E：significant（重大な）

㉕　**A**　virtue（美徳）
A：vice（悪徳）　B：justice（正義）　C：advice（忠告）　D：choice（選択）
E：nice（素敵な）

㉖　**C**　obscure（無名の）
A：invisible（目に見えない）　B：infamous（悪名高い）　C：famous（有名な）
D：transparent（透明な）　E：ignoble（不名誉な）

㉗ **B**　genuine（本物の）

A：natural（自然な）　B：artificial（人工的な）　C：commercial（商業の）

D：especial（特別な）　E：informal（非公式の）

㉘ **E**　vacant（空いている）

A：available（利用できる）　B：empty（空の）　C：free（自由な）　D：unengaged（先約のない）　E：occupied（使用中の）

㉙ **A**　ban（禁止する）

A：permit（許可する）　B：prohibit（禁止する）　C：forbid（禁止する）

D：restrict（制限する）　E：submit（従わせる）

㉚ **C**　debit（借方）

A：payment（支払い）　B：cash（現金）　C：credit（貸方）　D：prepaid（前払いの）

E：refund（払い戻し）

㉛ **B**　relative（相対的な）

A：comparative（比較的）　B：absolute（絶対的な）　C：attractive（魅力的な）

D：negative（否定的）　E：kin（親類）

㉜ **E**　lend（貸す）

A：loan（貸す）　B：donate（寄付する）　C：pay（払う）　D：return（返す）

E：borrow（借りる）

㉝ **E**　shallow（浅い）

A：high（高い）　B：narrow（狭い）　C：broad（広い）　D：thin（薄い）　E：deep（深い）

㉞ **E**　despise（軽蔑する）

A：tease（からかう）　B：blame（非難する）　C：deride（あざける）　D：bully（いじめる）　E：respect（尊敬する）

㉟ **C**　employee（従業員）

A：staff（職員）　B：recruit（新兵）　C：employer（雇い主）　D：worker（職人）

E：laborer（労働者）

㊱ **C**　arrogant（尊大な）

A：proud（自尊心のある）　B：lonely（孤独な）　C：humble（謙虚な）

D：cheerful（陽気な）　E：nervous（神経質な）

㊲ **C**　fertile（肥沃な）

A：rich（豊かな）　B：competent（有能な）　C：sterile（不毛な）　D：agile（すばやい）　E：sufficient（十分な）

㊳ **A**　affirmation（肯定）

A：negation（否定）　B：declaration（宣言）　C：acceleration（促進）

D：consolidation（合併）　E：integration（統合）

㊴ **C**　abstract（抽象的な）

A：complicated（複雑な） B：convenient（便利な） C：concrete（具体的な）
D：contemporary（同時代の） E：consistent（調和する）

㊵ **E** combine（結合する）
A：cultivate（耕す） B：complain（不満を言う） C：reap（収穫する） D：collect（集める） E：divide（分割する）

㊶ **D** descendant（子孫）
A：daughter（娘） B：grandparent（祖父母） C：cousin（いとこ） D：ancestor（先祖） E：relative（親類）

㊷ **B** omit（省略する）
A：summit（頂上） B：add（加える） C：forget（忘れる） D：expel（追い出す） E：commit（を犯す）

㊸ **B** horizontal（水平の）
A：flat（平らな） B：vertical（垂直の） C：smooth（滑らかな） D：sharp（鋭い） E：round（丸い）

㊹ **A** flourish（栄える）
A：decline（衰退する） B：prosper（栄える） C：increase（増殖する） D：dense（密集した） E：low（低い）

㊺ **C** feminine（女性の）
A：normal（通常の） B：womanly（女らしい） C：masculine（男性の）
D：curious（好奇心の強い） E：humane（思いやりのある）

---

03 単語の意味   325 - 327ページ

問01

❶ **D** 人間や動植物の感染症の原因となる微細な生物
A：infection（感染） B：cell（細胞） C：insect（昆虫） D：virus（ウィルス）
E：illness（病気）

❷ **A** とくにグループで行く娯楽のための短い旅行
A：excursion（遠足） B：vacation（休暇） C：transportation（輸送）
D：recreation（気晴らし） E：leisure（余暇）

❸ **E** 頂上にある大きな穴から、時々溶岩（熱い溶けた岩）や灰を噴き出す山
A：iceberg（氷山） B：cape（岬） C：valley（谷） D：peninsula（半島）
E：volcano（火山）

❹ **C** スポーツ競技会で競技をする人
A：judge（審査員） B：champion（優勝者） C：athlete（運動選手） D：sniper（狙撃手） E：candidate（立候補者）

❺ **B** 借金をしたときに返済しなければならない余分な金

A：profit（利益）　B：interest（利子）　C：deposit（預金）　D：account（会計）

E：loss（損失）

❻　**D**　長距離を高速に走る自動車のための道幅の広い道路

A：street（街路）　B：alley（通路）　C：railway（鉄道）　D：freeway（高速道路）

E：traffic（交通）

❼　**B**　特定の場所に永続的に住む人

A：fugitive（逃亡者）　B：inhabitant（定住者）　C：foreigner（外国人）　D：citizen

（市民）　E：訪問客（visitor）

❽　**E**　知ってはいるが、親しい友人ではない人

A：mate（仲間）　B：spouse（配偶者）　C：partnership（提携）　D：colleague

（同僚）　E：acquaintance（知人）

❾　**C**　空気や水、土を汚す行為

A：auction（競売）　B：environment（環境）　C：pollution（汚染）　D：solution

（解法）　E：caution（警戒）

❿　**D**　大勢にものを分けること

A：negotiate（交渉する）　B：transfer（輸送する）　C：commute（通勤する）

D：distribute（分配する）　E：substitute（置き換える）

⓫　**A**　道徳的または法的な必要のため行わなければならないこと

A：obligation（義務）　B：migration（移住）　C：segregation（人種差別）

D：celebration（祝賀）　E：dedication（献身）

⓬　**C**　物事を実際よりも大きくみせること

A：describe（述べる）　B：express（表現する）　C：exaggerate（誇張する）

D：calculate（計算する）　E：navigate（操縦する）

⓭　**D**　大量の飲食物が出る特別な食事

A：breakfast（朝食）　B：lunch（昼食）　C：festival（祭り）　D：feast（ごちそう）

E：rally（大会）

⓮　**C**　海外において自国政府を代表する人物

A：chairman（議長）　B　minister（大臣）　C：diplomat（外交官）　D：politician

（策士）　E：statesman（政治家）

⓯　**B**　借金を払う金がない

A：reliable（信頼できる）　B：bankrupt（破産した）　C：available（利用可能な）

D：abundant（豊富な）　E：scanty（乏しい）

⓰　**D**　古代から語られ、信じられてきたよく知られた物語

A：fantasy（幻想小説）　B：novel（小説）　C：poetry（詩）　D：myth（神話）

E：drama（戯曲）

⓱　**B**　とても怖い夢

A：mystery（推理小説）　B：nightmare（悪夢）　C：illusion（幻想）　D：ambition

（野望）　E：imagination（想像）

⑱　**A**　道徳的教訓を教える短い物語

A：fable（寓話）　B：history（歴史）　C：proverb（ことわざ）　D：fairy tale（おとぎ話）　E：mythology（神話）

⑲　**E**　機械を使って大量に品物を作ること

A：prosper（繁栄する）　B：reproduce（再生産する）　C：labor（働く）

D：engage（従事させる）　E：manufacture（製造する）

04 空欄補充　　329 - 331ページ

問 01

❶　**A**　let +〈人〉+〜で、「〈人〉に〜させる」という意味。「〜」の部分には動詞の原形が入る。

❷　**B**　「〜に興味がある」は be interested in。

❸　**D**　きっと優勝する＝優勝することに疑いの余地はない。空欄には「疑い」という意味の doubt が入る。

❹　**C**　「〜で作られた」は be made of。材料の形が残る（材料が変化しない）場合は of、残らない（材料が変化する）場合は from を使うのが原則。

❺　**A**　be married to で「〜と結婚している」という状態を表す。with ではないので注意。

❻　**E**　「参加する」は take part in。

❼　**B**　「〜に満足する」は be satisfied with。

❽　**C**　「A というより B」は not so much A as B。

❾　**C**　「ばったり（偶然）会う」は run into。

❿　**A**　「〜に関しては」を意味する成句には、with regard to、with respect to、in respect of、in terms of、as concerns などがある。このうち空欄に当てはまるのは A の regard to のみ。

⓫　**D**　「〜に頼る」は depend on。

⓬　**D**　主語が railway（鉄道）なので、動詞は「建設する」ではなく「建設される」になる。したがって、built ではなく was built が入る。

⓭　**B**　on Friday night、on Sunday morning、on Monday afternoon のように、曜日＋時間帯の表現には on を使う。

⓮　**E**　過去に起こったことの反対を述べる仮定法過去完了。If +主語＋ had +過去分詞, 主語＋ would（should, could など）have +過去分詞の形式となる。

127

問 01

❶ **E** them は文脈上 work を指しているので、複数形ではなく単数形の it にしなければおかしい。「彼は 5 人の子どもを養うために仕事が必要だが、どこを探せばよいのかわからない。」

❷ **C** marry は他動詞なので前置詞 with は不要。「彼女が父親ほど年の離れた男と結婚したことが信じられない。」

❸ **B** easily は副詞だが、ここでは it を修飾しているので、副詞ではなく形容詞であるべき。したがって easy が正しい。「アメリカで免許を取得するのがあまりに簡単で驚いた。」

❹ **D** have ＋ A ＋過去分詞で、「A を〜してもらう」という意味。repair は repaired にしなければならない。「車が故障したので、なるべく早く修理してもらう必要がある。」

❺ **A** neither A or B ではなく、neither A nor B（A でも B でもない）が正しい。なお、suggest の後の that 節は現在形でよい（文法的には仮定法現在になる）。「父も母も大学進学をあきらめろとは言わなかった。」

❻ **E** 知覚動詞 hear の用法。目的語 my name が「呼んだ」のが聞こえたのではなく、my name が「呼ばれた」のが聞こえたので、calling は受け身の called にしなくてはならない。「待合室がとても騒がしかったので、自分の名前が呼ばれたのが聞こえなかった。」

❼ **B** 知覚動詞 see の用法。the girl が cross（横切る）するのを見たので、crossed ではなく原形 cross または動名詞 crossing にする。「駅に向かうバスに乗ろうとしたとき、少女が通りを横断するのを見た。」

❽ **D** information は不可算名詞なので、複数形 s はつかない。「中東に行く前に現地の情報をできるだけ集める必要がある。」

❾ **C** exception（例外）は、ここでは high（高い）にかかる副詞でなければならないので、exceptionally にする。「会社は彼に例外的に高い給料を提示したが、彼は即座にそれを断った。」

❿ **C** 現在完了を示す have が、三人称単数の has ではないので、主語が単数の the sale なのはおかしい。the sales と複数にする。「最新の数値によれば、『健康ダイエット』に関する本の売れ行きはこの 2 年で倍になった。」

問 01 ▸▸▸ ❶B ❷A ❸C ❹E ❺C

❶「〜と言っても過言ではない」は、It is no exaggeration to say that 〜、It is not too much to say that 〜、It is not going too far to say that 〜など。A、E は「〜は言うまでもない」、C は「〜と言ったら言い過ぎだ」という意味。

× **A** It is needless to say that she is an extraordinary talented writer.「彼女が不世出の才能に恵まれた作家であることは言うまでもない。」

○ **B** It is not too much to say that she is an extraordinary talented writer.「彼女は不世出の才能に恵まれた作家と言っても過言ではない。」

× **C** It is not going too far to say that she is a terrible writer.「彼女はひどい作家だと言っても過言ではない。」

× **D** It is an exaggeration to say that she is an extraordinary talented writer.「彼女が不世出の才能に恵まれた作家と言ったら言い過ぎになる。」

× **E** It goes without saying that she is an extraordinary talented writer.「彼女が不世出の才能に恵まれた作家であることは言うまでもない。」

❷no matter how many times は「何度かは問題ではない」→「たとえ何度でも」という意味。

○ **A** No matter how many times I see this movie, I cry every time at the same scene.「この映画は何度観ても、毎回同じシーンで泣いてしまう。」

× **B** I don't see this movie so many times, but I cry every time at the same scene.「この映画はそれほど何度も観てないが、毎回同じシーンで泣いてしまう。」

× **C** I have seen this movie so many times that I cannot cry every time at the same scene.「この映画は何度も観ているので、毎回同じシーンでは泣けない。」

× **D** However many times I see this movie, I don't cry every time at the same scene.「この映画は何度も観ても、毎回同じシーンでは泣けない。」

× **E** This movie is so many scenes but I will cry every time at the same scene.「この映画には多くのシーンがあるが、毎回同じシーンで泣いてしまう。」

❸the last person to break a promise は「約束を破る最後の人」→「決して約束を破らない」という意味。

× **A** As far as we know, he is too honest to break his word.「我々の知る限り、彼は正直なので約束を破らない。」

× **B** Everyone knows who is likely to break a promise.「誰が約束を破りそうな人物かは誰もが知っている。」

○ **C** Everyone knows that he is the last person to break a promise.「彼が約束を破るような人でないことは誰もが知っている。」

× **D** He is known to everyone as a person who breaks a promise.「彼は約束を破る人物としてみんなに知られている。」

× **E** Everyone is likely to break a promise as far as he knows.「彼の知る限り、みんな約束を破る。」

❹A is no less important than B で、「B に劣らず A が重要だ」という意味になる。

× **A** Steady efforts are more important than natural talent to become a musician.「音楽家になるには地道な努力が生来の素質より重要である。」

× **B** Steady efforts are no longer important for a talented musician.「優れた才能の音楽家にとって地道な努力はもはや重要ではない。」

× **C** Natural talent is no less important than steady effort to be a musician.「音楽家になるには、生来の素質が地道な努力に劣らず重要である。」

× **D** Steady effort and natural talent are not important enough to become a musician.「地道な努力と生来の才能だけが音楽家になるために重要なのではない。」

○ **E** Steady efforts are no less important than natural talent to become a musician.「音楽家になるには、地道な努力が生来の素質に劣らず重要である。」

❺so as not to ～で「～しないように」という意味。

× **A** If he had not ran as fast as he could, he would have missed the train.「もし全速力で走っていなければ電車に乗り遅れていただろう。」

× **B** Although he ran as fast as he could, he missed the train.「全速力で走ったが、電車に乗り遅れた。」

○ **C** He had to run as fast as he could so as not to miss the train.「電車に乗り遅れないように全速力で走らなければならなかった。」

× **D** He ran so fast that he didn't miss the train.「全速力で走ったので電車に乗り遅れなかった。」

× **E** He had to run as fast as he could in order to miss the train.「電車に乗り遅れるために全速力で走らなければならなかった。」

07 長文読解 340 - 342ページ

問01 ▶▶▶❶C ❷E ❸E

❶質問文は「この記事によれば、1972 ～ 73年に何が起こったか」。

× **A** the environmental pollution that became a social problem mainly in developed countriesとある。the environmental pollution（環境汚染）は developing countries（途上国）ではなく、主に developed countries（先進国）で問題になっていた。

× **B** the world was trying to move forward toward building a framework for a sustainable society on a global scale とある。unsustainable society（持続不能な社会）ではなく、sustainable society（持続可能な社会）。

○ **C** 正しい記述。the Stockholm Declaration はストックホルム宣言。

× **D** Schumacher published "Small is Beautiful" in 1973.

× **E** that could not be called sustainable（持続可能とは呼べない）とある。

❷質問文は「本の内容に最も一致しないものは次のうちどれか」。

○ **A** The book is based on awareness of the problem of how to secure and expand humanity in modern society.「この本は現代社会においてどのように人間性を確保し、拡張するかという問題意識に基づいている。」

○ **B** The human activities and technologies cause a crisis of eating up limited natural resources.「人間の活動や技術は、有限な天然資源を食いつぶすという危機をもたらしている。」

○ **C** The modern style of production deprives people of the satisfaction and humanity from their work.「現代の生産様式は人々から仕事による満足や人間性を奪っている。」

○ **D** We should create "intermediate technology" that is appropriate for humans.「我々は人間の身の丈にあった"中間技術"を創造すべきである。」

× **E** We can deal with the destructive forces by solving environmental destruction.「我々は環境破壊の解決によって破壊的な力を手なづけることができる。」→問題文には it is too optimistic to expect that we can deal with ... とあり、「(手なづけることができる)と期待するのはあまりに楽天的だ」と反対のことを述べている。

❸質問文は「この本がいう第3の危機について述べた記述として最も適当なものはどれか」。

第3の危機については、本文中に "The third crisis is the depletion of natural resources." という記述がある。the depletion of natural resources(天然資源の枯渇)とほぼ同じ意味になるのは、A～Eの中で、eating up limited natural resources(有限な天然資源を食いつぶすこと)である。

[訳] 人間は小さい。だからこそ、小さいことは素晴らしい。
　　　エルンスト・F・シューマッハー「スモール・イズ・ビューティフル」
　シューマッハーは、現代社会においてどのようにして人間性を確保し、拡張するのかという問題意識に基づき、1973年に「スモール・イズ・ビューティフル」を出版した。折しも、先進国を中心に環境汚染が社会問題となっていた。同じ時期、ストックホルムでは国連人間環境会議が開催され、ストックホルム宣言(1972年)が採択され、世界は地球規模での持続可能な社会の枠組みの構築に向けて動きだそうとしていた。その一方で、持続可能とは呼べない大量生産・大量消費・大量廃棄は依然として続いていた。本書は、こうした人間の活動や技術が、有限な天然資源を食いつぶすという危機を引き起こすと述べている。
　本書は、現代の生産様式が、本来人間性の向上や人生の満足に資すべき仕事を細切れにするため、人々はもはや満足や人間性を見いだせないと説く。これが、世界が直面している第一の危機である。第二の危機は、人間の生命を支えているにもかかわらず崩壊の兆候を見せている環境の危機であり、第三の危機は天然資源の枯渇である。
　シューマッハーは、人間の身の丈にあった「中間技術」を創造すべきであると書く。この考え方は「人間は小さい。だからこそ、小さいことは素晴らしい」という言葉に集約され、この本の表題となった。
　本書の中でシューマッハーはまたいくつかの警句を発している。「環境破壊を解決し、野生生物を保護し、新しいエネルギーを発見して平和的共存の協定を結べば、破壊的な力を手なづけることができると期待するなら、それはあまりに楽天的というものだ。」
　道徳的な選択こそが不可欠であり、正義(justitia)、勇気(fortitudo)、節制(temperantia)そして知恵(prudentia)を獲得することは可能だと彼は言う。
　これらは文明が存続していくために絶対に必要な徳目なのである。

問01 ▶▶▶ **D**

ア　1個あたりの利益を求め、原価を加える。

$(8000 ÷ 100) + 250 = 330$ 円

イ　売上の合計に差額を加え、2で割る。「和差算」と呼ばれる問題。

$(36000 + 5000) ÷ 2 = 20500$ 円

ウ　年齢の合計から年齢差を引いて2で割る。イと同じく、「和差算」の問題。

$(162 - 4) ÷ 2 = 79$ 歳

エ　定価から原価を引いて、販売個数の80個を掛ける。

$(250 - 180) × 80 = 5600$ 円

　以上から、問題の構造が似ているものは、**イ**と**ウ**。

問02 ▶▶▶ **E**

ア　仕事量の計算。1時間を60分に置き換え、1人1分あたりの仕事量を合計し、1000枚を3人の仕事量で割る。

$1000 ÷ (90/60 + 60/60 + 50/60) = 300$ 分

イ　割合の計算。Aさん、Bさんの分担面積を求め、それの値を1から引いて、Cさんの分担面積の割合を求める。

Aさん：$1/3$　Bさん：$1/3 × 1/4 = 1/12$　Cさん：$1 - (1/3 + 1/12) = 7/12$

ウ　仕事量の計算。PとQの1日あたりの仕事量を合計し、2を掛ける。1からこの仕事量を引き、残った仕事をRの1日あたりの仕事量で割ると、Rの所要日数になる。

$(1 - (1/10 + 1/5) × 2) ÷ 1/5 = 2$ 日　→　合計：$2 + 2 = 4$ 日

エ　分割払いの計算。支払う金額を購入時、翌月分を求め、それの値を1から引いて、残る翌々月の支払い金額の割合を求める。

購入時：0.2　翌月：$(1-0.2) × 0.6 = 0.48$　翌々月：$1 - (0.2+0.48) = 32\%$

　以上から、問題の構造が似ているものは、**イ**と**エ**。

問03 ▶▶▶ **C**

ア　組合せの計算。12人から任意の3人が選ばれるので、

$_{12}C_3 = 220$ 通り

イ　6個のリンゴのうち3個は、3人に1個ずつ分ける。残り3個を3人に分ける分け方は、3種類から3つを選ぶ重複組合せ（本文88ページ）となる。

$_{3+3-1}C_3 = _5C_3 = _5C_2 = 10$ 通り

ウ　順列の計算。6人から委員長と副委員長の2つの役職を割り当てるので、

$_6P_2 = 30$ 通り

エ　組合せの計算。8人から任意の2人を選ぶので、

$_8C_2 = 28$ 通り

　以上から、問題の構造が似ているものは、組合せの**ア**と**エ**。

問04 ▶▶▶ **B**

ア　鶴亀算。76枚がすべてが50円硬貨だとして、実際の合計金額を引く。その差額を
50円と10円の差額で割る。

(50 × 76 − 1720) ÷ (50 − 10) = 52 枚

[**別解**] 50円硬貨の枚数を x、10円硬貨の枚数を y とすれば、式 $x + y = 76$、$50x + 10y = 1720$ が成り立つ。2式を連立方程式として x と y を求める。

イ　割引料金の計算。総額は正規料金で割り切れないので、10人以上の団体料金が適
用されている。全員の入館料を割引後の料金で割る。

28160 ÷ (2200 × 0.8) = 16 人

ウ　鶴亀算。17人がすべてが大人料金だとして、実際の合計金額を引く。その差額を
大人料金と子供料金の差額で割る。

(1400 × 17 − 13400) ÷ (1400 − 600) = 13 人

[**別解**] 大人の人数を x、子どもの人数を y とすれば、式 $x + y = 17$、$1400x + 600y = 13400$ が成り立つ。2式を連立方程式として x と y を求める。

エ　料金の計算。総額から2人分の大人料金を引き、それを子どもの人数で割る。

(1720 − 360 × 2) ÷ 5 = 200 円

　以上から、問題の構造が似ているものは、**ア**と**ウ**。

問05 ▶▶▶ **E**

　計算式をみると、

ア　6枚×5人−3枚＝27枚

イ　27個÷3人＝9個

ウ　43個÷3個＝14袋（余り1個）

エ　53枚÷7人＝7枚（余り4枚）

　イ〜**エ**の計算方法はまったく同じだが、**イ**と**エ**は全体をいくつかの同数に分ける「等
分除」（例：1人あたりに何個分けられるか？）の割り算。**ウ**は全体を同数ずつに同じ
ように分ける「包含除」（例：何人に分けられるか？）の割り算である。**ア**は割り算で
はない。

　以上から、問題の構造が似ているものは、**イ**と**エ**。

ア 旅人算。A さんと B さんの速度の和は、3 ＋ 5 ＝ 8km/ 時。2 人が出会ったとき、両者の歩いた距離は XY 間の距離 4km に等しいので、時間＝距離÷速度から **4km ÷ 8km/ 時＝ 0.5 時間＝ 30 分**で出会う。

イ 仕事量の計算。タンクの容量を 1 としたとき、水道管 X と水道管 Y の仕事量を足して、タンクの容量 1 を割る。

1/20 ＋ 1/30 ＝ 1/12

1 ÷ 1/12 ＝ 12 時間

ウ 会社から自宅までの時間は、徒歩と自転車で 50 分：30 分。会社から図書館までの時間は、同じく x 分：15 分。両者の比は等しいので、50：30 ＝ x：15 より、**x ＝ 25 分**。

エ 旅人算。P と Q の速度の和は 20 ＋ 16 ＝ 36km/ 時。2 人がすれ違ったとき、2 人の走行距離の和はサイクリングコース 1 周分に等しい。したがって、

24km ÷ 36km/ 時＝ 2/3 時間＝ 40 分

以上から、問題の構造が似ているものは、**ア**と**エ**。

ア 確率の計算。2 つのサイコロの目が同じになる確率は 1/6。2 回続けて同じになる確率は、**1/6 × 1/6 ＝ 1/36**。

イ 確率の計算。10 人のうち AB 型は 2 人なので、1 回の確率は 1/5。3 回指名してすべて AB 型の人になる確率は、**1/5 × 1/5 × 1/5 ＝ 1/125**。

ウ 確率の計算。1 個目が赤いボールである確率は、5/12。箱のボールが 1 個ずつ減っていくので、2 個目からは分子、分母ともに 1 個ずつ減らして各確率をかけて、

5/12 × 4/11 × 3/10 ＝ 1/22

エ 確率の計算。2 つのサイコロの合計が 4 になる（3 パターンある）確率は、3/36 ＝ 1/12。余事象の「合計が 4 ではない確率」なので、1 からこの値を引く。

1 － 1/12 ＝ 11/12

以上から、問題の構造が似ているものは、**ア**と**イ**。

ア 過不足算。1 人に配るお菓子の数を x とすると、

$8x ＋ 2 ＝ 7x ＋ 5$ → $x ＝ 3$

お菓子の数は 8 × 3 ＋ 2 ＝ 26 個。

イ 鶴亀算。52 個がすべてが 90 円の菓子だとして、実際の合計金額を引く。その差額を 90 円と 70 円の差額で割る。

（90 × 52 － 4120）÷（90 － 70）＝ 28 個

[別解] 菓子の数を x、アイスの数を y とすると、$x ＋ y ＝ 52$、$90x ＋ 70y ＝ 4120$ が成

り立つ。2式を連立方程式として解くと、$x = 24$、$y = 28$ を得る。

ウ 過不足算。グループの人数を x とすると、

$9x - 3 = 8x + 7$ → $x = 10$

学生の人数は $9 × 10 - 3 = 87$ 人。

エ 部活動に参加している生徒は $40 × 0.7 = 28$ 人、塾に通う生徒は $40 × 0.9 = 36$ 人。
合計すると $28 + 36 = 64$ 人になるので、$64 - 40 = 24$ 人が重複していることになる。
以上から、問題の構造が似ているものは、**ア**と**ウ**。

問09 ▶▶▶ B

ア ビールの価格を x、ジュースの価格を y とすると、$20x + 18y = 9360$、$x = 3y$ が成り立つ。2式を連立方程式として解くと、$x = 360$、$y = 120$ を得る。

イ 購入したスナック菓子の数を x、ジュースの本数を y とすると、$110x + 100y = 1250$ が成り立つ。一見するとスナック菓子とジュースの価格の手がかりがないが、合計金額の10円単位が50円になるには、110円のスナック菓子を5個買わないと成立しない（15個だと合計がオーバーする）。したがって、$x = 5$。これを式に代入して、$y = 7$ を得る。

ウ 3人掛けの座席を x、2人掛けの座席を y とすると、$3x + 2y = 27$、$y = 3x$ が成り立つ。2式を連立方程式として解くと、$x = 3$、$y = 9$ を得る。

エ 年齢算。父親の年齢が子どもの3倍だった過去の年数を x とすると、次の式が成り立つ。

$62 - x = 3 × (30 - x)$ → $x = 14$ 年前

以上から、問題の構造が似ているものは、**ア**と**ウ**。

02 言語系 351 - 354ページ

問01 ▶▶▶ C

Oさんの趣味がスポーツ観戦だからといって、Oさんがスポーツマンとは限らないように、Xの話を受けたYの受け答えは、論理的にはすべて間違っている。同様にして、他もYの発言は間違っているが、そこは重要でない。Yの間違いのもとになったXの発言に注目すると、Xの話に出てくる人物の紹介は、人物自身の「①素質や能力」についてと、人物の「②所属や属性」についてに分けられる。

ア Oさんの趣味……①

イ Pの家系…………②

ウ Qさんの勤め先…②

エ Sさんの特技……①

オ Rさんの出身校…②

以上から、**イ**、**ウ**、**オ**をQ（3つ）グループ、**ア**と**エ**をP（2つ）グループに分ける

ことができる。

　すべての選択肢が「〜が、〜だった。」となっている。これが「文の構造」ではないかと考える。この接続助詞の「が」は、逆接（「しかし」「ところが」…などのように、前の文脈とは異なる予想されなかった結果につなげる）と、順接（「そして」「だから」…などのように、前の文脈の原因や理由通りの結果につなげる）の両方に使われる。そこで、接続助詞「が」を、接続詞の「しかし」や「そして」に置き換えてみると、次のようになる。

ア　ヒーローの登場を待ち望んでいた。**しかし、**姿を現さなかった。

イ　おすすめのランチを注文して食べてみた。**そして、**美味しかった。

ウ　大きな被害も予想されていた。**しかし、**想定よりは少なかった。

エ　彼の腕前は素晴らしいと聞いていた。**そして、**その通りだった。

オ　豪華な設備を期待していた。**しかし、**正直言ってがっかりだった。

　以上から、**ア**、**ウ**、**オ**をQ（3つ）グループ、**イ**と**エ**をP（2つ）グループに分けることができる。

　ア〜**オ**の文では、2つのことがらで「何らかの理由によって、ある行為を行った」。この2つの「関係性」は何かを検討してみる。最初の節の理由に着目すると、自発的な「目的」を持つものと、外的な「状況」に影響されて行うものがある。

ア　「道路が渋滞」という**状況**で、「到着が遅れてしまった」

イ　「出場辞退の連絡を受けて」という**状況**で、「騒然となった」

ウ　「勉強に専念する」という**目的**で、「一人暮らしをはじめた」

エ　「景気の低迷」という**状況**で、「見直しが迫られた」

オ　「プレゼントを買う」という**目的**で、「花屋に立ち寄った」

　以上から、**ア**、**イ**、**エ**をQ（3つ）グループ、**ウ**と**オ**をP（2つ）グループに分けることができる。

　すべて「カエル」をテーマにした文だが、その「記述内容の性質」によってグループ化されることに着目する。**ア**〜**オ**の文は、「生物としてのカエルの生態」（**ウ**、**オ**）と、「人間とカエルとの関わり」について記述されたもの（**ア**、**イ**、**エ**）に分けられる。したがって、**ア**、**イ**、**エ**がQ（3つ）グループ、**ウ**と**オ**がP（2つ）グループである。

　ア〜**オ**の文は統計的なデータだが、「判断の質」の違いは何かを考える。共通してい

るものに、**ア**の「世界の人口」と**エ**の「中国の GDP」の未来予測がある。科学的知見も、①事実として認定されたものと、②予測や推測として示されるものがある。未来予測は、科学的根拠があってもあくまで推測である。一方、**イ**の「殺人事件の件数」のように、過去のデータを統計的に分析したものは、事実として認定されたものである。事実と推測に分けてグループに分けると、事実が**イ**、**ウ**、**オ**。推測が**ア**、**エ**となる。

　以上から、**イ**、**ウ**、**オ**が Q（3つ）グループ、**ア**と**エ**が P（2つ）グループである。

問06 ▶▶▶ **C**

　「意見の種類」といっても様々だが、**ア**〜**オ**の意見には「提供されている料理への要望」（**ア**、**エ**）と、「設備やサービスへの要望」（**イ**、**ウ**、**オ**）の 2 つに分けられる。したがって、**イ**、**ウ**、**オ**が Q（3つ）グループ、**ア**と**エ**が P（2つ）グループである。

問07 ▶▶▶ **C**

　問題文の指示にあるように、**ア**〜**オ**では「情報に基づく判断」を行っている。ただし、情報を判断し、何らかの「推測」を行っているものと、何らかの「意思決定」を行っているものに分けられる。具体的には、**ア**の「妻には電話で伝えよう」、**エ**の「見舞い行くことにした」の 2 つが意思決定に相当する。したがって、**イ**、**ウ**、**オ**が Q（3つ）グループ、**ア**と**エ**が P（2つ）グループである。

解答と解説 性格検査

　本冊 361 ～ 366 ページの問1、問2の各質問に対する回答を1～4の数字で空欄に記入し、各行の合計を計算してください。合計点数が高いほど、その尺度が高いと考えられます。各尺度の意味については、本冊の 367 ページを参照してください。

　なお、本書はあくまでも性格検査の質問例を示したものです。正確な診断をするものではないことにご注意ください。実際の性格検査は、質問数も多く、内容もよりランダムに構成され、時間制限も設けられています。

尺度	問1						問2						合計
社会的内向性	1		19		37		1		19		37		点
内省性	2		20		38		2		20		38		点
身体活動性	3		21		39		3		21		39		点
持続性	4		22		40		4		22		40		点
慎重性	5		23		41		5		23		41		点
達成意欲	6		24		42		6		24		42		点
活動意欲	7		25		43		7		25		43		点
敏感性	8		26		44		8		26		44		点
自責性	9		27		45		9		27		45		点
気分性	10		28		46		10		28		46		点
独自性	11		29		47		11		29		47		点
自信性	12		30		48		12		30		48		点
高揚性	13		31		49		13		31		49		点
従順性	14		32		50		14		32		50		点
回避性	15		33		51		15		33		51		点
批判性	16		34		52		16		34		52		点
自己尊重性	17		35		53		17		35		53		点
懐疑思考性	18		36		54		18		36		54		点

問 01 ▶▶▶ **E**

「淡泊」はあっさりしていること、「濃厚」は濃いことなので、2語は対義語（反意語）の関係である。「浪費」は無駄に使うことなので、対義語は **E**「倹約」。

A：「放蕩」は勝手気ままで品行がおさまらないこと。**B**：「貯蓄」は銀行などにお金を預けること。**C**：「賭博」は競馬・競輪などの賭け事。**D**：「吝嗇」はケチなこと。**E**：「倹約」は無駄を省き、費用を抑えること。

問 02 ▶▶▶ **B**

「返答につまる」の「つまる」は、うまく対応できず苦しむこと。**A**：鼻が物理的に塞がる。**B**：（生活に）窮する。**C**：（距離が）縮まる。**D**：詰め込んで、いっぱいになる。**E**：（物理的に）塞がる。

問 03 ▶▶▶ **A**

A：「誰何」は、人を呼び止めて「お前は誰だ？」などと問いただすこと。**B**：「点呼」は、一人ひとりの名前を呼んで、存在を確認すること。**C**：「査問」は、調べて問いただすこと。**D**：「質疑」は疑問点を問いただすこと。**E**：「尾行」は相手の後をつけること。

問 04 ▶▶▶ **B**

A：「弁才」は、言葉巧みに相手を納得させる才能。**B**：「衒学」は、学問や知識を自慢し、ひけらかすこと（ペダンティック）。**C**：「蘊蓄」は、たくわえた深い知識。**D**：「非才」は、才能がないこと。**E**：「蒙昧」は、知恵がなく愚かなこと。

問 05 ▶▶▶ **A**

「衰微」は、衰えて勢いが弱いことの意（「少し衰える」という意味ではない）。「微」には「わずか」という意味以外に「おとろえる」という意味がある。

問 06 ▶▶▶ **C**

「比肩」は「肩を比べる」の意味で、同等であること。
例：「彼はメジャーリーガーに比肩する日本選手だ」

問 07 ▶▶▶ **❶ B ❷ C**

❶ 3色から3個選ぶ重複組合せは、$_{3+3-1}C_3 = {}_5C_3 = 10$ 通り。ただし青玉は2個しかないので、白0青3赤0の組合せはありえない。したがって、10 − 1 = 9 通り。

なお、白3青0赤0、白2青1赤0、白2青0赤1、白1青2赤0、白1青0赤2、白

1青1赤1、白0青2赤1、白0青1赤2、白0青0赤3（計9通り）のように数え挙
げてしまってもよい。

❷9個の中から3個を取り出す組合せは、

$$_9C_3 = \frac{9 \times 8 \times 7}{3 \times 2 \times 1} = 84 \text{ 通り}$$

このうち、白玉のみの組合せは $_4C_3 = 4$ 通り、青玉のみの組合せは 0 通り、赤玉のみ
の組合せは 1 通りなので、すべての玉の色が同じ確率は、

$$\frac{4 + 0 + 1}{84} = \frac{5}{84}$$

となる。確率を求める場合は、同じ色の玉でも個別の玉として考えることに注意。

問08 ▶▶▶ **F**

桃1個の原価を仮に100円と置くと、8%の利益は $100 \times 0.08 = 8$ 円となる。売値は
「原価＋利益」だから、

売値：$100 + 8 = 108$ 円

この売値は定価の2割引きなので、定価は次のようになる。

定価：$\dfrac{108}{0.8} = 135$ 円

定価では35円が利益となるので、想定していた利益率は、

利益率：$\dfrac{35}{100} = 35\%$

である。

問09 ▶▶▶ **E**

P、Q、R、Sそれぞれが受け取った枚数をP、Q、R、Sとすると、条件ⅠとⅡから
式 $Q = S + 10$、$P = 3S$ が成り立つ。

また、$R = 50 - (P + Q + S)$ より、

$R = 50 - (P + Q + S) = 50 - (3S + S + 10 + S) = 40 - 5S$

条件Ⅲより $R < S$ が成り立つので、

$40 - 5S < S \quad \rightarrow \quad 40 < 6S \quad \rightarrow \quad S > 6.67$

また、$R \geqq 1$ より、

$40 - 5S \geqq 1 \quad \rightarrow \quad 39 \geqq 5S \quad \rightarrow \quad S \leqq 7.8$

$6.67 < S \leqq 7.8$ より、Sが受け取った枚数は7枚である。したがって、$Q = 17$ 枚、$P = 21$ 枚、$R = 50 - (7 + 17 + 21) = 5$ 枚とわかる。選択肢をみると、

× **A** Qは、19枚受け取った。

× **B** Pが受け取った枚数は、Qよりも少なかった。

× **C** Rは、6枚受け取った。

× **D** RとSの2人で合わせて15枚受け取った。

○ **E** Sは、7枚受け取った。

× **F** Rが受け取った枚数は、Qの1/3枚だった。

以上から、条件に合致するのは **E** である。

問10 ▶▶▶ **C**

ポンプXの1分当たりの仕事量を x、ポンプYの1分当たりの仕事量を y とすると、

$60\,(3x+2y) = 40\,(3x+5y)$
$180x+120y = 120x+200y$
$180x-120x = 200y-120y$
$60x = 80y$
$6x = 8y$
$y = 0.75x$

貯水池の容量 $60\,(3x+2y)$ に $y = 0.75x$ を代入すると、

$60\,(3x+1.5x) = 180x+90x = 270x$

となり、満水にするにはX1台で270分かかることがわかる。したがって50分で満水にするには、

$270x \div 50 = 5.4x$

より、Xが5.4台必要となる。必要なYの台数は、X2台分を引いて、

$5.4x - 2x = 3.4x = \dfrac{3.4}{0.75}\,y \fallingdotseq 4.5y \quad \rightarrow \quad$ 5台

問11 ▶▶▶ **❶B ❷E**

❶3枚のカードを取り出したとき、

1の位：奇数になるカードは1、3、5、7の4通り
10の位：残り6枚のどれでもよいので、6通り
100の位：残り5枚のどれでもよいので、5通り

以上から、$4 \times 6 \times 5 = 120$ 通り。

❷1〜7の数を、次の3つのグループに分ける。

・3で割り切れる数：A = ｜3、6｜
・3で割ると1余る数：B = ｜1、4、7｜
・3で割ると2余る数：C = ｜2、5｜

5つの数の和が3の倍数になる組合せは、① A グループから2個、B グループから3個選ぶ組合せか、② A グループから1個、B グループから2個、C グループから2個選ぶ組合せのいずれかである。

① A グループから2個選ぶ組合せは1通り、B グループから3個選ぶ組合せも1通りしかないので、$1 \times 1 = 1$ 通り（$3 + 6 + 1 + 4 + 7 = 21$）。

② A グループから1個選ぶ組合せは2通り、B グループから2個選ぶ組合せは3通り、C グループから2個選ぶ組合せは1通りあるので、$2 \times 3 \times 1 = 6$ 通り（$3 + 1 + 4 + 2 + 5 = 15$、$6 + 1 + 4 + 2 + 5 = 18$、$3 + 1 + 7 + 2 + 5 = 18$、$6 + 1 + 7 + 2 + 5 = 21$、$3 + 4 + 7 + 2 + 5 = 21$、$6 + 4 + 7 + 2 + 5 = 24$）。

①が1通り、②が6通りあるので、計7通りとなる。

問12 ▶▶▶ ❶ E ❷ B

❶「3分野のいずれかが好き」な人は、右図の斜線の部分に該当する。
読者全体の400人から「3分野とも興味がない」人の人数を引いて

$$400 - 30 = 370（人）$$

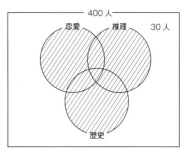

❷ 右図のように、「恋愛小説と推理小説の2分野が好き」を a、「恋愛小説と歴史小説の2分野が好き」を b、「推理小説と歴史小説の2分野が好き」を c、「3分野とも好き」を x とする。

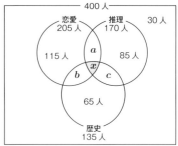

図より、

$$a + b + c + x = 400 - (115 + 85 + 65 + 30) = 105（人）$$
$$a = 105 - (b + c + x) = 105 - (135 - 65) = 35（人）$$
$$b = 105 - (a + c + x) = 105 - (170 - 85) = 20（人）$$
$$c = 105 - (a + b + x) = 105 - (205 - 115) = 15（人）$$

以上から、

$$x = 105 - (a + b + c) = 105 - (35 + 20 + 15) = 35（人）$$

問13 ▶▶▶ **❶ C ❷ B**

❶ 年齢は「R＞P」で、「Q は最年少ではない」ことから、次の組合せが考えられる。

　　QRPS　QSRP　QRSP　RQPS　RPQS　RQSP　RSQP　SQRP　SRQP

ただし、R と P は 2 歳しか離れていないので、RQSP と RSQP は除外される。

　×ア　Q は最年長であるとはいえない。

　×イ　Q は P より年上とはいえない。

　○ウ　R＞P なので、R は最年少ではない。

❷ キのように、S が P より 1 歳年上ということは、「R＞S＞P」の順で 1 歳順に並んでいることがわかる。同じ年齢の者はいなく、Q は最年少でないので、「Q＞R＞S＞P」の順だとわかる。

問14 ▶▶▶ **P　S**

　合計金額に 10 円単位の端数がないので、120 円の商品の合計個数は 5 の倍数である。購入した商品の個数を表にまとめると、右表のようになる。

商品	個数
P	5
Q	1
R	2
S	4
T	3

　120 円の商品は 2 種類なので、Q と S または R と T の組合せのいずれかである。

・Q と S が 120 円の場合

残りの P、R、T の購入額は、1,700 －（120 × 5）＝ 1,100 円となる。P、R、T のいずれかを 200 円としたときの合計金額は、

　　P が 200 円の場合：200 × 5 ＋ 100 × 2 ＋ 100 × 3 ＝ 1,500 円

　　R が 200 円の場合：100 × 5 ＋ 200 × 2 ＋ 100 × 3 ＝ 1,200 円

　　T が 200 円の場合：100 × 5 ＋ 100 × 2 ＋ 200 × 3 ＝ 1,300 円

となり、いずれも 1,100 円をオーバーしてしまう。

・R と T が 120 円の場合、

残りの P、Q、S の購入額が 1,100 円となる。P、Q、S のいずれかを 200 円としたときの合計金額は、

　　P が 200 円の場合：200 × 5 ＋ 100 × 1 ＋ 100 × 4 ＝ 1,500 円

　　Q が 200 円の場合：100 × 5 ＋ 200 × 1 ＋ 100 × 4 ＝ 1,100 円

　　S が 200 円の場合：100 × 5 ＋ 100 × 1 ＋ 200 × 4 ＝ 1,400 円

以上から、Q が 200 円、P と S が 100 円のときのみ、合計金額が一致する。

問15 ▶▶▶ **❶** D **❷** C **❸** G **❹** B

❶ 成長率は

成長率＝（当期支出－前期支出）÷前期支出

で求めることができる。「銀行／投資」の 2024 年前年比成長率は、

$(5,010 - 4,670) \div 4,670 \fallingdotseq 0.728 \Rightarrow 7.3\%$

❷ 表より、2024 年の前年比成長率を比較すると、「教育」の伸びが最も低いことがわかる。

❸ 2023 年の支出全体から、「通信／メディア」以外の業種の合計を引く。

$28,480 - (4,670 + 415 + 4,880 + 2,920 + 6,170 + 1,350 + 1,140 + 915 + 890) = 5,130$

❹ 2024 年の支出全体がわからないので、2023 年からの前年比の成長率を使って求める。「成長率＝（当期支出－前期支出）÷前期支出」より、当期支出は

当期支出＝成長率×前期支出＋前期支出＝前期支出×（成長率＋１）

したがって「小売」の 2024 年支出は、

$1,350 \times (1 + 0.07) = 1,350 \times 1.07 \fallingdotseq 1,445$

問16 ▶▶▶ **❶** D **❷** C **❸** C **❹** B

❶「一般の利用者でも容易に ＿＿（ i ）＿＿（書込み）が可能」なので、「情報発信」が相応しい。

❷「2016 年の米国大統領選挙」を具体的な事例として挙げているので、「例えば」が相応しい。

❸ インフォデミック（infodemic）とは、「情報（information）」と、感染症や疾病の拡大を意味する「エピデミック（epidemic）」を組み合わせた造語。

×ア　コンピュータウイルスは関係ない。

×イ　広告の拡散は関係ない。

○ウ　インフォデミックは、ネットで噂や憶測、デマなどの「偽・誤情報が拡散される」現象である。

❹ 各選択肢を検討する。

×ア　オンライン上の情報の真実性を確認する人は、OECD の欧州での調査では「26％」に過ぎない。したがって、少数である。

○イ　広告収入、つまり営利目的で、意図的に偽・誤情報を流すウェブサイトがあることが記述されている。

×ウ　ここでの民主化は「ディープフェイク技術の民主化」であり、誰もが自由にフェイク画像やフェイク動画を作成できることを「民主化」と表現している。

★ 新星出版社